Ein ganz liebes Dankeschön an
Ute, Dennis, Kevin und Marvin

Ihr wisst, warum...

Jürgen Johann
Michael Koelges

Buchenau -
eine neue Heimat

Boppard
Selbstverlag der Autoren

2005

Bibliographische Information der Deutschen Bibliothek

Die Deutsche Bibliothek verzeichnet diese Publikation in der Deutschen Nationalbibliographie; detaillierte bibliographische Daten sind im Internet über <http://dnb.ddb.de> abrufbar.

Satz, Gestaltung und Layout: Bernd und Ralf Hübner, Jürgen Johann.
Druck und Gesamtherstellung: Graphische Werkstätte Seiser & Schwieck OHG, Neuwied.

ISBN 3-00-017578-4

Inhaltsverzeichnis

Öffentliche Einrichtungen

Vereinsgeschehen

Traditionelles örtliches Gewerbe

Grußwort

Sehr geehrte Damen und Herren, liebe Buchenauer,

der rund 2000 Einwohner große Stadtteil Buchenau diente anfangs der 1950er Jahre zunächst ausschließlich der Linderung einer unsäglichen Wohnungsnot und bot den mit den Flüchtlingswellen aus einstigen deutschen Ostgebieten eintreffenden Neubürgern Hoffnung, Lebensmut und Perspektive.

In rund 50 Kapiteln der Buchenauer Heimatchronik wird Geschichte im Buch lebendig und die heimatkundliche Literatur Boppards bereichert. Beginnend bei der Ur- bzw. Frühgeschichte, wird der Bogen der „Siedlungsgeschichte" über das Mittelalter bis in die Jetztzeit gespannt. Unter Oberbegriffen wie Landschaft und Geschichte, Volkskunde, Siedlungsgeschichte, Kirchen und Friedhöfe, Öffentliche Einrichtungen, Vereinsgeschehen, traditionelles örtliches Gewerbe und Buchenauer Persönlichkeiten sind zahlreiche Beiträge zusammengefasst.

„Heimatforscher sind das Gedächtnis einer Gemeinde", diesen Vergleich finde ich stets sehr passend, wenn es darum geht, darzustellen, was fleißige Menschen bei der Spurensuche in Archiven und weiteren Informationsquellen im Laufe der Zeit recherchiert haben. Ein Puzzle der Vergangenheit in einer Heimatchronik zusammenzusetzen, in der viele Bilder, Geschichten und Schicksale lebendig werden, ist eine Meisterleistung und verdient hohe Anerkennung.

Bertram Fleck

Bertram Fleck
Landrat des Rhein-Hunsrück-Kreises

Zum Geleit

Der Bürgermeister

Über keine Gemeinde am Mittelrhein gibt es wohl eine so umfangreiche Literatur wie über Boppard, was jedoch nicht besagt, dass alles über Boppard geschrieben ist. Eine umfangreiche Darstellung des Stadtteiles Buchenau hat bisher gefehlt.

Buchenau wurde gegründet, weil Boppard zu klein war. In Buchenau sind in der zweiten Hälfte des 20. Jahrhunderts unzählige Eigenheime entstanden, deren Erbauer in Boppard zwischen dem Mühltal, der Zeil und dem Kloster St. Martin keinen Platz mehr gefunden haben. Darüber hinaus sind für den Ortsbezirk Boppard heute in Buchenau wichtige Gemeinschaftseinrichtungen wie der zentrale Friedhof, das Hallen- und Freibad, das BOMAG-Stadion, das Einkaufszentrum Buchenau und nicht zuletzt das Waldfestgelände errichtet worden.

Buchenau ist heute eine attraktive Wohnanlage, der nichts Wesentliches fehlt.

Mein besonderer Dank gilt den Autoren Jürgen Johann und Michael Koelges, die mit vielen Mühen das detailreiche und dennoch gut zu lesende Gesamtwerk fertiggestellt haben, wie auch den unzähligen Zulieferern und Helfern. Ich wünsche dem Buch viel Aufmerksamkeit und allen Leserinnen und Lesern gute Lektüre und eine angenehme Horizonterweiterung.

Dr. Walter Bersch

Grußwort

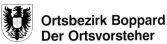

Eine Lücke in der Aufarbeitung Bopparder Stadtgeschichte ist mit diesem Werk geschlossen und war überfällig.

Der Ortsteil Buchenau, früher eher mitleidig als „Schlafstadt" apostrophiert, hat sich im Laufe der Jahre zu einer wahren Heimat entwickelt und kann sich mittlerweile wohl auch dank der Möglichkeit einer gewissen Eigenversorgung durch die Ansiedlung von zwei Supermärkten ein wenig selbstbewusster abnabeln von der „Mutter Kernstadt".

Ein weiter Bogen voller überraschender Details spannt sich zwischen Landsiedlung und den Bungalows in den neuen Baugebieten.

Zwei Generationen haben zwischenzeitlich hier das Licht der Welt erblickt und sind hier aufgewachsen - meine beiden Kinder gehören dazu -, und so freue ich mich besonders darauf, Ihnen mit diesem bebilderten Werk ein Stück Heimatgeschichte näher bringen zu können. Ich bedanke mich bei den Autoren, die dies ermöglicht haben: So war das damals, hier in unserem Buchenau.

Martin Strömann

Vorwort und Danksagung

Trotz einer bereits vorliegenden Vielzahl an Publikationen mit historischem Bezug über die Stadt Boppard und unsere mittelrheinische Heimat ist es jedoch nach wie vor mit erheblichen Mühen verbunden, einschlägige Schriften über das noch junge Buchenau zu finden. Mutmaßlich liegt es wohl daran, dass gerade mal ein halbes Jahrhundert seit „offiziellem" Bestehen des (noch) unselbständigen Bopparder Ortsteils ein als Zeitepoche zu geringer Zeitraum darstellt, um das Interesse von Chronisten und Heimatforschern zu wecken.

Diese Gegebenheit veranlasste die Verfasser des vorliegenden Werkes, zum einen die vorhandenen historischen Veröffentlichungen, des Weiteren aber auch ungezählte Presseartikel oder sonstige Publikationen zu durchforsten und mit Blick auf „Verwertbares für Buchenau" auszuwerten. Daneben wurde das Gespräch mit alteingesessenen Mitbürgerinnen und Mitbürgern gesucht, um auch aus dieser lebendigen Quelle zu schöpfen.

Als auf diese Art und Weise, die allein einen Zeitraum von weit über einem halben Jahr beanspruchte, zahlreiches Material gesammelt war, begann die Sortierarbeit. Es galt, die nunmehr vorhandenen Informationen bestimmten Themenschwerpunkten zuzuordnen und Artikelentwürfe zu erstellen. Schnell zeigte sich, dass in einer Vielzahl von Fällen Nachforschungen unentbehrlich waren und aufs Neue mussten Archive, allen voran die von der Stadtbücherei gepflegte Heimatkundliche Sammlung, aber auch das in Koblenz ansässige Landeshauptarchiv oder das Kreisarchiv in Simmern auf brauchbare Unterlagen durchstöbert werden. Auch die Katholische Pfarrgemeinde öffnete ebenso bereitwillig wie die im einstigen Kloster St. Martin beheimatete Archivstelle Boppard der Evangelischen Kirche im Rheinland ihre Pforten. Und immer wieder standen Zeitzeugen gerne „Rede und Antwort".

Ähnlich verhielt es sich bei der Verwertung von geeignetem Fotomaterial. Hier bewies sich besonders die langjährige Freundschaft zu den beiden Verlegern der lokalen Wochenzeitung „Rund um Boppard", den Gebrüdern Bernd und Ralf Hübner, als wichtige Stütze. Mit deren technischer Ausrüstung und mannigfachen EDV-Kenntnissen gelang es den Zeitungsmachern, auch aus einem noch so vergilbten und winzigen Foto eine akzeptable Aufnahme für die Chronik „zu zaubern".

Als nach Fertigstellung der Textentwürfe mit der Erstellung des Layouts der Beiträge ein weiterer Arbeitsschwerpunkt anstand, erklärte sich aufs Neue das Geschwisterpaar Hübner bereit, diese Arbeiten „nach Feierabend" zu erledigen. Ohne diese unschätzbare Hilfsbereitschaft wären zweifelsohne die Erstellungskosten der Chronik gewaltig gestiegen. Mancher Gestaltungsentwurf wurde gemeinsam wieder verworfen, bis endlich alle Beiträge, Titelblatt und Buchrücken „standen". Lieber Bernd, lieber Ralf - für Eure tolle Hilfe ein ganz herzliches Dankeschön.

Als dann die Textbeiträge nach und nach gesetzt und erstes Korrekturlesen durch die Verfasser abgeschlossen war, erinnerten wir uns eines Angebots von Dr. Werner Schmidt, der sich bereit erklärte, das „Gesamtwerk" einer Durchsicht zu unterziehen. Auch Petra Weiß vom Stadtarchiv Koblenz hat sich der Mühe des Korrekturlesens unterzogen und mit unbefangenem Blick Tippfehler und inhaltliche Schwächen aufgespürt. Beiden hierfür recht herzlichen Dank.

Natürlich dürfen bei unseren Danksagungen all diejenigen Mitbürgerinnen und Mitbürger nicht vergessen werden, die uns hilfsbereit mit Auskünften, Unterlagen, Fotos und Textbeiträgen unterstützten. Auch wenn eine persönliche Auflistung letztlich nur lückenhaft sein kann, soll dennoch einigen Personen unser besonderes Dankschön gelten.

So hat nicht nur Kurt Gilsbach seine auf dem Speicher gelagerten Pappkartons mit Archivunterlagen aus alter „Reporterzeit" - es mögen wohl einige Tausend Fotos sein - durchstöbert, um uns weiterzuhelfen. Sein Name wird wohl noch lange mit den Bopparder Bädern und natürlich der DLRG verbunden bleiben.

Auch der Buchenauer Kriminalbeamte i.R. Paul Michel öffnete bereitwillig seine gesammelten „Polizeiakten", um uns Informationen zur Verfügung zu stellen. Sein Detailwissen im „Fall Freese", der vor über vier Jahrzehnten Buchenau in die Schlagzeilen brachte, versetzte uns wiederholt ins Staunen.

Mit der Kontaktaufnahme zum ersten Buchenauer Seelsorger Josef Dissemond, der sich heute in einem Koblenzer Seniorenheim ebenfalls der Heimatkunde widmet, tätigten wir einen weiteren Glücksgriff. Seine zahlreichen Unterlagen zur Siedlungsgeschichte und besonders zum Bau des Kindergartens waren von unschätzbarem Nutzen.

Bei Fragen zur Entstehungsgeschichte der Nachbarschaft oder zum Baugebiet Leiswiese gab uns Hildegard Sauerborn jederzeit hilfsbereit Auskunft.

Auf eine Nachfrage zur evangelischen Kirchengeschichte in Buchenau bei Pastor i.R. Rainer Hachmann antwortete dieser: „Ich habe gerade eine Kirchenchronik von Bad Salzig fertig gestellt, stehe noch voll im Stoff und liefere Ihnen auch gerne eine von Buchenau!" Gesagt - getan.

Klaus Brager, ausgezeichneter Kenner der Bopparder Vor- und Frühgeschichte, hat dankenswerter Weise einen Beitrag über Buchenaus „Urzeit" beigesteuert.

Aktive und ehemalige Erzieherinnen durchforsteten ebenso wie zahlreiche Eltern und Großeltern ihre Bildersammlungen nach Gruppenfotos einstiger Kindergartengruppen.

Die von Geher-Europameister Gerd Birnstock über Jahrzehnte gesammelten Urkunden, Medaillen, Fotos und Presseberichte reichen, um ohne Weiteres eine eigene Publikation über seine sportlichen Erfolge zu füllen.

Ferdinand Benner jr. und Heinz Kähne lieferten wertvolle Tipps nicht nur bei der Suche nach „Buchenauer Persönlichkeiten".

Ingo Schwanenberger forschte auf der Suche nach Unterlagen zur Firmenhistorie bei seiner Verwandtschaft. Es hat sich gelohnt.

Georg Holzmeister ließ auf der Suche nach Unterlagen zum FIDULA-Musikverlag einschlägiges Material aus Salzburg „einfliegen".

Besuche bei den Gebrüdern Manfred und Christian Kress auf der Thonetshöhe vermittelten neben einer Fülle historischer Unterlagen unvergessliche Eindrücke von der Schönheit unserer Heimat.

Ohne die Zustimmung von Bürgermeister Dr. Walter Bersch zu wochenendlichen Recherchen in der Heimatkundlichen Sammlung der Stadt Boppard wären die Textbeiträge mit Sicherheit nur lückenhaft zu verfassen gewesen.

Neben dem vorgenannten Personenkreis gilt unser besonderer Dank allen Mitbürgerinnen und Mitbürgern, die uns allzeit mit bereitwilligen Auskünften, der Ausleihe von Fotos oder auf sonstige Art und Weise bei unserem Bemühen unterstützten, mit dem nun vorliegenden Werk auch für den noch jungen Bopparder Ortsteil Buchenau eine „eigene" Heimatschrift zu verfassen.

Wie vielfach im Leben, werden auch diesmal die wichtigsten Personen erst am Schluss genannt: Der größte Dank gilt unseren Familien, die oftmals kopfschüttelnd, aber stets unterstützend unsere vielfach bis weit nach Mitternacht dauernde Tätigkeit jederzeit förderten.

Wir waren um eine Ausgewogenheit bei der Auswahl der zu behandelnden Themenbereiche bemüht, wobei unbestritten andere Chronisten sicherlich auch manchen Schwerpunkt an anderer Stelle gesetzt hätten. Keinesfalls war es unser Bestreben, eine wissenschaftliche Ausarbeitung mit einer Fülle von Fußnoten und Literaturhinweisen vorzulegen, wenngleich dies auch in Einzelfällen so praktiziert werden musste.

Die „Buchenauer Chronik" ist wohl auch nicht dazu geeignet, an einem Abend als „Pflichtlektüre" verschlungen zu werden. Vielmehr war es unser Bemühen, in einer Mischung aus leicht verständlicher Feierabend- und Informationslektüre ein abwechslungs- und lehrreiches, aber auch unterhaltsames Werk - nicht nur für Buchenauer - zu präsentieren.

Die Literaturhinweise sowie das Register sollen die Benutzbarkeit des Buches fördern.

Natürlich sind alle Leihgeber der eingearbeiteten Bildmaterialien in einem Abbildungsnachweis genannt.

Boppard, im November 2005

Jürgen Johann   *Michael Koelges*

Mittelrheinische Kulturstufen
Eine Auflistung der ur- und frühgeschichtlichen Epochen unserer Heimat

Kulturstufe	Zeitraum	Phase
Ältere Altsteinzeit (Alt-Paläolithikum)	Frühmensch (Homo erectus)	300.000 bis 170.000 v. Chr.
Mittlere Altsteinzeit (Mittel-Paläolithikum)	Altmensch (Homo sapiens neanderthalensis)	170.000 bis 35.000 v. Chr.
Jüngere Altsteinzeit (Jung-Paläolithikum)	Jetzt-Mensch (Homo sapiens Fossilis)	35.000 bis 8.000 v. Chr.
Mittelsteinzeit (Mesolithikum)	Vulkanausbruch Laacher See Bimsbedeckung	8.000 bis 4.000 v. Chr.
Jungsteinzeit (Neolithikum)	„Keramikkultur"	4.000 bis 1.800 v. Chr.
Bronzezeit	„Hügelgräber- und Urnenfelderkultur"	1.800 bis 700 v. Chr.
Eisenzeit	„Hunsrück-Eifel-Kultur"	
- ältere (Hallstatt-Zeit)		700 bis 450 v. Chr.
- jüngere (La-Tène-Zeit)		450 bis 50 v. Chr.
Römerzeit	Provinzialrömische Kultur	50 v. Chr. bis 450 n. Chr.
Völkerwanderungszeit	Fränkische Landnahme	350 n. Chr. bis 600 n. Chr.
Mittelalter		500 n. Chr. bis 1.500 n. Chr.
Neuzeit		ab 1.500 n. Chr.

Kurze Entstehungsgeschichte des Rheinischen Schiefergebirges

„Besonderheiten" des Mittelrheins

Ohne Frage dürfte es für Fachkenner keinerlei Probleme bereiten, mit obiger Thematik ein Buch mit Hunderten beschriebener Seiten zu füllen. Da dies aber nicht der Sinn einer heimatbezogenen Ortschronik sein kann, andererseits aber auch nicht gänzlich auf die Historie unseres „Grund und Bodens" verzichtet werden sollte, wird nachfolgend in „rekordverdächtiger Kürze" versucht, die Entstehungsgeschichte unserer mittelrheinischen Landschaft in wenigen Sätzen „abzuarbeiten".

Das Devon-Meer

Vor etwa 350 Millionen Jahren - ein Zeitraum, der für das menschliche Gehirn kaum vorstellbar oder begreifbar ist - in der sog. „Devon- oder Vorkohlenzeit" bedeckte das Devon-Meer große Teile Europas. So auch unsere Heimat.

Ströme und Stürme führten Tonschlamm, Sand und andere Stoffe in das Meer. Diese sanken in die Meerestiefe, wo sie sich im Laufe langer Jahre übereinander schichteten. Mancherlei Bindemittel und ständiger Druck bewirkten, dass die verschiedenen Naturstoffe schließlich fest miteinander verkittet waren.

Aus Teilchen von Quarz, Felsspat, Glimmer und Tonschiefer entstand so die Grauwacke, aus Tonschlamm der Tonschiefer. Auf dem Meeresgrund bauten Muscheln und Korallen ihre Bänke und Riffe. Als Kalksteine sind deren versteinerte Reste noch heute erhalten.

Als schließlich das Devon-Meer nach und nach zurücktrat, was so etwa 50 Millionen Jahre gedauert haben dürfte, bildete der einstige Meeresgrund die künftige Erdoberfläche.

Zeitepochen

In der Karbon- oder Kohlenzeit, der Entstehungszeit unserer Steinkohle vor etwa 300 Millionen Jahren und in der darauf folgenden Perm- oder Nachkohlenzeit (vor etwa 240 Millionen Jahren) wurden die ursprünglich waagerecht liegenden Schichten durch ungeheuren Druck zusammen geschoben und aufgefaltet. Es entstanden Sättel und Mulden.

Dann folgte das „Erdmittelalter", welches rund 150 Millionen Jahre dauerte. Während dieser Zeitepoche der Erdgeschichte wurden infolge Verwitterung (Kälte, Hitze, Wasser und Wind leisteten ihren Beitrag) die Sättel abgetragen und die Mulden durch den Verwitterungsschutt ausgefüllt.

So entstand aus einem gewaltigen, vermutlich alpenhohen Gebirge eine leicht gewellte Fast- oder Rumpfebene. Nur dort, wo härtere Gesteine, z.B. die Quarzite im Hunsrück oder Taunus, der Verwitterung größeren Widerstand entgegen setzten, blieben halbwegs höhere Gebirgskämme erhalten.

Bei einer späteren Hebung der Rumpfebene schnitten sich der Rhein und seine Nebenflüsse immer tiefer ein. Ihre Täler zerteilten schließlich die weite Schieferhochfläche in Teilstücke, wodurch die Landschaft am Mittelrhein ihr heutiges Aussehen als vielgegliedertes Gebirge erhielt.

Die Rheinterrassen

Vorwiegend drei wichtige Funktionen erfüllt der Rhein: Zum einen bewirkt sein kontinuierliches Fließen eine „Tiefenerosion", d.h. je gradliniger der Flusslauf ist, desto tiefer ist das Flussbett. Besonders in Krümmungen bewirkt die „Seitenerosion" durch Verlagerung des „Stromstriches" zur Außenseite eine stärke Uferunterspülung. An diesen Seiten entstehen dann Prallhänge, auf der gegenüberliegenden Seite bilden sich Gleithänge mit Anschwemmungen. Durch Hin- und Herpendeln des Stromes verbreitern sich die Täler. Letztlich entstehen durch den Transport und die Ablagerung von Geröll eine „Anschwemmung", die auch als „Alluvium" bezeichnet wird.

Auch der „Urrhein" floss noch in der Braunkohlenzeit, also vor rund 60 Millionen Jahren, in natürlichen Senkungen des Schiefergebirges. Erst durch weitere Einbrüche, beispielsweise sei das Neuwieder Becken genannt, wurde der heutige Rheinverlauf vorgezeichnet. Die Zwischenstücke hat der Rhein ausgenagt.

Im Laufe der Jahrmillionen hob sich das Gebirge. Ebenso wie diese Hebungen gingen auch die Ausnagungen keineswegs gleichmäßig vonstatten. So entstanden mehrere „Terrassen", von denen besonders die „Bopparder Rheinterrassen", auf welchen sich auch Buchenau ansiedelte, ein gelungenes Beispiel bezeugen.

Der Rheinlauf in Teilstrecken

Es gibt wohl keinen anderen Fluss in Europa, der seinen Verlauf so wechselhaft gestaltet, wie unser geliebter „Vater Rhein".

Von den rätischen Alpen bis zur Nordsee erstreckt er sich über eine Länge von 1.237,6 Kilometer (km). Auf deutschem Gebiet durchfließt er zwischen Konstanz und niederländischer Grenze eine Strecke von 865 km.

Insgesamt sechs Teilstrecken kennzeichnen den Rheinlauf:

· Alpenrhein (Quelle - Bodensee) = 164 km

· Seerhein (Bodensee) = 76 km

· Hochrhein (Bodensee bis Basel) = 141 km

· Oberrhein (Basel bis Bingen) = 362 km

· Mittelrhein (Bingen bis Bonn) = 124 km

· Niederrhein (Bonn - Mündung) = 370,6 km

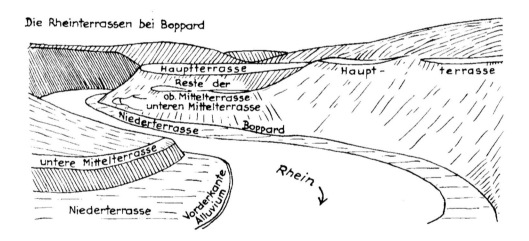

Die Rheinterrassen bei Boppard

Ton, Steine, Scherben

Buchenau in vor- und frühgeschichtlicher Zeit - von Klaus Brager

Die geologische Struktur der Landschaft ist die Grundlage dafür, Siedlungsplätze früher Kulturen zu entdecken. In Buchenau ist es der alte Nebenarm des Rheins, der hier zwischen Eisenbolz und Pütz die Landschaft grundlegend geprägt hat. Das heutige Buchenau liegt am Nordhang des Pütz und erstreckt sich bis zum Lauf des Buchenauer Bachs. Wie die Flurnamen ausweisen, handelt es sich um die ungünstigere Lage in diesem Tal, da sie von der Sonne abgewandt ist und zudem auch noch feuchten Boden aufweist. Eine Siedlung *(Overinbach, Arenbach)* ist nur hinter dem westlichen Rand des heutigen Buchenau in Anschluss an den Marienberger Park 1270 erstmals urkundlich, aber nicht archäologisch belegt.[1]

Siedlungstopografisch wäre eine frühgeschichtliche Siedlung am Südhang des Eisenbolz zu suchen. Dort fand der Verfasser einige Scherben, die in die Schnurkeramische Zeit gehören, allerdings zu wenige, als dass man auf eine Siedlung schließen könnte. In dieser Zeit, die ungefähr in das 2. bis 3. Jahrtausend v. Chr. datiert, werden in zunehmendem Maße auch feuchte Täler und Wiesenflächen besiedelt.[2]

Ebenfalls am Südhang des Eisenbolz wurde vom Verfasser bei einem Hausneubau im Ausschachtungsprofil ein Graben mit nicht eindeutig datierbaren Keramikscherben dokumentiert (latènezeitlich/vor Christi Geburt?).

So bergen die Streuobstwiesen des Südhanges vielleicht noch unentdeckte Spuren früher Kulturen, bekannt und öffentlich geworden ist bis jetzt aber nichts.

Oberst Theodor Scheppe (1821-1906) vermutete am Südwestende des Eisenbolz, dem Eisenbolzer Kopf, ein frühes römisches Kastell, hat aber keine archäologischen Funde als Beleg zu bieten, zumal der Standort für ein Kastell untypisch wäre. Eher wäre hier ein Standort für das keltische Boudobriga („Burg des Boudos") zu vermuten, wenn nicht aus dem Bereich des Mühltals seit zwei Jahren erste Nachweise einer keltischen Siedlung der Zeit um ca. 250 v. Chr. bekannt wären, die den Hirschkopf als Höhenfestung wieder in Frage kommen lassen. Aber auch vom Hochplateau des Eisenbolz, der bis ca. 1830 mit Wald bedeckt war, sind bis jetzt keine archäologischen Funde bekannt geworden.

An Buchenau vorbei führt die alte Poststraße auf den Hunsrück, die für das Mittelalter und die frühe Neuzeit sicher die Hauptverbindung zum Hunsrück war und vielleicht auch schon in römische Zeit reicht, wofür uns allerdings bis jetzt die archäologischen Nachweise fehlen.

---

1 *Volk, Otto:* Boppard im Mittelalter. In: Boppard. Geschichte einer Stadt am Mittelrhein. Hg. von *Heinz E. Mißling.* 1. Bd.: Von der Frühzeit bis zum Ende der kurfürstlichen Herrschaft. Boppard 1997, S. 61-409, hier S. 323-324, 331.

2 *Wegner, Hans-Helmut:* Die Ur- und Frühgeschichte im Siedlungsraum Boppard. In: ebd., S. 12-59.

Aus der Buchenauer Frühzeit
Die Wüstung Arenbach bei Boppard

Darstellung der Arenbach ruinae *(Ruinen von Arenbach), links (südlich) von Boppard. Daran anschließend der* Eisenboldts waldt *und das* Siechenhaus *(zur Unterbringung von Pest- und Leprakranken) an der Kamper Fähre. Ausschnitt aus der Karte von* Arnold Mercator: Diocesis Trevirensis Tractus Mosellanus Inferior *(Unterer Mosellauf im Erzstift Trier). Maßstab ca. 1:87.000, Karte gewestet. Druck von* Nikolaus Person, *Mainz 1689. Ein originales Exemplar befindet sich im Landeshauptarchiv Koblenz unter der Signatur LHA Ko Best. 702 Nr. 1.*

Das Gebiet des heutigen Bopparder Stadtteils Buchenau wurde zu Beginn der 1950er Jahre aufgesiedelt. Der einzige Wohnplatz, der schon vorher existierte und heute noch besteht, ist das 1864 errichtete Forsthaus. Dennoch gab es seit dem späten Mittelalter einen Siedlungsplatz in Buchenau, der vor einigen hundert Jahren aber schon wieder verlassen wurde: Arenbach, auch Arienbach oder Orienbach genannt. Über diese Siedlung, die wir uns wohl eher als eine Gruppe von wenigen Häusern vorzustellen haben, ist kaum etwas bekannt. Viele kleine Einzelinformationen, die schon seit Jahrzehnten in der heimatkundlichen Literatur angeführt werden, sind recht widersprüchlich und lassen sich nur mühsam zu einem einigermaßen geschlossenen Bild zusammenfügen.

Wo lag Arenbach?

Die Schwierigkeiten beginnen mit der Frage, wo Arenbach eigentlich lag. Ferdinand Pauly vertritt die Auffassung, dass die Wüstung *im näheren Umkreis* des Forsthauses Buchenau zu suchen sei[1]. Dies ist jedoch vor allem deshalb unwahrscheinlich, weil die Bewohner des späteren Forsthauses fortwährend mit Schwierigkeiten bei der Wasserversorgung zu kämpfen hatten, diese Stelle für eine Besiedlung also denkbar ungünstig lag. Bernhard Josef Kreuzberg gibt an, dass das Dorf *oberhalb des Klosters* (Marienberg) gelegen hätte[2]. Zeitweise vermutete man die abgegangene Siedlung im Bereich des Baugebiets Schäffersweyer. *Bei der Planierung dieses Geländes hat sich aber gezeigt, daß alles nur festgewachsener Boden war, und daß dort eine Spur von früherer Ansiedlung nicht zu entdecken gewesen ist[3].* Der Autor dieses Zeitungsartikels empfahl, *die Möglichkeit zu untersuchen, ob der Flurname „Frankenmauer", der etwas weiter oberhalb zu finden ist, mit dieser Ansiedlung in Verbindung gestanden hat.* Dieser Flurname ist für das 18. Jahrhundert in den chronikalischen Aufzeichnungen der Marienberger Kellner (Klosterverwalter) belegt und dürfte demnach oberhalb des Klosters Marienberg in der Nähe der Orgelbornquelle zu suchen sein[4].

Archäologisch lässt sich der Weiler nicht nachweisen. Halten wir nach kartographischen Darstellungen Arenbachs Ausschau, so stellen wir fest, dass die so genannte Mercator-Person-Karte die wichtigste Quelle darstellt. Sie bietet die erste einigermaßen naturgetreue vermessungstechnische Darstellung Boppards und seiner Umgebung. Arnold Mercator, Sohn des berühmten Duisburger Kartographen Gerhard Mercator, zeichnete die Vorlage - eine Darstellung des Niedererzstifts Trier mit dem Mittelpunkt Koblenz - vermutlich schon Ende des 16. Jahrhunderts[5]. Die Ausgabe des Mainzer Druckers Nikolaus Person von 1689 benutzte die Kupferstichplatten, die Mercator auf der Grundlage seiner handgezeichneten Vorlage wahrscheinlich 1602 anfertigte[6]. Nimmt man die Karte beim Wort, so lagen die *Arenbach ruinae,* die Ruinen von Arenbach, am Zusammenfluss zweier Bäche in der Gegend des heutigen Buchenau, nämlich des Mittelbachs und des Bruder-Michels-Bachs (oder, wie er früher bezeichnet wurde, des Priesterbachs). Wir können mit ziemlicher Sicherheit annehmen, dass sich die Siedlung ungefähr zwischen der Abzweigung der Kreisstraße 118

von der Landesstraße 210 (Simmerner Straße) und dem Buchenauer Schwimmbad-Parkplatz befand. Ein wichtiges Argument für die Richtigkeit dieser Überlegungen ist die Tatsache, dass die Wasserversorgung Arenbachs durch die nahe gelegene Orgelbornquelle das ganze Jahr über gesichert war.

Was die schriftlichen Quellen angeht, so wird Arenbach erstmals im 13. Jahrhundert fassbar. Schon vor über hundert Jahren veröffentlichte Johann Nick (1832-1903), gebürtiger Bopparder und von 1868 bis zu seinem Tod Pfarrer in Salzig, den 1290 entstandenen *Liber Donationum Ecclesiae s. Severi Bopardiae[7].* Hierbei handelt es sich um ein Verzeichnis der Gedenk- und Messtage für jene Personen, die dem Bopparder Severusstift Güter oder Geldzahlungen vermachten in der Absicht, durch die Fürbitten und Gebete der Klerikergemeinschaft das ewige Seelenheil zu erlangen. Neben den Namen der Stifter verzeichnet der *Liber Donationum* auch die übereigneten Geldbeträge und Immobilien. Solche Angaben sind es, die diese Quelle für die lokalgeschichtliche Forschung so wertvoll machen. Auf diesem Wege ist eine Fülle von Informationen über geographische Gegebenheiten, Grundstücks- und Besitzverhältnisse aus Boppard und der näheren Umgebung überliefert.

Die Bewohner

Das gilt auch für Arenbach und seine Bewohner[8]. Der Ortsname taucht als *Overinbach, Ovirbach, Oyrinbach, Overenbach, Ovenbach, Ovinbach, Obrinbach* und *Arinbach* auf. Es handelt sich um eine Zusammensetzung des mittelhochdeutschen *over(en)* (oben, oberhalb) mit dem Grundwort Bach, so dass der Name als „Wohnplatz am oberen Bachlauf" zu deuten wäre[9]. Dass der Orgelborn mit Arenbach in Zusammenhang steht, ist unzweifelhaft. Fraglich ist jedoch, ob es sprachgeschichtlich gesehen eine Verbindung zwischen der Bezeichnung Orgelborn und dem Namen unserer Siedlung gibt. Nick behauptet dies, indem er schreibt: *Der Born des Dörfchens hiess der Orienborn, woraus im Volksmund Orgelborn sich bildete.* Diese Deutung wird von Halfer kommentarlos übernommen[10]. Eine ältere Untersuchung hingegen führt den Namen der Orgelbornquelle auf die Wurzel *arg* (zu lateinisch arguere, argutus, argentum) in der Bedeutung „hell, glänzend, silbern" zurück. *In dem Bestimmungwort Orgel liegt also der Begriff der Reinheit und Klarheit und gibt somit eine Eigenschaft an, die das Wässerchen zur Ansiedlung geeignet erscheinen ließ*[11]. Welche Interpretation die richtige ist, mag offen bleiben. Wichtig ist hier jedoch die Feststellung, dass eine sichere Wasserversorgung Grundvoraussetzung für eine dauerhafte Ansiedlung war, was in beiden Erklärungsvarianten zum Ausdruck kommt. Der Flurname *ahm Orgelborn*[12] taucht in der schriftlichen Überlieferung erst spät auf, nämlich im Grund- und Extraktenbuch von 1719, einer Art Katasterverzeichnis, das erstmals eine genaue Übersicht über die Eigentumsverhältnisse an Grund und Boden im Kurfürstentum Trier ermöglichte.

Der *Liber Donationum* bietet darüber hinaus weitere Informationen über die wirtschaftliche Betätigung der Bewohner Arenbachs sowie auswärtiger Grundeigentümer oder Pächter, die dort landwirtschaftliche Parzellen bestellten. Mehrmals werden *vineae*, Weinberge oder Weingärten, erwähnt. Einmal ist von einem *pomerium*, also von einer Obstwiese oder einem Baumgarten, die Rede. Aus anderen Quellen wissen wir, dass im Jahr 1377 in Arenbach eine „Steinkuhle", also ein Steinbruch, betrieben wurde, und dass dort für 1496 eine Lohmühle belegt ist, die die für die Lederherstellung benötigte Eichenlohe verarbeitete[13].

Auch die Namen von Arenbacher Einwohnern sind überliefert. Der *Liber Donationum* nennt folgende Personen: *Gobelinus, Theodericus de Overinbach, Hartlivus, Walterius carpentarius* (Walter der Zimmermann), *Johannes*, Sohn des *Hellevicus, Heymo de Ovenbach, Conradus de Ovinbach*, und schließlich *Conradus, Herbordus* und *Lucardis de Overinbach* sowie deren Kinder. Der früheste definitiv nachweisbare Bewohner und damit auch der älteste Beleg für die

Existenz der Siedlung überhaupt findet sich für das Jahr 1270 in einer Urkunde des Klosters Eberbach: *Waltherius, carpentarius in overenbach*[14], der mit dem oben genannten Zimmermann Walter aus dem *Liber Donationum* identisch sein dürfte. Für das Jahr 1438 erscheint in einer Urkunde *Heyntz der welcker zu Bopart*, der in Arenbach wohnte[15]. Er dürfte ein Handwerker gewesen sein, der in der Bopparder Walkmühle im Königstal, also am Ausgang des Mühltals, arbeitete und in der Tuchherstellung beschäftigt war. Ein *Peter Leynert* aus Arenbach taucht im Jahr 1604 als Pate im Taufbuch der Pfarrei St. Severus auf[16].

Außerdem vermerkt der *Liber Donationum* die Namen Auswärtiger, die in Arenbach Grundeigentum, meistenteils Wingerte, besaßen, zu Lehen hielten oder gepachtet hatten: *Henricus miles bauwarus*, ein Ritter, der vielleicht zur Familie der Beyer von Boppard gehörte, *Henricus*, Sohn des Klerikers *Franco*, und seine Schwester *Jutta*, die *Domina* (Frau oder Herrin) *Leticia de Seynheim* (Senheim an der Mosel?), *Conradus dictus Scotus* (genannt der Schotte), *Henricus heydene* und seine Ehefrau *Margareta*, eine *Domina Lucardis*, Frau eines *Reinemann*, sowie *Odilia* und *Symon*, vermutlich Eheleute[17].

Arenbach und Marienberg

Zum Benediktinerinnenkloster Marienberg stand Arenbach in einer besonderen Beziehung. Wahrscheinlich ist die Siedlung sogar im Zusammenhang mit der Gründung des Klosters (ca. 1120/25) entstanden. Im Jahr 1420 erwarb die Meisterin Mechthild Kolb von Boppard von den Bewohnern Arenbachs das Recht zur Nutzung des Orgelborns, was sich Äbtissin Isingard von Greifenclau 1456 bestätigen ließ. Weil die Kanäle aber über die Äcker und Wiesen der Arenbacher geführt werden mussten, erließ die Äbtissin den Einwohnern des Dörfchens als Gegenleistung bestimmte Abgaben[18]. Dass es im 17. Jahrhundert zu Streitigkeiten über das Wasser des Orgelborns zwischen den Bopparder Bürgern und dem Kloster Marienberg kam, sei hier nur am Rande erwähnt. 1688 brachen die Bopparder gewaltsam das Wasserreservoir des Klosters auf, um mit Erlaubnis des kurfürstlichen Landesherrn das Wasser auf den Marktplatz zu leiten. Auf Proteste der Äbtissin hin, die auf die alte Vereinbarung mit den Arenbachern von 1420 pochte, vermittelte der Kurfürst einen Kompromiss, wonach die Bopparder wenigstens das überschüssige, von den Nonnen nicht benötigte Wasser nutzen durften. Doch schon wenig später erstritt das Kloster, dass auch diese Regelung rückgängig gemacht wurde[19].

Das Ende Arenbachs

Über die Frage, wann Arenbach von seinen Bewohnern aufgegeben wurde, lassen sich nur Mutmaßungen anstellen. So findet sich die Behauptung, der Weiler sei der Belagerung der Stadt im „Bopparder Krieg" 1497 zum Opfer gefallen[20]. Die oben erwähnte Mercator-Person-Karte, die den topographischen Zustand um 1600 festhält, bezeichnet Arenbach schon als verlassen und verfallen. Heinz Pesch hat darauf hingewiesen, dass im Jahr 1604 mit Peter Leynert zum letzten Mal ein Arenbacher in den Bopparder Kirchenbüchern auftaucht[21]. Nach Johann Josef Klein war Arenbach *noch im dreißigjährigen Kriege* bewohnt[22], während Bernhard Josef Kreuzberg vermutet, dass die Siedlung durch die kriegerischen Ereignisse eben jener Zeit zugrunde gegangen sei[23]. In den Marienberger Kellnerberichten, die für die Jahre 1724 bis 1782 vorliegen, wird Arenbach nicht mehr genannt[24]. Der Zeitpunkt seines Untergangs wird also in einem Zeitraum von rund 150 Jahren zu suchen sein - alles Weitere wäre Spekulation. Sicher ist jedoch, dass Buchenau auf eine ältere Vergangenheit zurückblicken kann, als man landläufig annimmt.

Anmerkungen

1 *Pauly, Ferdinand*: Beiträge zur Geschichte der Stadt Boppard. Bd. 2: Die Nachbarschaften. Boppard 1990, S. 247.

2 *Kreuzberg, Bernhard Josef*: Über die Nachbarschaften und ihr Brauchtum. In: Boppard am Rhein. Ein Heimatbuch. Koblenz 1953, S. 89-94, hier S. 94.

3 Wo stand das Dorf Orienbach? In: RuB 20.8.1960, S. 6.

4 Die Berichte der Kellner der Abtei Marienberg bei Boppard über die Merkwürdigkeiten und häuslichen Begebenheiten der Jahre 1724-1782. Veröffentlicht von *Franz-Josef Heyen*. Boppard 1964 (Bopparder Beiträge zur Heimatkunde 2), S. 34, 66. Vgl. auch den Beitrag über die Flurnamen Buchenaus in diesem Band.

5 *Becker, Kurt*: Unsere engere Heimat aus der Sicht der ältesten Landkarte des Erzbistums Trier (1578). In: Rhein-Hunsrück-Kalender 54 (1998), S. 72-76, legt dar, dass auch die dort vorgestellte Karte aus dem Weltatlas des Antwerpener Verlegers Gerard de Jode *wahrscheinlich auf das Resultat einer im Auftrag des damaligen Trierer Erzbischofs und Kurfürsten Johann von der Leyen von dem berühmten Kartographen Arnold Mercator durchgeführten Landvermessung (ab 1559) zurückgeht* (S. 73). Auf dieser Karte ist Arenbach (im Gegensatz beispielsweise zu Peternach) nicht eingezeichnet (vgl. die Aufzählung der Ortsnamen, S. 75).

6 Mittelrhein und Moselland im Bild alter Karten. Katalog zur Ausstellung im Landeshauptarchiv Koblenz. Koblenz 1985, S. 22-28 (Arnold Mercator als Kartograph von Kurtrier), sowie S. 59 Nr. 15 (Beschreibung der Mercator-Person-Karte). Ein Ausschnitt ist auch bei *Kreuzberg* wiedergegeben (wie Anm. 2, S. 93).

7 *Nick, Johann*: Liber Donationum Ecclesiae s. Severi Bopardiae. In: Nassauische Annalen 9 (1868), S. 1-48.

8 Der Name der Siedlung (in den nachstehend angegebenen Varianten) und die Eigennamen von zehn Bewohnern und zehn Grundbesitzern finden sich in der Ausgabe von *Nick* (wie Anm. 7) auf den Seiten 3, 5-6, 9-10, 13, 16-18, 26-27, 32 und 39-40.

9   *Halfer, Manfred*: Die Flurnamen des oberen Rheinengtals. Ein Beitrag zur Sprachgeschichte des Westmitteldeutschen. Stuttgart 1988 (Mainzer Studien zur Sprach- und Volksforschung 12), S. 34-35.

10 *Nick* (wie Anm. 7), S. 39 Anm. 1; *Halfer* (wie Anm. 9), S. 123 Anm. 22.

11 *Kessels, Hubert*: Ein Deutungsversuch des Namens Orgelborn. In: Zeitschrift für Heimatkunde des Regierungsbezirks Coblenz und der angrenzenden Gebiete von Hessen-Nassau 2 (1921), S. 166.

12 *Halfer* (wie Anm. 9), S. 123.

13 *Volk, Otto*: Wirtschaft und Gesellschaft am Mittelrhein vom 12. bis zum 16. Jahrhundert. Wiesbaden 1998 (Veröffentlichungen der Historischen Kommission für Nassau 63), S. 371 Anm. 23, S. 412.

14 *Halfer* (wie Anm. 9), S. 34.

15 *Volk* (wie Anm. 13), S. 408 Anm. 253.

16 *Pesch, Heinz*: Geschichte der Bopparder Nachbarschaften und ihrer Kirmesfeiern. In: Zeitschrift des Vereins für Rheinische und Westfälische Volkskunde 7 (1910), S. 161-193, hier S. 175 Anm. 34.

17 Weitere Belege zu Arenbach und seinen Bewohnern bietet *Volk, Otto*: Boppard im Mittelalter. In: Boppard. Geschichte einer Stadt am Mittelrhein. Hg. von *Heinz E. Mißling*. 1. Bd.: Von der Frühzeit bis zum Ende der kurfürstlichen Herrschaft. Boppard 1997, S. 61-409, hier S. 323-324, 331.

18 *Nick* (wie Anm. 7), S. 39 Anm. 1.

19 *Rupp, Ansgara*: Beiträge zur Geschichte des Klosters Marienberg (Boppard) mit besonderer Berücksichtigung des confluvium historicum. Boppard 1965 (Bopparder Beiträge zur Heimatkunde 4), S. 42 mit Anm. 3.

20 So der Autor des Artikels: Wo stand das Dorf Orienbach? (wie Anm. 3).

21 Wie Anm. 16.

22 *Klein, Johann Josef*: Geschichte von Boppard. Boppard 1909, S. 226. Leider gibt der Autor keine Quelle an.

23 *Kreuzberg* (wie Anm. 2), S. 94.

24 Wie Anm. 4, S. 103-110 (Index der Orts- und Personennamen).

Sprachliche Zeugen vergangener Zeiten
Der Siedlungsname Buchenau und die Buchenauer Flurnamen

Der Siedlungsname Buchenau

Durch Erlass der Bezirksregierung Koblenz vom 27. Februar 1957 erhielt der neue Bopparder Ortsteil Buchenau seinen Namen[1]. Wie wir weiter unten sehen werden, handelt es sich um keinen örtlichen Flurnamen. Vielmehr wurde die Bezeichnung des Forsthauses Buchenau auf die neue Siedlung übertragen. Woher aber stammt der Name des Forsthauses?

Nach seiner Errichtung 1864 trug es zunächst den Namen „Forsthaus Hinterdikt" oder „Hinterdickt". Die Stadt Boppard griff bei der Namensgebung auf den Namen jenes Flurstücks zurück, in dem das Forsthaus liegt. Gerade um diese Zeit begann man, die mit Wald bestandene „Hintere Dick" teilweise zu roden in Äcker, Weideland und Obstgärten, so genannte Bungerte, umzuwandeln. Der Distrikt steht als wertvolles Streuobstwiesengebiet seit März 1998 unter Naturschutz.

Im Frühjahr 1867 beriet der Stadtrat mehrmals über die schwierige Wasserversorgung des Forsthauses. In diesem Zusammenhang sprach man noch vom „Forsthaus der Hinterdikt"[2]. Als sich Förster Delaforgue wegen desselben Problems am 26. Juni 1868 an Bürgermeister Joseph Syrée wandte, vermerkte er auf seinem Schreiben „Forsthaus Buchenau" als Absendeort[3]. Die Umbenennung, die in ausdrücklicher Form in den städtischen Akten nicht feststellbar ist, muss also zwischen Mai 1867 und Juni 1868 erfolgt sein. Weitere Einzelheiten harren noch der Aufklärung.

Das „Historische Ortslexikon" auf einer Internet-Seite zur Regionalgeschichte des Oberen Mittelrheins glaubt den ersten Beleg für unseren Ortsnamen im 12. Jahrhundert gefunden zu haben[4]. Mit einer Urkunde aus dem Jahr 1193 bestätigte der Kölner Erzbischof Bruno III., dass die Vorsteherin des Klosters Langwaden bei Grevenbroich mit Zustimmung des Konvents ihre Ansprüche auf das Eigengut Buchenau, das die Nonnen zu Grefrath bei Krefeld von dem Edlen Wilhelm von Lemburg gekauft hätten, aufgegeben habe. In der Urkunde wird dieses Eigengut als *Busenouwe* bezeichnet. Der Bearbeiter des Urkundenbuches interpretiert diese Ortsangabe als „Bockenau, Kreis St. Goar", eine Ortschaft, die es freilich nicht gibt. Zugleich führt er an, dass in einer Bestätigungsurkunde des Klosters Grefrath jener Ort *Busenouwe* als *Buchenowe* auftaucht[5]. Der Bearbeiter des oben erwähnten Historischen Ortslexikons führt unter Bezugnahme auf die Kölner Urkunde von 1193 den Namen *Busenouwe* auf einen Personennamen *Buoso* oder *Bîso* - wahrscheinlich handelte es sich um den Besitzer - und das mittelhochdeutsche Wort *ouwe* („Land am Wasser") zurück. Später hätte man den unverständlichen Personennamen in *buoche* („Buche") umgedeutet. Selbst wenn man annimmt, dass die geschilderte Interpretation zutrifft und die Kölner Urkunde von 1193 tatsächlich unser Buchenau meint, so erhebt sich doch die Frage, warum man sich in den Jahren 1867/68 plötzlich wieder an das mittelalterliche *Busenouwe* oder *Buchenowe* erinnerte. Merkwürdig mutet darüber hinaus die Tatsache an, dass kein formeller städtischer Beschluss zur Umbenennung des Forsthauses nachzuweisen ist. Unser Siedlungsname hat also seine entscheidenden „Geheimnisse" bis heute nicht preisgegeben.

Die Buchenauer Flurnamen

Flurnamen sind Benennungen für Einzelflächen in der Ortsgemarkung. Sie bezeichnen Äcker, Wiesen, Weideland, Weingärten, Brachland, Wälder, Sümpfe, Berge und Hügel, Täler, Uferbereiche und anderes mehr. Flurnamen teilen das Gelände, etwa die Gemarkung einer Siedlung, sinnvoll ein und tragen somit zur Orientierung in einem solchen Gebiet und zur Identifizierung einzelner Geländeabschnitte bei.

Von wenigen Ausnahmen abgesehen, werden sie durch die ortsansässige Bevölkerung geprägt und leben in ihrer individuellen Form nur in der Mundart des jeweiligen Ortes. Zum allergrößten Teil sind Flurnamen über Jahrhunderte hinweg nur mündlich überliefert worden. Flurnamen sind wie ein historisches Archiv: sie bewahren Informationen aus der Vergangenheit.

Erst nach 1800 erfolgte in unserem rheinischen Raum durch die erste genaue Landvermessung in französischer Zeit (Tranchot/Müffling-Karte) und besonders durch die Anlage der preußischen Kataster-Urkarten in den Jahren 1824 und 1825 ihre systematische schriftliche Erfassung. Zuvor tauchen Flurnamen immer wieder in Urkunden oder Weistümern auf, die vorzugsweise Besitz- oder sonstige Rechtsverhältnisse an land- oder forstwirtschaftlich genutzten Grundstücken festhalten.

Keine andere Namengruppe weist eine derartige Vielfalt und einen solch reichen Zeugniswert auf wie die Flurnamen. Die Namen- und Wortforschung, die Dialektologie (Mundartkunde), aber auch die Archäologie ziehen aus ihrer Kenntnis und Deutung vielfachen Nutzen. Weil Namen gegenüber sprachlichen Lautentwicklungen durchweg beharrender sind als der so genannte bezeichnende (appellativische) Wortschatz der Alltagssprache, spiegeln Flurnamen oftmals einen sehr alten lautlichen Sprachstand wieder. Darüber hinaus lassen sich bei vorsichtiger Deutung häufig Rückschlüsse auf ehemalige Bodenverhältnisse, Tier- und Pflanzenwelt, Flurformen, Besitzverhältnisse, Bewirtschaftungsformen oder verlassene Siedlungen (Wüstungen) ziehen. Bei kontinuierlicher Siedlung verweisen sie oft in weit zurückliegende Zeiträume. Nur von den Gewässernamen, die zuweilen noch die indogermanische Sprachschicht widerspiegeln, werden die Flurnamen an Alter übertroffen. So gehen viele Bopparder Flurnamen auf römische oder gar keltische Wurzeln zurück.

Grundlage der Erfassung und Deutung der Buchenauer Flurnamen ist ein Manuskript aus dem Jahr 1985[6]. In wissenschaftlicher Hinsicht ist es durch neuere Untersuchungen in weiten Teilen überholt, doch liegt ein gewisser Wert der Arbeit in der Tatsache begründet, dass dort alle Flurnamen der Gemarkung Boppard, die in der Kataster-Uraufnahme von 1824/1825 auftauchen (je nach Zählweise zwischen 330 und 350 Stück), geschlossen versammelt sind. Aus diesem Fundus sind für unsere Zwecke die

Flurnamen Buchenaus herausgezogen worden. Nun bedarf dieser topographische Begriff näherer Erläuterung. Wir haben uns nicht auf das eigentliche Siedlungsgebiet im engen Sinne beschränkt, sondern verstehen unter „Buchenau" den weiteren Einzugsbereich des Ortsbezirksteils, nämlich das folgendermaßen umgrenzte Gebiet: Eierberg - Altley - Eisenbolz - Gemarkungsgrenze Boppard/Bad Salzig - Dammigbach - Graskopf - Römerstraße - Autobahn 61 - Bruder-Michels-Tal - Einmündung der Kreisstraße 118 in die Landesstraße 210 - Kloster Marienberg - Schowes - Eierberg. Dieses Gebiet ist ungefähr deckungsgleich mit dem alten Forstrevier Boppard I (Forstrevier Buchenau).

Zum Aufbau der einzelnen Namensartikel sei Folgendes angemerkt. Im Belegteil erscheinen die einzelnen Flurnamen durchnummeriert und nach dem Hauptstichwort alphabetisch geordnet. Falls nicht anders gekennzeichnet, entstammen die Flurnamen der Uraufnahme von 1824/1825 beziehungsweise den Flurkarten von 1984. Bezeichnungen desselben Flurstücks, die anderen Quellen entnommen wurden, sind besonders gekennzeichnet. Es folgt die Angabe der topographischen Lage; bei räumlicher Nähe und gleichem Grundwort werden die Namen gemeinsam behandelt. Sodann erscheinen die historischen Belege in zeitlicher Abfolge unter Angabe der jeweiligen Quelle. Schließlich sind Straßen- oder Wegenamen hinzugefügt, die mit den jeweiligen Flurnamen in Zusammenhang stehen. Im Deutungsteil wird der Versuch unternommen, die Flurnamen auf ältere sprachliche Formen zurückzuführen und/oder ihren Sinn aus mundartlichen Wendungen zu erklären. Hier sind jeweils Verweise auf die entsprechende Literatur angeführt. Bleibt der Sinngehalt eines Namens trotz Hinzuziehung von Hilfsmitteln unklar, wird auf eine Deutung verzichtet.

Katalog der Flurnamen
1) An der Altlei

Berghang südlich Boppard, in der Nordostecke des *Eisenbolz*. Der älteste Beleg fin-

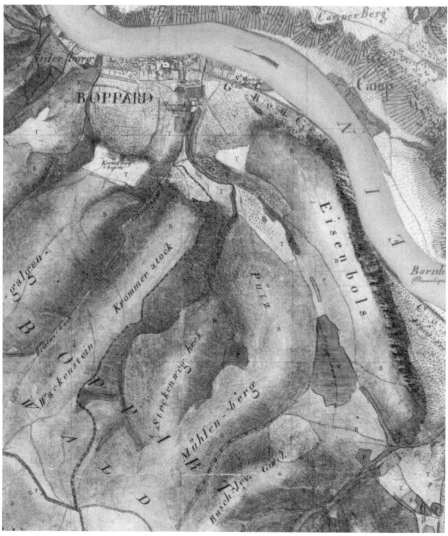

Ausschnitt aus der Tranchot/Müffling-Karte von 1810. Der Eisenbols *ist größtenteils mit Wald bedeckt (französisch* bois*), nur an seinem westlichen, der Stadt Boppard zugewandten Ende finden sich Wingerte (*vignes*) und Ackerland (*terre labourable*). Die* Leis-Wies *(bezeichnet als* prés, *Wiesenland) diente als Viehweide und zur Heumahd. Das Buchenauer Tal wurde somit ausschließlich land- und forstwirtschaftlich genutzt. Kartengrundlage: Tranchot/v. Müffling, Blatt 161 Boppard / 97 (rrh) Kamp.* Vervielfältigt mit Erlaubnis des Landesamtes für Vermessung und Geobasisinformation Rheinland-Pfalz vom 19.10.2005, Az.: 26 722-1.401.

det sich im „Liber donationum" des Severusstifts (um 1290) als in *Altleye* (Nick, 16, 26, 37-38), wo sich ein Wingert befand. *Lei* (l) „Schiefer als Gesteinsart", (2) „Vorstehender Schieferfels" (RhFlN, 184). Mittelhochdeutsch lei(e) „Schiefer, Fels" (Lexer 1, 1866).

2) **Busch-Ley** (Tranchot/Müffling)

Südwestlich des Giebel. - Busch ist die Bezeichnung für „Gebüsch, Buschwerk", aber auch für Niederwald (Rottheckenwirtschaft und Lohrindengewinnung) im Gegensatz zum Hochwald (RhWb 1, 1140; Halfer, 157).

3) **Die hintere Dick**

In der Südostecke der Gemarkung Boppard. - 1789 *Hinterdik* (Amtsbeschreibung, RuB 19.7.1958, 7). *Dick* entstand aus mittelhochdeutsch *dicke* „Dickicht, Dickung" (Lexer I, 423; Halfer, 176). Das Bestimmungswort bezieht sich auf die Lage der Flur im Sinne von „abgelegen, weit entfernt". Der dortige Wald wurde ab 1864 teilweise gerodet und in Ackerland und Streuobstwiesen umgewandelt (Verwaltungsbericht der Stadt Boppard für 1863, 6). Nach diesem Flurnamen hieß das 1864 errichtete Forsthaus Buchenau zunächst „Forsthaus Hinterdickt", bis es um 1867/68 seinen jetzigen Namen erhielt.

4) **Auf dem Eyerberg**

5) **Im Eyerberg**

Beide Flurstücke am Nordende des *Eisenbolz* (Abhang zum Stadtgebiet). 1767 *Eyerberg* (Kellnerberichte, 78). RhFlN, 58 gibt unter dem Stichwort *Ei* vier Bedeutungen an. Am ehesten dürfte *Ei*, entstanden aus *Eich* „Eichenwald" zutreffen, da die heute landwirtschaftlich genutzten Flurstücke bis ca. 1830 mit Wald bestanden waren (vgl. hierzu den Beitrag über den Eisenbolz in diesem Band). Die Vermutung von Halfer, 238, dass für ein Flurstück solchen Namens entweder Zinsen in Form von Eiern zu entrichten gewesen sei oder aber dass hier ein Hinweis auf „altes Brauchtum" vorliege, dürfte kaum zutreffen.

6) **Im Eisenberg**

Südwestlich des *Eisenbolz*. - Das Rheinische Wörterbuch (RhWb II, 96) belegt für Boppard die Redensart *Off de Eiseberg komme* für „sterben", „beerdigt werden", da der seit 1878 genutzte Friedhof der Stadt in diesem Flurstück liegt.

7) **Eisenbergerweg** (TK 5711, 1935).

Von der Stadt aus gesehen vor dem *Eisenberg*. - 1847 ist der Name dieses Weges erstmals belegt. Er zweigte von der Simmerner Straße ab und führte auf den *Eisenberg*, wo sich der 1878 angelegte Friedhof befand (Von Bopparder Straßen und Plätzen. In: RuB 19.7.1958). Heute Kreisstraße 118, die auf Beschluss des Stadtrats vom 9.10.1953 den Namen *Am Eisenberg* führt (Von Bopparder Straßen und Plätzen. In: RuB 15.3.1958).

8) **Eisenbols**

9) **Das Eisenbolz**

10) **Auf dem Eisenbolz**

Alle drei Flurstücke liegen leicht südlich des *Eierbergs*. - 1290 *in Isinbolz*, 1366 *vndir isenboltz*, 1419 *vor ysenboltz* (Halfer, 101), Mercator-Person-Karte, 1689 (vgl. den Beitrag über die Siedlung Arenbach in diesem Band): *Eisenboltz*; ebenso 1772 (Kellnerberichte, 89) und 1789 (Amtsbeschreibung, RuB 19.7.1958, 7). *Bols, Bol(t)z*, entstanden aus Balz: „Stelle, wo die Wildhühner balzen" (RhFlN, 20), oder zu neuhochdeutsch Bolzen: „metaphorische Bezeichnung für eine durch Erosion gestaltete Erdformation" (Halfer, 58).

Die Bedeutung des Bestimmungsworts Eisen ist, wie auch oben im Flurnamen Eisenberg, auf den ersten Blick unklar. Der älteste Beleg im „Liber Donationum" des Severusstifts (um 1290) als in *Isinbolz* (Nick, 14), legt jedoch nahe, dass der Flurname tatsächlich das Metall meint (so auch Halfer, 101: „Eisen, eisenhaltiger Boden"). Möglicherweise wurde dort tatsächlich früher Eisenerz geschürft, denn bei Boppard und Bad Salzig sind erzhaltige geologische Schichten nachweisbar (vgl. hierzu den Beitrag über den Eisenbolz in diesem Band). Das Neutrum in *Das Eisenbolz* ist mit Sicherheit katasteramtlich; mundartlich wird die männliche Form gebraucht.

25

11) Am Fahr

Name des Berghanges nördlich des Flurstücks *An der Altlei. - Fahr:* „Ort oder Stelle, an der die Fähre anlegt, an der man übersetzt" (RhWb II, 251; Halfer, 129). Zu althochdeutsch *fâr,* mittelhochdeutsch *vâr* „Ufer, Fähre" (Lexer III, 20). Von dieser Stelle setzte man nach Kamp auf dem rechten Rheinufer über; 1747 befand sich dort das *Bopparder Fahrhaus* (Kellnerberichte, 46). Der regelmäßige Fährbetrieb an dieser Stelle wurde zum Jahresende 1960 eingestellt (RuB 4.2.1961, 3).

12) Frankenmaur (Kellnerberichte, 34 [zum Jahr 1743], 66 [zum Jahr 1759])

Der Beleg zum Jahr 1759 spricht von einer *Closterwies* an der *Frankenmaur,* was dafür spricht, dass das Flurstück dem Kloster Marienberg gehörte. Es lag offenbar in der Nähe der im 18. Jahrhundert bereits aufgegebenen Siedlung Arenbach, vermutlich in Richtung des heutigen Ortsteils Buchenau. Ein Zeitungsartikel, der sich mit der Geschichte Arenbachs befasste, empfahl, „die Möglichkeit zu untersuchen, ob der Flurname *Frankenmauer,* der etwas weiter oberhalb [der heutigen Siedlung Schäffersweyer] zu finden ist, mit dieser Ansiedlung in Verbindung gestanden hat" (RuB 20.8.1960, 6). Vgl. auch den Artikel zu Arenbach in diesem Band.

13) Giebel (TK 5711, 1977)

14) Giwel (Tranchot/Müffling)

Westlich der *Hinteren Dick,* im Wald gelegen. - *Giebel:* „Äußerstes Ende eines Geländestückes, Felsrippe" (RhFlN, 89). Zu mittelhochdeutsch *gîbel* „Giebel, Spitze" (Lexer I, 1009; Halfer, 54-55). Wegename: *Giebelpfad* (TK 5711, 1977); dieser führt um die Südostflanke des Giebels herum.

15) Götzekopf (TK 5711, 1977)

Hier handelt es sich nicht um einen Flurnamen im engeren Sinn, sondern um die Bezeichnung für einen Walddistrikt, die noch keine hundert Jahre alt ist. Sie rührt von einem Eigennamen her. Forstmeister *Oswald Götz* (Simmern 1868-1920 Boppard) war von 1904 bis 1920 Leiter der Oberförsterei Boppard, der Vorläuferin des heutigen staatlichen Forstamts, und in Personalunion kommunaler Oberförster der Stadt Boppard. Forstmeister Wagner benannte 1926 einen Teil des Müllerbergs, nämlich die Forstabteilung 4b, zu Ehren seines Vorgängers in *Götzekopf* um. Auffällig ist, dass die Ausgabe der TK 25 von 1935 diese „Flurbezeichnung" noch nicht kennt. - Zu *Götz* vgl. RuB 7.11.1959, 1-2 (mit Bild), sowie RuB 31.10.1987, 5.

16) Graskopf (TK 5711, 1977)

Im Südwestzipfel der Gemarkung, nahe der alten Römerstraße Koblenz-Bingen, mit 503 Meter über Normalnull die höchste Erhebung in der Gemarkung Boppard. „Bergkuppe, die mit Gras bewachsen ist" und wahrscheinlich zur Viehweide (Waldweide mit Eckern- und Eichelmast) diente (Halfer, 172).

17) Grauborn (Kellnerberichte, 17 [zum Jahr 1733]) siehe Lohhohle.

18) Auf der Grünfeldswiese

Südöstlich des Mittelbachtales. - 1789 *Gründsfelder Wies* (Amtsbeschreibung, RuB 29.11.1958, 6). Der historische Beleg zeigt, dass Grün sich nicht auf die Farbe bezieht, sondern zu *Gründ, Grind* „Kies, Flußsand, Geröll" (RhWb II, 1407) gehört. Wortgeschichtlich gehen *Gründ/Grind* und Grien/Green „Kiesboden, schlechter Ackerboden" (RhWbII, 1399) zusammen (RhFlN, 93-94). Es wird also auf die Bodenbeschaffenheit abgehoben. Halfer, 179, bringt den Flurnamen mit dem Personennamen Grün in Verbindung, was jedoch wenig wahrscheinlich ist.

19) Am Herzloch

Unmittelbar nördlich der *Hinteren Dick.* - *Herz* aus mittelhochdeutsch *hirz* „Hirsch", *Loch* entweder in der Bedeutung „Mulde, Taleinschnitt" (Halfer, 76) oder als „Sumpf, Sumpfwiese", aus mittelhochdeutsch *lâ* (Bach, Bd. 1, § 372). *Loch* könnte auch von *Loh* aus mittelhochdeutsch *lô, lôh* „Gehölz, Wald" herrühren (Halfer, 157). Vermutlich wurde das Flurstück wegen seines Wildreichtums so genannt, denn noch Anfang des

19. Jahrhunderts war es mit Wald bestanden. Halfer, 77, bringt den Flurnamen wiederum mit einem Personnenamen (Herz) in Verbindung.

20) Hochstiefels Hecke

Erhebung zwischen Bruder-Michels-Bach und Mittelbach. - 1789 *Hoher Stebel* (Amtsbeschreibung, RuB 29.11.1958, 6; daran anschließend TK 5711, 1977: *Hochstiebel). Stebel, Stiefel* aus lateinisch *stabulum* „Stall, Pferch", im engeren Sinn „Viehpferch auf freiem Feld" (Halfer, 247); *Hecke* in der Bedeutung „Gebüsch, Niederwald". Der Name ließe sich also als „Niederwald in der Nähe eines Viehpferchs" deuten. Der erste Teil des Bestimmungsworts *Hoch* kann sich sowohl auf die topographisch hohe Lage des Flurstücks beziehen als auch *Hag* (mundartlich *Hoch, Hooch*) „geflochtener Zaun" bedeuten (RhFlN, 96-97).

21) Die Juden Kirchhofs Hecke

Südlich von *Am Schäfersweiher.* - Das Flurstück bezeichnet die Stelle des Friedhofs der jüdischen Kultusgemeinde in Boppard (Halfer, 281).

22) Im Kasseling

14. Jh. *neyst keselinc* (Halfer, 163), 1789 *Kassling* (Amtsbeschreibung, RuB 19. 7. 1958, 7).

23) Kasselinger Berg

24) Im Kasselinger Berg

Alle drei Flurstücke auf dem flachen Höhenrücken zwischen Bruder-Michels-Tal und Mittelbachtal, nordöstlich des *Hochstiebels.* - *Kasseling, Kassling,* entstanden aus galloromanisch *cassanus, casnus* „Eiche, Eichenwald". Es handelte sich somit um mit Eichen bestandenes Gelände (RhFlN, 133; Halfer, 163).

Heute wird die Flur landwirtschaftlich genutzt, doch noch die Karte von Tranchot/Müffling weist das betreffende Gebiet als Wald aus. Die Rodung erfolgte um 1850 (Woher kommen die Namen Kalmuth und Kassling? In: RuB 20.6.1959, 9). Auf der Tranchot/Müffling-Karte ist der Oberlauf des Bruder-Michels-Bachs mit *Pristers-Bach* (Priesterbach), der untere Teil (ungefähr ab der Einmündung des Josefinentals) mit *Casslinger Bach* bezeichnet.

25) Krommer Stock

Zwischen *Kasselinger Berg* und *Hochstiebel.* - *Stock* im Sinne von „Baumstumpf, der wieder austreibt" (RhWb VIII, 721), zu mittelhochdeutsch *stoc, stockes* „Baumstamm, Baumstumpf" (Lexer I, 1206; Halfer, 200). Der Flurname wäre somit als ein Hinweis auf mögliche Rodungen oder auf Niederwaldwirtschaft in diesem Gemarkungsteil zu deuten.

26) Kriegerlaychen

Östlich der *Hochstiefels Hecke.* - *Laychen* als Verkleinerungsform zu *Lei, Ley, Lay* „Schiefer, Schieferfelsen". Das Bestimmungswort *Krieger* bringt Halfer, 98, mit einem Personnenamen in Verbindung, so dass mit dem Flurnamen sowohl die Bodenbeschaffenheit als auch die Besitzverhältnisse an dem Flurstück bezeichnet würden.

27) Auf dem Küppelsberg

28) In dem Küppelsberg

Beide Flurstücke unmittelbar östlich des *Eierbergs.* - 1747, 1772 *Köppelsberg* (Kellnerberichte, 46, 49). - *Kübbel, Küppel* „Oberste Spitze eines Berges, kegelförmiger Hügel" (RhWb IV, 1625, 1745). Abgeleitet von *Kuppe* oder *Küppe,* entstanden aus lateinisch *cuppa* (RhFlN, 173).

29) Auf dem neuen Land

Östlich des *Pütz.* - Aus mittelhochdeutsch *niuwe* „neu": „Frisch gewonnenes, neu gerodetes Land" (Halfer, 282). Die Rodung erfolgte im vorliegenden Fall in der zweiten Hälfte des 19. Jahrhunderts (Bischoff, 83).

30) Auf der Langwies

1719 *in der Langwieß* (Halfer, 84).

31) Das Langwieschen

Beide Flurstücke südwestlich der *Steckenwegshecke.* - Es handelt sich um langgezogene Wiesenstücke, die nahe beieinander liegen. Wahrscheinlich deshalb wurde das kleinere zur besseren Unterscheidung mit der Verkleinerungsform versehen.

32) In der obersten Lehn

33) In der untersten Lehn

Beide Flurstücke nördlich des *Eierbergs,* am Abhang zur Stadt. - Das weibliche Geschlecht beider Flurnamen spricht für *Leh, Lehn* „Berglehne" im Sinne von „Abhang eines Berges, ansteigendes Geländestück", zu althochdeutsch *lîna,* mittelhochdeutsch *lêne, lîne* (RhFlN, 184). Doch auch die Bedeutung Lehn aus mittelhochdeutsch *lêhen, lên* „geliehenes Gut, Lehen" wäre denkbar (so die Deutung bei Halfer, 221). Außerdem käme *Lehn* zu *Lehen* „Feldmaß von einer halben Hufe" in Betracht (RhFlN, 183-184).

34) Auf der Leiswiese

Östlich des Müllerbergs, Wiesengelände. - *Leis* (1) Mundartliche Pluralform von neuhochdeutsch *Laus* „Laus" (Insekt). Der häufig vorkommende Name Lausborn ist noch ungeklärt (RhFlN, 182, 185). Die wahrscheinlichere Deutung ist jedoch (2) „Vom Wasser gerissene Rinne im Felde" (RhWb V, 374), zu althochdeutsch *leisa,* mittelhochdeutsch *leis(e).* In diesem Falle würde sich der Flurname auf die Bodennutzung (Ackerbau) und auf die Bodenbeschaffenheit beziehen. Vgl. auch Becker, 16.

35) Im Löwenberg

Nordwestlich des *Küppelsbergs.* - Löwen entstanden aus *Leh* „Bergland, ansteigendes Geländestück" (RhWb V, 303), zu mittelhochdeutsch *lê* „Hügel, Abhang" (RhFlN, 183).

36) Lohhohle

Unmittelbar südlich des Flurstücks *Kriegerlaychen.* - 1733 *Lohhohl oder Grauborn* (Kellnerberichte, 17). - *Loh* hier wohl in der Bedeutung „Sumpf, Sumpfwiese", aus mittelhochdeutsch *lâ* (Bach, Bd. 1, § 372). *Hohl(e):* „Höhle, Vertiefung, kleine Schlucht, Hohlweg" (RhWb III, 752-753). Der Flurname würde demnach eine „Talsenke mit sumpfigem Untergrund" bezeichnen. Die Jugendschriftstellerin Helene Pagés, die zu Beginn des letzten Jahrhunderts als Volksschullehrerin lange Jahre in Boppard wirkte, schildert in ihrem autobiographischen Roman „Fernes Läuten", wie sie sich von Bop-pard aus zu Fuß zu ihrem Elternhaus in Sauerbrunnen auf dem Hunsrück aufmacht: „Ich wende mich und wandere weiter zwischen Kaßlings Getreidefeldern und dann im Schatten des Waldes bis zur Lohholwiese. Bei der Quelle, der die Wiese ihr saftiges Grün dankt, raste ich noch einmal. Einsamkeit und Stille! Ein Bussard ist über mir, seine Flügel ruhen im Blau. Wir beiden sind ganz allein in dem Rund von Wiese und Wald, das in der Senkung träumt"[7]. - Der für 1733 belegte, alternative Flurname *Grauborn* ist nur in den Marienberger Kellnerberichten nachzuweisen, wobei das Grundwort *Born* möglicherweise die von Helene Pagés erwähnte Wiesenquelle bezeichnet.

37) An der Mittelbach

Im Quellgebiet des Mittelbachs.

38) In der Mittelbach

1533/1825 *in der Mittelbach* (Halfer, 106); 1733 *Aus der Mittelbach* (Kellnerberichte, 17). Am Mittellauf des Mittelbachs.

39) Mittelbachsgraben

Unterhalb des Flurstücks *In der Mittelbach.* - Mittel in der Bedeutung „in der Mitte liegend" (RhWb V, 1204), und zwar im Sinne von „zwischen zwei Berghängen". Im *Mittelbachsgraben* verengt sich das Tal schluchtartig. Das Wort *Bach* ist mundartlich durchweg weiblichen Geschlechts.

40) Mühlenberg

41) Müllerberg (TK 5711, 1977)

Ob der Flurname mit Mühlen oder Müllern zu tun hat, muss zumindest offen bleiben, wenn nicht gar bezweifelt werden, da Mühlen am Fuß des Müllerbergs (etwa die Gegend des Forsthauses Buchenau) historisch nicht belegt sind. Außerdem findet sich dort kein nennenswerter Wasserlauf, der zum Betrieb von Mühlen geeignet gewesen wäre.

42) Auf der Neuwiese

Nordöstlich des *Mühlenbergs (Müllerbergs).* „Wiese auf neu gerodetem Land".

43) Am Orgelborn

Nördlich des Flurstücks *Im Kasslingerberg.* - 1719 *ahm Orgelborn* (Halfer, 123),

1733, 1745, 1749, 1754 *(am, beim) Orgelborn,* 1734 *bei dem Orgellborn* (Kellnerberichte, 17, 39, 49, 57, 21), 1789 *Orgelborn* (Amtsbeschreibung, RuB 29.11.1958, 6). Dazu der Straßenname *Orgelbornstraße.*

44) Auf dem Orgelfeld

Südöstlich des Orgelborns. - Beide Flurnamen knüpfen an den Orgelborn an, jene wasserreiche Quelle, die für die Versorgung des Klosters Marienberg und der Stadt Boppard große Bedeutung hatte und immer noch hat. - *Feld:* (1) „freies Land im Gegensatz zu Siedlung und Wald"; (2) „nicht zum Siedlungsraum gehörendes Land (Wald, Heide)" (RhFlN, 71; Bach, Bd. 1, § 396). *Orgeln:* „orgelartige Töne hören lassen, besonders vom Heulen des Sturms" (DWb VII, 1343). Hier wäre, da es sich um eine Quelle handelt, allerdings eher an die Bedeutung „plätschern, glucksen" zu denken. Eine zweite Deutung bringt das Bestimmungswort mit der Wurzel arg zu lateinisch *arguere, argutus, argentum* „hell, glänzend" in Verbindung, womit dann die Güte des Quellwassers angesprochen wäre; vgl. Kessels, 166. Schließlich leitet ein dritter Erklärungsansatz die Bezeichnung *Orgelborn* von der Wüstung Arenbach (Arienbach, Orienbach) ab, die 1290 als in *Overinbach* belegt ist (Nick, 3 und öfter). Sie lag in unmittelbarer Nähe der Quelle; so zuerst Nick, 39 Anm. 1 *(Orienborn),* im Anschluss daran Halfer, 123. Vgl. auch den Beitrag zu Arenbach in diesem Band.

45) In Petchenloch

Nördlich der *Grünfeldswiese.* - 1789 *Pütschenloch* (Amtsbeschreibung, RuB 29. 11. 1958, 6). - *Petchen, Petch* vielleicht entstanden aus *Pesch,* lat. *pascuum* „Weide, Waldweide" (RhFlN, 222). Der historische Beleg legt jedoch eher nahe, dass sich das Bestimmungswort zu lateinisch *puteus* „Brunnen", daraus mittelhochdeutsch *buetze, bütze* „Brunnen, Pfütze" stellt (Lexer I, 403). Demnach handelte es sich dann um eine „Stelle mit feuchtem, sumpfigen Untergrund".

46) Pütz

Westlich des Flurstücks *Auf dem neuen Land,* heute teils bebaut (Baugebiet Pütz),

teils Wald. Zur Herkunft des Flurnamens vgl. oben In *Petschenloch.* - Die Abholzung größerer Flächen im Distrikt Pütz in den Jahren 1855-1860 diente nicht nur der Urbarmachung für die Landwirtschaft, sondern auch anderen Zwecken: „Dieser Theil des Hochwaldes heisst der Pütz; er ist nicht sehr dicht, sondern durch das Fällen von Stämmen zu Eisenbahnschwellen, besonders am Rande hin, stark gelichtet" (Bischoff, 83). Der Holzbedarf für Schwellen beim Bau der 1859 vollendeten linksrheinischen preußischen Eisenbahn Köln-Koblenz-Bingerbrück war sehr groß. Am 20. April 1863 wurde der Rest des Waldbestandes auf dem Pütz versteigert. Mit dem Erlös von 21.000 Talern beglich die Stadt ihre Schulden, die vom Bau des Bahnhofs und des Gaswerks herrührten; hierzu Johann, 15.

47) Am Reitel

Nördlich der Flur *Auf dem neuen Land.* - 1733 *Am Raidel,* 1742 *Reidel* (Kellnerberichte, 17, 34). Straßenname: *Im Reitel. - Reidel* „dünne, junge, hochaufgeschossene Buche, abgehauen und ohne Äste; Knüppel, kräftiger Stecken" (RhWb VII, 284). Entstanden aus mittelhochdeutsch *reitel* mit mundartlicher Abschwächung des *t* zu *d.* Der Flurname deutet darauf hin, dass das Flurstück früher mit Niederwald bestanden war. - Vgl. auch Becker, 17.

48) Obere Rheinhölle

Nördlich von *An der Altlei.*

49) Untere Rheinhölle

Südlich von *An der Altlei.*

Hölle zu *Helde:* „sanft ansteigender Berghang, oft bewaldet" (RhFlN, 107). Die Präpositionen oben und unten bezeichnen die Lage der Flurstücke relativ zur Fließrichtung des Rheins.

50) Am Schäfersweiher

Nördlich der *Juden Kirchhofs Hecke.* - Straßenname: *Schäffersweyer* (auch Bezeichnung des ganzen Baugebiets). - *Weiher,* mittellateinisch *vivarium* „Tierbehältnis, Fischteich". Ein Weiher, der vielleicht dem Kloster Marienberg gehörte, wurde in irgendeiner

Weise mit Schäfern oder Schafen in Verbindung gebracht. Möglich ist auch, dass das Bestimmungswort den (ehemaligen) Eigentümer benennt. Zeitweise vermutete man, dass die Wüstung Arenbach (Orenbach, Orienbach) in diesem Flurstück lag (vgl. den Beitrag zu Arenbach in diesem Band). Vgl. auch Becker, 17-18.

51) Am Schafhaus

Am Westrand des *Eisenbolz.* - *Schafhaus* „Schafstall" (RhWb VII, 848), der dem Kloster Marienberg gehörte. Die mundartliche Verschleifung *Schowes* bezeichnet den Fußweg entlang des heutigen Marienberger Parks, der von Boppard nach Buchenau führt. Diese alte Wegeführung erscheint in den Marienberger Kellnerberichten als *Dieß-karren-Weg*. Die kleine, einachsige *Dies-, Dös-* oder *Deiskarre* wurde von einem Menschen gezogen (Kellnerberichte, 32 mit Anm. 72 [zum Jahr 1741]). Mit dem Wegenamen *Schowes* haben wir ein schönes Beispiel für einen im Dialekt „entstellten" Flurnamen, dessen Sinn heute nicht mehr ohne Weiteres verstanden wird. Der *Schowes* ist unter Umständen mit dem für das Jahr 1789 (Amtsbeschreibung, RuB 29. 11. 1958, 6) nachgewiesenen Flurnamen Am *Schäferspfad* identisch, der in der Kataster-Uraufnahme von 1824/1825 nicht auftaucht.

52) Auf dem Schiffelfeld

Südöstlich des Schäfersweiher. - 1789 *Schiffelfeld* (Amtsbeschreibung, RuB 29. 11. 1958, 6). Straßenname: *Schiffelsfelder Weg* (vgl. Becker, 18; Von Bopparder Straßen und Plätzen. In: RuB 1.2.1958). - Der Begriff *Schiffeln* bezeichnet eine bestimmte Nutzungsfolge in der Fruchtwechselwirtschaft. Der Aufwuchs eines brachliegenden Ackers wurde verbrannt, die Asche zur Düngung genutzt. Nachdem es im folgenden Jahr als Viehweide gedient hatte, ließ man das Feld wieder verwildern, um es dann erneut zu „schiffeln" und wiederum ackerbaulich zu nutzen. Das Wort ist mit Schiefer (althochdeutsch *skivaro*) und *Scheibe* (althochdeutsch *slîba*) verwandt. Der zugehörige Verbalstamm bedeutet „abschälen, in Scheiben abheben" (RhFlN, 266).

53) Schreibers Weiher
(Kellnerberichte, 17 [zum Jahr 1733])

Nach den Angaben in den Kellnerberichten lag das Flurstück in unmittelbarer Nähe des *Orgelborns.* - Zur Bedeutung des Grundworts *Weiher* vgl. die Erläuterungen zum Flurnamen *Am Schäfersweiher.* Das Bestimmungswort bezeichnet mit großer Wahrscheinlichkeit einen früheren Besitzer. Aus dem inhaltlichen Zusammenhang der Belegstelle geht hervor, dass das Kloster Marienberg an diesem (ehemaligen?) Weiher ein Wiesengrundstück besaß.

54) Die Spitzwiese

Nordwestlich des *Orgelborns.* - 1748 *in der Spitz am Orgelborn* (Kellnerberichte, 49). Das spitz zulaufende Flurstück ist offensichtlich nach seiner Form so benannt (vgl. RhFlN, 296). Es liegt an einer Weggabelung (heute Straßengabelung Simmerner Straße/Kreisstraße 118). Nach dem Beleg von 1748 handelte es sich um ein *Stück Wies,* das zu jener Zeit dem Kloster Marienberg gehörte.

55) Stadtwald

Südlich von *Auf dem Schiffelfeld.* - Der Besitz anzeigende Flurname weist darauf hin, dass dieser Gemarkungsteil der Stadt gehörte und Teil des städtischen Waldbesitzes war. Der Distrikt weist heute eine geschlossene Bebauung auf.

56) Steckenwegs Hecke

Nordöstlich des *Götzekopfs.* - *Stecken:* Zu *Stock, Stöcke* „Gebüsch, Gesträuch" (RhWb VIII, 560). Durch dieses Stück Hecke (Niederwald) führt der *Steckenweg.*

57) Wackenstein (Tranchot/Müffling)

Südwestlich der Flurstücke *Im Kasseling* und *Krommer Stock.* - *Wacke* „harter, dicker (Quarz-) Stein" (RhFlN, 328).

58) In der Wässer

Nördlich der Flur *Auf dem Küppelsberg.* - *Wässer, Wasser* wahrscheinlich „kleiner Wassergraben in einer Wiese" (RhFlN, 331). Damit wäre bedeutet, dass das Flurstück ziemlich feucht ist.

59) Der gebrannte Wald
60) Die gebrannten Wald Wiesen

Beide Flurstücke liegen zwischen dem Mittelbach und der Steckenwegshecke. - (1) Der Flurname verweist auf die Rodungsart, bei der der Wald zum Zwecke der landwirtschaftlichen Nutzbarmachung niedergebrannt wurde. Diese Bedeutung ist allerdings umstritten (RhFlN, 84). (2) Bodennutzungsart des Schiffelns (siehe oben *Auf dem Schiffelfeld*). (3) Stelle eines Waldbrandes (RhFlN, 84).

61) Im Weykert

Südwestlich von *Am Schafhaus*. - Die Marienberger Kellnerberichte belegen den Flurnamen in den Varianten *Weickard, Weickart* und *Weickert* für die Jahre 1733, 1741, 1743, 1763, 1767, 1768, 1770, 1772 und 1781 (Kellnerberichte, 17, 32, 34, 36, 73, 78, 80, 83, 87, 100). - *Weykert, Weikert* bedeutet „Weidenanpflanzung, die das Bindematerial für Rebstöcke lieferte" (RhFlN, 336); im weiteren Sinn bezeichnet das Wort ein Gartengrundstück. Der *Weikert* gehörte zum Kloster Marienberg und war offenbar von einer Mauer umgeben, denn durch eine Tür gelangte man vom Klostergelände dorthin (Kellnerberichte, 17, zum Jahr 1733). Das Flurstück lieferte wichtiges „Verbrauchsmaterial" für den Weinbau der Benediktinerinnen, hier wohl in erster Linie für die Wingerte am Süd- und Südwesthang des Eisenbolz. Der *Weikert* dürfte sich ungefähr in dem Bereich erstreckt haben, den später der Marienberger Park einnahm. Er wurde vom Orgelbornbach durchflossen, dessen Lauf schon damals teilweise zu einem Weiher aufgestaut worden war (Kellnerberichte, 73, zum Jahr 1763).

Quellen und Literatur

Amtsbeschreibung = *Herger, Hugo Peter:* Beschreibung des [kurtrierischen] Amtes Boppard [1789]. Bearb. von *Alexander Stollenwerk.* In: RuB 1958 (12.-19.7., 23.-30.8., 13.9., 8.-29.11., 13.12., 27.12.), 1959 (3.1., 17.-24.1.).

Bach = *Bach, Adolf:* Deutsche Namenkunde. II: Die deutschen Ortsnamen. 2 Bde. Heidelberg 1953-54.

Becker = *Becker, Kurt:* Von der Arche zur Zelkesgasse. Ein namenkundliches Kreuz und Quer durch Boppard (Journal; Beiträge zur Geschichte der Stadt Boppard 29). In: RuB 10.1.1997, S. 15-18.

Bischoff = *Bischoff, Ludwig:* Die Stadt Boppard am Rhein. Ihre Heilanstalten und Umgebungen. Ein topographisches Bild für Rheinreisende und Kurgäste. Köln 1861 (Topographische Bilder vom Rheine 1).

DWb = *Grimm, Jakob; Grimm, Wilhelm:* Deutsches Wörterbuch. Bd. 1-16. Leipzig 1854-1971.

Halfer = *Halfer, Manfred:* Die Flurnamen des oberen Rheinengtals. Ein Beitrag zur Sprachgeschichte des Westmitteldeutschen. Stuttgart 1988 (Mainzer Studien zur Sprach- und Volksforschung 12).

Johann = *Johann, Jürgen:* Buchenauer Chronik (Journal; Beiträge zur Geschichte der Stadt Boppard 40). In: RuB 27.11.1998, S. 15-20.

Kataster-Übersichtskarte der Gemarkung Boppard, Maßstab 1:5000. Blatt Nr. 35.9464, 35.9466, 35.9468, 35.9664, 35.9666, 35.9668, 35.9862, 35.9864, 35.9866, 35.9868, 45.0062, 45.0064, 45.0066, 45.0068 und 45.0268. Ausgabe 1984. Katasteramt Boppard (Stand 1985), jetzt Katasteramt Simmern.

Kataster-Urkarten der Gemarkung Boppard, Maßstab 1:625 und 1:1250. Aufgenommen 1824-1825. Katasteramt Boppard (Stand 1985), jetzt Katasteramt Simmern.

Kellnerberichte = Die Berichte der Kellner der Abtei Marienberg bei Boppard über die Merkwürdigkeiten und häuslichen Begebenheiten der Jahre 1724-1782. Veröffentlicht von *Franz-Josef Heyen.* Boppard 1964 (Bopparder Beiträge zur Heimatkunde 2).

Kessels = *Kessels, Hubert:* Ein Deutungsversuch des Namens Orgelborn. In: Zeitschrift für Heimatkunde des Regierungsbezirks Koblenz und der angrenzenden Gebiete von Hessen-Nassau 2 (1921), S. 166. Überarbeitete Fassung: Der Orgelborn und seine Namenssippe. In: Rheinfels. Heimatblätter für Mittelrhein und Vorderhunsrück 8 (1934), Nr. 6.

Lexer = *Lexer, Matthias:* Mittelhochdeutsches Handwörterbuch. 3 Bde. Leipzig 1872-78.

LHA Ko = Landeshauptarchiv Koblenz, Bestand 618 (Stadt- und Amtsbürgermeisterei Boppard) - Nr. 178: Stadtratsprotokolle, 1864-1882; Nr. 2194: Bauliche Unterhaltung und Benutzung des Forsthauses Buchenau, 1865-1934.

Nick = *Nick, Johann:* Liber Donationum Ecclesiae s. Severi Bopardiae. In: Nassauische Annalen 9 (1868), S. 1-48.

RhFlN = *Dittmaier, Heinrich* (Bearb.): Rheinische Flurnamen. Bonn 1963.

RhWb = *Müller, Josef; Franck, J.* (Hg.): Rheinisches Wörterbuch. 9 Bde. Bonn, Berlin 1928-71.

RuB = Rund um Boppard. Wochenzeitung und Amtliches Bekanntmachungsorgan. Verschiedene Jahrgänge und Ausgaben.

TK 25, 1935 = Topographische Karte 1:25000. Blatt 5711 Boppard. Hg. von der Preußischen Landesaufnahme 1902. Berichtigt vom Reichsamt für Landesaufnahme. Berlin 1935.

TK 25, 1977 = Topographische Karte Rheinland-Pfalz 1:25.000. Normalausgabe, mehrfarbig. Hg. vom Landesvermessungsamt Rheinland-Pfalz. Blatt 5711 Boppard. Koblenz 1977.

Tranchot/Müffling = Kartenaufnahme der Rheinlande durch Tranchot und v. Müffling 1803-1820. Blatt 161 Boppard - 97 (rrh) Kamp. Aufgenommen 1810/11 von Ingenieur-Geograph *Dumesnil.* Hg. vom Landesvermessungsamt Rheinland-Pfalz. Koblenz 1981 (Publikationen der Gesellschaft für Rheinische Geschichtskunde 12,2, Neue Folge).

Anmerkungen

1 Trabantenstadt erhält die Bezeichnung Boppard-Buchenau. In: RuB 23.3.1957, S. 2.

2 LHA Ko Best. 618 Nr. 178 (3.5.1867, Punkt 6).

3 LHA Ko Best. 618 Nr. 2194.

4 *Rettinger, Elmar:* Historisches Ortslexikon, Stichwort Buchenau. http://www.mittelrhein.regionalgeschichte.net/fileadmin/Mittelrheinportal/Orte/Buchenau/Buchenau.pdf (Zugriff 27. 7. 2005). Nach Mitteilung von Herrn Dr. Rettinger vom Institut für Geschichtliche Landeskunde der Universität Mainz vom 30. 6. 2005 wird das Ortslexikon nicht wie geplant in gedruckter Form erscheinen, sondern auf mittlere Sicht im Internet verfügbar sein. Einige Teile, darunter Ausführungen zu Buchenau, sind indessen schon jetzt einsehbar.

5 Die Regesten der Erzbischöfe von Köln im Mittelalter. 2. Bd.: 1100-1205. Bearb. von *Richard Knipping.* Bonn 1901, Nachdruck Düsseldorf 1985 (Publikationen der Gesellschaft für Rheinische Geschichtskunde 21,2), S. 290 Nr. 1444.

6 *Koelges, Michael:* Die Flurnamen der Gemarkung Boppard. Hauptseminararbeit, Deutsches Institut der Universität Mainz, Sommersemester 1985 (demnächst verfügbar auf dem Dokumenten-Server des Landesbibliothekszentrums Rheinland-Pfalz unter http://rlbdok.opus.hbz-nrw.de/volltexte).

7 *Pagés, Helene:* Fernes Läuten. Ein Buch der Begegnung. Freiburg im Breisgau 1939, S. 89.

Zwischen Rhein und Buchenau

Der Eisenbolz

> *Sagt doch ein alter Spruch im Munde des Volks:*
> *Auf den Wald und den Eisenbolz*
> *sind die Bopparder gar stolz.*
>
> (Ludwig Bischoff, 1861)

Dass die Bopparder seit jeher auf ihren Stadtwald stolz waren und sind, ist allgemein bekannt. Bedeutete doch der Waldbesitz eine wichtige Einnahmequelle für die Stadt, der es ihr bis zum Ende des Ersten Weltkrieges ermöglichte, den Haushalt ohne nennenswerte Kommunalsteuern zu bestreiten. Die Erlöse aus dem Holzverkauf stellten den größten Teil der städtischen Einnahmen dar. Aber der Eisenbolz? Warum lag den Boppardern jene Hochfläche - zwischen Boppard, Bad Salzig, dem Rhein und der Buchenauer Talweitung gelegen - so am Herzen?

Lage, Geologie und Name

Der Eisenbolz erstreckt sich auf eine Länge von rund drei Kilometern zwischen Boppard und Bad Salzig als flacher, bis zu 300 Meter breiter Höhenrücken von Südosten nach Nordwesten. Er scheidet das Rheinengtal vom Buchenauer Tal. Im Mittel um 200 bis 205 Meter über Normalnull hoch, erreicht er eine „Gipfelhöhe" von knapp 222 Metern in seiner höchsten Erhebung westlich des „Steinernen Manns".

Das Plateau des Eisenbolz ist das Werk der Erosionstätigkeit des Rheins. Ursprünglich floss der Strom in einem etwa vier Kilometer breiten Bett in ungefähr 400 Meter Höhe. Reste dieses „Urstromtals" lassen sich noch heute in der Nähe von Buchholz beobachten. Im Lauf der Zeit grub sich der Rhein immer tiefer in den Untergrund ein, so dass sich das Flussbett um nahezu 300 Meter absenkte. Dabei führten wiederholte Gebirgshebungen und die damit verbundene Vergrößerung des Gefälles wechselseitig zu einer Steigerung der Erosionskraft des Fließgewässers. Die wiederholte Abfolge von Warm- und Kaltzeiten (Eiszeiten), die vor rund einer Million Jahren einsetzte und ca. 10.000 v. Chr. endete, brachte eine Vermehrung oder Verringerung der abfließenden Wassermenge mit sich, so dass die Taleinsenkung des Rheins nicht gleichmäßig, sondern in „Schüben" erfolgte. Der Eisenbolz ragte zunächst als Insel aus dem Flussbett, indem er von zwei Stromarmen umflossen wurde. Als dann die Geröll- und Geschiebemassen der im Salziger Kessel zusammenströmenden Bäche den westlichen Seitenarm im Süden verstopften, bildete sich das Buchenauer Tal. Andererseits steigerte dieser Vorgang die Erosionskraft des östlichen Rheinarms, der sich noch tiefer in den Talgrund eingrub und das Rheinengtal in seiner heutigen Gestalt schuf.

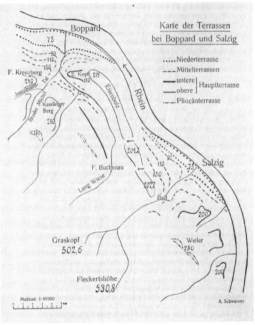

Schematische Darstellung der Terrassenlandschaft zwischen Boppard und Bad Salzig mit dem Eisenbolz und dem Eisenbolzköpfchen.

Am Südwesthang des Eisenbolz wurden einige keramische Scherben gefunden, die in das zweite bis dritte vorchristliche Jahrtausend datieren. Diese Streufunde lassen allerdings keinen Rückschluss auf eine kontinuierliche menschliche Besiedlung der Buchenauer Talweitung zu. In den schriftlichen Quellen taucht der Eisenbolz erstmals gegen Ende des 13. Jahrhunderts auf. Der um 1290 entstandene „Liber donationum" des Bopparder Severusstifts nennt Weinberge in *Isinbolz*. Der historische Beleg legt nahe, dass der Name mit Eisen in Verbindung steht. In der Tat kommen in der Umgebung von Boppard und Bad Salzig, bei Werlau, St. Goar und südlich von Oberwesel die so genannten Hunsrücker Eisenerze vor. Es handelt sich um teilweise manganreiche Erzablagerungen, die bis zu zwei Meter Mächtigkeit erreichen. Während die Lagerstätten bei Werlau bis in die allerjüngste Zeit ausgebeutet wurden, lässt sich für den Eisenbolz ein Abbau erzhaltiger Schichten weder durch schriftliche Quellen noch durch archäologische Zeugnisse nachweisen.

Die Nordabdachung des Eisenbolz zum Stadtgebiet, der Eierberg, und die schroffen Hänge zum Rheintal hin bestehen aus Tonschiefern der „Unterems-Stufe". Ihren markantesten Ausdruck findet diese geologische Formation im Felsabbruch des „Steinernen Manns", in dem man zeitweise die Gesichtszüge des französischen Kaisers Napoleon oder antiker Gottheiten zu erkennen glaubte. Ein Beispiel hierfür ist das Gedicht, das Heinrich Hubert Mönch, von 1868 bis 1899 zuletzt als Oberlehrer am Bopparder Progymnasium tätig, Ende des 19. Jahrhunderts verfasste. Hier wird der römische Weingott Bacchus zur Strafe für seine ausschweifenden Zechgelage auf ewig zu Fels versteinert, und sein Antlitz *muß nun ewig ragen / bei Boppard auf der Ley, / auf daß es künft'gen Tagen / ein Warnungszeichen sei* (RuB 3. 11. 1984, S. 13).

Weinbau

Der oben genannte „Liber donationum" spricht von Weinbergen auf dem Eisenbolz, die einem *Godefridus iuxta puteum* (Gott-

Steinerner Mann, Blick von Nordwesten. Aufnahme Oktober 2005.

fried beim Brunnen) gehört hätten. In der gleichen Quelle sind ebenfalls Weinberge im Flurstück *Altleye* (Altley, nahe des „Steinernen Manns") genannt. Schon im Mittelalter wurde demnach auf dem Eisenbolz Weinbau betrieben. Die Wingerte lagen meistenteils am Südwestabhang zum Buchenauer Tal hin. Ein großer Teil befand sich damals im Besitz des Benediktinerinnenklosters Marienberg. Nach der Säkularisation im Gefolge der Besetzung des linken Rheinufers durch Frankreich, also der Überführung kirchlichen Besitzes zunächst in staatliche Hand, gingen die Weinberge zu Beginn des 19. Jahrhunderts in das Eigentum bäuerlicher Winzer aus Boppard und Bad Salzig über.

Die Wingerte am Berghang oberhalb der Salziger Flur „Unten in der Aab" gab man indessen nach 1920 auf, weil der mittelrheinische Weinbau durch starken Peronosporabefall in eine strukturelle Krise geriet. Die Flächen wurden gerodet und mit Kirschbäumen bepflanzt, weil der Obstanbau höhere Gewinne abwarf. Ab 1950 erfolgte die Rodung der Weinberge am Salzborner Berg am Südostabhang des Eisenbolz, die sich größtenteils im Besitz von Winzern aus Bad Salzig befanden. Auch hier ersetzte man die Rebstöcke durch Kirschbäume, obwohl sich zu dieser Zeit bereits ein Niedergang auch des Obstanbaus abzeichnete, wenigstens soweit er auf Streuobstwiesen in Hochstammzucht erfolgte. Anfang 2003 begann die Kreisverwaltung des Rhein-Hunsrück-Kreises im Zusammenhang mit der Pflege des Naturschutzgebietes „Hintere Dick" damit, im Südteil des Eisenbolz Grundstücke aufzukaufen, und mit Entbuschungsmaßnahmen und einer Beweidung durch Schafe die Freihaltung der gewachsenen Kulturlandschaft voranzutreiben (RuB 24.1.2003, S. 11). Während hier und da noch einige Grundstücke auf dem Eisenbolz mit Obstbäumen besetzt sind, befinden sich die heute noch bewirtschafteten Wingerte am Südwestabhang zum Buchenauer Tal in der Flur „Im Eisenberg".

Waldwirtschaft

Schon zu Ende des 18. Jahrhunderts stellte der Weinbau auf dem Eisenbolz eher eine Nebennutzung dar, die sich auf die Randlagen beschränkte. Der weitaus größte Teil des Hochplateaus war mit Hochwald bestanden. Die französische Besetzung des linken Rheinufers ab 1794 und die damit verbundenen Kriegshandlungen führten jedoch zu ausgedehnten Verwüstungen dieses Waldes. Aber auch die Einwohner Salzigs, so beklagte der damalige Stadtrat in seiner Sitzung am 15. November 1797, hätten ihn durch Waldfrevel und Holzdiebstahl übel zugerichtet. Die Schäden scheinen so groß gewesen zu sein, dass man beschloss, den gesamten Baumbestand abzutreiben, um den Eisenbolz von Grund auf neu aufzuforsten. Das geschlagene Holz sollte verkauft oder, falls dies nicht möglich war, zu Holzkohle verarbeitet werden. Dieses Vorhaben scheint die Stadt indessen nicht umgesetzt zu haben, denn am

31. Dezember 1804 beschloss der Munizipalrat erneut, den Eisenbolz vollständig abzuholzen und neu aufzuforsten.

Auch am „Kniebrecherberg", am Südwesthang des Buchenauer Tals entlang der Simmerner Straße in Richtung Cäcilienhöhe, sollten einzelne Parzellen gerodet werden (RuB 5.5.1973, S. 1). Mit dem Erlös aus dem Holzverkauf wollte die Stadt nunmehr die Schulden bedienen, die sich vorwiegend in französischer Zeit angehäuft hatten. Die Verbindlichkeiten rührten in erster Linie aus den Kosten für die Truppenverpflegung und die Einquartierung von Soldaten her. Gläubiger der Stadt waren sowohl Bopparder Bürger als auch Auswärtige. Der erste Teil des Beschlusses, nämlich den Eisenbolz abzuholzen, wurde ausgeführt, allerdings erst fast zehn Jahre später, nämlich auf einen erneuten Beschluss des Munizipalrats vom 2. Februar 1814 hin (RuB 19.4.1958, S. 6). Die schon 1804 geplante Wiederaufforstung fand dann allerdings nicht statt. Der Grund hierfür ist in einer neuen Verordnung der französischen Behörden (wohl noch aus dem Jahr 1814) zu suchen, die die Gemeinden nunmehr verpflichtete, ihre „Gemeindegüter" an Private zu veräußern. Damals versteigerte die Stadt große Flächen auf dem Eisenbolz, auf dem Kreuzberg und auf Sabel.

Ackerbauliche Nutzung

Nach 1815, zu Beginn der preußischen Zeit, eröffnete dann eine Verfügung der neuen Staatsgewalt der Stadt Boppard die Möglichkeit, den wenige Jahre zuvor verkauften Gemeindebesitz wieder zurückzuerwerben. Davon machte man städtischerseits trotz knapper finanzieller Mittel gern Gebrauch, weil, wie Bürgermeister Ludwig Doll am 11. März 1817 an den St. Goarer Landrat berichtete, *diese Felder die einzige Hilfsquelle der armen und bedürftigen Einwohner von Boppard* seien, indem sie *gegen eine mäßige Jahresvergütung Land anpachten und dort Gemüse und sonstige Früchte anbauen* könnten (RuB 5.5.1973, S. 1).

Damit war der Weg zur rein landwirtschaftlichen Nutzung des Eisenbolz vorgezeichnet. Nach 1820 waren hier und da noch einzelne Parzellen mit Niederwald bestockt, wofür das Plateau nach Meinung des städtischen Beschlusses vom Februar 1814 besser geeignet sei als für eine neue Anpflanzung von Hochwald. Aus der Rinde, die von den niedrigen Stockeichen abgeschält wurde, gewann man die so genannte Gerberlohe, die wegen ihres hohen Gerbsäuregehalts in der Lederherstellung Verwendung fand. Der größte Teil des Eisenbolz diente aber jetzt dem Ackerbau. In den Jahren 1831 bis 1833 verschwanden die letzten Niederwaldparzellen, so dass das Gelände jetzt ausschließlich Getreide-, Rüben- und Kartoffelfelder, ferner Obstbäume trug. Auch viele Salziger Bürger erwarben auf dem Eisenbolz und damit auf Bopparder Gebiet Grund und Boden, der ihnen vorwiegend zur Produktion von Nahrungsmitteln für den Eigenbedarf diente, waren doch die meisten landwirtschaftlich genutzten Flächen der Salziger Gemarkung zu einem geringen Teil mit Wein, überwiegend aber mit Kirschbäumen bestanden.

Die „Konkurrenz" zwischen Bopparder und Salziger Bauern führte zumindest von Bopparder Seite dazu, dass den Einwohnern des Nachbarorts hin und wieder Felddiebstahl unterstellt wurde, wie es in anekdotenhafter Weise überliefert ist: *Es soll da in früheren Jahren ein Salziger Landwirt, dessen Feld an die Bopparder Gemarkung auf dem Eisenberg grenzte, sich an den Bopparder Rüben vergriffen haben. Daher rührte auch folgendes „Gebet": Heiliger Sebastian, ich flehe dich an! Helf mir die Riewe em Eiseberg eronnertran!* (RuB 1.2.1964, S. 8). - Wie bereits zu Anfang erwähnt: die Bopparder waren damals stolz darauf, ausgedehnte Flächen auf dem Kreuzberg, auf Sabel, auf dem Eisenbolz und im Buchenauer Tal urbar gemacht zu haben, wenn auch ein Zeitgenosse die Bodenqualität des Eisenbolz teilweise relativiert, wenn er meint: *Die ganze Hochfläche des Eisenbolzes ist angebaut, doch ist die Arbeit nach der Höhe in der Mitte zu, die etwa noch 50 bis 60 Fuss ansteigt, durch das Rajolen mit dem Bickel und Karst im steini-*

Der Eisenbolz von der Straße Weiler-Fleckertshöhe, Blickrichtung Norden, um 1930. Das Foto verdeutlicht die intensive landwirtschaftliche Nutzung des mittleren und südöstlichen Teils des Eisenbolz.

gen Boden mühsam und wenig lohnend. Die Buchenauer Talmulde beschreibt er hingegen als intensiv genutztes Ackerland: *Zwischen uns und diesen Bergen liegt ein bunter Teppich von Musterstreifen aller möglichen Saatenfarben, den die schmalen geradlinigen Landparzellen bilden (Bischoff,* S. 71-72).

Während die Landwirtschaft auf dem Eisenbolz, dem allgemeinen Trend folgend, heute im Rückgang begriffen ist, war das in den 1960er Jahren noch nicht in dem Maß der Fall, wenn sich auch erste Anzeichen dafür bemerkbar machten. 1961 eröffnete in der Nähe des Eisenbolzköpfchens ein Geflügelhof - im Volksmund als „Hühnerfarm" bezeichnet -, dem ein landwirtschaftlicher Betrieb angeschlossen war, welcher große Teile des Eisenbolz bewirtschaftete. Als 1964 die Buchenauer Kanalisation fertiggestellt war, ging man im Herbst des gleichen Jahres daran, den durch die Abwässer des neuen Stadtteils nahezu verlandeten Weiher im Marienberger Park auszubaggern. Der Schlamm

wurde auf dem Kasselinger Berg und auf dem Eisenbolz als Dünger ausgebracht (RuB 21.11.1964, S. 2). Und am 13. Oktober 1967 berichtete die Rhein-Zeitung, dass der Wegebau vom Friedhof am Eisenberg zum Eisenbolz, *der das große landwirtschaftliche Gelände auf diesem Plateau erschließt,* nahezu vollendet sei. 128.000 Mark investierte man damals in diese landwirtschaftliche Fördermaßnahme, die das Kreisbauamt St. Goar geplant und ausgeschrieben hatte. *Die Maßnahme ist bis auf die Befestigung der Bankette beendet.*

Das „Schützenhäuschen" am Südende der Eisenbolz-Hochfläche erinnert noch an die Zeit, als die Stadt Boppard Feldhüter beschäftigte, die Felddiebstähle während der Reife- und Erntezeit verhindern sollten. Das kleine Gebäude nach der Bauart der rheinhessischen Weinbergs-Trulli mit halbkugelförmigem Dach wurde um 1900 von der Stadt errichtet und diente den Flurschützen als Unterstand, wenn schlechtes Wetter sie auf ihren Streifengängen überraschte. In ih-

„Schützenhäuschen" auf dem Eisenbolz. Aufnahme Oktober 2005.

rer Ausgabe vom 1./2.5.1968 meldete die Rhein-Zeitung, dass das Schützenhäuschen baufällig sei. *Bis vor etwa sechs Jahren war das aus Schiefersteinen kunstvoll gemauerte Deckengewölbe noch völlig in Ordnung und mit Gras bewachsen. Eine kleine runde Öffnung in der Mitte diente als Rauchabzug.* Durch den zunehmenden Fremdenverkehr und spielende Kinder, aber auch durch *die letzten vier aufeinanderfolgenden sehr nassen Sommer und wahrscheinlich auch die von den Düsenjägern ausgehenden erheblich starken Schallwellen* sei der Unterstand sehr in Mitleidenschaft gezogen worden; das Deckengewölbe sei eingestürzt. Man solle es *möglichst bald wieder instand setzen oder mit einem Holzdach versehen.* In der Nähe befänden sich ein *völlig versandeter Teich* und ein *im Versanden begriffener Tümpel mit Weidengebüsch,* welcher *allerlei Vögel beherbergt, darunter auch unter Naturschutz stehende Wasservögel.* Völlig abwegig ist die Behauptung des Zeitungsartikels, dass das kleine Gebäude im Mittelalter als „Burgwarte", also als Vorposten der rechtsrheinischen Burgen Sterrenberg und Liebenstein gedient hätte. Das Häuschen, das sich heute in Privatbesitz befindet, ist mittlerweile instand gesetzt. Auf einer daneben stehenden Basalt-Stele ist die Jahreszahl 1994 vermerkt.

Wandern und Freizeitgestaltung

Schon früh wurde der Eisenbolz dem Fremdenverkehr erschlossen. Bereits 1861 existierten verschiedene Fuß- und Fahrwege von Boppard nach Salzig, die entweder über den Eisenbolz oder durch das Buchenauer Tal führten. Auch der Aussichtspunkt auf dem Eisenbolzköpfchen war bereits vorhanden: *Schon von der Ebene aus sieht man auf der Südwestspitze des Eisenbolzes über dem Park von Marienberg einen Kreis von fünf bis sechs Säulen stehen, die ein Schutzdach tragen. Sie sind zwar nur von Holz und von natürlicher Stamm-Architektur, dennoch nennt man sie ein Tempelchen, und mit Recht. Denn steige nur am Ende des Parks den Zickzackweg hinauf und sieh dich um, da wird das luftige Häuschen in der That zu einem Tempel für den fühlenden Menschen, da*

rin er Gottes herrliche Schöpfung bewundert (Bischoff, S. 70). Nach dem Zweiten Weltkrieg nahmen sich die Bopparder Nachbarschaften der teilweise verfallenen und ungepflegten Aussichtspunkte rund um Boppard an, und so kam es, dass man in den Jahren 1960/61 auch die mittlerweile verfallene Schutzhütte auf dem Eisenbolzköpfchen wieder herrichtete (RuB 22.10.1960, S. 3; 30.12.1961, S. 3).

Der Eisenbolz ist ein beliebtes „Revier" für Wanderer, Jogger, Nordic-Walker und Radfahrer. Mehrere lokale, regionale und überregionale Wanderwege führen über das Hochplateau. Der 1907 eingerichtete linksrheinische Rheinhöhenweg, der auf Bopparder Gemarkung deckungsgleich mit dem Europäischen Fernwanderweg 8 (Nordsee - Rhein - Main - Donau) ist, führt, von der Parkstraße aufsteigend, hart an der Abbruchkante zum Rheintal entlang, um dann kurz hinter dem „Steinernen Mann" den Eisenbolz in Richtung Forsthaus Buchenau zu queren. Auch der kürzlich eröffnete „Rhein-Burgen-Wanderweg" nutzt diese Wegeführung. Der Thonet-Rundwanderweg ist 5,3 Kilometer lang und wurde 1986 in die Bopparder Wanderkarte aufgenommen. Er durchmisst den Eisenbolz in einer Rundschleife fast der ganzen Länge nach und erschließt mit Stichwegen drei Aussichtspunkte auf das Rheintal und auf Bad Salzig. Einer dieser Seitenwege führt zur Schutzhütte auf der Thonetshöhe, die nach dem gebürtigen Bopparder Michael Thonet (1796-1871), dem Erfinder der Bugholzmöbel, benannt ist. Thonets Söhne Franz und Michael errichteten das „Tempelchen" im Jahr 1883. Genau 100 Jahre später, am 9. Juli 1983, wurde die Schutzhütte nach einer gründlichen Renovierung durch Mitglieder des Kegelclubs „Knapp war's" wieder der Öffentlichkeit übergeben.

Was wäre, wenn...

...gewisse Planungen Wirklichkeit geworden wären? Im Jahr 1900 sahen erste Überlegungen für die Hunsrückbahn Boppard-Kastellaun vor, die Bahnlinie entlang der heutigen Schützenstraße abzuzweigen, den Eisenbolz zu untertunneln und am Forsthaus

Blick von Westen auf Boppard und den Eierberg, 1930er Jahre.

Buchenau einen Haltepunkt für Weiler und Fleckertshöhe einzurichten. Von dort sollte die Strecke weiter durch den Stadtwald in Richtung Buchholz führen (RuB 9.3.1974, S. 13). Als 60 Jahre später das Thema „Umgehungsstraße der B 9" auf der Tagesordnung stand, setzte sich Bürgermeister Dr. Alexander Stollenwerk vehement für seinen Vorschlag der so genannten Berglinie ein. Demnach sollte die Entlastungsstraße im Bopparder Hamm abzweigen, unterhalb des Kreuzbergs mittels einer Brücke zum Eisenbolz geführt werden, diesen der Länge nach überqueren und bei Bad Salzig wieder auf die alte Trasse der B 9 treffen. Gegen die Straßenbauverwaltung, die die heute verwirklichte Variante vertrat, konnte sich Stollenwerk jedoch nicht durchsetzen, so dass er im Jahr 1964 halbwegs „offiziell" von seinen Vorstellungen Abstand nahm (RuB 22.2.1964, S. 2). Dessen ungeachtet schlug er vor, das östliche Ende der Schützenstraße über den Eisenbolz hinweg durch eine Straße mit Buchenau zu verbinden, die in Höhe des Friedhofs

auf die heutige Kreisstraße 118 treffen sollte. Davon versprach sich der Bürgermeister offensichtlich eine bessere Verkehrsanbindung des Stadtteils (RuB 8.8.1964, S. 1-2). Reichlich grotesk muten hingegen seine Pläne an, die er im folgenden Jahr publik machte. Die Stadt hatte seit einiger Zeit Probleme mit ihrer Müllkippe im Thomastal, die an die Grenzen ihrer Aufnahmefähigkeit stieß. Stollenwerk brachte den Gedanken ins Spiel, den verrotteten Müll aus dem Thomastal zur Düngung des Stadtwaldes zu nutzen oder aber zur Verbesserung der Böden auf dem Eisenbolz, dessen Wiederaufforstung man aus touristischen Gründen betreiben müsse; da das Plateau zunehmend der Erosion ausgesetzt sei, komme eine landwirtschaftliche Nutzung auf lange Sicht nicht mehr in Frage (RuB 10. 7. 1965, S. 2, 6).

Sehr viel konkreter waren dagegen Überlegungen zur Erschließung für eine Wohnbebauung. Gerhard Seib schrieb in der Rhein-Zeitung vom 8. 11. 1971, auf dem Eisenbolz gebe es lediglich *zum Teil brachliegende Fel-*

der und abgestorbene Obstbaum-Kulturen [...]. Was könnte einmal mit dem Eisenbolz geschehen? Böte sich seine Lage nicht geradezu ideal als Bebauungsgebiet an? Besser als das den halben Tag im Schatten liegende Boppard-Buchenau? Bürgermeister Günter Linnenweber trug jedoch Bedenken: „Ob das Gelände vorrangig als Baufläche genutzt werden soll, hängt von so vielen Betrachtungen ab, daß man nicht sagen kann, ob es städtebaulich möglich ist." Als Bauland habe man allerdings den Eisenbolz absolut nicht nötig. Buchenau sei, so Seib weiter, ausgelegt für 5000 bis 6000 Einwohner. Mit anderen Worten, Boppard hat noch genügend Möglichkeiten sich auszudehnen, ohne daß neue Baugebiete erschlossen werden müßten. [...] Auch die bis Ende der 50er Jahre intensive landwirtschaftliche Nutzung des Eisenbolz ließ derlei Ideen sich gar nicht verfestigen. In der Zwischenzeit hat sich die Situation zwar nicht grundlegend gewandelt, doch ist der starke Rückgang der landwirtschaftlichen Nutzung auf dem Eisenbolz-Plateau unverkennbar. Folge ist: Die Brachland-Fläche wird größer und größer. Aus-

schlaggebend dafür, dass man schließlich von weiteren „Bebauungsplänen" absah, dürften die Vorbehalte der Bezirksregierung Koblenz als Obere Landesplanungsbehörde gewesen sein, die befürchtete, *durch Bebauung könne das Landschaftsbild verunstaltet [...] oder der Naturgenuß beeinträchtigt werden*. Wenige Jahre später ließ man dann auch Pläne zur Bebauung des Eierbergs fallen. Der Stadtrat beschloss im August 1975, von einer Erschließung abzusehen, *weil es wegen der in Buchenau und anderwärts möglichen Baugelegenheiten nicht nötig ist, diesen Hang zu bebauen und der Silhouette Boppards von hier aus die Schönheit zu nehmen* (RuB 16.8.1975, S. 1).

Die Abdachung des Eisenbolz nach Buchenau zu ist allerdings im geltenden Flächennutzungsplan der Stadt Boppard weiterhin als mögliches Baugebiet ausgewiesen. Es bleibt aber zu hoffen, dass der Eisenbolz das bleibt, was er ist: landwirtschaftlich genutzte Fläche, zum Teil Naturschutzgebiet und ein beliebtes Naherholungsgebiet für die Buchenauer, und nicht nur für sie.

Literaturhinweise

Bebauungspläne, Erschließungsbeiträge. Aus der Sitzung des Stadtrates am 7. August. In: RuB 16.8.1975, S. 1 (Bebauung des Eierbergs).

Benner, Ferdinand: Aussichtspunkt „Steinerner Mann". In: RuB 3.11.1984, S. 13 (Mit Abdruck des gleichnamigen Gedichts von Heinrich Hubert Mönch).

Benner, Ferdinand: Wandervorschläge. In: RuB 23.8.1986, S. 14-15 (Thonet-Rundwanderweg).

Benner, Ferdinand: Auf dem Bopparder Eisenbolz. In: RuB 23.12.1993, S. 14-15.

Bischoff = Bischoff, Ludwig: Die Stadt Boppard am Rhein. Ihre Heilanstalten und Umgebungen. Ein topographisches Bild für Rheinreisende und Kurgäste. Köln 1861 (Topographische Bilder vom Rheine 1), S. 70-73 (Eisenbolz und Buchenauer Tal).

Capitain, Karl-Friedrich: Agrar- und Forstwirtschaft. In: *Heinz E. Mißling* (Hg.): Boppard. Geschichte einer Stadt am Mittelrhein. 3. Bd.: Boppard nach 1945. Boppard 2001, S. 220-271, hier S. 236 (Weinbau am Eisenbolz).

Die ersten Pläne für die Hunsrückbahn. In: RuB 9.3.1974, S. 13 (geplante Untertunnelung des Eisenbolz).

Koelges, Rudolf: Wiederaufbau der Schutzhütten. In: RuB 30.12.1961, S. 3 (Schutzhütte Eisenbolz).

Krieger, Heinrich: Die Entstehung des Rheintals bei Boppard. In: Boppard am Rhein. Ein Heimatbuch. Koblenz 1953, S. 9-12.

Marienberger Weiher wird ausgebaggert. In: RuB 21.11.1964, S. 2.

Mittelrheinische Burgwarte auf dem „Eisenbolz" zerfällt. Der kleine Zufluchtsort verdient es nicht vergessen zu werden. Auf gleicher Höhe wie „Feindliche Brüder". In: Rhein-Zeitung, Ausgabe N (St. Goar), 1./2.5.1968 („Schützenhäuschen").

Knerr, Mia: Salziger Riewestritzer (Leserbrief). In: RuB 1.2.1964, S. 8.

Meyer, Wilhelm; Stets, Johannes: Das Rheintal zwischen Bingen und Bonn. Berlin, Stuttgart 1996 (Sammlung geologischer Führer 89), S. 143.

Mißling, Heinz E.: Boppard. Ein Führer durch die Stadt. Boppard 1993, S. 5-15 (Aufbau der Bopparder Landschaft).

Nick, Johann: Liber Donationum Ecclesiae s. Severi Bopardiae. In: Nassauische Annalen 9 (1868), S. 1-48 (S. 14: Ersterwähnung der Flurnamen Eisenbolz und Altley).

RuB = Rund um Boppard. Wochenzeitung und Amtliches Bekanntmachungsorgan. Verschiedene Jahrgänge und Ausgaben.

Seib, Gerhard: Ohne Vergangenheit - aber mit Zukunft? Eisenbolz zwischen Boppard und Bad Salzig. In: Rhein-Zeitung, Ausgabe N (St. Goar), 8.11.1971.

Schlad, Wilhelm: Chronik der Stadt Boppard, 1854. Bearb. von *Klaus-Peter Neumann* u. *Jürgen Johann.* Hg. vom Geschichtsverein für Mittelrhein und Vorderhunsrück. Boppard 2004, S. 62, 74, 179, 216, 227, 235-236 (Landwirtschaft auf dem Eisenbolz).

Stein, Heinrich: Bad Salzig am Rhein. Eine Ortschronik. Bad Salzig 1969, S. 34, 66.

Eine Sternwarte auf dem Eisenbolz? In: RuB 17.8.1985, S. 4 („Schützenhäuschen").

Stollenwerk, Alexander: Liebe Mitbürger! In: RuB 8.8.1964, S. 1-2 (Umgehungsstraße der B 9).

Stollenwerk, Alexander: Liebe Mitbürger! In: RuB 10.7.1965, S. 2, 6 (Wiederaufforstung des Eisenbolz).

Stollenwerk, Alexander: Vom Eisenbolz. In: RuB 5.5.1973, S. 1 (Geschichte des Eisenbolz).

Stollenwerk, Alexander: Wie der Wald auf dem Eisenbolz verkauft wurde. In: RuB 19.4.1958, S. 6.

Wiederaufbau der Schutzhütte auf dem Eisenbolz. In: RuB 22.10.1960, S. 3.

Wirtschaftsweg fast fertig. In: Rhein-Zeitung, Ausgabe N (St. Goar), 13.10.1967 (Wirtschaftsweg Friedhof - Eisenbolz).

IM FOTOALBUM GEBLÄTTERT

Blick vom Friedhof ins junge Buchenau (ca. 1960).

„Sagenhaftes" rund um Buchenau
Kleine Entstehungsgeschichte zweier bekannter Heimatsagen

Zweifelsohne ist es eine besondere Ehre für eine jede Stadt, wenn ihre Historie nicht nur in Fachbüchern und einschlägiger Geschichtsliteratur besondere Berücksichtigung erfährt.

Das mittelrheinische Boppard darf sich glücklich schätzen, zusätzlich mit einer Fülle weit bekannter, vielfach von Generation zu Generation überlieferter Sagen, Legenden und Geschichten seine Verbundenheit zur Vergangenheit zu dokumentieren.

Während der Großteil dieser Überlieferungen seinen Ursprung in der heutigen Kernstadt findet - beispielsweise seien die Geschehnisse um die Waldschenkung durch den aus Feindeshand geretteten und sich dankbar zeigenden Kaiser Otto, die wundersame Rheinquerung des Heiligen Bernardin von Siena, die tragische Liebe des Ritters Konrad zu Beyer und der hieraus entstehenden Klostergründung Marienberg oder auch die Hintergründe vom bis heute nicht aufgetauchten verzauberten Jahrtausendwein im Königshaus genannt - sind zumindest zwei weitere Sagen durchaus geeignet, dem heutigen Buchenau örtlich zugeordnet zu werden.

Unstrittig gehört die Sage vom „Steinernen Mann", dessen Felsenkopf vom Eisenbolz die Rheinschiffer grüßt, ebenso hierzu, wie auch der Klausner „Bruder Michel" zweifelsohne sein gottgefälliges Einsiedlerleben im Stadtwald bei Buchenau fristete.

Die Bestrebungen, etwas über die Entstehungsgeschichte der überlieferten Sagen unserer mittelrheinischen Heimat zu erfahren, enden zumeist beim beginnenden 19. Jahrhundert und hier in der bekannten literarischen Strömung der Rheinromantik. Dennoch lohnt es sich, den vorhandenen Spuren zu folgen.

Die Sage in der Volksdichtung

Recht bald schon ist bei einer Durchforstung älteren Schrifttums ersichtlich, dass bereits gegen Ende des 18. Jahrhunderts eine allgemeine Orientierung in Richtung Volksdichtung mitsamt einer Verklärung des Mittelalters spürbar wird.

Dichter und Wissenschaftler begannen seinerzeit damit, erstmals ihre literarische Aufmerksamkeit auf Legenden, Sagen und Märchen zu lenken, wobei allerdings eine Unterscheidung dieser Stilrichtungen nicht erfolgte und so eine Verwässerung der überlieferten Geschichten unvermeidbar war.

Daneben erschien eine Vielzahl an Unterhaltungsliteratur, die abenteuerliche Rittergeschichten und ortsbezogene Erzählungen zum Inhalt hatte.

In dieser Tradition stehend, entdeckten schließlich die unvergessenen Romantiker des 19. Jahrhunderts die „Welt der Sage" wieder und bewirkten mit ihrem Interesse an Volkspoesie die endgültige Renaissance volkstümlicher Überlieferung.

War die klassische Sage in den Jahrzehnten zuvor in den überlieferten Geistermärchen, Ritterromanen und Gespenstergeschichten nach kurzer Blüte recht schnell wieder untergegangen, so entstand sie jetzt erstmals als anerkannte eigenständige literarische Gattung.

Versteckt in Reisebeschreibungen

Die ersten rheinischen Sagen enthält eine von Niklas Vogt (1756 - 1836) und Aloys Schreiber (1761 - 1841) im Jahre 1806 unter dem Titel *„Mahlerische Ansichten des Rheins"* verfasste Rheinreisebeschreibung. Da die Verfasser der träumerischen Ansicht waren, dass zu einer Rheinreise auch die Besichtigung romantisierter Orte ein zwingender Bestandteil ist, propagierten sie erfolgreich diese neuartige Sichtweise, *„...dass zur Eigenart der Rheinlandschaft auch die rheinische Sage und Legende gehört und das erst durch sie die Landschaft mit vollem Leben erfüllt wird."*

Seither gelten Sage, Rhein und Rheinlandschaft als fest und untrennbar miteinander verbunden.

Den nächsten Popularitätsschub der Sagenwelt besorgte sicherlich das Erscheinen

der Sammlung „*Deutsche Sagen*" der Gebrüder Grimm im Jahre 1816, in dem sie die
Sagen erstmals deutlich zum Märchen abzu-
grenzen verstanden.

In der Folge der Grimm'schen Werke erschienen seit den 1820er Jahren Sagen-
sammlungen in beständig steigender Anzahl,
wovon diejenigen, die sich auf das Rheinland
bezogen, den mit Abstand größten Teil aus-
machten.

Eine Gruppe junger Rheinromantiker, zu
der neben Wolfgang Müller aus Königswin-
ter (1816 - 1873), auch die in Bonn lebenden
Schriftsteller Alexander Kaufmann (1817 -
1893), August Kopisch (1799 - 1853) oder
Professor Karl Simrock (1802 - 1876) zählten, ließen sich durch Friedrich Schlegel
(1772 - 1829) dazu inspirieren, rheinische Sagen statt in erzählenden Texten nunmehr in
Verse zu fassen.

Die von Karl Simrock herausgegebenen
und 1837 in erster Auflage erschienenen
„*Rheinsagen*" gelten noch heute als beste ihrer Art. Auch die etwas später von C. Trog herausgegebene Sagensammlung „*Rheinlands
Wunderhorn*" gilt sicherlich als einer der
Klassiker auf ihrem Gebiet.

Im Untertitel der „*Rheinsagen*" teilt Simrock den Wunsch mit, dass seine Sammlung
ein Begleiter auf der Wanderschaft sei. So
führten die Rheinreisenden recht bald neben
dem „Baedeker" stets auch den „Simrock"
mit sich, wobei die Sagensammlung im Gegensatz zum Reisehandbuch noch nach der
Heimkehr den Leser erfreut haben soll.

Rheinische Reiseführer

Aber auch andere Reiseführer ließen sich
vom Erfolg der „Kombination Baede-
ker/Simrock" animieren und eine Vielzahl
der in der ersten Hälfte des 19. Jahrhunderts
erscheinenden Reiseführer verstand es in ansprechender Weise, Informatives mit Unterhaltsamen zu verquicken und konnte so recht
erfolgreich auf dem überhäuften Bücher-
markt bestehen.

Die Zahlen sprechen für sich: Zwischen
1814 und 1856 erschienen nicht weniger als
120 Buchtitel, die sich mit dem Thema der

Rheinreise - vornehmlich am Mittelrhein -
beschäftigten. Dies waren bedeutend mehr,
als im gleichen Zeitraum Publikationen zu
den Flüssen Donau (40), Elbe (25) und Weser
(6) zusammen erschienen.

Neben den typischen Ortsbeschreibungen,
Angaben über die Ortsgeschichte und den beschriebenen örtlichen Heimatsagen beinhalteten die Reiseführer dieser Zeit auch weiter-
gehende Angaben über Verkehrsanbindun-
gen, Nennungen von Gastwirtschaften und
Hotelbetrieben, Beschreibungen der ausge-

*„Rheinlands Wunderhorn", eine ca. 1875 in 15 Bän-
den erschienene Sagensammlung zählt noch heute
vielfach zur Pflichtlektüre heimatkundlicher Geschichtsforscher. Im achten Band dieser beliebten Se-
rie ist auch die von Karl Geib erzählte heimatliche
Sage „Ritter Konrad Bayer von Boppard" enthalten.*

schenkten Lokalweine bis hin zu Angaben über Post- und Zollbestimmungen. Viele „Anhänge" dieser Reiseführer beinhalteten Werbeanzeigen örtlicher Gewerbe- und Gastronomiebetriebe.

Auswahl der ersten Bopparder Wanderführer

Unter Berücksichtigung dieser weithin bewährten Vorgaben lassen sich auch die nachfolgenden Reise- und Wanderführer der anschließenden Jahrzehnte für das unter Bürgermeister Joseph Syrée (1825 - 1897) zunehmend zur Fremdenverkehrsstadt ausgebaute Boppard einordnen, wobei nur die wichtigsten Werke genannt sind:

- L. Bischoff *„Die Stadt Boppard am Rhein Ihre Heilanstalten und Umgebungen"*, Köln 1861;
- C. Rutsch *„Boppard und das Rheintal von St. Goar bis Lahnstein"*, Coblenz 1880;
- Th. Manskopf *„Wanderbuch für Boppard und Umgegend"*, Bielefeld 1895;
- Ohne Verfasserangabe, vermutlich G. Francke *„Führer durch Boppard und Umgebung"*, Boppard, 1895;
- Bopparder Verschönerungs-Verein *„Illustrierter Führer durch Boppard und seine Umgebung"*, Boppard, 1906;

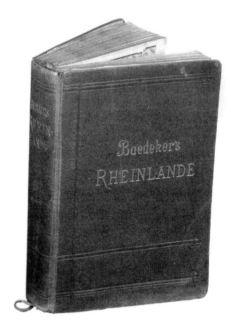

Er gehörte ins Handgepäck eines jeden Rheinreisenden: Der „rote" Baedeker, hier in einer Ausgabe aus dem Jahre 1864.

- Städt. Kurverwaltung *„Illustrierter Führer durch Boppard und seine Umgebung"*, Boppard, 1925;
- Verkehrsverein e.V. Boppard *„Führer durch Boppard und seine Umgebung"*, Koblenz 1935.

In jedem dieser unterhaltsamen, heimatliterarischen Werke werden selbstverständlich auch zahlreiche Wandervorschläge angeboten, die sich der Gemarkung Buchenau und hier vornehmlich dem angrenzenden Stadtwald, dem Eisenbolz oder dem Forsthaus widmen.

Sagen „Rund um Buchenau"

Populäre Ausgaben der beiden anfangs erwähnten „Buchenauer Sagen" verdanken wir unter anderem dem Heimatdichter Heinrich Hubert Mönch (geboren am 19. Juli 1834 in Altenahr, gestorben am 7. September 1900 in Boppard) der bis zu seiner im Jahre 1899 er-

Gemälde eines unbekannten Künstlers, der Mitte des 19. Jahrhunderts die „Kapelle im Michelsthal bei Boppard" der Nachwelt festhielt.

folgten Pensionierung über drei lange Jahrzehnte am städtischen Progymnasium unterrichtete.

In seinem 1881 erschienenen Gedichtband
„Feierabendklänge" sind H. H. Mönchs
Schöpfungen vom „Steinernen Mann" und
von „Bruder Michel" ebenso wie in seiner im
Jahre 1890 erschienenen Lieder- und Sagensammlung *„Am schönen Rhein"* literarisch
in Versform verewigt.

Der Inhalt beider Sagen ist noch heute weit
über Boppards Grenzen bekannt.

Der steinerne Mann bei Boppard

Es kam auf seinen Zügen
Held Bacchus an den Rhein;
Hei, was für ein Vergnügen
Der fand an unserm Wein!

Nie sah man solchen Zecher,
Seitdem die Kelter quoll;
Er fasst und schwenkt als Becher
Ein Ohmfass, schwer und voll.

Er trank, man will's beschwören,
vier schwere Fuder leer
Und rief, ohn' aufzuhören:
„Ihr Wirte, mehr - noch mehr!"

Entsetzen packt die Leute;
Man schrie und rang die Hand:
„Gesell, du trinkst uns heute
Noch allen Wein im Land!"

Der Zecher aber lallte
Und trank noch immer mehr,
Bis eine Stimme schallte
Vom hohen Himmel her:

„Verwegner Trinkgeselle,
Jetzt ende dein Gelag!
Schlaf ein an dieser Stelle!
Schlaf bis zum jüngsten Tag!"

Der Zecher hört die Worte,
Erbebt, verstummt schläft ein!
Sein Riesenleib verdorrte,
Sein Antlitz ward zu Stein.

Das muss nun ewig ragen
Bei Boppard auf der Ley,
Auf das es künft'gen Tagen
Ein Warnungszeichen sei.

Drum Brüder, wenn ihr schwenket
Den Becher mit dem Wein,
Dann freut euch, aber denket,
Auch an den Mann von Stein.

*Die Namensgebung des „Steinernen Mannes" be-
darf sicher keiner weiteren Erklärung. Die Felsfor-
mation ähnelt einem versteinerten Gesicht, wobei Au
genwulst, Nase und Kinnpartie recht deutlich erkennbar sind (Foto: ca. 1905).*

Die Stadt Boppard verewigte „ihren" Bruder Michel u.a. auf einem der von Sammlern heißbegehrten Notgeldscheine aus dem Jahre 1921.

Im Michelstal bei Boppard

Beim Vollmondschein in's Michelstal
Bis zu der alten Klause!
Mein Freund, das rat ich dir zumal,
O bleibe nicht zuhause!

Da steh'n die Berge Riesen gleich,
Als mussten sie behüten
Das friedlich stille Zauberreich
Von Vogelfang und Blüten.

Neugierig schaut des Mondes Licht
In's tiefe Tal hernieder,
wo sich das Bächlein murmelnd bricht
Durch Hasel, Wied' und Flieder.

Du siehst das spärliche Gestein
Der Klause, der Kapelle;
Dann ladet dich zum Ruhen ein
Die gottgeweihte Stelle.

Und horch! Die Mauern wissen dir
Erbauliches zu sagen
Vom Bruder Michel, der allhier
Gewohnt in alten Tagen.

Ja, ja, das war ein frommer Mann
Nach Christi Rat und Lehren;
Er trank vom Quell dort nebenan
Und aß nur Brot und Beeren.

Im Kirchlein hat er oft und lang
Das Herz zu Gott erhoben;
Sein Liebstes war es, durch Gesang
Den Schöpfer hier zu loben.

Einst klang in kalter Winternacht
Er fromme Weisen wieder,
Da kam der Tod und schloss ihm sacht
Die müden Augenlider.

Und zu derselben Stunde scholl
Vom Turm der Stadt ein Läuten
Der sieben Glocken wundervoll.
Was sollte das bedeuten?

Dem Sel'gen, der im Leben oft
Zu Gottes Ehr' gesungen,
War beim Entschlafen unverhofft
Der Glocken Chor erklungen.

Du schaust die Stätte staunend an,
In Sinnen ganz verloren,
Und hast sie bald, wie mancher Mann,
zum Lieblingsplatz erkoren.

Und hat ein Fremdling einmal dort
Beim Vollmondschein gesessen,
Er wird den traulich stillen Ort
Zeitlebens nicht vergessen.

Buchenau als „Truppenübungsplatz"

Manöver der „Freiwilligen Bopparder Jägerkompanie" auf der Leiswiese

Bis zur französischen Besetzung ausgangs des 18. Jahrhunderts unterstanden große Teile unserer mittelrheinischen Heimat dem Trierer Kurfürstentum.

So unterhielt auch der letzte Trierer Kurfürst und Erzbischof Clemens Wenzeslaus bis in seine letzten Tage ein stehendes Heer, dass sich noch im Jahre 1789 aus zwölf Kompanien Infanteristen, zwei Jägerkompanien, einer aus Artilleristen bestehenden Kompanie und einer sechzigköpfigen Leibgarde zusammen setzte.

Große Teile dieses Heeres wurden auch herangezogen, als es galt, an der Seite von preußischen und österreichischen Truppen die im Jahre 1792 in die linksrheinischen Gebiete einrückenden französischen Revolutionstruppen zu bekriegen.

Als Ende 1793 der junge General Hoche das Oberkommando über die vereinigte französische Rhein- und Moselarmee übernahm, galt sein erstes Angriffsziel den Soldaten der deutsch-österreichischen Koalition.

Der junge französische General Lazare Hoche galt als Feindbild deutscher Machthaber. Die kurfürstlichen Landesherren unserer Heimat versuchten vergebens, dem 1768 geborenen „Revolutionsgeneral" Einhalt zu gebieten.

Der Trierer Kurfürst Wenzeslaus erkannte schnell die Bedrohung seines Herrschaftsgebietes und ordnete daher am 27. Januar 1794 die „Aushebung aller regulären Soldaten und die Aufstellung einer 6000 Mann starken Milizeinheit" an.

Der Miliz wurde neben der allgemeinen Landesverteidigung vornehmlich die Aufgabe zugedacht, die heimatliche Bevölkerung vor zu befürchtenden Übergriffen, Plünderungen und Gewalttätigkeiten der Franzosen zu schützen.

Das Oberamt Boppard mit den Ämtern Boppard, Gallscheider Gericht, Oberwesel und Wellmich erhielt die kurfürstliche Anordnung, zum Aufbau dieser Milizeinheit umgehend mit „der Stellung von neun Offizieren, 36 Unteroffizieren und 248 Gemeinen" ihren Anteil zu leisten.

Erstaunlicherweise meldeten sich im Großraum Boppard neben den ohnehin „Zwangsverpflichteten" noch zahlreiche Freiwillige zum Dienst mit der Waffe. Dies war gerade für Boppard sicherlich außergewöhnlich, waren doch noch vielen Mitbürgern die leidigen Streitigkeiten mit dem Landesherrn wegen der Nutzung der Waldrechte aus dem Jahre 1790 in bester Erinnerung. Gerade mal vier Jahre waren verstrichen, seit der erzürnte Erzbischof diesen offenen Aufruhr mit Waffengewalt niederschlagen ließ.

Offensichtlich war auch der Kurfürst von der gezeigten Dienstbereitschaft seiner mittelrheinischen Untergebenen freudig überrascht, so dass er den über 70 Interessierten die Gründung einer „Freiwilligen Bopparder Jägerkompanie" empfahl, die als Zeichen seines Wohlempfindens auch zugleich ordnungsgemäß mit Uniformen und Waffen ausgestattet wurde.

Unverzüglich wurde dieses Angebot von den „Bopparder Heimatverteidigern" dankend und ewige Treue gelobend angenommen und es kam noch im Februar 1794 zur Kompaniegründung.

Bei der Suche nach geeignetem „Übungs- und Manövergelände" stieß der zum Hauptmann auserkorene Georg Anton Clotten recht bald auch auf die Flächen oberhalb der Stadt zwischen Eisenbolz und Stadtwald, die bereits damals als Leiswiese in den heimatlichen Ur-Katasterunterlagen geführt wurden.

Den wenigen erhaltenen Unterlagen folgend, scheint es sich bei den „freiwilligen Jägern" nicht nur um ein allzeit kampfbereites, sondern auch um ein trinkfestes, verwegenes Häufchen „patriotischer Idealisten" gehandelt zu haben.

Im „Kurtrierischen Intelligenzblatt" vom 28. Dezember 1845 fand sich nachfolgende Abhandlung über die ehrenhaften Bopparder Kämpfer, die einen kleinen, aber allemal interessanten Einblick in die einstigen Geschehnisse ermöglicht:

Die Bopparder freiwillige Jägercompagnie

Ob die Bopparder durch den Kurfürsten selbst oder durch irgendeine andere Anregung veranlaßt wurden, eine freiwillige Jägercompagnie zum Dienste des Vaterlandes zu bilden, ist nicht bekannt geworden; allem Anschein nach haben sie aus reiner Anhänglichkeit an den Kurfürsten und aus Liebe zu ihrem Vaterlande diesen Entschluß gefaßt und ausgeführt, der um deswillen auch eine ehrenvolle Anerkennung verdient.

Die ganze Compagnie war 70 Mann stark und bestand aus jungen Leuten der angesehensten Familien der Stadt. Ihre Kleidung war ganz militärisch; sie trugen gelbe kurze Hosen, gelbe Westen, grüne Röcke mit Scharlachaufschlägen und dreieckige große Hüte mit grünem Federbusch.

Sie hatten ihren Hauptmann und 3 ihm untergeordnete Offiziere. Einer von diesen letzteren, der in kk-österreichischen Diensten gestanden hatte, übte sie im Schießen, worin sie sich in ihren kleinen Manövern, die sie von Zeit zur Zeit abhielten und welchen zuweilen

kurtrier'sche Offiziere von Coblenz her beiwohnten, manch Lob verdienten, indem sie in einer Minute fünf Mal ihre Büchsen luden und abfeuerten.

Diese kleinen Manöver, welche sie bald im Walde, bald auf der sog. Leiswiese hielten, waren immer große Feste, an denen das Volk, welches mit hinauszog, gern Teil nahm. Es wurden Zelte aufgeschlagen, und nach vollbrachten Übungen wurden lustig die Becher geleert, und am späten Abend erst kehrte man unter Sang und Klang heim.

Als ein Beispiel guter Manneszucht und vollkommenen militärischen Gehorsams wird erzählt, dass, als die Jäger einst sehr dicht am Rhein exerzierten und eben in einer langen Reihe aufmarschiert seien, der Hauptmann plötzlich zu schwenken kommandiert habe, durch welche Schwenkung ein Teil der Mannschaft bis hoch an den Leib durch den Rhein marschiert sei, um ja nicht die Linie zu unterbrechen.

Wer es weiß, daß der Rhein bei Boppard an den Ufern fast durchgehends sehr tief ist, der wird gewiß schon um dieses einen Faktums willen es nicht in Zweifel ziehen wollen, daß es dieser freiwilligen Jägercompagnie nicht an Mut gefehlt habe, womit sie ihrem edlen Kurfürsten auch bei ernster Gelegenheit ihre Anhänglichkeit und Liebe noch mehr bewiesen haben würde, als es die Zeit und Umstände ihnen möglich machten.

Als die Compagnie zum Felddienste gehörig vorbereitet war, führte sie ihr Hauptmann, Georg Anton Clotten, nach Coblenz, wo sie anfangs 6 Wochen lang standen und für diese Zeit vom Kurfürsten mit 6 Albus Trierisch oder 10 Kreuzern Rheinisch besoldet wurden. Nachher aber und späterhin bezogen sie keinen Sold, sondern lebten auf eigene Kosten, immer zum Dienste des Landesherrn bereit.

1894: Bezirksturnfest am Festplatz „Im Pütz"

Junge Turngesellschaft Boppard lud zum Leistungsvergleich nach Buchenau

Die am 3. Juli 1892 gegründete Bopparder Turngesellschaft bestand gerade einmal zwei Jahre, als ihr vom Turnbezirk die Ausrichtung des alljährlichen Bezirksturnfestes übertragen wurde.

Da neben dem im Festsaal der Witwe Closmann ausgeübtem Turnsport auch das Wandern mit geselligem Abschluss zu den prägenden Vereinsaktivitäten der TG-Pionierjahre zählte, bot sich für die Vereinsführung eine Kopplung dieser beiden Aktivitäten an. Schnell hatte der junge Vereinsvorstand um den 1. Vorsitzenden Franz Emmel ein buntes Programm zusammengestellt.

Heimische und auswärtige Turner trafen sich am Hotel Closmann, um von dort gemeinsam zum Buchenauer Festgelände „Im Pütz" zu wandern. Erstmals in der heimischen Stadtgeschichte wurde sodann ein Bezirksturnfest in Boppard ausgerichtet.

Die Bezirksmeister wurden am Sonntag, 12. August 1894 in Form eines Fünfkampfes ermittelt, wobei nachfolgende Disziplinen zu bewältigen waren: Wettturnen, Freiweitsprung, Stabhochsprung, Steinstoßen und Wettlaufen.

Dieses zweite größere Turnfest in der Stadt Boppard - beim ersten handelte es sich um die Meisterschaft des Rhein-Mosel-Turngaus, die am 16. Oktober 1892 auf der städtischen Wiese auf dem Kreuzberg ebenfalls von der TG Boppard ausgerichtet wurde - fand am Samstag, 11. August 1894 in der „Bopparder Zeitung" nur eine recht kurz gehaltene Ankündigung:

Ausflug des Turnvereins nach dem Pütz, verbunden mit dem Bezirkturnfest: Die Festlichkeit führt eine große Zahl Fremde in die Stadt, indem mehrere Vereine und Abgeordnete ihr Erscheinen beim Bezirksturnfest zugesagt haben. Dem Turnverein dürfte auf seiner Fahrt in's Grüne zahlreiche Begleitung nicht fehlen.

Auch die anschließende Berichterstattung der „Bopparder Zeitung" vom Dienstag, 14. August 1894, war nicht sonderlich ergiebig, lässt aber erahnen, dass Wettergott Petrus der Veranstaltung wohl nicht sonderlich hold gewesen sein mag:

Bei wolkenschwerem Himmel, aber frohen Mutes, zog am Sonntag Nachmittag die Turngesellschaft unter Vorantritt einer Musikkapelle nach dem Pütz. Verstärkt war die Gesellschaft durch eine große Auswahl fremder Turner, welche sich zu dem stattfindenden Bezirksturnen eingefunden hatten. Wie nicht anders zu erwarten, nahmen auch viele Freunde der Turngesellschaft teil an dem Ausflug. Am Bestimmungsplatz angekommen, entwickelte sich bald ein turnerisches Bild, wobei Kraft und Geschicklichkeit zur vollsten Geltung kamen und alle Anerkennung fanden.

Franz Emmel, 1. Vorsitzender der jungen Bopparder Turngesellschaft, hatte für das Bezirkssportfest auf der Buchenauer Pützwiese ein buntes Turn- und Festprogramm zusammengestellt (Aufnahme aus dem Jahre 1893).

Als die Lohwirtschaft noch in Blüte stand
Lohhecken bedeckten Eisenbolz und Pütz
Niederwaldnutzung in längst vergangenen Zeiten

Waldbestände als „städtisches Tafelsilber"

Als es vor nunmehr über 200 Jahren galt, die stetig steigenden, städtischen Schuldenlasten, die durch den Einmarsch der französischen Revolutionstruppen bedingt waren, zu tilgen, erinnerten sich die gebeutelten Stadtoberen an ihre großen Waldbestände.

Schweren Herzens trafen die einstmaligen Stadtverordneten in den „Besatzerjahren" um die Jahrhundertwende zum anstehenden 19. Jahrhundert wiederholt die Entscheidung, Teile ihres „Tafelsilbers" zu veräußern, um mit dem Erlös des Waldverkaufs weitere Drangsale von der heimischen Bevölkerung abzuwenden. So wurden dann erstmals 1794 großflächige Waldgrundstücke auf dem Eisenbolz an örtliche Bauern und Winzerfamilien veräußert.

Mit Beschluss der Stadtverordnetenversammlung unter „Stadtchef" Heinrich Knoodt vom 6. November 1805 wurde gar die weitere Pflege und forstwirtschaftliche Bearbeitung des bewaldeten Eisenbolz in der traditionellen Form aufgegeben.

Am 2. Februar 1814 trafen die Stadtverordneten - sie nannten sich damals übrigens

Ausschnitt aus der Stadtsicht von Matthäus Merian (1646), wobei am linken, oberen Bildrand der bewaldete Eisenbolz deutlich erkennbar ist.

„Municipalräthe" - unter Bürgermeister, das war der „Maire", Ludwig Doll die richtungsweisende Entscheidung, aus finanziellen Erwägungen den gesamten Baumbestand des Eisenbolzes zu veräußern, um auf den dann freien Flächen des einstigen Hochwaldes künftig eine lukrative Rottheckenbewirtschaftung zur Gewinnung von Lohe zu betreiben. Sämtlicher Eichenbestand fiel innerhalb kurzer Zeit der Axt zum Opfer und der jahrhundertealte Waldbestand war recht bald gänzlich gerodet und wurde in regelmäßigen Versteigerungen meistbietend veräußert.

So wuchsen dann in den sich anschließenden Jahren die großflächigen Lohheckenbestände auf dem Eisenbolz und wenig später befand sich auch die Rottwirtschaft auf dem „Pütz" im Aufwind.

Waldfrevel

In zeitlichem Zusammenhang ist es an dieser Stelle erwähnenswert, dass sich die genannten „Municipalräthe" wohl wiederholt sehr um den Fortbestand ihres rund 2.500 Hektar großen Stadtwaldes sorgten.

Nur knapp sechs Wochen nach vorgenannter Entscheidung standen erneut die „Zustände im Stadtwald" auf der Tagesordnung der Sitzung vom 14. März 1814.

Es wurde allgemein Klage darüber geführt, dass sich seit einiger Zeit der Waldfrevel außerordentlich und in bislang nicht gekanntem Umfang häufte. Den Förstern, so hieß es im Ratsprotokoll, sei es „bei allem guten Willen unmöglich, solchen Waldfreveln täglich zu steuern".

Die Stadtverordneten stimmten in der Befürchtung überein, dass der Waldbestand „gänzlich ruiniert" werde, wenn die gegenwärtigen Zustände noch einige Zeit andauerten. Dann sei die Stadt in absehbarer Zukunft aller bisherigen „Hilfsquellen in Notzeiten" beraubt.

Daher waren die Ratsmitglieder der Meinung, dass sofort Mittel und Wege gesucht werden mussten, um solchen Unwesen abzuhelfen. Das wirksamste Mittel war nach deren Meinung die unverzügliche Wiedereinführung der sog. „Waldtage". Diese Waldtage müssten jedoch streng und genau gehandhabt werden. Zwei Tage in der Woche wurden als allgemein vollkommen ausreichend angesehen, damit sich ein jeder Bopparder Bürger mit den zu seinem Bedarf nötigen Holzmengen eindecken könne.

Als solche Waldtage wurden daher ab sofort der Dienstag und der Freitag jeder Woche bestimmt. An diesen beiden Tagen war es jedem Bürger erlaubt, sich in den zum Einschlag freigegebenem Distrikt einzufinden und sich dort seinen Bedarf an Holz und Reisern zu sammeln. Ein städtischer Förster war ständig anwesend, der jeden Bürger an die Stelle verwies, wo er seinen Bedarf zu decken hatte.

Zudem wurde für jedermann ein ausdrückliches Verbot ausgesprochen, „sich außerhalb dieser Waldtage im Walde mit Axt oder Haugeschirr sehen zu lassen oder auch ohne solche Gerätschaften Holz und Reisig zu sammeln". Die Förster wurden angewiesen, bei Nichtbeachtung Hau- und Schneidewerkzeuge einzuziehen und „auf dem Stadthaus abzuliefern". Zusätzlich sei ein gerichtliches Verfahren gegen die des Waldfrevels überführten Bürger einzuleiten.

Lohgewinnung im Nebenerwerb

Die über lange Jahrzehnte großflächig ausgeübte Loh- oder Rottwirtschaft wurde in unserer Heimat vornehmlich von örtlichen Bauern- und Winzerfamilien im Nebenerwerb ausgeübt.

Zwar entsprach der materielle Gewinn zu keiner Zeit auch nur annähernd der beanspruchten körperlichen Arbeit, dennoch verhalfen die Einnahmen aus der Lohheckenernte verbunden mit dem Recht, in den sich anschließenden drei Jahren auf den bearbeiteten Flächen pachtfrei Roggen und Kartoffeln anzubauen, mancher Familie, zumindest „halbwegs gut über den Winter zu kommen".

Mit dem einstigen Bopparder Fuhrmann Karl Bock erinnerte sich in den 1940er Jahren ein Zeitzeuge: *„Es war für die Lohschäler wie auch für die Fuhrleute eine harte Arbeit vom frühen Morgen bis spät in die Nacht. Doch wurde verhältnismäßig Geld verdient*

und es war eine Saisonarbeit, die am Mittelrhein eine willkommene Verdienstmöglichkeit bot."

Im Lohschlag

Es ist auch heute noch lohnend, sich einmal den Arbeitsablauf im sog. „Lohschlag", dem mit Jungeichen bewachsenen Niederwaldgelände, zu betrachten.

Ähnlich wie in angrenzenden, vergleichbaren Gemeinden am Rhein und im vorderen Hunsrück wurden auch die städtischen Niederwaldflächen, so auch auf dem Eisenbolz und auf dem Pütz, zunächst in je 14 Distrikte aufgeteilt. Dies deshalb, da seit jeher reihum in einem Abstand von 14 Jahren eine Lohschälung erfolgte. Durch diese Aufteilung war gewährleistet, dass für jedes Jahr ein „reifer" Bezirk zur Verfügung stand.

Der zur Schälung anstehende Distrikt wurde kurz vor der „Reifezeit" - die Jungeichen hatten jetzt einen Stammdurchmesser von 5 bis 10 cm - von den städtischen „Geteilsmännern" entsprechend der Zahl der Interessenten aufgeteilt. Dann vollzog sich ein Arbeitsvorgang, der später liebevoll in romantischen heimatlichen Erzählungen ausgeschmückt wurde.

Ein Gemeindediener stellte sich an die erste Grenzecke, wölbte seine von harter Arbeit gezeichneten Hände trichterförmig vor den Mund und schrie durch dieses Sprachrohr: „Hohoho, Hoho..." Je nach Windrichtung war das „Hohoho-Geschrei" bis hinunter ins Tal oder gar zur anderen Rheinseite hin hörbar.

Ein zweiter Arbeiter, der sich an der entgegengesetzten Ecke auf derselben Seite der Parzelle aufgestellt hatte und wegen den vielen Bäumchen nicht in Sichtkontakt mit ersterem stand, hieb nun mit einem Haumesser, der „Häb", in Richtung des ankommenden Schalles eine Schneise. Dieser Vorgang wiederholte sich dann so oft, bis für alle Interessenten ein Teilbereich der städtischen Lohhecken zur Verfügung stand.

Aufgeweckt durch das „Hoho-Geschrei" begaben sich alle an der Schälung interessierten Bürger hinauf zum Lohschlag, denn

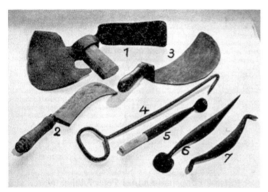

Unabdingbares Handwerksgeschirr beim Schälen junger Baumstämme: 1 = Rodehacke; 2 und 3 = Haumesser („Häb" oder „Heppen"); 4 = Haken zum Abziehen der Rinde; 5, 6 und 7 = verschiedene Schälmesser und -löffel.

nach Beendigung der Abgrenzungen fand „traditionell" die Verlosung der Teilparzellen an die Bürger statt.

Das Lohschälen

Sowie dann das Gehölz mit Aufbruch der Knospen „gut im Saft" stand, in der Regel waren gerade die ersten Tage des Wonnemonats Mai angebrochen, begann das schweißtreibende Lohschälen. Mit dem Haumesser galt es zunächst, die Eichenstämmchen, damals nur als Stangen bezeichnet, von jeglichem austreibenden Geäst zu befreien.

Am Auswuchs der Stangen über dem Wurzelstock wurde die Rinde sodann ringförmig eingehauen. Hier setzte der Arbeiter die Spitze des Lohmessers ein und schlitzte rundum die Rinde auf. Mit einem speziellen Löffel

Werbeanzeige aus der „Bopparder Zeitung" der 1890er Jahre.

am anderen Ende des Lohmessers schälte er sodann die begehrte Rinde, die Lohe, ab.

Der würzige scharfe Duft des frischen Rindensaftes erfüllte die Luft. Aus den Hecken drang das gleichmäßige Klopfen der Rinde.

Die Leistung eines guten Lohschälers betrug zwei bis vier Zentner täglich, sank aber bei ungünstiger Witterung erheblich. Kalte Nächte und drohende Gewitter beeinträchtigten die Arbeit. Dann hörte man die Holzschäler stöhnen: „De Loh hätt Läus'!'".

In diesen Tagen bot der „Lohschlag" ein recht eigenartiges Bild. Weithin leuchteten Tausende der von der Rinde entblößten, weißen Eichenstangen, die teils noch gerade, teils angebrochen standen oder die bereits abgebrochen am Boden lagen und sich kontrastreich vom Grün der Umgebung abhoben.

Gerne nahmen auch die heimischen Bäckereien große Mengen der geschälten Holzstangen für die Beheizung ihrer Backöfen ab. Jährlich galt es, in Boppards Forstrevieren rund 50.000 Lohschanzen mit den verbliebenen minderwertigen Holzresten aufzuarbeiten.

Das Verbringen der Lohe an einen Sammelplatz zum Trocknen hatte ebenso zu ei-

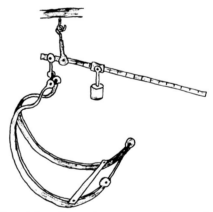

In vielen Gegenden unserer Heimat bestimmten spezielle Lohwaagen das Gewicht der geschälten Rinden.

nem vorab festgelegten Zeitpunkt beendet zu sein, wie auch alle größtenteils gestapelten Stangen termingerecht entfernt sein mussten.

„Romantisches" Rottbrennen

Dann galt es, die zahlreichen Wurzelstöcke mit Grasnaben und Erdschollen abzudecken, um diese vor den anschließenden Rodungsfeuern zu schützen. Bis zum 1. September eines jeden Jahres war sämtlicher Reisig in Haufen aufzuschichten und sodann unter Aufsicht des Stadtförsters beim sog. „Rottbrennen" abzubrennen.

Ungezählte Feuerstellen boten Jahr für Jahr einen imposanten Anblick und nur die wenigsten Einwohner Boppards ließen sich dieses einmalige Schauspiel entgehen. Folgte dem Brenntag eine warme Spätsommernacht, fanden sich viele Familien unterhalb des Lohschlages auf einer Wiese ein.

Vornehmlich den Großvätern blieb es dann ebenso regelmäßig vorbehalten, ihren Enkelkindern über dem ständigen Auf- und Abflackern der bunten Flammen im Berghang, deren Rauch die unterschiedlichsten und unheimlichsten Gestalten formte, fesselnde und gruselige Gespenstergeschichten zu erzählen.

In den traditionellen „Majen" unserer Vorderhunsrücker Heimat, das waren in alter Zeit die gemeinsamen winterlichen Spinnabende in nachbarlicher Runde, wurden viele dieser Gruselepisoden dann weiter ausgeschmückt und auch den nachfolgenden Generationen überliefert.

Verwendung der gewonnenen Lohe

Die der Stadt zu überlassende Lohe, also die Rinde der jungen Eichenstämme, wurde in Bündel zu jeweils 20 kg gebunden und sodann auf den festgelegten Sammelplätzen gelagert.

Die Stadt veräußerte die getrockneten Bündel zunächst an die noch zahlreichen Gerbereien im Stadtgebiet und leitete den Erlös nach vorheriger Feststellung des verantwortlichen Stadtarbeiters, dass die zuge-

Der Trocknungsprozess der geschälten Rinden vollzog sich auf sog. „Betten" oder aber auch durch das Aufhängen der mit einer Weide umschlungenen Rinde. Diese Bodenfreiheit war erforderlich, um jeglichen Schimmelbefall der Eichenrinden zu vermeiden.

teilten Reviere ordnungsgemäß bearbeitet und hinterlassen wurden, an die genannten Bauern- und Winzerfamilien. Hierdurch war gewährleistet, dass alle heimischen Gerbereibetriebe gleichmäßig und zu gleichen Konditionen mit dem wichtigen Rohstoff versorgt wurden.

Jahrhunderte lang galt das Rotgerberhandwerk als lohnendes Berufsziel. Boppards älteste bekannte Zunftordnung aus dem Jahre 1597 legte die Regularien für die zusam-

53

mengefasste Zunft der Schuhmacher und Loher (Rotgerber) und deren Heilig-Kreuz-Bruderschaft fest. Im Jahre 1719 führten die Bopparder Rotgerber mit „13,0 albus" die Steuerquote der insgesamt 20 erfassten Handwerksberufe an. 1740 trennten sich die Rotgerber bzw. Loher von den Schuhmachern und gründeten eine eigene Zunft.

Noch im ausgehenden 19. Jahrhundert - zu Zeiten einer Hochkonjunktur des Schälwaldes - hatte Boppard mit einem jährlichen Anfall von rund 5.000 Zentnern über Jahre mehr Gerbstoffe, als im heimischen Gewerbe benötigt wurden, so dass die Stadt für den Überschuss Versteigerungen ansetzte.

Diese fanden jährlich abwechselnd in einem der führenden Rheinhotels statt und wurden von auswärtigen Firmenvertretern regelmäßig stark besucht. Die größten Ersteigerungen in der „goldenen Lohheckenzeit" wurden neben der Firma Koch (Sankt Goarshausen) von den Firmen Napp (Sankt Goar) und Heyl (Herrnsheim bei Worms) getätigt. Aber auch einige kleinere Gerbereibetriebe aus dem Großraum Aachen sind wiederholt in alten Versteigerungsbüchern erwähnt.

Als Makler vieler auswärtiger Unternehmungen trat in den 1870er Jahren ein Robert Dorweiler auf, dem eine „Vermittlungsgebühr" von 25 Pfennigen je Zentner, der mit einem durchschnittlichen Ersteigerungserlös von neun Mark seinen Abnehmer fand, zustand.

Die Gerbereien gebrauchten die Lohe zum Gerben der Tierhäute. Sie wurde in kleine Stücke zerhackt, die dann zu Pulverform gemahlen wurden. Dieses Lohpulver kam in eine der - nach überlieferten Berichten unsäglich stinkenden und daher zumeist traditionell außerhalb der Stadtmauern liegenden - örtlichen Gerbgruben, wo sich durch die Gerbsäure der Gerbprozess vollzog.

Interessant ist in diesem Zusammenhang für Boppard, dass sich über lange Jahre allein in der sog. „Niedersburg" rund 20 solcher Gerbereien im Umfeld der einstigen „Stinkgasse" - einer Namenserklärung bedarf es si

cherlich nicht - befanden. Auch im dortigen Elternhaus des später weltberühmten Tischlermeisters Michael Thonet befand sich ein Gerbereibetrieb.

Getreide- und Kartoffelanbau

Aber auch nach dem Abbrennen des Reisigs war der Arbeitsprozess noch nicht beendet. Zuletzt galt es noch, die anfallende Asche in die zuvor mit der „Hau" aufgelockerte Erde als Bodendüngung für die kommenden Jahre zwischen den zahlreichen Wurzelstöcken einzugraben.

Den Bopparder Bauern- und Winzerfamilien wurde das Recht zugestanden, die von ihnen bearbeiteten Flächen auf drei Jahre in der Fruchtfolge Roggen, Kartoffeln und wieder Roggen zu bepflanzen. Es bedarf keiner Schilderung, wie anstrengend diese Pflanzungen und das Einbringen der mageren Ernte zwischen den ungezählten Wurzelstöcken, die nicht beschädigt werden durften, für die Arbeiter in mühevoller Handarbeit damals waren.

Die Wurzelstöcke bildeten bereits während der sich anschließenden Feldnutzung konkurrierende Stockausschläge. In den brachliegenden Jahren entwickelten sie sich allmählich wieder zum dichten Niederwald. Nach drei Jahren waren die Wurzel-stöcke bereits so stark ausgetrieben, dass eine weitere Anpflanzung nicht gestattet wurde.

Wenn der Nutzungsberechtigte Glück hatte, wuchs in „seinem" Distrikt in den ersten Jahren nach der landwirtschaftlichen Nutzung noch wilder Ginster, den er dann zur Nutzung als Stallstreu für sein häusliches Vieh schneiden durfte.

Stellte jedoch der städtische Kontrolleur Beschädigungen an den ungezählten Wurzelstöcken fest, wurde regelmäßig - unabhängig vom gegenwärtigen Fruchtstand - das zuvor zugestandene Bürgerrecht der Bodennutzung entzogen.

Ende der Lohwirtschaft

Zum auslaufenden 19. Jahrhundert deckte dann nach und nach durch die große Einfuhr von Wildhäuten die heimische Lohproduk

tion bei weitem nicht mehr den inländischen Bedarf. So waren auch die allein für den Mittelrhein nachgewiesenen 640 Gerbereien jetzt auf eine Loheinfuhr aus dem Ausland angewiesen. Wegen des starken Mangels an Gerbstoffen waren diese daher laufend auf der Suche nach anderen Gerbstoffmöglichkeiten.

Als dann um die Mitte der 1880er Jahre ein solcher Gerbstoff in dem Quebrachoholz, einer hauptsächlich in Südamerika heimischen Baumart, gefunden und dessen Kernstück ähnlich der heimischen Eichenlohe in Lohschnitte zerkleinert oder pulverisiert als Extrakt auf den Markt gebracht wurde, war der einschneidende Wendepunkt in der heimischen Lohgerberei, besonders in den Eichenschälwaldungen, gekommen.

Wegen seines besonders schnellen Gerbprozesses und seines verhältnismäßig hohen Gerbstoffgehaltes fand das Quebrachoholz auch in unserer Heimat recht hohen Zuspruch. Die heimischen Eichenlohgerbereien gingen immer mehr zurück. Die Folge hiervon war ein weiterer Verfall der längst ohnehin bescheidenen Preise für Eichenlohrinde, so dass ausgedehnte Eichenschälwaldungen weithin ungenutzt blieben.

Spätestens jetzt war die mühevolle Handarbeit selbst für eine kleine Bauern- oder Winzerfamilie nicht mehr rentabel.

Um das Jahr 1900 standen der Lohepreis und die Löhne der Schäler mit rund drei Mark je Zentner in etwa gleicher Höhe nebeneinander. Der Zeitpunkt der unrentablen Niederwaldbewirtschaftung war endgültig eingetreten. Selbst die „gereiften" Lohbestände blieben fortan unbearbeitet.

Umwandlung der Niederwaldbestände

Die Forstwirtschaft stand vor einer Krise. Was sollte mit den rund 800 Hektar städtischen Niederwaldflächen geschehen?

Die aufstrebende Wirtschaft verlangte in stetig wachsendem Umfang nach Fichtenholz, sei es für Balken und Bretter als Bauholz, für Gerüststangen, für Licht- und Tele-

In den Jahren zwischen den Weltkriegen konnte man auch in unserer Heimat noch vereinzelt vorwiegend Frauen beim Losklopfen der Rinde von den dürren Ästen beobachten. Im Gegensatz zu dem etwas dickeren Stammholz ließen sich hier die Rinden nur sehr mühselig mit einem Schälmesser bzw. -löffel lösen. Die Männer waren währenddessen mit anderen Loharbeiten, vorwiegend dem Lohschälen am Stamm, beschäftigt. Das verbleibende Restholz wurde zur Verfeuerung benutzt. Auf obigem Foto durfte vermutlich eine interessierte Spaziergängerin „auch mal das Rindeklopfen üben".

fonmasten, für Grubenhölzer, zur Zelluloseherstellung oder für Weinbergspfähle und Bohnenstangen. Selbst als Weihnachtsbaum brachte die Fichte schon frühzeitig Geld in leere Kassen. In den Jahren 1895 bis 1926 wurden rund 441 Hektar des Bopparder Niederwaldbestandes - also weit mehr als die Hälfte - durch Auspflanzung in Fichtenhochwald umgewandelt.

Für den Bereich des Buchenauer Eisenbolzes entschieden Boppards einstmalige Stadtväter hingegen, die Flächen ungenutzten Niederwaldes gänzlich zu roden und als landwirtschaftliche Anbaufläche oder gar auch zu Weinbergsneuanlagen umzufunktionieren.

Bereits seit vielen Jahrzehnten hat die moderne Gerbtechnik, die in zunehmend stärkerem Umfang auf chemischen Gerbprozessen beruht, der Lohe vollkommen den Garaus gemacht. Der Untergang der heimatlichen Gerbereibetriebe und damit eines gesamten Wirtschaftszweiges war besiegelt.

Lediglich in den Notjahren nach Beendigung des 1. Weltkrieges, als der Gerbstoffimport vorübergehend nicht möglich war, ging man auch in unserer Heimat, wenn auch nur für kurze Zeit, nochmals zur Gewinnung der Lohe mittels Eichenrinden über.

IM FOTOALBUM GEBLÄTTERT

Das Friedhofskreuz.

Erster Haltepunkt der Hunsrückbahn: Forsthaus Buchenau

Angedachte Trassenführung verlief nach Untertunnelung des Eisenbolzes vorbei am Forsthaus Buchenau

Dass es bei der einstmaligen Festlegung der Streckenführung der 1908 eröffneten Hunsrückbahn ebenso wie einige Jahre zuvor bei der Standortbestimmung des Bopparder Bahnhofs unterschiedliche Auffassungen gab, ist hinreichend bekannt.

Dass aber über lange Zeit nach vorheriger Tunneldurchbohrung des Eisenbolzes ernstlich ein eigener Haltepunkt am Forsthaus Buchenau - angedacht für die Bewohner des Buchenauer Forsthauses, Weiler und Fleckertshöhe(!) - favorisiert wurde, dies weiß heute wohl nur noch ein kleiner Kreis Bahninteressierter.

In der Tat lohnt es sich auch nach über einhundert Jahren, sich einmal den Gedankengängen der seinerzeit verantwortlichen Streckenplaner näher zu widmen, denen die schwierige Aufgabe übertragen wurde, das bislang vom Hunsrück weitestgehend abgeschnittene Rheintal mit den dortigen Höhengemeinden zu verbinden.

In diesem Zusammenhang bietet es sich auch an, einige allgemeine Ausführungen zur Schienenerschließung des Hunsrücks voranzustellen.

Eisenbahnerschließung des Hunsrücks

Als kleines Meisterstück des ausgehenden 19. und des beginnenden 20. Jahrhunderts kann sicherlich die infrastrukturelle Erschließung unserer Heimat mittels des noch in den „Kinderschuhen" steckenden Eisenbahnlinienbaues bezeichnet werden.

Zweifelsohne kann heute die Eisenbahn als eine der wichtigsten technischen Erfindungen des 19. Jahrhunderts genannt werden, die die Lebensbedingungen der Bevölkerung wohl am stärksten revolutionierte. Auch die Anrainer am Mittelrhein profitierten ausgangs der 1870er Jahre gewaltig von der Fertigstellung der Schienenfernverbindung zwischen Köln und Mainz. Es sollten aber noch über zehn Jahre vergehen, bis auch die in vier Teiletappen geplante Erschließung des Hunsrücks begann.

Im Gegensatz zu den fertig gestellten zweigleisigen Hauptlinien sind diese Abschnitte jedoch grundsätzlich nur eingleisig geplant und umgesetzt worden. Dies hing wohl damit zusammen, dass es sich nicht um die Erfüllung von zwingend bestehenden Verkehrsbedürfnissen handelte. Vielmehr wollten die verantwortlichen Bahnplaner erst ein Bedürfnis der Bewohner des Hunsrücks zur Nutzung des künftigen Bahnnetzes wecken. Dabei war allen Beteiligten von Anfang an bewusst, dass auf diesem Streckennetz wohl zu keiner Zeit eine auch nur halbwegs erträgliche Rentabilität erreichbar sei.

Preußen konnte sich solche weniger bedeutsamen Eisenbahnlinien auch nur deshalb leisten, weil die Staatskassen infolge des siegreichen Deutsch-Französischen Krieges und der hieraus resultierenden französischen Kriegsentschädigung recht prall gefüllt waren.

In einer ersten Phase der Hunsrückerschließung wurden mehrere Stichbahnen von Trier nach Hermeskeil (1889) gebaut.

1897 wurden im nächsten Abschnitt diese Bahnen verlängert, und zwar zunächst von Hermeskeil nach Türkismühle, was zugleich den Anschluss an die Naheverbindung von Saarbrücken nach Bingen bedeutete. Vier Jahre später folgten die Verlängerungen, beginnend ab Simmern bis zu den Ortschaften Kirchberg und Kastellaun.

In einer dritten Phase wurden dann diese beiden Nord-Süd- und Süd-Nord-Achsen durch eine Streckenführung von Hermeskeil über Morbach nach Kirchberg (1902/03) miteinander verbunden.

Als alle diese Eisenbahnlinien abgeschlossen waren, kam auch in der vierten und letzten Phase der Hunsrückerschließung der Anschluss an die bestehende Rheinlinie durch die Bahntrasse Kastellaun-Boppard (1906/08) zum Zuge.

Bahnlinie Kastellaun - Boppard

Spätestens als 1891 das Teilstück zwischen Simmern und Kastellaun bahnmäßig erschlossen war, begannen die interessierten

Obiges Foto aus dem Jahre 1907 zeigt den fertig vermauerten Eingang des Kalmut-Tunnels nach beendeter Bergdurchbohrung. Eine Feldbahn-Schmalspur-Lok ist im Tunneleingang von rückwärts erkennbar. Die Vermessungstrupps beenden ihre Arbeit an diesem Bauabschnitt der Bahnlinie Boppard - Kastellaun. Die Arbeiten wurden von der Mannheimer Baufirma Grün und Bilfinger ausgeführt.

Rheinanliegergemeinden mit einer Flut von Eingaben an die für die ausschließlichen Staatsbahnen zuständige preußische Regierung. Diese hatte sich bei ihren Entscheidungen über den weiteren Ausbau des Schienennetzes mit den Eisenbahndirektionen ins Benehmen zu setzen.

Es folgten heftige Debatten, an denen sich auch die St. Goarer Landräte Dr. Adam Wieland und Max Wallraf sowie die Bürgermeister der Rheinstädte beteiligten. Durch die steigenden Transporte per Schiene - die Güter des Hunsrücks wurden nur noch selten

per Schiff verfrachtet - sanken am Mittelrhein die Umsätze der heimischen Binnenhäfen. Nicht unbedeutende wirtschaftliche Einbußen waren die zwangsläufigen Folgen. Mit einer Standortbestimmung als Endstation der von Kastellaun aus zu verlängernden Hunsrückbahn wären also für jede Rheintalgemeinde deutliche Einnahmen im Gemeindehaushalt zu erwarten gewesen.

Die ständigen Petitionen aus dem Rheintal führten dazu, dass letztlich nicht weniger als sieben Streckenführungen ernsthaft diskutiert wurden. Natürlich meldeten sich in diesen Monaten auch die alten Kontrahenten, die eine Trassenführung zur Mosel für zwingend erforderlich sahen, zu Wort.

Nach einer Vorauswahl standen immerhin noch vier Möglichkeiten für einen Anschluss des Hunsrücks an die Rheinschiene zur Auswahl, wobei in allen Fällen die Strecken zunächst parallel zum Hunsrückkamm verliefen und sich im Wesentlichen nur durch die Wahl des Abstieges ins Rheintal unterschieden.

Ein erstes Projekt positionierte das Ende der Strecke in Boppard, wobei der Abstieg ins Rheintal südlich von Boppard mit einer Tunnelbohrung des Eisenbolzes kurz vor Bad Salzig vorgesehen war. Hierbei waren zuvor die Haltepunkte Fleckertshöhe, Buchholz, Kreuzberg und Forsthaus Buchenau eingeplant.

Mit fast der gleichen Streckenführung konnte man von der Fleckertshöhe auch südöstlich zur Rheinschiene gelangen, um dann in St. Goar zu enden.

Als dritte und vierte Varianten war die weiter rheinaufwärts liegenden Endstationen Oberwesel und Bacharach in der Diskussion.

Interessanterweise stand eine Linienführung Simmern - Koblenz niemals zur Disposition, was wohl mit dem für sehr schwierig erachteten Hunsrückaufstieg aus Koblenz kommend und den damit verbundenen Mehrkosten in Verbindung zu bringen ist.

Nachdem anfänglich tatsächlich der Anschluss an die Mosellinie über Treis/Karden von den maßgeblichen Entscheidungsträgern favorisiert wurde, beauftragte das preußische Ministerium für öffentliche Arbeiten zum Entsetzen der „Bopparder Konkurrenten" mit Schriftsatz vom 18. September 1898 die Eisenbahndirektion Mainz mit den Vorarbeiten zum Streckenbau von Kastellaun nach Boppard.

Um diese Umkehr von den langjährigen Überlegungen zum Anschluss in Richtung Mosel zu bewirken, bedurfte es zuvor zahlreicher Eingaben und Vorsprachen der Stadt Boppard durch die Kreisabgeordneten im Preußischen Landtag.

Aus obiger Grafik sind die Abweichungen des zunächst geplanten Streckenverlaufs mit der dann tatsächlich ausgeführten Trassenführung der Bahnlinie Boppard - Kastellaun ersichtlich.

Auch wenn sich die der Stadt Boppard wohlgesonnenen Politiker auf höherer Ebene für die neue Streckenführung aussprachen, letztlich dürfte das positive Ergebnis des „Umdenkungsprozesses" wohl dem in Boppard seinen wohlverdienten Ruhestand genießenden Eisenbahndirektionspräsidenten a. D. Redlich zu verdanken sein. Er hatte beinahe alle Bopparder Eingaben verfasst, und er war es auch, der bei der entscheidenden Terrainbesichtigung durch eine Kommission des Ministeriums am 21. Juli 1898 als einziger örtlicher Vertreter von Beginn an hinzugezogen wurde.

Zu dieser „hohen Runde" waren zudem neben dem Koblenzer Regierungspräsidenten mit technischem Mitarbeiterstab nur die Landräte der Landkreise Simmern, St. Goar und Cochem und der Vorsitzende der Handwerkskammer Koblenz geladen. Da zudem auch die endgültige Ministeriumsentscheidung ausdrücklich auf die von Redlich verfasste Bopparder Eingabe und die „Vor-Ort-Inspektion" Bezug nahm, dürfte die Bedeutung des Votums von Redlich hinreichend genug belegt sein.

Damit war nun die endgültige Entscheidung zur Standortfrage der „Endstation" der Hunsrückbahn zugunsten der alten Reichsstadt Boppard gefallen.

Trassenführung

Tatsächlich gab es noch einige mehr und einige wenig bedeutende Änderungen der angedachten Trassenführungen zum Bopparder Bahnhof.

Die wichtigste dieser Änderungen war, dass der Abstieg ins Rheintal nun nördlich von Boppard über die Kalmut-Höhe und durch das Mühltal genommen wurde, nachdem anfangs vorgebrachte militärische Bedenken gegen diese damals nur mit Zahnradlokomotiven befahrbare Strecke zurückgestellt worden waren.

Mit dieser Streckenänderung wurde der ursprüngliche Verlauf entlang des Buchenauer Forsthauses endgültig vom Tisch gefegt. Und dennoch ist es gerade für das heutige Buchenau sicherlich interessant, sich nochmals diese ursprünglichen Gedankengänge in Erinnerung zu rufen.

Details der seinerzeitigen Gedankengänge lassen sich recht konkret einem Artikel der „Bopparder Zeitung" vom 3. April 1900 entnehmen. Natürlich war auch die führende

Dort, wo sich zu Beginn des 20. Jahrhunderts noch eine städtische Rodelbahn befand, sollte nach anfänglichen Überlegungen der verantwortlichen Planer des Mammutprojektes „Hunsrückbahn" die künftige Streckenführung verlaufen. Die Aufnahme der zur Umfunktionierung erwogenen Waldschneise - sie entstand um die Jahrhundertwende - zeigt diesen im Forstrevier Boppard II, Distrikt Hunsgalgen, gelegenen Teilbereich.

Heimatpresse daran interessiert, ihren Lesern frühzeitig nähere Information zum angekündigten Bau der Hunsrückbahn, einem Jahrhundertereignis, präsentieren zu können. Hier heißt es:

Hunsrückbahn

In der Frage wegen der Hunsrückbahn sind wir jetzt endlich einen großen Schritt weitergekommen.

Nachdem schon seit längerer Zeit auf den Grundstücken vor und hinter dem Schützenhause, dessen Schießstand leider etwas verkürzt wird, die Pfähle eingeschlagen worden waren, welche die Trasse der neuen Bahn kennzeichnen, ist jetzt in die Felsen der Altlay hinter den Thonetschen Anlagen ein großes Loch geschlagen worden, um die Schwierigkeiten und den Kostenpunkt des unter dem Eisenbolz durchzuführenden Tunnels besser berechnen zu können. Die ausgehauenen Steinmassen zeigen übrigens hoch interessante Versteinerungen.

Der projektierte Tunnel mündet hinter dem Eisenbolz in der Senkung vor dem Forsthause Buchenau (erste Station für Buchenau, Weiler und Fleckertshöhe), alsdann wendet sich die Bahn sanft aufsteigend in großem Bogen westwärts, überschreitet mittelst Viaduktes das obere Mittelbachtal und gewinnt das Kasslinger Plateau in der Gegend der „Runden Buche".

Durch eine Dammaufschüttung im Bruder Michelsthale bei der „Konsulsruhe" wird alsdann die Bahn auf das Kreuzbergplateau hinübergeführt (zweite Station für den Kreuzberg und Hunsgalgen).

Alsdann gewinnt die Bahn, sich am Hange des Hunsgalgens und durch den Hellerwald hinziehend, in allmähliger Steigung die Einsattelung der Römerstraße bei Buchholz (dritte Station) und wird von hier mit leichterer Mühe über Ney und nach Castellaun weitergeführt.

Zum Betriebe werden die schweren auf der Gotthardbahn verwendeten Lokomotiven benutzt werden.

Für den Betrieb der Bahnhofsrestauration bei Buchholz sind jetzt schon verschiedene Pachtangebote eingelaufen.

Mit der Eröffnung der Bahnlinie Boppard - Kastellaun am 3. August 1908 hatte die Bopparder „Postpersonenkutsche" ausgedient.

Ein ausgestorbener Beruf: der Köhler

Auch in den Wäldern um Buchenau
blühte einstmals das Köhlerhandwerk

> **Holz ist ein einsilbiges Wort,
> aber dahinter steckt eine Welt von
> Wundern und Märchen.**
>
> *Theodor Heuss*

Wirtschaftsfaktor Wald

Wie andere wirtschaftliche Nutzungen des heimatlichen Waldes, beispielsweise seien die Gewinnung der Eichenschälrinde für Gerbereien oder die Waldbeweidung durch vom städtischen Schweinehirten ausgeführte Hausschweine genannt, gehört auch die Holzkohlegewinnung der Köhler längst der Vergangenheit an.

Allerdings gab es auch in den laubwaldreichen Gebieten um das heutige Buchenau Jahrzehnte, in welchen die zahlreichen Meiler der heimischen Köhler nahezu unentwegt rauchten.

Nicht nur nahe der Grünfeldswiese, auch in weiteren bewaldeten Hängen und Tälern unserer Heimat hantierten die Köhler mit ihren rußgeschwärzten Gesichtern bei Wind und Wetter an den schwelenden Meilern.

Hart, einsam und entbehrungsreich verlief deren Jahresuhr und noch heute stößt der aufmerksame Waldspaziergänger regelmäßig auf verebnete, kreisrunde Plätze, an deren pechschwarzer Erde die Standorte einstiger Meiler gut zu erkennen sind.

Bis vor rund 200 Jahren kannte man die Steinkohle noch nicht, vielmehr galt Holz als das alleinige Heizmaterial, mit dem seit Menschengedenken gekocht und geheizt wurde. Jedoch hatten unsere Vorfahren schon recht früh erkannt, dass reines Holz für die Erzverhüttung nicht sonderlich geeignet war, sondern hierfür die in einem gesonderten Prozess zu gewinnende Holzkohle mannigfache Vorteile barg. Diese herzustellen oblag dem Köhler, der außerhalb der Ortschaften, regelmäßig mehr oder weniger tief im Wald sein rußiges Gewerbe betrieb.

Das Köhlerjahr

Die Arbeit eines Köhlers begann im Frühjahr, nachdem das von den Holzhauern im vorangegangenen Spätherbst und Winter geschlagene Holz bereits etwas ausgetrocknet war.

Ein „hartes Brot": Der heute ausgestorbene Beruf des Köhlers. Der Meileraufbau wurde in langen Berufsjahren stetig perfektioniert.

In dem vom Frühjahr bis Herbst dauernden Arbeitsjahr eines Köhlers, das keine Sonn- und Feiertage kannte, lebten diese in einsiedlerhaften, notdürftigen Hütten im Wald, die mit einer Schutzdecke aus Laub, Rasenstücken, Moos und Erde umgeben waren. Die Verpflegung war denkbar einfach und wohl alles andere als abwechslungsreich.

Bei Betrachtung der seinerzeitigen Gesamtumstände verwundert es nicht, dass der Köhler infolge seines so abseits vom örtlichen Alltag betriebenen Berufes im Mittelpunkt zahlreicher Sagen und Märchen stand.

Holzkohlegewinnung

An einer günstigen, wenig geneigten Stelle, die regelmäßig nahe an einem Hang *(Wind, Sauerstoff)*, an einem Weg *(Transport)* und an einem kleinen Waldbach *(Kühlwasser)* lag, ebnete der Köhler eine waagerechte, kreisförmige Kohlgrube mit einem Durchmesser von rund sieben Metern.

Die etwa ein Meter langen aus Astholz gewonnenen Scheite, am begehrtesten war Buchenholz, baute er sodann um einen in der Mitte aus Stangen errichteten Luftschacht in drei Etagen in einer kegelähnlichen Form auf.

Den „Meilerkopf" galt es mit dünnen, kurzen Knüppeln abzudecken, wobei die Lücken zwischen den Scheiten gänzlich zugesetzt wurden. Sodann erhielt der gesamte Aufbau eine rund 10 cm dicke Laubschicht. Ein vorheriges starkes Anfeuchten des Laubes war erforderlich, damit es die anschließend aufgeworfene Erde besser packen und diese nicht in das Innere des Meilers eindringen konnte.

Nachdem die Stangen des Luftschachtes nach oben herausgezogen waren, wurde der so entstandene „Quandelschacht" mit Kleinholz aufgefüllt, von oben mit glühender Holzkohle gezündet und 48 Stunden weiter „gefüttert".

Noch ist er nicht gänzlich fertiggestellt: ein Köhlermeiler aus Buchenscheiten.

Zeitgenössische Skizze einer größeren Meileranlage, wie sie einstmals beispielsweise auch nahe der Buchenauer Grünfeldswiese und verstärkt in den Seitentälern des Mühltales zwischen Boppard und Pfaffenheck anzutreffen waren.

Eine Luftzufuhr war nur in sehr beschränktem Maße möglich, wodurch sich die Glut nur äußerst langsam zum Rand bzw. nach unten ausbreiten konnte.

Der Köhler bohrte nun am Fuße und am Kopf des Meilers eine Reihe Luftlöcher, mit deren Hilfe er den Verkohlungsprozess, sei es durch weitere Öffnungen, sei es durch Verschließen, regulieren konnte. Während des Verkohlens bildete sich Wasserdampf; der Meiler „schwitzte".

Traten aus dem unteren Teil des Meilers hellere Dämpfe heraus, so folgte das „Treiben" des Brandes. Der Köhler verstopfte nun die Löcher, um die Luftzufuhr zu der bereits „garen" Holzkohle zu verhindern.

Wo er noch unverkohltes Holz vorfand, legte der Köhler neue Löcher an. Erst wenn der Rauch hell und bläulich austrat, war die Verkohlung abgeschlossen. Jetzt wurden alle Löcher verstopft und der Meiler hatte Gelegenheit zum Abkühlen.

Windstärke und -richtung beeinflussten wesentlich den etwa zehntägigen Verkohlungsprozess. Während dieses Prozessen sackte der Meiler etwa um ein Viertel seines ursprünglichen Volumens zusammen. Die Innentemperatur im Meiler betrug rund 1.200 Grad.

Der Abbau des Meilers erfolgte etappenweise. Nach dem Erkalten, was sich von außen nach innen vollzog, konnte am zehnten Tag nach der Zündung mit dem Abtragen der ersten, ausgekühlten Schicht begonnen werden. Der dann noch verbleibende Restmeiler wurde erneut mit einer Erdschicht bedeckt, damit er sich weiter abkühlen konnte.

Aus einem Raummeter Buchenholz - besonders begehrt waren Hain- und Rotbuchen - gewann ein qualifizierter Köhler etwa 125 kg Holzkohle, wobei der Kohlenstoffgehalt regelmäßig bei 75 - 80 % lag.

Ein ausgestorbener Beruf

Heute ist das einstens blühende Köhlergewerbe in unserer Heimat gänzlich ausgestorben.

Holzkohlen in größerem Umfang werden zwar noch in vorwiegend chemischen Betrieben verwendet, aber man gewinnt sie in feststehenden Öfen, um auf diese Weise auch die anfallenden Nebenprodukte des Verkohlungsprozesses, wie Holzteer, Holzessig oder Methanol auffangen und andersweitig verwenden zu können. Beim Vermeilern gingen diese komplett verloren.

Das „Brücken-Chronogramm"
über dem Bruder-Michels-Bach
Ein kleines Meisterwerk
Erinnerungen an den Bau der „Straße zum Hunsrück" im Jahre 1824

Regelmäßig lassen sich an der über den Bopparder Bruder-Michel-Bach führenden, gewölbten Steinbrücke der Simmerner Straße an der Stelle, wo sich die L 210 aus Richtung Stadt kommend in einem scharfen Linksknick vom Tal abwendet, interessierte Wanderfreunde und Spaziergänger beobachten, die mit ihrem Bemühen scheitern, den Sinn und Inhalt einer angebrachten Steininschrift zu entziffern.

In die bergseitige Schutzmauer ist in eine 50 x 195 cm große Basaltplatte nachfolgender lateinischer Spruch eingemeißelt, wobei die ausnahmslosen Großbuchstaben unterschiedliche Schriftgrößen aufweisen:

HoC gratVM ConCernIs iter BopparDIastr VXIt

Übersetzt bedeutet dies:

Du siehst diese schöne Straße, Boppard hat sie erbaut

Zum einem handelt es sich bei dem Spruch, der vom Jubilarpriester Sebastian Weis (2. November 1792 - 3 Juni 1866), Direktor des städtischen Progymnasiums und des Lehrerseminars, verfasst wurde, um ein sog. Chronogramm, d.h. „einen Satz, in dem Zahlen verschlüsselt sind". Der Spruch ist zudem in einem sog. „Hexameter", dem klassischen Versmaß der epischen Dichtung, ei-

nem „6-Ton-Vers", gehalten. Solche Chronogramme heißen „Chronostichon".

Chronogramme waren im mitteleuropäischen Raum seit jeher insbesondere als Gebäude- und Brückeninschriften recht weit verbreitet, allerdings wohl doch nur wenig bekannt. Addiert man die Werte der im Satz als Buchstaben vorkommenden römischen Ziffern (I, V, X, L, C, D, M), so ergibt deren

Summe das Baujahr des betreffenden Bauwerkes.

Das „Kunststück" zur Formulierung eines Chronogrammes liegt also vorwiegend darin, einen lateinischen Vers, Satz oder Spruch zu bilden, der aussagekräftig ist und dessen Buchstabenanzahl sich mit den Zahlenwerten übereinstimmender römischer Ziffern in der Summe exakt mit der gewünschten Jahreszahl deckt.

Im vorliegenden Fall errechnet sich die Summe - und damit die gesuchte Jahreszahl - der in der Größe hervorgehobenen römischen Ziffern wie folgt:
C = 100, V = 5, M = 1.000, C = 100, C = 100, I = 1, I = 1, D = 500, I = 1, V = 5, X = 10, I = 1, die Summe der Werte ergibt 1.824.

Der kleine und wohl nur dem aufmerksamen Betrachter überhaupt auffallende „Vers" am Eingang des Bopparder Bruder-Michel-Tales beinhaltet demnach drei gewichtige Aussagen:

1. das Baujahr der Straße = 1824,
2. das metrische Versmaß des Hexameters = 6-Ton,
3. die Benennung des Bauherrn = Boppard.

Stadtchronist
Wilhem Schlad erzählt:

Von der „Entstehungsgeschichte" besagter Straße, die das Rheintal an den Hunsrück anbindet, berichtet auch mit Wilhelm Schlad (27. Dezember 1798 - 7. November 1887) Boppards bekanntester Stadthistoriker, der diese bereits im Jahre 1854 in seiner handschriftlichen „Chronik der Stadt Boppard" für die Nachwelt festhielt.

Um dem Leser einen Einblick in den damaligen Schreibstil und auch die seinerzeitige Rechtschreibung zu gewähren, erfolgt bewusst keine Anpassung an die heutige Schreibweise und die seinerzeitige Schilderung wird „buchstabengetreu" wiedergegeben:

Die Straße nach dem Hundsrücken, welche an Marienberg rechts vorbeiführt, war in den Jahren 1818 - 20 noch in einem so schlechten Zustande, daß kein geladener Wagen ohne Vorspann auf die Höhe gelangen konnte, die Breite zwischen Marienberg und den Proffener Güter I:die Proffener Hohl genannt:I hatte höchstens 10 Fuß, so daß, wenn ein Wagen herauf und ein anderer herunter wollte, stets einer an dem Kreuze oder der andere an dem Geländer warten mußte, bis einer die Hohl passirt hatte. Selten das man im höchsten Sommer mit trockenem Fuße durch diese Schlucht gelangen konnte.

Im Jahre 1820 - 24 wurde von Königl. Regierung zu Coblenz verordnet, daß die Straße von Boppard, über die Höhe nach dem Hundsrücken, welche durch die Truppenmärsche in den Jahren 1814 und 1815 ganz zerwütet worden, und bei Regenwetter fast nicht mehr passirt werden konnte, sofort durch die Kantonal-Gemeinden der Bürgermeisterei Boppard, Halsenbach, Brodenbach und Gondershausen hergestellt werden sollten. Zu diesem Ende wurden die einzlen Gemeinden zu Hand- und Spannfrohnden aufgefordert und alsbald unter Aufsicht eines Wegewärters die Arbeit begonnen. Da indessen die Arbeiten nicht so schnell von Statten ginge, so wurde auf Anordnung Königl. Regierung verfügt, nach einem von der Königl. Wegebau-Verwaltung aufzustellenden Plane die besagte Straße herzustellen.

Es erfolgte demnach eine Vermessung und die ganze Wegestrecke wurde in mehreren Abschnitten eingetheilt und darüber die besondere Pläne entworfen, diese nun der Königl. Regierung zur Feststellung eingereicht und wie diese erfolgt waren, die Ausführung öffentlich an den Wenigstnehmenden verdungen, die vorgenannten Gemeinden aber verpflichtet die Kosten aufzubringen.

Da nun bei Beendigung und nach erfolgter Revission der Arbeiten, die Unternehmer mit der Zahlung nicht aufgehalten werden durften, so erfolgte die fernere Verfügung, daß die Stadtgemeinde Boppard die Vorschüsse zu leisten habe und später die Vertheilung unter die verpflichteten Gemeinden erfolgen sollte. Die Vertheilung wurde angefertigt und die Stadtkasse erhielt für ihre Vorschüsse zu den ersten Arbeiten von den meisten Gemein-

den zwar zurück, fernere Vorschüsse wurden aber nicht erstattet. So lebt nun die Stadt Boppard immer noch in der Hoffnung, ihre Vorlagen von 6000 Thaler von den Gemeinden oder von der Königl. Regierung zurück erstattet zu bekommen!

Bei dieser Gelegenheit wurde auch die Brücke am Eingange in's Michelsthal, worüber die Schausse führt, erbauet. Die Brücke hat folgende, von Herrn Director Weis verfasste Inschrift: **HoC** grat**VM ConCernIs Iter BopparDIastr VXI**t. Siehst du diesen schönen Weg? Boppard hat ihn gebaut, 1824.

Der Weg wurde im Jahre 1846 - 47 neuerdings verbessert und um die Steigung zu brechen, die Serpenten in dem Kasselingerberge angelegt, welche bis auf die Cäcilienhöhe führen. Die Höhe vom Rheine bis auf diese Anhöhe beträgt nach einer Vermessung 750 Fuß. Man genießt von daher eine herrliche Aussicht in das schöne Rheinthal. Die Cäcilienhöhe verdankt diesen Namen dem hiesigen Gesangverein, welcher nach Vollendung des Weges auf Cäcilientag, dem Tage der Patronin der Musik und des Gesangs, diese schöne Anhöhe besuchte und dort das Cäcilienfest im Freien feierte, von welcher Zeit dieser Punkt den Namen führt. Vor dem Baue der Schausse wurde dieser Platz das Kasselinger Köpfchen oder Säustiefelchen genannt, nach und nach verschwanden diese prosaischen Namen, und der wohlklingendere hat sich erhalten.

Die Königliche Regierung hat durch die Vollendung des Weges bis auf besagte Höhe, mit Einbegriff der Entschädigung des Grundeigenthums eine Summe von 12'000 Thaler angelegt. Die Steigung vor und gegen Marienberg ist die steilste auf dem Wege nach Simmern, sie beträgt unter Marienberg 10 - 12 und gegen Marienberg 18 Zoll auf die Ruthe.

IM FOTOALBUM GEBLÄTTERT

Tausende von Lichtern erstrahlen Jahr für Jahr am „Weihnachtshaus" der Familie Kollmar in der Leiswiese und locken zahlreiche neugierige Besucher nach Buchenau. Auch wenn sich über Geschmack bekanntlich streiten lässt - Buchenau hat jedenfalls in der Vorweihnachtszeit seine weit und breit einzigartige Attraktion.

Stadtförster Delaforgue und sein Leid mit der Wasserversorgung

Schwere Gründerjahre im Forsthaus Buchenau

Drei Forstreviere

Seit jeher unterteilte sich die Stadt Boppard in drei Forstreviere, wobei lediglich das seinerzeitige Revier II nach Abzug der über lange Jahrzehnte ansässigen Einsiedlerbrüder mit dem Forsthaus Kreuzberg ein eigenes Förstereigebäude besaß.

In Erkennung einer Notwendigkeit beschloss die Stadtverordnetenversammlung unter Bürgermeister Joseph Syrée am 14. September 1864 für den Forstbezirk I den Bau des „Forsthauses Hinterdickt".

Zum Forstrevier I gehörten die Waldungen um Buchenau. Revier II umfasste die Waldflächen Richtung Mühltal und zum Revier III zählte das Vorderhunsrücker Waldvorkommen im Großraum Buchholz. Die Stadtverordnetenversammlung beschloss am 19. April 1894 unter Tagesordnungspunkt 7: *„Nach dem Wunsche des Herrn Oberforst-*

Unermüdlicher Motor beim Bau des städtischen „Forsthauses Hinterdickt": Bürgermeister Joseph Syrée (Amtszeit: 1848 - 1892).

meisters werden die drei Förstereien künftig „Buchenau", „Kreuzberg" und „Mühltal" genannt."

„Hinterdickt"

Die Flurbezeichnung „Hinterdickt" hat sich bis in die heutigen Tage erhalten, wobei die aktuellen Katasterpläne den betreffenden südlich von Buchenau gelegenen Bereich nunmehr als „Hintere Dick" führen.

Führende Flurnamenforscher fanden heraus, das die Bezeichnung „Dickt" in alter Zeit fast durchweg nur für Grenzbezirke verwandt wurde. Die heute nicht mehr gebräuchliche Bezeichnung findet ihren Ursprung wohl in den Begriffen „Dickung" oder „Dickicht" und lässt sicherlich den Rückschluss zu, dass in jeglichem Bezirk kein sonderlicher Wert darauf gelegt wurde, einen Hochwald einzurichten.

Historiker vermuten zudem, dass grundsätzlich in Grenzbezirken ohnehin bewusst nur sog. Niederwald gepflegt wurde, um den einstmals sehr umfangreichen Holzdiebstählen entgegen zu wirken.

Auch die besagte Flur „Hinterdickt" lag Mitte des 19. Jahrhunderts an der südlichen Gemeindegrenze der Stadt Boppard.

Delaforgue, der erste Stadtförster im Forsthaus Hinterdickt

Mit Beschluss der Stadtverordnetenversammlung vom 3. Juli 1865 wurde der 34-jährige Friedrich Wilhelm Delaforgue zunächst auf Probe und bei Bewährung mit Wirkung vom 15. Dezember 1865 fest als Revierförster angestellt.

Wie es seinerzeit die Regel war, kam auch der am 24. Januar 1831 in Koblenz geborene Delaforgue unmittelbar vom Militär, wo er seinen Dienst beim 8. Jägerbataillon in Wetzlar ableistete. Anschließend genoss er die übliche Ausbildung bei rheinischen Oberförstereien.

Er wohnte in Mehren und war - so die Verhandlungsunterlagen - „zur Forstversorgung berechtigt".

Delaforgue trat seinen Forstdienst bei der Stadt Boppard am 1. Oktober 1865 an, konnte also sofort das gerade fertiggestellte Forsthaus Hinterdickt beziehen. Zunächst begleitete ihn seine Mutter, im Jahre 1868 folgte Ehefrau Anna Maria, geb. Stammer.

Als Revierförster wurde ihm ein Gehalt von jährlich 200 Talern zugestanden. Hinzu kamen die damals üblichen sog. „Emolumente", d.h. die Zurverfügungstellung einer kostenfreien Dienstwohnung und etwas „Dienstland" zum Eigengebrauch. Von letzterem wurden ihm anfänglich vier Morgen bewilligt. Diese „Nebenbezüge" waren mit jährlich 20 Talern bewertet.

1867 erhöhte die Stadtverordnetenversammlung sein Gehalt auf 240 Taler und die „Emolumente" pauschal um zehn Prozent.

Forsthaus Hinterdickt

Nachdem bereits mit den Bauvorbereitungen begonnen wurde, berichten Archivunterlagen vom Januar 1865 darüber, dass Plan- und Kostenberechnungen „über den beschlossenen Forsthausbau in der Hinterdickt" der städtischen Baukommission zur Prüfung und Beschlussfassung vorgelegt wurden.

Der Bau des Forsthauses Hinterdickt schritt zügig voran, allerdings bereitete von Anfang an die erwogene Wasserversorgung immense Probleme.

Eine öffentliche Wasserversorgung existierte zum abgelegenen Forsthaus selbstverständlich noch nicht. Vielmehr sollte auch beim im Bau befindlichen Forsthaus, ähnlich den weiteren außerhalb des Stadtkernes angesiedelten Anwesen, ein eigener Hausbrunnen den notwendigen Wasserbedarf decken.

Ohne sich intensiv in der Angelegenheit zu beraten, folgten die Stadtverordneten der Empfehlung der Baukommission, zunächst den Gebäudekomplex fertig zu stellen, um sich erst anschließend um die notwendige Wasserversorgung zu kümmern.

Mutmaßungen über gewaltige Wasservorkommen nur einige Fuß unter dem Erdboden bestätigten sich nicht und die Bauverant-

wortlichen wiesen wiederholt mündlich und nachdem keine neue Anweisungen durch die Stadt erfolgten, im März 1865 auch schriftlich, auf den bestehenden Wassermangel hin.

So waren nach Fertigstellung des Forsthauses wiederholte Bohrungen an nahegelegenen, von städtischen „Fachleuten" empfohlenen Standorten unerlässlich.

Als man am ersten Bohrloch bei 50 Fuß Tiefe noch immer nicht auf wasserführende Adern stieß, wurde dieser Standort aufgegeben.

Mitte September 1865 betrug die Bohrtiefe an einer anderen, oberhalb des Gebäudes liegenden Bohrstelle 60 Fuß. Als man weite-

Sie leisteten „Pionierarbeit" im Forsthaus Buchenau: Anna Maria und Friedrich Wilhelm Delaforgue, deren Eheschließung vom 22. April 1868 datiert, lebten hier über drei Jahrzehnte.

re zwei Wochen später, nunmehr bereits in einer Bohrtiefe von 90 Fuß - dies waren immerhin annähernd 30 Meter - noch immer keine feuchten Bodenschichten vorfand, wurde das Vorhaben „Brunnenbohrung" zwecks Ersparnis öffentlicher Gelder kurzerhand zurückgestellt.

Dem neuen Revierförster wurde zeitgleich mit seinem Einzug mitgeteilt, „...dass er bedauerlicherweise selbst für die Deckung des erforderlichen Trinkwasserbedarfs zu sorgen habe".

Auf Wassersuche

Es ist heute leicht nachvollziehbar, dass es kein sonderliches Vergnügen gewesen sein mag, in einem neuen Haus zu leben, in dessen Umfeld kein Wasserbezug möglich war.

Aber auch sonst war das in damaliger Rekordzeit „über den Winter" errichtete Forsthaus mit baulichen Mängeln behaftet. So häuften sich bereits frühzeitig Beschwerden Delaforgues über vorgefundene Missstände und die Stadtverordneten sahen sich nach vorangegangener Bestätigung der angezeigten Baumängel durch die städtische Baukommission wiederholt zu kostenträchtigen Nachbesserungen veranlasst.

Im Sommer 1868 bewilligten die Stadtverordneten „schweren Herzens" einen einzumauernden Kessel und die Anlage eines Kanals in der Nähe des Hauszugangs.

Im Jahre 1867 erschloss die Stadt die noch heute oberhalb des Forsthauses Buchenau vorhandene Brunnenstube und bot somit der stetig steigenden Zahl von Wander- und Naturfreunden die Gelegenheit, sich bei einem Spaziergang mit dem erfrischenden Nass zu kühlen. Zwei Jahre später wurde der Försterfamilie Delaforgue angeboten, diese Quelle für die Öffentlichkeit zu schließen. Dieser Plan kam jedoch zunächst nicht zur Ausführung. Erst 1903 griff der nachfolgende Forsthausbewohner Johann Valerius auf dieses Angebot zurück, nachdem der nahegelegene Hausbrunnen nicht mehr die erforderlichen Wassermengen gewährleistete. Mit einer eigenhändig verlegten Tonröhrenleitung sicherte er sich den notwendigen Wasserbedarf.

Wegen weiterer baulicher Mängel wurde sodann zunächst der Stadtverordnete Wacker, der damals alle städtischen Bauvorhaben, so auch den Bau der Mühltalstraße leitete, offiziell zur Begutachtung und Einleitung der notwendigen Schritte zur Verbesserung der Wohnumstände im Forsthaus beauftragt.

Nachdem trotz regelmäßiger Appelle Delaforgues auch nach zwischenzeitlich bereits vier dahingeflossenen Jahren seit Einzug im Forsthaus keinerlei Verbesserungen hinsichtlich der unrühmlichen Wasserversorgung erkennbar waren, stellte er im August 1869 den schriftlichen Antrag, ihm die erforderlichen Mittel zu bewilligen, um von einer Quelle auf der Grünfeldswiese eine Tonröhrenleitung bis zum Forsthaus verlegen zu können. Die Antwort der Stadtverordneten ließ nicht lange auf sich warten: „Viel zu kostspielig - abgelehnt!"

Stattdessen stellten die städtischen Delegierten dem geplagten Förster anheim, „.... in familiärem Kreise zu entscheiden, ob er mit der Finanzierung einer Holzkarre und eines Holzfasses einverstanden sei. Damit könne sich dann die Familie an den öffentlichen Brunnen im Stadtgebiet kostenloses Frischwasser in beliebiger Menge entnehmen. Wenn ihm auch das nicht passe, sei man letztlich noch bereit, die vor knapp zwei Jahren im Sommer 1867 gefasste, allerdings im Vergleich zur Quelle Grünfeldswiese recht spärlich oberhalb des Forsthauses fließende Brunnenstube so zu verschließen, dass das Wasser künftig nicht mehr allen Wanderern und Waldarbeitern, sondern nur noch seinem Gebrauche dienen könne."

Delaforgue akzeptierte wohl oder übel diesen letzteren „Vorschlag". Die Stadt ließ sich allerdings mit der Umsetzung dieser Zusage reichlich Zeit und es gingen weitere zwei Jahre ins Land, bis die Problematik erneut von Delaforgue, diesmal allerdings in ungewöhnlich scharfer Form, angegangen wurde.

Obwohl die verantwortlichen Stadtväter noch im Oktober 1869 die Kosten für die Beschaffung eines Holzofens für das Zimmer von Delaforgues Mutter mit vier Talern bewilligten, staunten selbige nicht schlecht, als sie im November 1869 im „Bopparder Anzeiger" die von Delaforgue in Auftrag gegebene Bekanntmachung lasen, wonach er wegen des anhaltenden Wassermangels das Forsthaus verlasse und sich eine andere wohlgefälligere Wohnung nehme. Unverzüglich sprachen ihm Bürgermeister und Stadtverordnete hierfür das „größte Missfallen über dieses eigenmächtige Verfahren" aus. Aber, so der rügende Schriftsatz, man versprach „trotz der Verärgerung etwas zu tun".

Zunächst wurde der damalige Oberförster und Forstamtsleiter Eigenbrodt um gutachterliche Stellungnahme gebeten. Dieser erklärte, dass die Beibehaltung der Wohnung durch den Stadtförster im Interesse der Waldwirtschaft höchst wünschenswert sei und schlug den Bau einer Wasserleitung zum Forsthaus vor. Bürgermeister Syrée lehnte diesen Vorschlag sofort ohne Einschaltung der städtischen Gremien als „viel zu kostenträchtig" ab, erklärte sich aber bereit, die Angelegenheit erneut den Stadtverordneten anzudienen.

In der nur wenige Tage darauf anberaumten Stadtverordnetenversammlung wiesen einige Mitglieder darauf hin, dass der beschwerdeführende Förster bereits früher einmal erklärt habe, bei einer einmaligen Unterstützung von 30 Talern wolle er sich eine Wasserleitung selbst bauen. Mit diesem Vorschlag erklärten sich die Bürgervertreter nun einhellig einverstanden, allerdings nicht ohne gleichzeitig die Baukommission mit der Überwachung des Vorhabens zu beauftragen, damit „um Gottes Willen kein städtisches Geld vergeudet werde".

Zum Bau der von Delaforgue erwogenen Wasserleitung kam es aber dann doch nicht, fanden qualifizierte Wünschelrutengänger zur allgemeinen Überraschung eine nur wenige Schritte vom Anwesen entfernte Stelle, wo bereits in einer Tiefe von nur 20 Fuß nicht unbedeutende Wassermengen vorgefunden wurden. Mit dem unverzüglich vollzogenen Bau eines Ziehbrunnens war dann endlich die Problematik der unsäglichen Wassernot des Forsthauses zur allgemeinen Zufriedenheit gelöst.

Ein begeisterter Hobbymaler

Zeitgenossen des ersten im Buchenauer Forsthaus lebenden Stadtförsters berichteten davon, dass Delaforgue einen Großteil seiner Freizeit im angrenzenden Stadtwald verbrachte, um „nur so zum Hausgebrauch" mit Bleistift- und Kohlezeichnungen die wunderschöne Natur- und Pflanzenwelt festzuhalten.

Aber auch an Porträts von Verwandten und Freunden - frei nach Erinnerung, d.h. ohne deren „Modellsitzen" - versuchte er sich regelmäßig und der Waldfreund war äußerst glücklich, wenn diese dann ihr Konterfei

In der Familiengruft seiner geliebten Ehefrau Anna Maria geb. Stammer - eine der schönsten Grabmäler auf dem Friedhof Eisenbolz - fand auch Friedrich Wilhelm, genannt „Fritz", Delaforgue seine letzte Ruhe.

ebenso regelmäßig sofort auf den gefertigten Skizzen erkannten.

Sein Zeichentalent bestätigte sich auch in nachfolgender Episode, deren Wahrheitsgehalt wiederholt bestätigt wurde:

Ende der 1860er Jahre besuchte Revierförster Delaforgue den auf dem Mermicherhof begüterten Landwirt Peter Liesenfeld, bei dem er des öfteren auf seinen Reviergängen Einkehr hielt. Er zog sein Notizbuch aus der Rocktasche und zeigte seinem Freund Liesenfeld ein Blatt Papier, auf dem er mit wenigen Strichen, aber gut erkennbar, ein männliches Gesicht skizziert hatte. Hierbei handelt es sich um einen Mann, den er kurz zuvor im Wald beim Holzdiebstahl gestellt hatte. Er fragte Liesenfeld, ob er dieses Gesicht kenne. Sein Freund nannte sofort und „mit absoluter Sicherheit" den Namen eines Halsenbacher Bürgers. „Dann hat der Kerl, den ich beim Holzdiebstahl erwischt habe und der sich nicht ausweisen konnte, mir doch seinen richtigen Namen genannt", murmelte Delaforgue.

Ein Försterleben

Friedrich Wilhelm Delaforgue ehelichte mit Anna Maria eine Tochter der Bopparder Kaufmannsfamilie Stammer. Zum großen Bedauern des Försterpaares blieb die Ehe kinderlos.

Auch nach Eintritt in den wohlverdienten Ruhestand verblieb der Revierförster noch einige Jahre im Forsthaus und wickelte noch manches Forstgeschäft, nunmehr „ehrenamtlich", wie er stets betonte, ab. Wohl niemals konnte er sich so ganz von seinem Beruf, den er wie viele Förster zeitlebens auch als Berufung verstand, verabschieden.

Erst als Alter und Gesundheitszustand es nicht mehr zuließen, erfolgte im Frühjahr 1903 der Auszug Delaforgues aus „seinem" trotz aller Probleme hochgeliebten Forsthaus.

Nach seinem Tod im Jahre 1918 wurde er neben seiner vier Jahre zuvor verstorbenen Gattin in der Stammer'schen Familiengruft auf dem Eisenbolzer Friedhof beigesetzt.

„Thonetshöhe" -
Aussichtspunkt und Ausflugslokal
Aussichtstempel entstand 1879, Gastronomiebetrieb eröffnete 1926

Kommt und seht selbst! Wandert auf bequem ansteigenden Wegen und Pfaden hinauf in den 11.000 Morgen großen Stadtwald, an dessen Peripherie „Vierseenblick", „Forsthaus Kreuzberg" und „Thonetshöhe" zu erquickender Rast und zum Ausblick auf den Rhein und die Stadt einladen.

Dr. Johannes Kitschenberg
Bürgermeister der Stadt Boppard

(Auszug Geleitwort der von der Stadtverwaltung
veröffentlichten heimatlichen Schrift „Boppard am Rhein", 1930)

Längst hatte mit Dr. Johannes Kitschenberg Boppards Stadtoberhaupt der Jahre 1921 bis 1934 erkannt, dass die „Thonetshöhe" in erster Reihe der heimischen Ausflugslokalitäten stand. Immerhin waren doch bereits über fünf lange Jahrzehnte seit Veröffentlichung obiger Heimatschrift vergangen, als die in ihre Heimatstadt zurückgekehrten Gebrüder Franz und Michael Thonet, beide Mitglieder des jungen Verschönerungsvereins, im Jahre 1879 ihr auf dem Eisenbolz liegendes Gelände umgestalteten und der Öffentlichkeit einen neuen „Aussichtstempel mit Anlagen" - die „Thonetshöhe" - präsentierten.

Jedoch bewies die Praxis, dass trotz Belohnung mit einer einmaligen Aussicht der recht mühsame Aufstieg durch die hängigen Kirschbaumfelder doch manch einen Stadtbewohner von einem Besuch des „Tempelchens" abhielt. So dauerte es gerade mal knapp ein Jahr, bis die „Bopparder Zeitung" am 20. August 1880 vermelden konnte:

Boppard verdankt dem hochherzigen Bürgersinn der Herren Gebrüder Thonet eine neue Anlage, die in würdigster Weise den übrigen Schöpfungen des Verschönerungs-Vereins anschließt. Wir meinen den prachtvollen schattigen Weg vom Schützenplatz beginnend, bis hinauf zur Thonetshöhe, wo Camp gegenüber schon vor längerer Zeit ein Tempel erbaut worden ist. Naturfreunden empfehlen wir den Besuch dieses mit vielem Geschmack angelegten Weges auf's angelegentlichste.

Und in der Tat hat vorstehende Presseveröffentlichung bei Boppards Wanderfreunden wohl einen regelrechten „Herdentrieb" aus-

gelöst und zahlreiche Stadtbewohner bestiegen den von den Gebrüder Thonet gestifteten Eisenbolzaufstieg, der noch heute am Ende der Parkstraße der Öffentlichkeit zur Verfügung steht.

In einem „Eingesandt" - heute sprechen wir von einem Leserbrief - der „Bopparder Zeitung" vom 22. August 1880 berichtet ein Besucher über das neue Ausflugsziel:

Was ist denn los, wohin wälzt sich die Völkerschar? Ist irgend eine Kirmes wo, dass jung und alt, auch er und sie, mit Kind und Kegel wie noch nie, hinaus ziehn auf die Berge? Diese Frage durfte man sich am heutigen Tage wohl erlauben; zumal, da kein Kalender uns die gewünschte Auskunft erteilen konnte. War es denn ein Siegestag? Auch diese Frage wäre zu entschuldigen gewesen bei dem Donner der vaterstädtischen Geschütze; bei dem Jubel und fröhlichen Gesange der Jugend, dem Klange der Gläser, welche die Alten auf die schöne Umgebung Boppards, auf den künftigen schönen Wein leerten.

Weder Sieges-, Kirmes- oder Heiligentag war es; wohl aber ein Gedenktag, begangen durch die Bürger der Stadt Boppard, von mehr als tausend an der Zahl, zu Ehren ihrer hochgeschätzten Mitbürger den Herren Gebrüder Thonet.

Ein Volksfest war es; so, nun ist es heraus. Mit dem Danke im Herzen und dem Frohsinn auf den Lippen wurde die neue Schöpfung („Thonetshöhe" genannt) in würdiger Weise eingeweiht und dem Schutze des Publikums freundlichst empfohlen. Die Anlage befindet sich hinter dem Schützenhause auf neu erworbenen Eigentum des Herrn Thonet und ist vom Schießplatze aus auf bequemen Wege durch grüne Matten, unter dem Schatten vieler Nussbäume leicht und schnell zu erreichen. Dieselbe kann, sowohl in Bezug auf Bequemlichkeit wie geniale Ausführung als sehr gelungen bezeichnet werden. In sanft ansteigender Serpentine gelangt man bald in ein anmutiges Wäldchen, worin für alles Mögliche, sogar für das Vergnügen tanzlustiger Gesellschaften gesorgt ist. Neben dem Tanzplatz befindet sich das sogenannte „Kneipstübchen", mit eichenen Tischen und Bänken versehen; ganz in der Nähe ein geräumiger Bierkeller. Zum Kaltstellen der Flaschen sollen unter einigen Naturbänken geheime Vorrichtungen getroffen sein.

Durch laubige Hin- und Widergänge, an lauschigen Plätzchen vorbei, gelangt man ohne Ermüdung auf die Höhe. Ein geschmackvoller Aussichtstempel empfängt uns da und ladet zum Sitzen ein. Alda kauften wir uns ein Schöppchen und genossen unter fröhlichen Knabengesängen die wundervollste Aussicht. Um seinen Werken einen, zum Teil öffentlichen Charakter zu geben, ist Herr Thonet mit dem Verschönerungsverein

übereingekommen, die Wege-Anlagen auf gemeinschaftliche Kosten zu machen, was Letzterer bereitwilligst getan hat. Die Kosten des vorerwähnten Pavillons, der Tische, Bänke und Anpflanzungen hat Herr Thonet ganz allein bestritten.

Wir begrüßen diese Anlage als eine bedeutende Verschönerung unserer nächsten Umgebung und sprechen dem Herrn Thonet und auch dem Verschönerungsverein unsern wärmsten Dank aus. Bei dem regen Interesse, welches unsere Mitbürger für die schöne Anlage bekundeten, steht zu erwarten, dass die nun in Angriff genommene Arbeit zur Erlangung von Schatten allseits kräftige Unterstützung finden wird.

Und im Laufe der Jahre, gar Jahrzehnte, entwickelte sich die „Thonetshöhe" zu einem der beliebtesten Ausflugsziele sonntäglicher Familienausflüge, wobei allerdings die Naturfreunde stets gehalten waren, ihre „Lunchpakete" und „Picknickkörbe" als Wegzehrung mitzuschleppen, damit manch geselliges Stündchen unter freiem Himmel auch in gebührendem Rahmen genossen werden konnte. Natürlich durften hierbei weder

Seit jeher bietet sich den Besuchern der Thonetshöhe ein beeindruckender Ausblick.

der geschätzte Traubensaft aus dem „Bopparder Hamm" ebenso wenig wie ein selbstgebackener Kuchen fehlen.

Allerdings nagte auch der berühmte „Zahn der Zeit" an dem wunderschönen Wanderziel. Nach dem Tod der Gebrüder Thonet verwahrloste das Aussichtsgelände zusehends, der mühevoll hergerichtete Aufstieg verwilderte - kurzum, es dauerte nur wenige Jahre und der Aussichtspunkt geriet beim Großteil der Bopparder Bevölkerung nach und nach in Vergessenheit.

Als sich in schweren Jahren nach verlorenem 1. Weltkrieg erste Signale auf eine leichte Verbesserung der allgemeinen wirtschaftlichen Situation zeigten, da erinnerte sich die alteingesessene Familie des Bopparder Jakob Missonnier des einstmaligen Aussichtspunktes und der einstigen Forderung, doch endlich am Aussichtspunkt Thonetshöhe einen Wirtschaftsbetrieb zu errichten. Eine Idee bahnte sich ihren Weg...

Stadtbürgermeister Dr. Johannes Kitschenberg hatte frühzeitig seine Bereitschaft signalisiert, die etwaige „Auferstehung" des im Laufe der Jahre längst verwaisten Aussichtspunktes mit den Möglichkeiten der Stadt, d.h. Anpachtung des Geländes von den Thonet'schen Erben, Freischneiden und Neuanlage der zugewachsenen Wege und der Sanierung von Tempelchen und Umfeld, zu unterstützen. Und auch die unumgängliche Einholung der Zustimmung der französischen Besatzungsmacht wurde vom engagierten Stadtoberhaupt vollzogen.

Auch Eberhard Friedrich Kress (1849 - 1922) hatte sich längst in mühseliger Handarbeit einen Aussichtspunkt freigestellt und darauf ein Pavillon platziert. Nach seinem Tode war es seinem Sohn Fritz durch berufliches Engagement in dessen Krefelder Färberei nicht möglich, das Eisenbolzer Gelände weiter zu betreuen. So stand am 1. März 1926 einem Vertragsabschluss mit der Stadt Boppard nichts im Wege, wonach diese für eine Mark Jahrespacht das gesamte Gelände nutzen durfte, allerdings auch zur Pflege verpflichtet wurde. Im Jahre 1938 erhöhte sich der Pachtzins auf zweihundert Reichsmark.

Eine Idee bahnt sich ihren Weg: Zügig gingen Mitte der 1920er Jahre die Bauarbeiten auf der Thonetshöhe voran.

Dem von der Stadt ausgesuchten Bewerber Jakob Missonnier erteilte das Landratsamt St. Goar nach Zustimmung der Bopparder Stadtverordneten eine von Landrat Dr. Karl Statz unterschriebene „Wirtschaftskonzession" und am Donnerstag, 20. Mai 1926, vermeldete die „Bopparder Zeitung" in poetischen Worten:

Mitten durch Wiesengrün und Blumen, überschattet von Kirschbäumen mit ihrer kleinen Frucht, windet sich der Weg zur Thonetshöhe. Links verschwinden die letzten

Fritz Kress (rechts) begutachtet mit einem städtischen Architekten den Fortschritt der Bauarbeiten auf der Thonetshöhe im Jahre 1926.

Häuser Boppards. Der Rheinstrom fließt unten breit und schwer. Ein Fischkutter liegt wie ein dunkler Klumpen auf dem sonnenbespiegelten Wasser. Noch einmal schweift der Blick vor dem Waldesdunkel den Weg zurück. Die Sonne glitzert über den schwarzen Dächern der Stadt. Ein feiner, bläulicher Hauch liegt darüber...

Dann nimmt uns lichtgrüner Eichenwald offen, gebefreudigen Herzens auf. In Serpentinen führt der Weg langsam zur Höhe. Schwere, schwarze Felsblöcke wuchten plötzlich hier und dort aus dem Boden, wie von Zyklopenhand willkürlich hingeworfen. Moos und Farnkraut wuchert aus den Ritzen und bedeckt schamhaft die Nacktheit der Felsen. In Blitzlichtern wirft die Sonne leuchtenden Schein durch das Geäst der Eichbäume. Immer neue Naturpuppen, Felspartien tauchen auf. Rechts, links des Weges. Versteckt,

lauschig, steht an eine Felspartie gelehnt eine Bank. Hier - dort. Für einen Augenblick glaubt man sich in die Luxemburger Schweiz versetzt.

Plötzlich ein freier Ausblick - die Höhe. Vom Tempelchen aus schweift der Blick warm über die Schönheit der Heimatstadt. Weiter geht der Weg. Dort die Kress'sche Besitzung. Ein Drahtzaun umschließt schützend das dahinterliegende Geheimnis. Was liegt hinter diesem Gitter? Da kommen einem Erinnerungen. Die Zeit taucht wieder auf, wo man als Bub in Wäldern und Bergen herumstromerte und kein Zaun zu hoch war. Nur vor diesem Gitter machte man scheu Halt. In den umzäunten Wald, wo die Rehe spielten, wagte man sich nicht hinein...

Das Tor steht heute offen. Ein schöner, breiter, gepflegter Weg führt in einen kleinen, reizenden Naturpark. Rechts und links stehen noch die lichtgrünen Eichen, aber sie werden lichter und lichter. Weiß leuchten dazwischen schon ein paar Birken. Noch eine kleine Biegung. Da bleibt der Mensch überrascht stehen. Ein kleiner Pavillon mit spitzen Fenstern lugt versteckt aus dem Grün. Dahinter aber erwächst ein Schönheitsbild, das in seiner Großartigkeit wohl von keinem Ausflugs-

An den großbögigen, halbrunden Bogenfenstern des Pavillons war das Ausflugslokal „Thonetshöhe" noch von weither erkennbar.

Eine großformatige Anzeige verkündete in der „Bopparder Zeitung" vom 20. Mai 1926 die Betriebseröffnung des Schankbetriebes „Thonetshöhe" an den Pfingstfeiertagen.

ort Boppards übertroffen wird. Stundenweit reicht der Blick. Bis tief ins Mühltal... weiter, weiter, der Wolfskopf, dahinter die alte Römerstraße.

Ganz unten aber die Stadt. Mit den Kirchtürmen, den Schulen, dem Strom. Und auf der anderen Seite das Filsener Kirchlein, eng an seinen Felsen gekettet. Eines jener Bilder, die man nie vergisst. Über allem aber glitzert ein feiner, bläulicher Sommerhauch. Der Pavillon steht fast an der Weggrenze. Hohe, schöne, weiß umrahmte Fenster mit gotischer Spitze nehmen die Vorder- und Seitenfrontein. Wie von einer hohen, weit in die Luft hinausragenden Terrasse schaut das Auge die Tiefe und Weite. Es muss herrlich sein, hier bei Kaffee und Zigarette still über das Wunder unserer Stadt hinzublicken.

Auf der anderen Seite des Weges befindet sich eine große Küche, daran schließt sich

eine überdachte Laube für den Wirtschaftsbetrieb. Weißleuchtende Tische und Stühle laden gastlich auf der anderen Seite zu Kaffee und Kuchen unter freiem Himmel ein.

Aber die Stadt hat noch weitere Aussichtspunkte auf der Thonetshöhe geschaffen. Immer neue Bilder erstehen vor dem Auge. Der ganze Berg ist wie ein kleiner Naturgarten. Alles wächst und grünt und blüht mit einer Ungezwungenheit, die durch keine Schere beschnitten wird. Wiesen strotzen hoch. Weiß leuchten schlanke Birken. Blühender Ginster goldet. Dort unten eine junge Tannengruppe. Hellgrün heben sich die zarten Spitzen von dem Hintergrund. Überall wird gearbeitet. Hier, dort. Überall Neues geschaffen. Neue idyllische Eckchen noch hinzugezaubert. Es geschah fast über Nacht all das Neue. Da ist

Das Foto aus dem Jahre 1938 zeigt das erste Betreiberehepaar der Thonetshöhe, die Eheleute Missonnier, dazwischen Schwiegersohn Hans Holtmanns.

Werbeanzeigen in heimischen Publikationen der 1930er Jahre.

ein regelrechter Naturpark, ein Plätzchen Erde entstanden, von dem die wenigsten in Boppard eine Ahnung hatten.

*Ansichtskarte ausgangs der 1940er Jahre: Einst-
mals wie heute schwärmen Wanderfreunde und Ausflügler von der auf der Thonetshöhe gebotenen wunderschönen Aussicht ins Rheintal.*

> *Pfingsten ist alles fertig, wird die Restau-
> ration in Betrieb genommen. Herrgott, der
> Bopparder hätte keinen Deut Empfinden für
> seine Heimatschönheit, wenn er sich nicht in
> nächster Zeit sein Boppard von der Thonets-
> höhe aus anschaute. Man kann wirklich ehr-
> lichen Herzens Dank sagen all denen, die die-
> sen Park für die Bevölkerung geschaffen ha-
> ben und den beglückwünschen, in dessen
> Kopf der Plan entsprang.*

> *Neben den schönen Aussichtspunkten
> Kreuzberg und Vierseenplatz hat die Stadt ei-
> nen weiteren reizvollen Aussichtspunkt auf
> der Thonetshöhe erschlossen, von der man ei-
> nen wundervollen Ausblick auf den Rhein
> und seine rebenumkränzten Berge genießt.
> Die Arbeiten sind soweit gediehen, dass zu
> Pfingsten der Wirtschaftsbetrieb eröffnet
> wird, der Herrn Jakob Missonnier übertra-
> gen wurde.*

Und auch am Samstag, 22. Mai 1926, warb
die „Bopparder Zeitung" nochmals für die
neue Ausflugslokalität:

> *Nach monatelangem eifrigem Schaffen
> und Wirken ist ein herrliches Fleckchen in
> der Umgebung unserer Stadt so hergerichtet
> worden, dass es sich die Besucher desselben*

dort angenehm machen und erfrischen können. Man ist erstaunt, was hier alles „im Stillen" gewirkt wurde, wie schöne Wege im herrlichen Eichenwald geschaffen und uns heute
in bequemen Serpentinen auf die Höhe bringen. Recht gastlich sieht es oben schon aus
und die Besucher an den beiden Feiertagen
werden sicher überrascht sein, zumal sie
sich, wie uns versichert wird, an einem guten
Tropfen Bopparder Hamm erfreuen können.
Also, auf nach Thonetshöhe!

Lange Jahre betrieb Jakob Missonnier seine beliebte Restauration für Ausflügler, be-

*Die „Thonetshütte", wie sie sich dem heuti-
gen Wander- und Naturfreund erschließt. Im
Jahre 1983 retteten Mitglieder des Kegelclubs „Knapp war's" unter Leitung ihres Buchenauer Präsidenten Heinz Oesterberg die
beinahe 100 Jahre alte Schutzhütte vor dem
endgültigen Verfall. Ehrengast bei der Wie-
dereinweihung der Hütte war Michael Thonets Urenkel Georg Thonet aus Franken-
berg.*

Das Foto aus dem Jahre 1951 zeigt die Wirtsleute Hans und Berta Holtmanns geb. Missonnier im Pavillon des Ausflugslokals Thonetshöhe sowie rechts den bekannten Bopparder Konditor und Pächter des Jagdreviers Boppard II (Kreuzberg), Karl Honneth.

vor er die Betriebsstätte in die Verantwortung seiner Tochter Berta legte. Diese hatte mit Hans Holtmanns einen allgemein geachteten Mitbürger geheiratet. Er war zum einen der Amtsbote der Stadt Boppard und brachte amtlichen Schriftverkehr von Haus zu Haus. Zum anderen erfüllte der kriegsversehrte städtische Arbeiter das einstmals gewichtige Aufgabenfeld der sog. „Feld- und Flurpolizei". Wehe dem, der von ihm eines Felddiebstahls überführt wurde…

Daneben war Hans Holtmanns ein begeisterter Jäger. Obgleich er während des Krieges die linke Hand und Teile des Unterarmes verlor, galt er unter den heimischen Jägern allgemein als einer der besten Schützen.

Zweifelsohne können heute die Vorkriegsjahre trotz oder gerade wegen aller Not als die „goldenen Jahre" der Ausflugslokalität Thonetshöhe bezeichnet werden. Ganze Völ-

kermassen pilgerten nicht nur wegen der wunderschönen Aussicht, der mit den berühmten Wiener Thonet-Cafehaus-Möbeln bestückten Gaststube, sondern wohl auch wegen eines nah und fern einmaligen „Elektrola-Konzerts" zum Eisenbolz. Jakob Missonnier hatte in Köln ein mechanisch aufdrehbares Klavier erstanden, bei dem sich nach Einwurf eines Groschens die Tasten scheinbar „von Geisterhand" bewegten und beliebte zeitgemäße Rhythmen klimperten. Die staunenden Kindergesichter dürften heutzutage nur noch schwer vorstellbar sein.

Es lag sicherlich keinesfalls am fehlenden Engagement der Betreiberfamilie, sondern wohl eher am damaligen Zeitgeist und den schweren mit ungezählten Opfern verbundenen Nachkriegsjahren, dass die Ausflugslokalität im Jahre 1951 endgültig ihre Pforten schloss.

Forsthaus Buchenau - ein neues Ausflugslokal

Försterfamilie Valerius errichtete Waldgaststätte - Kleine Historie einer beliebten Lokalität

Wunsch nach Ausflugslokalität

Nachdem an Boppards Bürgermeister Heinrich Brandts während dessen von 1892 bis 1903 dauernder Amtsperiode regelmäßig von Wander- und Naturfreunden der Wunsch nach der Schaffung einer Ausflugslokalität im „Distrikt Hinterdickt" herangetragen wurde, diente er dieses Ansinnen im Herbst 1902 „seinen" Stadtverordneten an.

Nach eingehender Beratung über das „ob, wie und wo" empfahl die zuvor heiß diskutierende Stadtverordnetenversammlung, vor Einstellung des neuen Stadtförsters im Revier I mit diesem zielgerichtete Verhandlungen dahingehend zu führen, ob er nicht als „Zusatzverdienst" im Forsthaus Buchenau mit seiner Familie einen Ausschank betreiben wolle.

Für den noch im Forsthaus wohnenden „Ruhestandsförster" Friedrich Wilhelm Delaforgue schied die Erfüllung dieses Wunsches bereits aus Altersgründen aus. Allerdings hatte Delaforgue ohnehin gegenüber Bürgermeister Brandts verlauten lassen, mit seiner Frau nach Weihnachten „schweren Herzens" aus dem Forsthaus ausziehen zu wollen.

So stellte die Stadt noch im Herbst des Jahres 1902 den Antrag an die nächsthöhere Behörde, im Forsthaus Buchenau die Errichtung einer Lokalität zuzulassen.

Der Kreisausschuss St. Goar folgte mit Beschluss vom 10. Februar 1903 diesem Ansinnen und genehmigte den Betrieb einer Wirtschaft durch die Familie des jeweils im Forsthaus lebenden Revierförsters. Allerdings möge die Stadt als Dienstherr des Forstbeamten dafür die allzeitige Gewähr bieten, dass die Ausübung einer Lokalität nicht die hauptberufliche Tätigkeit des Mitarbeiters beeinträchtige.

Revierförster Valerius in Diensten der Stadt Boppard

Bereits im Vorstellungsgespräch der ausgeschriebenen Revierbesetzung erklärte der noch in Dommershausen tätige Johann Valerius, dass er sich sehr wohl vorstellen könne, wenn seine Ehefrau nebenbei ein kleines Waldrestaurant betreibe, zumal bereits sein Vater ebenfalls eine Wirtschaft besessen habe.

Da er zudem qualifizierte Zeugnisse seines beruflichen Werdegangs vorlegen konnte, stand am 18. Juli 1903 der einstimmigen Zustimmung der Stadtverordneten zur Einstellung von Valerius nichts mehr entgegen.

Der am 7. April 1865 in Müllenbach bei Kaisersesch geborene neue Revierleiter trat noch im Herbst 1903 seinen Dienst im Bopparder Stadtwald an. Aus seiner am 1. Juni 1894 in Kestert, Kreis St. Goarshausen, geschlossenen Ehe mit Katharina Theresia geb. Karbach entstammten sieben Kinder.

Ein neues Wanderziel

Es folgten noch einige harte Winterwochen voller Schaffenskraft - unter anderem hatte Valerius mit einigen Helfern eine Tonröhrenleitung von der etwa 100 Meter entfernt liegenden Brunnenstube zum Forsthaus verlegt, da der vom Vorgänger gegrabene Brunnen zwischenzeitlich annähernd gänzlich versiegt war - bis dann am Ostermontag, dem 4. April 1904, das zuvor restaurierte „Waldrestaurant Forsthaus Buchenau" in Anwesenheit des neuen Bürgermeisters Peter Hay eröffnet wurde.

Die bisherige Bezeichnung „Forsthaus Hinterdickt" wurde in diesen Tagen still und klammheimlich abgelegt. Offensichtlich hielten die Verantwortlichen den Namen „Forsthaus Buchenau" für einen Gaststättenbetrieb weit geeigneter als die vielfach als zu kompliziert empfundene Vorgängerbezeichnung.

Ein beliebter Familienbetrieb

„Die Sache mit der Wasserleitung erwies sich übrigens als Glücksgriff", erzählte Johann Valerius in späteren Jahren regelmäßig

Eröffnungsanzeige „St. Goarer Zeitung" vom 2. April 1904.

Zu einer Spezialität des Hauses gehörten recht bald auch die frischgebackenen Kaffeewaffeln. Diese Leckereien wurden nicht etwa mit einem elektrischen Waffeleisen gebacken - bis in das Jahr 1953 besaß das Forsthaus keinen Elektroanschluss -, vielmehr stand Mutter Katharina Tag für Tag, also auch bei oftmals hochsommerlichen Spitzentemperaturen, mit ihren Waffelpfannen am offenen Küchenfeuer.

Längst hatte das Försterpaar sich zwei Dutzend Hühner angeschafft, die für den not-

Bürgermeister Heinrich Brandts: Boppards Stadtverordnete folgten im Jahre 1902 seinem Vorschlag und genehmigten im städtischen Forsthaus im „Distrikt Hinterdickt" den Betrieb einer Ausflugslokalität.

seiner Großfamilie, „durch die hervorragende und einzigartige Wasserqualität konnte Mutter einen Kaffee kochen, wie ihn die Bopparder noch nicht gekostet hatten. Und wenn sie diesen dann in unserer ebenso einmaligen und berühmten Buchenauer Kaffeekanne servierte, dankten es unsere Besucher mit langen Einträgen und frohen Gedichten im Gästebuch."

Ein glückliches Leben verbrachte das Betreiberehepaar Johann und Katharina Valerius in seinem geliebten Forsthaus Buchenau.

FORSTHAUS BUCHENAU

45 Minuten von Boppard
25 Minuten von Bad Salzig

Beliebter Ausflugsort, direkt am Walde gelegen

Wein, Bier, Kaffee, Milch

SPEZIALITÄT: WAFFELN

Werbeanzeige anfangs der 1920er Jahre.

wendigen Eiernachschub zu sorgen hatten. Wenngleich das Federvieh oftmals als willkommenes Mahl der fressgierigen Buchenauer Marder und Habichte diente, belebte es doch das idyllische Umfeld am Buchenauer Waldrand. War „Not am Mann", sprang die älteste Tochter Elisabeth gerne in die Bresche und das Geschäft blühte.

Oftmals wurden nicht alle vorbereiteten Waffeln verkauft, was dazu führte, dass den Försterkindern regelmäßig zum Abendtisch übrig gebliebene Kaffeewaffeln gereicht wurden. Dies führte dazu, dass das ein oder andere Kind später erklärte, zeitlebens niemals mehr eine Waffel essen zu können.

In einer Ecke der Gaststube stand ein nagelneues, in Koblenz erworbenes Mand-Klavier. Besonders die Töchter des Hauses hatten allesamt schöne Stimmen und mit gemeinsamen Gesang und Spiel vertrieb sich die Familie die langen und dunklen Wintermonate. Aber auch die Gäste lauschten gerne dem Familiengesang und manch dankbarer Eintrag im Gästebuch erinnerte an die wohl ab und an stattgefundenen Minikonzerte.

Das Buchenauer Forsthaus im Jahre 1919. Erst beim genaueren Betrachten lassen sich auf dem Foto neben Tochter Elisabeth Valerius (mit Schürze und Tablett) weitere Familienmitglieder erkennen. Aus dem Türbogen lugt Mutter Katharina hervor, an der Hauswand stehen die Kinder Hans, Christel und Lydia und am Wegesrand hinter der Schaukel sonnt sich Dackel Waldi.

Verdienter Ruhestand

Nach Eintritt in den wohlverdienten Ruhestand zum 1. Januar 1922 musste das geliebte Forsthaus aufgegeben werden. Die Großfamilie verzog nach Bad Salzig in die dortige Zehntergasse 1. Hier verstarb Boppards Revierförster Johann Valerius am 30. September 1925. Seiner Ehefrau hingegen waren noch lange Jahre vergönnt, bevor auch sie hochbetagt am 12. Januar 1949, ebenfalls in Bad Salzig, aus einem erfüllten Leben verschied.

Die Kinder der Familie erzählten noch in hohem Alter, dass für sie die Buchenauer Jahre die schönsten Jahre waren, die sich ein Kind nur vorstellen und wünschen kann. „Freiheitsgewohnt fühlten wir uns in Bad Salzig wie in einem Käfig und aller Freiheit beraubt", erinnerte sich zeitlebens Tochter Elisabeth.

Neue Bewohner im Forsthaus

Sicherlich kann unterstellt werden, dass sich auch die nachfolgenden försterlichen Betreiberfamilien mit vollem Engagement und Elan der Aufrechterhaltung des in keinem heimatlichen Wanderführer fehlenden Buchenauer Forsthauses widmeten.

Nachfolger von Förster Valerius im Forstrevier I (Buchenau) wurde im zwischenzeitlich für 15.000,- Mark renovierten Forsthaus mit Wirkung vom 15. Mai 1922 der vormals im Revier II (Mühltal) eingesetzte, am 1. September 1870 in Preist, Kreis Bitburg, geborene Stadtförster Johann Peter Jacob.

Er stand in der Zeit vom 1. Februar 1902 bis zu seiner Pensionierung zum 1. Oktober 1932 in städtischen Walddiensten. Dem vorzeitigen Ruhestand - aufgrund eines unglücklichen Jagdunfalls, bei dem sich der Förster mit seiner Flinte durch den Fuß schoss, war er nur noch bedingt dienstfähig - musste damals noch die städtische Waldkommission zustimmen, was sie dann auch einstimmig tat.

Bedingt durch die bekannt schwierigen Gesamtumstände zwischen zwei Weltkriegen waren die Zeiten nicht dazu geeignet, erfolg-

Das Foto zeigt die Betreiberfamilie des Stadtförsters Johann Peter Jacob im Forsthaus Buchenau im Jahre 1926.

reich eine abgelegene Ausflugslokalität zu betreiben, so dass auch im Forsthaus Buchenau die Gästezahlen stetig rückläufiger waren.

Erschwerend kam zudem hinzu, dass nach wie vor weder ein öffentlicher Strom-, noch ein Wasseranschluss existierte.

Daher verwundert es nicht, dass auch die während der Zeit des „Tausendjährigen Reiches" oder in den schweren Nachkriegsjahren im Forsthaus lebenden Försterfamilien jeweils nur recht kurze Zeit dort verbrachten.

So konnten sich letztlich auch die Försterfamilie Götz oder die Familie des Holzhauermeisters Lauer an den Umsatzzahlen des nebenbei betriebenen Ausflugslokals wohl nur wenig erfreuen.

Zwar erscheinen in den auffindbaren Annalen dieser Zeit mit den Namen der Forstbeamten Bollinger, Zeyen, Wasgien und Aust noch diensthabende Förster im Buchenauer Forsthaus - die „Goldenen Jahre" der Ausflugsgaststätte gehörten aber nunmehr zweifelsohne der Vergangenheit an.

Aufgabe des städtischen Forsthauses als Dienstsitz des Revierförsters

Die Entwicklung dieser „Aufbaujahre" hatte zur Folge, dass nicht nur der Schankbetrieb im Forsthaus zusehends verwaiste, auch die nach wie vor im Vordergrund stehende forstbetriebliche Nutzung des Areals ließ sich nicht länger aufrechterhalten.

Die letzten seiner über dreißig Dienstjahre im städtischen Forst verbrachte Förster Johann Peter Jacob im Forsthaus Buchenau.

Ansicht des Forsthauses im Jahre 1928.

So war es nur die unvermeidbare Folge, dass der Bopparder Stadtrat in seiner Sitzung vom 30. Mai 1950 das Buchenauer Forsthaus als Dienstsitz des Revierförsters aufgab und einen Neubau nahe dem Buchholzer Bahnhof beschloss.

Im damaligen Stadtratsprotokoll heißt es unter Tagesordnungspunkt 5 „Bau eines Forsthauses":

Das Forsthaus Buchenau ist als Dienstwohnung für den zuständigen Revierförster auf die Dauer nicht geeignet. Die Wasserversorgung macht große Schwierigkeiten. Ferner liegt das Haus am Rande des Revierbezirks, so dass der Förster in der planmäßigen Betreuung des Reviers behindert ist. Wald-, Bau-, und Hauptausschuss schlagen deshalb den Neubau eines Forsthauses vor.

Das neue Forsthaus wird am besten in der Nähe des Bahnhofs Buchholz errichtet. Dort sind auch die Anschlüsse für Wasser und Licht am leichtesten zu schaffen. Bei der Übergröße des Reviers wird der Forstbeamte von dort aus wesentlich beweglicher, da der größte Teil des Reviers längs der Hunsrückhöhenstraße in einer Entfernung von etwa 6 km in ebener Lage oder oberer Hanglage liegt.

Auch für die Ausübung des Forstschutzes ist der ausgesuchte Bauplatz neben dem Hause Kühn als günstig anzusprechen. Die Kosten des Neubaues werden auf rund 17.000,-- DM geschätzt. Entwurf und Bauleitung sollen dem Regierungsbaurat a.D. Kirch gegen

Unter Führung von Anneliese und Hermann Höhn entwickelte sich das Buchenauer Forsthaus zu einem beliebten heimatlichen Ausflugs- und Wanderziel. Wie es sich für die Betreiber eines Forsthauses „geziemt", waren beide natürlich auch selbst begeisterte und geachtete Jäger.

eine fest zu vereinbarende Gebühr übertragen werden. Für die Bauausführung werden selbstverständlich die einheimischen Unternehmer in Frage kommen.

Die Tage des Buchenauer Forsthauses als unverzichtbarer Sitz des Revierförsters waren also gezählt. Dennoch sollte das Anwesen auch künftig in städtischem Eigentum verbleiben und die Stadt ging wiederholt auf Suche nach geeigneten Pächtern des Ausflugslokals.

Obwohl sich beispielsweise das Pächterehepaar Willi Backes in der Mitte der 1950er Jahre redlich um Attraktivitätssteigerungen bemühte, insbesondere wurde den Gästen frisches Wild aus eigener Schlachterei angeboten, blieb auch diesmal ein anhaltender Erfolg versagt.

Stadt veräußert Forsthaus Buchenau

Nunmehr kam eine neue Entwicklung hinzu, die sich auch auf das Forsthaus auswirken sollte. Stadtbürgermeister Dr. Alexander Stollenwerk leitete zur Umsetzung eines persönlichen Lebenszieles Bemühungen zur Schaffung eines Buchenauer Kurviertels ein, das in etwa die Fläche zwischen Forsthaus und Grünfeldswiese umfassen sollte.

Lange Zeit sah es tatsächlich so aus, dass sich dieser „Traum" auch verwirklichen ließe und in dieser optimistischen Aufbruch-

Das Betreiberehepaar Backes warb am 20. August 1955 in „Rund um Boppard".

Der Wunsch

vieler Naturfreunde hat sich erfüllt

Das alte beliebte

Forsthaus Buchenau

ist nach umfassender Renovierung
am 1. Mai 1959 wieder eröffnet.

Hermann u. Anneliese Höhn

Fernruf 552

Eröffnungsanzeige der Eheleute Höhn in der „Rund um Boppard" - Ausgabe vom 1. Mai 1959.

stimmung beschloss der Bopparder Stadtrat am 4. Mai 1956 bei Tagesordnungspunkt 14 den Verkauf des Forsthauses Buchenau.

Mit der seinerzeit florierenden Kurbetriebsgesellschaft St. Ursula, die in Buchenau ein Kneipp-Kurbad zu betreiben gedachte, verständigte sich die Stadt schnell auf einen Gesamtkaufpreis von 12.000,-- DM, wobei allerdings dem Hauptgesellschafter Dr. Landgraf zur Auflage gemacht wurde, dass auch künftig der Betrieb der „Ausflugsstätte" zu gewährleisten sei.

Trotz vorbereitetem Kaufvertrag scheiterte die Eigentumsübertragung dann letztlich doch und ein Dr. Lonsdorf, dem der Bau eines ärztlich geleiteten Kurheims vorschwebte, sprang in die Lücke. Doch auch dieses Ansinnen ließ sich trotz Zustimmung des Stadtrates letztlich nicht verwirklichen.

Nachdem sich in den folgenden Monaten mehr und mehr herauskristallisierte, das trotz umfangreichster Bemühungen zur Errichtung eines Kurviertels diese Zielvorstellung aus den unterschiedlichsten Gründen zum Scheitern verurteilt war, ging die Stadt erneut auf Käufersuche.

Und dies tat sie äußerst erfolgreich, fand sich doch mit den Bopparder Kaufinteressenten Hermann Höhn, seines Zeichens Metzgermeister und Gastwirt, und Ehefrau Anneliese geb. Kasper, ein „Ehepaar vom Fach", so dass der einstimmigen Zustimmung des Stadtrates zur Veräußerung des städtischen Forsthauses Buchenau zum Ge-

samtpreis von 12.000,-- DM am 3. Juni 1957 nicht mehr im Wege stand.

Es sollten dennoch annähernd zwei Jahre vergehen, bis sich nach umfangreichen Renovierungen, dem Anschluss des Anwesens an das städtische Wasserleitungsnetz und die öffentliche Stromversorgung und der Schaffung von Fremdenzimmern das Forsthaus Buchenau bei der Betriebseröffnung am 1. Mai 1959 in neuem Glanz einer staunenden Öffentlichkeit präsentieren konnte.

Nach rund drei erfolgreichen Betreiberjahrzehnten setzte sich die zwischenzeitlich verwitwete Inhaberin zur verdienten Ruhe und die bestens bekannte und beliebte Bopparder Unternehmerfamilie Fritz Nickenig

Nicht nur im Jägerzimmer des Forsthauses Buchenau konnte der Gast Trophäen der heimischen Jagdreviere bestaunen. Die Aufnahme entstand Mitte der 1960er Jahre.

(„Kohlen-Nickenig"), deren Tochter Monika Klapper mit ihrer Familie seit einigen Jahren das Anwesen bewohnt, erwarb das Ausflugslokal.

Es folgten einige Betreiberjahre mit qualifizierten Pächterfamilien (Kahl, Buschmann, Holland) und die gute Küche des „Forsthauses Buchenau" fand weit über die heimischen Grenzen großen Zuspruch und warb so für den jungen Bopparder Ortsteil.

Als sich bis zum Frühjahr 2005 trotz intensiver, über zweijähriger Suche kein geeigneter Pächter als Nachfolger im „Forsthaus Buchenau" gefunden hatte, entschied der „Klapper'sche Familienrat", die bisher gastronomisch genutzten Räumlichkeiten zu Wohnzwecken umzubauen.

Und so schwand - ähnlich der Entwicklung im „Forsthaus Kreuzberg" - auch mit dem Ausflugslokal „Forsthaus Buchenau" ein kleines Stück heimatlicher Idylle.

Die beliebte Ausflugsgaststätte „Forsthaus Buchenau" zu Beginn der 1960er Jahre.

Eine der ältesten Ansichtskarten Buchenaus: Das Forsthaus im Jahre 1907.

Traum vom Reichsehrenmal auf dem Eisenbolz

Boppard bewarb sich 1927 um die Errichtung einer Gedächtnisstätte

Angeregt durch die Mitte der 1920er Jahre, von breiter Pressepropaganda begleiteten Bauarbeiten des Tannenbergdenkmals beim ostpreußischen Tannenberg, stieß der Gedanke zur Errichtung eines Nationaldenkmals reichsweit auf einen fruchtbaren Boden.

Während das Tannenbergdenkmal zur Erinnerung an den großen deutschen Sieg über die russischen Truppen erbaut wurde, sollte ein gewaltiges Reichsehrenmal als nationale Gedenkstätte der Erinnerung und Würdigung der Gefallenen des 1. Weltkrieges dienen.

Das Anfang 1945 gesprengte Tannenbergdenkmal stellte nur ein Gedächtnis für eine einzige ruhmreiche Schlacht dar, hingegen sollte ein nationales Reichsehrenmal mithelfen, die noch frischen Wunden des großen Krieges zu heilen und die Gefallenen heldenhaft zu ehren.

Insbesondere den führenden fünf Frontkämpferverbänden - dies waren der „Stahlhelm", der „Kyffhäuserbund", das „Reichsbanner", der „Reichsbund jüdischer Kämpfer" und der „Reichsbund ehemaliger Kriegsgefangener" - denen trotz des verlorenen Krieges aufgrund ihrer immensen Mitgliederzahlen gewichtige Einflüsse auf die Reichspolitik nachgesagt wurden, drängten massiv auf die baldige Verwirklichung einer würdigen Gedächtnisstätte.

Schon aus geographischen Gründen akzeptierten diese die Bauten in Tannenberg nicht: Diese lagen viel zu weit östlich und konnten daher nicht für so gewichtige Reichszwecke wie beabsichtigte Großkundgebungen und reichsweite Gedenkveranstaltungen in Anspruch genommen werden.

Weitere Denkmalplanungen

Auch andere Denkmalplanungen standen in den Nachkriegsjahren - trotz volkswirtschaftlich äußerst schwierigen Zeiten - in öffentlicher Diskussion.

Reichspräsident Friedrich Ebert (1871 - 1925): Sein Aufruf vom 3. August 1924 galt als Signal für eine Vielzahl deutscher Städte und Regionen, sich als Standort für das künftige Reichsehrenmal zu bewerben.

Gerade in unserer rheinländischen Heimat wurde lautstark im Gedenken an die Rheinlandbesetzung durch die alliierten Truppen ein Erinnerungsmal an diese schwere Zeit diskutiert. Die Diskussionen - und dies ist das besondere - setzten bereits zu Zeiten ein, als die Besatzungsmächte noch im Rheinland standen und der erst im Jahre 1930 gänzlich abgeschlossene Abzug noch in weiter Ferne lag.

Tenor aller Denkmaldiskussionen war hierbei die unumstößliche Absicht, die bereits vorhandenen Ehrenstätten, so beispielsweise das Völkerschlachtdenkmal in Leipzig oder auch das Niederwalddenkmal bei Rüdesheim, deutlich zu „übertrumpfen".

Zurückhaltende Reichsführung

Nachdem am 3. August 1924 anlässlich der zehnjährigen Wiederkehr des Kriegsausbruchs ein Aufruf von Reichspräsident Friedrich Ebert und Reichskanzler Wilhelm Marx propagandiert wurde, in dem sich diese über die moralische Verpflichtung zum Bau eines „Ehrenmals" zu Ehren der Gefallenen äußerten, löste dies reichsweit ein gewaltiges Echo aus. Jegliche Hinweise über einen möglichen Standort oder über die Gestaltung eines solchen Ehrenmals fehlten jedoch in dem Aufruf.

Die Flut der Stimmen aus der Bevölkerung und in der Presse, die dem Aufruf folgte, machte offenkundig, dass es keinesfalls allein Befürworter des Projektes gab. Vielmehr meldeten sich - für viele überraschend - auch zahlreiche Gegner zu Wort, die sich, beeinflusst von der wirtschaftlichen Not der Jahre nach dem 1. Weltkrieg, bestenfalls ein „Denkmal" in Form von Invalidenhäusern, Krankenanstalten für die Kriegsversehrten, Waisenhäuser für die ungezählten Kriegswaisen, Kindergärten für die Nachkommen der Kriegsteilnehmer oder Betreuungsanstalten für die Kriegerwitwen vorzustellen vermochten.

Ganz abgesehen davon, dass es, bedingt durch die innen- und außenpolitische Lage des Deutschen Reiches, für die Reichsregierung in jenen Monaten wichtigere Probleme zu lösen galt, als den Bau eines Nationaldenkmals umzusetzen, so ist auch in der verhältnismäßig weit verbreiteten Ablehnung des Denkmal-Projektes in der Bevölkerung der Grund dafür zu suchen, dass sich das verantwortliche Reichsministerium des Innern viel Zeit ließ und erst über ein Jahr später, am 21. November 1925, zu einer ersten zweckgerichteten Besprechung einlud.

Reichsweites Interesse

Bereits kurz nach Bekanntwerden der grundsätzlichen Umsetzungsmöglichkeiten eines solchen Reichsehrenmals bewarben sich zahlreiche Orte als Standort für dieses Denkmal, ohne dass von irgendeiner Seite eine Aufforderung oder gar eine offizielle Ausschreibung vorlag.

Als sich als erstes Ergebnis der vorgenannten Fachbesprechung zum auslaufenden Jahr 1925 ein Reichsausschuss konstituierte, dessen Aufgabe der Realisierung eines solch gewichtigen Bauvorhabens galt, fand er nicht

weniger als 64 Vorschläge vor, die von den jeweiligen Interessenvertretern als der geeignete Standort für ein solch bedeutendes nationales Vorhaben angesehen wurden.

Allein zehn Bewerbungen galten unterschiedlichen Standorten in der Reichshauptstadt Berlin. Die Stadt Bonn regte an, eine Denkmalsbrücke über den Rhein im Süden der Stadt zu erstellen. Nach Auffassung des Kölner Oberbürgermeisters Konrad Adenauer sollte ein „Nationaldenkmal für den unbekannten Soldaten" an der Südseite des Kölner Doms errichtet werden. Andere Vorschläge waren u. a. die Kaiserpfalz in Goslar, der Dolmar im Werratal, die Insel Grafenwerth bei Bad Honnef, die Rheininsel Hammerstein, das Hermanndenkmal im Teutoburger Wald, die Anlegung eines „Heiligen Hains" in Bad Berka bei Weimar, die Böcklinsche Toteninsel bei Lorch oder auch der Ehrenbreitstein in Koblenz.

Natürlich waren die Argumentationen zur Pflege des Heldentums oftmals nur Augenwischerei, verfolgten die Bewerber doch regelmäßig vorrangig wirtschaftliche Interessen, würde doch bereits eine Standortzusage zweifelsohne mithelfen, den ersehnten konjunkturellen Aufschwung in der betroffenen Region endlich herbeizuführen.

Professor Albert Maennchen

Der ursprüngliche Gedanke, dass sich auch das Rheinstädtchen Boppard als Standort für dieses Reichsehrenmal bewerben sollte, wurde von einem Mann geboren, der auf der Höhe über dem rechtsrheinischen Kamp-Bornhofen ein Haus besaß und dort seit mehreren Jahren regelmäßig einige Zeit im Sommer und Herbst wohnte und arbeitete.

Es war dies der Maler und Architekt Professor Albert Maennchen aus Berlin-Steglitz. Er war bereits mehrfach überregio-

DAS REICHSEHRENMAL·· EHRENHOF MIT DEN GEDÄCHTNISINSCHRIFTEN DER GEFALLENEN ·UND DER VERSAMMLUNGSHALLE ···ALBERT MAENNCHEN· BERLIN UND CAMP A. RHEIN.

Diese Skizze zeigt die Größendimensionen des von Prof. Maennchen geplanten Reichsehrenmals auf dem Bopparder Eisenbolz.

nal durch verschiedene Arbeiten in Erscheinung getreten. So hatte er beispielsweise auch einen für Hindenburg bestimmten Ehrenbürgerbrief, den die Stadt Lyck in Masuren dem Feldmarschall in Erinnerung an die bei dieser Stadt 1915 stattgefundene Schlacht überreichte, künstlerisch gestaltet.

Der Blick von seiner „zweiten Heimat am Rhein" leitete Professor Maennchen von den Kamper Höhen her stets auf den schräg gegenüberliegenden Eisenbolz.

Stetig reifte in ihm, der die sich hinziehenden Diskussionen in Berlin hautnah miterlebte, die Eingebung, dieses „wie eine Insel auf einem Felsen liegende Plateau" als Stätte des Denkmals vorzuschlagen.

Bewerbungsvorbereitungen

Nun darf man offensichtlich davon ausgehen, dass sich seinerzeit in Boppard niemand

Boppards Bürgermeister Dr. Johannes Kitschenberg (Amtsperiode 1921 - 1934) stand dem 1927 ins Leben gerufenen städtischen Denkmalausschuss vor, dessen einzige Aufgabe darin bestand, die Bewerbungsformalitäten für die Errichtung des Reichsehrenmals auf dem Eisenbolz federführend zu leiten.

fand, der für ein solches Mammutwerk qualifizierte gestalterische und künstlerische Vorschläge hätte zu Papier bringen können.

So sah sich Professor Maennchen auch hier berufen und ging mit äußerster Akribie die Umsetzung „seiner" Idee an. Er entwickelte nicht nur eigene Gedankengänge, wie nun der Eisenbolz konkret bebaut werden sollte, nein, er sprach auch regelmäßig und mit Nachdruck im Berliner Reichsinnenministerium vor.

Auch gelang es ihm in überzeugender Argumentation, die Bevölkerung der Nachbargemeinden Boppard, Bad Salzig und Kamp-Bornhofen für seine Idee zu begeistern. Unter Vorsitz von Boppards Bürgermeister Dr. Johannes Kitschenberg wurde Anfang 1927 ein städtischer Denkmalausschuss ins Leben gerufen.

Professor Maennchen war sichtlich erfreut über das Engagement dieser drei federführenden Gemeinden, bemängelte jedoch regelmäßig die nach seiner Ansicht mehr als dürftige Unterstützung des Vorhabens durch den Kreis St. Goar. In der Novembersitzung des Jahres 1927 wurde die Bewerbungsabsicht zwar vom Landrat den Kreisgremien zur Beratung angedient, die Kreistagsmitglieder zogen es jedoch vor, keinen Unterstützungsbeschluss zu formulieren, sondern nahmen den Tagesordnungspunkt ohne konkrete Stellungnahme lediglich zur Kenntnis.

Denkschrift „Das Reichsehrenmal = der Eisenbolz am Rhein"

Im Dezember 1927 erschien sie dann endlich, die heißersehnte Denkschrift „Das Reichsehrenmal = der Eisenbolz am Rhein". Das Werk wurde mehrfach den Stadtverordneten vorgestellt, Bürgerversammlungen wurden abgehalten.

Bereits im März 1928 war das Werk restlos vergriffen. Es erschien eine zweite Auflage. Die Kosten für nunmehr weitere 5.000 Stück in Höhe von 2.500,- Mark wurden wie die Erstauflage in gleicher Anzahl aus Spenden bestritten. Die Stadt Boppard, die seinerzeit kaum in der Lage war, die dringendsten Ausgaben mit öffentlichen Geldern zu bestreiten, bewilligte einmalig 1.500,- Mark aus ihrem knappen Budget. Die Volksbank Boppard förderte die breite Verteilung dieser Denkschrift mit einer Spende über 100,- Mark.

Bereits recht früh erkannten Zeitgenossen, dass weder die Stadt Boppard, noch die umliegenden, ebenfalls in euphorischer Stimmung befindlichen Ortschaften die eigentlichen Träger der Werbung waren. Vielmehr war dies der unermüdliche Professor selbst, der bekanntermaßen einen beachtlichen Teil seines nicht unwesentlichen Vermögens hierfür einsetzte.

Die städtische Begeisterung an den Gedankengängen des Professor Maennchen lässt sich an der Wortwahl des Vorwortes der offiziellen Werbeschrift erkennen.

Hier heißt es: *Wenn die drei Gemeinden Boppard, Bad Salzig und Camp-Bornhofen heute ebenfalls in die Reihe der Orte eintreten, die sich um das Reichsehrenmal bewerben, so geschieht dies in der Erkenntnis, dass die Taten und das Wollen unserer gefallenen Soldaten im deutschen Volke nur durch ein Denkmal wachgehalten werden können, das bei den Beschauern Ehrfurcht vor der Größe des Geschehenen, nicht aber Trauer und Gedanken an das Grab auslöst.*

Es soll hier nicht die Frage aufgeworfen werden, wie die bisher in Wettbewerb getretenen Projekte sich zu dieser Forderung stellen. Wir wollen keinen Streit um das Ehrenmal, das verbietet schon die Pietät, die wir den Gefallenen schuldig sind. Aber wenn ein Entwurf wie der vorliegende in geradezu idealer Weise das zum Ausdruck bringt, was das deutsche Volk für seine toten Helden empfindet, dann haben die maßgebenden Stellen wohl die Pflicht, auch dieses Projekt der Öffentlichkeit zu unterbreiten.

Nicht die Bürger von Boppard, Bad Salzig und Camp-Bornhofen haben den Plan ersonnen. Schöpfer desselben ist vielmehr der Maler und Architekt Prof. Albert Maennchen

Auszug aus der Denkschrift „Das Reichsehrenmal": Der angedachte Ehrenhof mit dem Versammlungsraum und den Inschriften großer Taten von Heer und Marine.

aus Berlin, der seit vielen Jahren auf den Höhen von Camp im Sommer und Herbst künstlerisch schafft und dort im Laufe der Zeit mit seinem Künstlerauge das erschaut hat, was auf den folgenden Seiten unter dem Titel „Das Reichsehrenmal = der Eisenbolz am Rhein" in Wort und Bild dargestellt ist.

Boppard, 1. Dezember 1927

Der Denkmalausschuss

Inhaltliche Beschreibung des geplanten Reichsehrenmals auf dem Eisenbolz

Die Beschreibung des gigantischen Ehrenmals, das eine Fläche von rund 8.500 Quadratmetern bedecken sollte, ist neben mehreren Graphiken Gegenstand der offiziellen Werbeschrift.

Auch wenn der Text der als Denkschrift betitelten Bewerbung wiederholt von nachfolgenden Generationen als „Kriegsverherrlichung" ausgelegt wurde, so ist er doch als Zeitgeist einer Generation zu interpretieren, zu deren Gedankengängen der verlorene Weltkrieg eine gewichtige Rolle spielte:

Zwischen der alten, sagenumwobenen Stadt Boppard und dem lieblichen Bad Salzig, gegenüber dem auf dem rechten Rheinufer malerisch gelegenen Camp-Bornhofen, erhebt sich am Rhein schroff emporragend eine Felseninsel, der Eisenbolz genannt. Hinter diesem Felsenrücken senkt sich dreißig Meter tief ein Tal, das alte Flussbett, das allmählich bis zu den fünfhundert Meter weiter zurückliegenden Bergen des Hunsrück ansteigt.

Links, im Süden, baut sich Bad Salzig vom Rheinufer bis hinauf zum Fuße der Berge, und rechts, stromabwärts, schmiegt sich das schöne Boppard an den Felsenriesen. Auf der anderen Seite, um den großen Außenbogen des Rheinlaufs herum, liegen Camp und Bornhofen mit dem mächtigen Marienberg, sowie Filsen. Das ganze Tal hier und der Eisenbolz werden eingeschlossen, umrahmt von den Bergen des Taunus und Hunsrück.

Stromaufwärts liegen Hirzenach und Kestert, dann die Städte St. Goar und St. Goars-

hausen, zwanzig Kilometer von Bad Salzig entfernt, zu Tal Ober- und Niederspay, Osterspai, Braubach, Rhens, Kapellen und schließlich, zwanzig Kilometer von Boppard entfernt, Ober- und Niederlahnstein, dann Koblenz und Ehrenbreitstein.

Die Hochebene des Eisenbolz liegt 144 m über dem Rheinspiegel, ist 300 m breit und 2.900 m lang. Diese Felseninsel im Rheintal ist von Natur geschaffen, das Reichsehrenmal für unsere Helden zu tragen, und die darauf zu errichtenden Bauwerke müssen mit dem Felsenriesen eine Einheit, das deutsche Heldenmal, bilden.

Gedacht sind zu beiden Seiten auf der Hochebene, südlich an Bad Salzig und nördlich an Boppard grenzend, zwei offene baukünstlerisch gestaltete Ehrenhöfe, auf deren steinernen Wänden die Namen der im Kriege Gefallenen eingemeißelt sind, und darüber reliefartig Bildwerke, die Abgeschiedenen - die Entschwebenden - .

Nur ein Gedanke soll alle Bildwerke beherrschen, aber von vielen deutschen Künstlern gestaltet werden. In der Achse der halbrunden Rückwand des südlichen Ehrenhofes soll das Monument - der sterbende Siegfried - stehen.

In der Mitte des nördlichen Ehrenhofes ist ein Versammlungsraum gedacht, an dessen äußeren Flächen die Gedenktage und die Orte, die mit den Taten des Heeres und der Flotte unauslöschlich verbunden sind, eingemeißelt werden. Im Innern schmücken den Versammlungsraum monumentale Wandgemälde, die wiederum von vielen deutsche Künstlern gestaltet werden sollen.

Während die Ehrenhöfe allein der Erinnerung an die Gefallenen und die Taten der deutschen Helden geweiht sind, soll der Versammlungsraum mit seinen Fresken der Zukunft, der Auferstehung des deutschen Volkes gewidmet sein.

Beide Ehrenhöfe werden verbunden durch einen Heldenhain, einen Eichenwald; starke besondere Eichen sollen in diesem Wald hervorragenden Helden geweiht werden.

Nicht ein Ehrenfriedhof, auf dem ja kein deutscher Soldat beigesetzt ist, und der ja nur traurige Gedanken an das Grab erweckt, soll hier errichtet werden. Nicht auf einzelnen, getrennt stehenden Steinen, ähnlich den Friedhofssteinen, soll jedes Regiment seine Toten finden - hat doch nicht jedes Regiment für eine besondere Idee gekämpft -, sondern im geschlossenen Zug - wie das Heer - sollen die Namen der gefallenen Helden auf den steinernen Wänden des Ehrenhofs, an der Stätte des Gedenkens, eingemeißelt sein!

Kamerad neben Kamerad, Regiment neben Regiment, nach Waffengattung geordnet. Denn jeder Soldat, jeder Matrose, jedes Regiment hat nur für eine Idee, für die Freiheit der Heimat, für die Erhaltung des Reiches, für die Ehre des Vaterlandes gekämpft!

Ein Heldenmal muss es sein! Denen zum Gedächtnis, die ihr Leben dem Vaterland geopfert haben, denen zur Ehre, die ihr Leben dem Vaterland zu opfern bereit waren. Es muss ein Mal sein, umflutet von dem Licht der Sonne, umwogt von den Wellen des Rheins, das uns die Taten und das Wollen unseres Heeres und unserer Marine wachruft und erhellt.

Es kann auch nicht ein Bauwerk vergangener Zeiten mit Formen vergangener Jahrhunderte sein! Tausendjährig aber ist der Verteidigungskampf um den deutschen Rhein, und von diesen Kämpfen könnten monumentale Wandgemälde in der Versammlungsstätte künden, dort würden auch die bedeutendsten Gedenktage und -orte dieser Geschichte, in Stein gemeißelt oder auf Bronzetafeln aufgezeichnet, stehen. So würde das Monument auf dem Eisenbolz gleichsam auch das Erinnerungsmal - 1.000 Jahre deutscher Rhein -.

Und dort, wo der Rhein und die Mosel sich verbinden, erhebt sich die schöne Felsenburg, der Ehrenbreitstein, dessen Formen und Bauwerke von vergangenen Zeiten und Kämpfen erzählen. Der müsste unseren alten Soldaten, denen der Kampf um das Dasein zu schwer geworden ist, als Wohnstätte und anderen sozialen Einrichtungen dienen, als - Invalidendank -.

Auszug der Entwurfsskizze zum geplanten Ehrenhain.

Dadurch würde der schöne Festungsbau erhalten bleiben und neuen Zielen zugeführt werden. Auf dem Gelände hinter der Feste wäre Raum für eine friedvolle Kampfstätte zur Stählung der Kraft der deutschen Jugend, als deutsches Stadion.

Nicht weit von Koblenz befindet sich schon die Automobilstraße „der Nürburgring". So würde der „Ehrenbreitstein" gleichsam das Tor ins Gebiet des Reichsehrenmals sein!

Auf den Höhen des Taunus und des Hunsrück von Koblenz und Ehrenbreitstein bis St. Goar und St. Goarshausen sind Gedächtnistürme mit Feuerbecken - Wachtürme - gedacht. Diese Wachtürme werden dem Wandernden, dem Fahrenden, sagen, dass er ins Gebiet des Ehrenmals kommt. Sie sollen die Empfindung vorbereiten, die das Ehrenmal selbst hervorrufen will - das Gefühl der Ehr-

93

furcht, das der Deutsche für seine Helden, für seine Gefallenen hat - und die weiteren Türme sollen diese Empfindungen nachklingen lassen.

Hier auf dem Eisenbolz, der Felseninsel im Rheintal, die von der Natur selbst zu ihrer Bestimmung gestaltet worden ist, muss die Hochstadt der deutschen Helden entstehen!

Deutsche Künstler - Maler, Bildhauer und Baumeister - werden hier nach einheitlichem Plan Werke bildender Kunst schaffen. Die Kunst unserer Zeit wird späteren Generationen ein Wertmesser unserer heutigen Kultur sein. Hier muss ein Werk deutscher Kultur, deutscher Kunst entstehen zu Ehre unserer Helden.

Standortwahl

Obigem „Reichsrat-Ausschuss" gelang es, aus der Vielzahl der Bewerbungen zunächst eine Vorauswahl zu treffen. Folgende vier Projekte wurden favorisiert: die Ausgestaltung der Schinkel'schen Hauptwache in Berlin, der Bau einer Rheinbrücke als Gedenkstätte, die Errichtung eines monumentalen Denkmals in Form einer Ruhmeshalle und die Schaffung eines „Heiligen Haines".

Gleichzeitig wurden Richtlinien erarbeitet, die für die Fortführung des Projektes allgemein als maßgeblich und verbindlich angesehen werden sollten. Da Bau und Instandhaltung nach allgemein verbreiteter Auffassung keine hohen Kosten verursachen durften, schied ein aufwändiges Monument von vornherein aus.

Bereits an dieser Stelle stellt sich heute die Frage, warum Professor Albert Maennchen, dem diese Richtlinien aus seiner Berliner Zeit zweifelsohne bekannt sein mussten, dennoch eine solch gewichtige und kostenträchtige Planung, wie die des „Eisenbolzer Ehrenhains" in die Diskussion brachte.

In jener Zeit bewiesen die genannten Frontkämpferverbände, über welchen Einfluss sie letztlich noch verfügten. Sie schlossen sich zusammen und konnten durch ungezählte mündliche und schriftliche Eingaben beim Reichspräsidenten von Hindenburg und dem federführenden Reichsminister des

Innern, Külz, diese für eine weitere Verfolgung des sog. „Heiligen Hains" im mitteldeutschen Bad Berka gewinnen, obwohl noch im Januar 1926 der Ausbau der Berliner Hauptwache eine Ausschussmehrheit fand. Nur zwei Monate später schwenkte auch der unter Druck geratene Reichsausschuss zugunsten der Thüringer Bewerbung um.

Weitere Standortprüfungen

Trotz vorgenannter Entscheidung forderte Reichsinnenminister Wilhelm Külz weitere Vorschläge, ohne jedoch den Standort Bad Berka in Frage zu stellen. So trafen dann in der nicht mit sonderlicher Eile bearbeiteten Angelegenheit ständig weitere Bewerbungen in Berlin ein. Boppard war noch nicht dabei.

Im August 1926 entschied das Reichskabinett aufgrund der bereits vorliegenden Ausschussentscheidung zugunsten von Bad Berka, „…dass man die Angelegenheit jetzt nicht mehr weiter verfolgen wolle". Dies wiederum entfachte einen Proteststurm in der Rheinprovinz und sorgte für Begeisterung in Thüringen. Die tagtäglichen und heftig geführten Diskussionen beendete im Oktober 1926 die Reichsregierung mit dem Beschluss, den Standort des Ehrenmals unbeschadet der Ausschussempfehlung zunächst nochmals mit den Koalitionsführern abzuklären.

Diese „eingehende Prüfung" nahm erneut einen Zeitraum von über einem Jahr in Anspruch und erst im November 1927 wurde das heikle Thema „Reichsehrenmal" erneut aufgegriffen. Auslöser waren neben regelmäßigen Eingaben des Landrats von Weimar das hartnäckige Erinnern der Frontkämpferverbände.

Wenige Tage später wurde nach Eintreffen der heimischen Denkschrift der stetig wachsende Bewerberkreis um die Städtegemeinschaft Boppard, Bad Salzig und Kamp-Bornhofen ergänzt.

Trotz des starken Drucks, den der Reichspräsident auf den Reichskanzler ausübte, endlich einen verbindlichen Beschluss zugunsten des „Heiligen Hains" herbeizuführen, zögerte Wilhelm Marx noch immer und übergab das Problem schließlich ungelöst seinem Nachfolger Hermann Müller, der sich jedoch ebenso zurückhaltend verhielt. Hierbei erhielt er „Rückendeckung" durch ein Anschreiben des Reichstages vom 15. Dezember 1928, mit welchem dieser die Reichsregierung ersuchte, von einer Beschlussfassung über das Reichsehrenmal solange abzusehen, bis der deutsche Boden von ausländischer Besatzung restlos befreit wäre. Mit Erklärung vom 3. Juni 1929 kam die Reichsregierung diesem Wunsch nach.

Verschiedene Interessenverbände hielten weiterhin an der Umsetzung des Projektes „irgendwo am Rhein" fest, während in Thüringen die Befürchtung laut wurde, das Reichsehrenmal werde von den Verantwortlichen bewusst „totgeschwiegen".

Diese Entwicklung führte letztlich dazu, dass offiziell die Umsetzung einer Gedenkstätte in Bad Berka beibehalten, aber zugleich auch ein zweites Ehrenmal am „Strom der Deutschen" ins Auge gefasst wurde.

Also gingen die verantwortlichen Ausschussmitglieder ebenso wie Reichspräsi-

dent von Hindenburg persönlich dazu über, wiederholten Einladungen zu Ortsbesichtigungen im Rheinland zu entsprechen. Als geeigneter Zeitpunkt betrachtete das Rheinland hierbei die Teilnahme des Staatsoberhauptes an der Rheinischen Befreiungsfeier am 22. Juli 1930.

Ins Besuchsprogramm des Reichspräsidenten wurde bewusst auch der eigens zu einer Gedenkstätte umgestaltete Koblenzer Ehrenbreitstein eingearbeitet.

Dichtgedrängt säumten an diesem Tag auch in Boppard die Menschen das Rheinufer, als der Reichspräsident an Bord des in Eltville gestarteten Dampfers „Mainz" in Ufernähe, umrahmt von den weiteren Fahrgastschiffen „Preußen", „Hindenburg", „Elberfeld" und „Goethe" vorbeifuhr. In Boppard schlossen sich die Dampfer „Overstolz" und „Rheingold" dem Schiffskorso an.

Sicherlich wurden dem Reichsoberhaupt kurze Zeit zuvor beim Passieren der Lorcher Toteninsel und des Bopparder Eisenbolz auch deren Vorzüge als Reichsehrenmal aufgezeigt und die Bewerbungsschriften in Erinnerung gerufen.

Jubelnde Menschenmengen begrüßten vom Bopparder Rheinufer den am 22. Juli 1930 im Dampfer „Mainz" vorbeifahrenden Reichspräsidenten Paul von Hindenburg, nachdem dieser vom Schiff aus den Eisenbolz in Augenschein genommen hatte.

Die Befreiungsfeierlichkeiten in Koblenz wurden allerdings von einem schlimmen Unglück überschattet, als nach Beendigung des „Jahrhundertfeuerwerks" eine auf Schwimmern montierte Stegbrücke unter der Last der zahlreichen Zuschauer zusammenbrach. 57 Menschen fanden hierbei den Tod, unter ihnen auch der Schneidermeister Hermann Bach aus Boppard.

Preußisches Ehrenmal in Berlin

Während reichsweit noch über einen geeigneten Standort gestritten wurde, schritt der preußische Ministerpräsident Braun zur Eigeninitiative und gab bereits im Juli 1929 den Ausbau der Schinkel'schen Hauptwache in Berlin zu einem „würdigen, den weitesten Kreisen des deutschen Volkes wie den ausländischen Besuchern bequem zugänglichen Ehrenmals für die Gefallenen des Weltkrieges" in Auftrag.

Die in den Jahre 1816-18 durch Karl Friedrich Schinkel errichtete „Neue Wache" in Berlin wurde im Jahre 1931 von Heinrich Tessenow zum Reichsehrenmal umgebaut.

Trotz massiver Proteste, allen voran von den Frontkämpferverbänden, ließ er sich von seinen Plänen nicht abbringen, und an den Einweihungsfeierlichkeiten am 2. Juni 1931 nahmen neben Reichspräsident und Reichsregierung, die sich zwischenzeitlich mit dieser Entwicklung abfanden, auch die Vertreter der Reichsfrontkämpferverbände teil.

„Heiliger Hain" in Bad Berka

Doch es ging weiter: Die Errichtung dieser preußischen Ehrenstätte bedeutete allerdings keinesfalls, dass sich damit die Frage eines Reichsehrenmals von selbst erledigt hätte. Thüringen schenkte dem Reich das fragliche Gelände bei Bad Berka und spendete zusätzlich eine Summe von 70.000,- Reichsmark (RM) zur weiteren Umsetzung ihrer Planungsabsichten. Der Reichspräsident, nach wie vor ein Gönner des „Heiligen Hains", stellte aus seinem persönlichen Dispositionsfont weitere 100.000,- RM zur Verfügung.

Der Reichsregierung, dergestalt unter Druck gesetzt, blieb insofern nichts anderes übrig, als sich am 27. März 1931 für die „Errichtung eines Reichsehrenmals in Form eines Ehrenhains im Walde von Berka" auszusprechen. Auf dieses Signal hatte man in Mitteldeutschland lange gewartet und bereits zwei Tage später fanden dort die ersten Feierlichkeiten statt.

Kompromiss fürs Rheinland

Um aber der Volksstimmung in den Rheinlanden gerecht zu werden, fasste die Reichsregierung zusätzlich den Beschluss, die „Errichtung eines Ehrenmals für Einheit und Freiheit am Rhein ins Auge zu fassen". Hierbei war ausdrücklich an die Festung Ehrenbreitstein gedacht, da die „Toteninseln" bei Lorch und Hammerstein für diesen Zweck ungeeignet erschienen.

Der Eisenbolz fand weder bei der Beschlussfassung noch in der Begründung eine Erwähnung.

Darüber hinaus sollte nach einer Erklärung der Reichsregierung das ostpreußische Tannenberg-Denkmal als „machtvolles Wahrzeichen des deutschen Volkes an die Helden des Weltkrieges" dienen.

Vorstehende Entscheidung der Reichsregierung wurde in der Öffentlichkeit allgemein akzeptiert, der gebildete Reichsausschuss löste sich auf.

In der Folgezeit wurden Ideenwettbewerbe zur Umsetzung des Beschlusses der Reichsregierung ausgeschrieben. Zu einer Beschlussfassung kam es jedoch nicht mehr, was weniger daran lag, dass die sich in den Ausschreibungen durchgesetzten Modelle in großen Bevölkerungsteilen und auch

Eine der ersten propagandistischen Großereignisse des Dritten Reiches: Die Beisetzungsfeierlichkeiten des am 2. August 1934 verstorbenen Reichspräsidenten Paul von Hindenburg in einer Gruft des ostpreußischen Tannenbergdenkmals.

von den Frontkämpferverbänden abgelehnt wurden.

Hitlers Ablehnung

Vielmehr wurde nach der Machtergreifung Adolf Hitlers am 30. Januar 1933 deutlich, dass der neue Reichskanzler kein Interesse an der Errichtung eines Reichsehrenmals für die Gefallenen des ersten Weltkrieges hatte, gleichgültig ob im Wald von Bad Berka oder auf der Festung Ehrenbreitstein, wie es bald nach der Machtübernahme der damalige kommissarische Oberbürgermeister von Koblenz, Wittgen, in einem Schreiben vom 11. Mai 1933 an Hitler empfohlen hatte.

Im Volk hatte sich ohnehin nach und nach die Gedenkstätte in der Schinkel'schen Hauptwache in Berlin als „Reichsehrenmal" durchgesetzt.

Nach dem Tode von Hindenburgs am 2. August 1934 ließ Hitler das Tannenberg-Denkmal um eine Gruft für die Beisetzung des Reichspräsidenten erweitern. Bei dieser Gelegenheit proklamierte er das Denkmal als „Reichsehrenmal" und legte ihm den offiziellen Namen „Reichsehrenmal Tannenberg" bei.

Die ins Leben gerufene „Stiftung Reichsehrenmal" löste sich am 31. Oktober 1935 auf. Ihr Vermögen von rund 180.000,- RM fiel an das Reich.

Im Januar 1945 ließ Hitler das Tannenberg-Denkmal sprengen, nachdem zuvor die Sarkophage des Reichspräsidenten und seiner Frau nach Thüringen überführt wurden.

Der „Traum vom Reichsehrenmal auf dem Eisenbolz" blieb ein Traum und ist auch in unserer Heimat schon lange ausgeträumt.

Das Tannenbergdenkmal, in dem später der Sarkophag Paul von Hindenburgs beigesetzt wurde, galt für einige Jahre als „Gedenkstätte an die Helden des 1. Weltkrieges".

Onkel Theo vom Ulmenweg

Autorin Heidi Rehn verewigte Buchenau
im Rheintal-Krimi „Theos Erbe"

*Wenngleich Buchenau nun mal gerade erst ein „gut halbes Jahrhundert" alt ist, immerhin ist
der Bopparder Ortsteil bereits literarisch für alle Zeit verewigt - eine Auserwähltheit, in
deren Genuss sich bislang nur ganz, ganz wenige Dörfer unserer näheren Heimat sonnen
dürfen.*

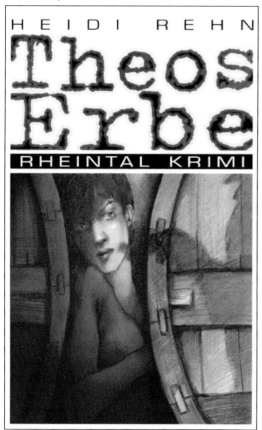

*Der Rheintal-Krimi „Theos Erbe", dessen mutmaß-
liches Mordopfer im Buchenauer Ulmenweg wohnte, machte „in der Szene" den Bopparder Vorort
auch über die heimatlichen Grenzen hinaus bekannt.*

Und schuld daran ist eine Bad Salzigerin,
„die auszog, im Süden Karriere" zu machen.
Als Heidi Zimmer - Jahrgang 1966 - wurde
sie einstmals im Koblenzer Vorort Mosel-
weiß geboren. Gleichsam „getauft" mit Mo-
sel- und Rheinwasser und natürlich dem küh-

len Nass der Leonorenquelle genoss sie als
Tochter eines kommunalpolitisch aktiven
Landesbeamten eine unbeschwerte Kindheit
im besinnlichen Bad Salzig.

Nach ihrem Abitur am Bopparder Kant-
Gymnasium verschlug es die künftige Stu-
dentin der Münchener Ludwig-Maximilian-
Universität vom Rheinstrom an die weitaus
ruhigere Isar. Im Herzen der bayerischen Metropole studierte sie Germanistik, Geschichte, Zeitungswissenschaften und Betriebs-
wirtschaftslehre.

Nicht viel fehlte und es hätte sie nach dem
Magisterexamen in die hehre Wissenschaft
gezogen. Doch nach zwei Semestern Lehrtä-
tigkeit als Assistentin an einem Lehrstuhl für
Literaturwissenschaften zog sie dann doch
die Praxis der Theorie vor und wechselte als
Beraterin in eine Münchener PR-Agentur.

Dann folgte der (beinahe) übliche Lebens-
lauf vieler qualifizierter Studentinnen: Flirt,
Freund, Ehemann, zwei reizende Kinder -
und inzwischen arbeitet Heidi Rehn nach
vollzogener „Rückkehr in den Beruf" als
freie Journalistin und Autorin in ihrem „Münchener Exil", ohne allerdings die Verbundenheit zum Rheinland abzulegen.

Nachdem ihr erster, im Jahre 2000 im nord-
deutschen Rowohlt-Verlag („rororo") er-
schienener Roman „Das Institut" im Studen-
tenmilieu spielte und mit köstlichen Worten
die „Rache" einer frisch ins Berufsleben ein-
gestiegenen Assistentin an ihrem sie in allen
Belangen ausnutzenden Professor schilderte,
wechselte sie drei Jahre später das Genre in
Richtung „Heimat- oder Regiokrimi".

Hier kam dem Mitglied der „Vereinigung
deutschsprachiger Krimiautorinnen und -
autoren" sicherlich die anhaltende Verbundenheit zu ihrer geliebten mittelrheinischen
Heimat zugute.

Mit Heidi Rehns „Theos Erbe" veröffentlichte der Kölner Emons-Verlag mutmaßlich
in Anlehnung an die bereits seit längerem

Heidi Rehn, aufgewachsen in Bad Salzig, verlegte den Großteil der Handlung ihres Rheintal-Krimis „Theos Erbe" ins idyllische Buchenau.

recht erfolgreichen Eifel- und Hunsrück-Krimis im Jahre 2003 den ersten „Rheintal-Krimi" überhaupt.

Nachfolgend ein „Kurz-Exposé" des Regio-Krimis in wenigen Sätzen:

Onkel Theo ist tot. Linda Homberg, seine Nichte, macht sich bestürzt auf den Weg in ihre alte Heimatstadt Boppard am Mittelrhein. Dort setzt Rechtsanwalt Werner Naab, Freund und Nachbar des Toten aus dem Buchenauer Ulmenweg, alles daran, sie von dem friedlichen Ableben ihres Onkels zu überzeugen.

Doch etwas stimmt nicht: Als Linda einen merkwürdigen Brief in Theos Nachlass findet, der ihn als Erpresser entlarvt, ist sie davon überzeugt, dass Onkel Theo nicht friedlich gestorben ist. Bei ihren Recherchen, die sie von Buchenau aus quer durchs Rheintal führen, bröckelt die Fassade des idyllischen Kleinstädtchens zusehends: Linda, die bei ihren Ermittlungen von Schulfreundin Ruth, die mittlerweile in Boppard eine Buchhandlung betreibt, unterstützt wird, muss erkennen, dass es „bei uns in Boppard" ganz gewaltig hinter den Kulissen knarrt...

IM FOTOALBUM GEBLÄTTERT

Festumzug zur Einweihung Kinderspielplatz Leiswiese, 1967.

Eine neue Heimat
Die bauliche Entwicklung Buchenaus

Als am 1. Mai 1954 die ersten 16 Neubauwohnungen in der Straße „ Unter den Birken" weitab der Bopparder Kernstadt bezugsfertig waren, konnte niemand ahnen, welch enormen Aufschwung der neue Stadtteil nehmen würde. Vor allem deshalb, weil das großangelegte Siedlungsprojekt nicht unumstritten war. Bis Mitte der 1970er Jahre ist über Sinn oder Unsinn einer Bebauung des Buchenauer Tals viel diskutiert worden. Der geistige Vater und eifrige Befürworter der Neusiedlung, Boppards Bürgermeister Dr. Alexander Stollenwerk, wurde indessen nicht müde, für seine Idee zu werben, die - nimmt man den Zuspruch der Bauwilligen zum Maßstab - letztendlich von Erfolg gekrönt war. Heute leben rund 2100 Menschen in Buchenau, das sind mehr als ein Viertel der Einwohner des Ortsbezirks Boppard.

Wohnungsnot und Obdachlosigkeit

Nach dem Ende des Zweiten Weltkriegs bereiteten die Flüchtlinge und Vertriebenen aus den ehemaligen deutschen Ostgebieten den Behörden der westlichen Besatzungszonen erhebliche Probleme. Frankreich verweigerte wegen großer wirtschaftlicher Schwierigkeiten zunächst die Aufnahme in seine Besatzungszone, so dass diese Menschen anfangs in ländlich strukturierten Gebieten der amerikanischen und britischen Zone angesiedelt wurden. Die Ostvertriebenen konzentrierten sich vorwiegend in Schleswig-Holstein, Niedersachsen und Bayern. Aus diesen „Abgabeländern" wurden von Ende November 1949 bis Dezember 1962 nach und nach rund eine Million Menschen in die „Aufnahmeländer", darunter Rheinland-Pfalz, umgesiedelt.

Während einige französische Kreiskommandanten seit Anfang 1946 dazu übergingen, einzelne Flüchtlingsfamilien, die trotz des Zuzugsverbots in der französischen Zone untergekommen waren, in die britische oder amerikanische Zone auszuweisen, war die Koblenzer Bezirksregierung bemüht, sowohl zurückkehrende Einheimische als auch versprengte Vertriebene gleichmäßig im Regierungsbezirk zu verteilen. Zu diesem Zweck richtete die Behörde Übergangsbahnhöfe mit angeschlossenen Sammellagern ein, von wo aus die weitere Verteilung der Flüchtlinge erfolgen sollte. Schon im Februar 1946 bestand am Bahnhof Boppard ein solches Sammellager, das für die Unterbringung von 300 Personen vorgesehen war.[1] Verschärfend für die Wohnungslage in Boppard wirkte sich aus, dass der Koblenzer Oberbürgermeister im Herbst 1945 wegen der verzweifelten Unterkunftssituation eine Zuzugssperre für das Stadtgebiet verhängt hatte, so dass in den folgenden Monaten viele zurückkehrende Koblenzer zunächst einmal in den umliegenden Landkreisen angesiedelt werden mussten.

Das zum 17. August 1949 in Kraft getretene rheinland-pfälzische Landesflüchtlingsgesetz wies dem Kreis St. Goar zunächst 3000, dann 2000 Flüchtlinge zu. Bis Mitte 1950 hatte das Landratsamt 979 Menschen im Kreisgebiet untergebracht. Bereits im April des gleichen Jahres hatte ein größerer Umsiedlertransport Schleswig-Holstein verlassen, aus dem nochmals 2100 Flüchtlinge für den Kreis St. Goar vorgesehen waren. Am 20. April 1950 trafen die ersten Vertriebenen in Boppard ein, bis Mitte August waren 166 Personen in der Stadt und in der Amtsbürgermeisterei Boppard untergebracht, 83 Prozent des auf Boppard entfallenden Kontingents. *Die Besorgung von Wohnraum für Flüchtlinge bereitet nahezu unüberwindliche Schwierigkeiten* (StR 22.8.1950, Punkt 1b). Der Kreistag, der sich immer wieder mit der Problematik befasste, sah in der bisherigen Art der Verteilung der Vertriebenen auf entlegene Dörfer und Gemeinden eine Fehlentwicklung, die dadurch korrigiert werden müsse, dass in den größeren Ortschaften des Kreises, also auch Boppard, größere Flüchtlingsansiedlungen und Kleingewerbebetriebe zur Sicherung des Lebensunterhalts zu schaffen seien.[2]

Zu Beginn der 1950er Jahre sah die Wohnungssituation in Boppard trostlos aus. Unter der Schlagzeile „270 Familien suchen Wohnungen. Lösung des Wohnungsproblems eine vordringliche soziale Aufgabe" berichtete „Rund um Boppard" im März 1954 über die Lage auf dem Wohnungsmarkt und zeichnete ein überaus düsteres Bild. Während in den Vorkriegsjahren in der Stadt ein Überangebot an Wohnungen vorhanden gewesen sei, hätte die Bevölkerungszahl durch die Aufnahme von Evakuierten und Heimatvertriebenen während der Kriegs- und Nachkriegsjahre um mehr als 1500 Personen zugenommen. Der Mehrbedarf von 350 Wohnungen sei aber nicht zu decken gewesen. *Heute, neun Jahre nach der Kapitulation, sind in Boppard immer noch 270 Familien als wohnungssuchend gemeldet. Ihre Mehrzahl ist unzureichend und schlecht untergebracht* (RuB 27.3.1954, S. 1). Erschwerend kam hinzu, dass der Wohnungsbestand in der Kernstadt überaltert war und die französischen Besatzungstruppen mit ihren Familien viele Unterkünfte für ihre Bedürfnisse beanspruchten. Boppard war im Verhältnis zu seiner Größe eine der am stärksten mit französischen Soldaten belegten Städte in Rheinland-Pfalz (*Pauly*, S. 247). Die Unterbringung der so genannten Räumungsschuldner, denen wegen Mietrückständen gekündigt worden war, stellte das städtische Wohnungsamt vor größte Probleme, denn sie mussten von der Ortspolizeibehörde wieder in ihre alte Wohnung eingewiesen werden, um sie nicht der Obdachlosigkeit preiszugeben.

Hilfe zur Selbsthilfe

Nachdem man im Winter 1949/50 überlegt hatte, wie der Wohnungsnot beizukommen sei, wurde am 8. März 1950 im Hotel „Karmeliterhof" der „Gemeinnützige Bauverein" von 18 Gründungsmitgliedern, unter ihnen Bürgermeister Stollenwerk, aus der Taufe gehoben. Sie verpflichteten sich zur Zahlung ei-

Buchenauer Ziegelei, um 1920, Privatbesitz. Ölgemälde von Johannes (Hans) Kruzwicki[3]. - Nahe des heutigen Gartenfachmarkts BOGAMA im Schiffelsfelder Weg stand eine Ziegelei, bei der es sich nach dem Forsthaus um das zweitälteste Buchenauer Gebäude gehandelt haben dürfte. Ziegelsteine aus ihrer Produktion fanden auch beim Bau der alten Umfassungsmauer des Friedhofs Verwendung.

nes Geschäftsanteils von je 300 Mark. Dieses Geld sollte zur Kapitalbildung für den Wohnungsbau verwendet werden. Die Mitgliederliste vom Februar 1955 veranschaulicht, dass neben vielen Privatpersonen auch Vereine und sonstige Institutionen Mitglied des Bauvereins waren, darunter die Stadt Boppard, die Kurbetriebsgesellschaft, die Katholische Kirchengemeinde St. Severus, der SSV Boppard, die TG Boppard, die Kreissparkasse St. Goar und die Kreisverwaltung St. Goar (RuB 26.2.1955, S. 4, 6). Die Stadt stellte in der Schützenstraße Baugelände zur Verfügung, auf dem der Bauverein für 250.000 Mark die Häuser Nr. 15, 16 und 17 mit insgesamt 27 Wohnungen errichtete (StR 25.9.1951, Punkt 12).

Ende 1950 hatte der Bauverein 28 Mitglieder, ein Jahr später 150, Ende 1953 schon 203. Nachdem er jahrzehntelang die Bautätigkeit seiner Mitglieder unterstützt hatte, ging er am 16. Juli 1982 im Gemeinnützigen Bauverein Koblenz auf (RuB 25.9.1982, S. 17). Der Verein ist allerdings nicht der erste seiner Art gewesen: Bereits 1919 war eine „Gemeinnützige Baugesellschaft" in Boppard gegründet worden (RuB 16.2.1957, S. 1), um der Wohnungsnot nach dem Ersten Weltkrieg entgegenzuwirken.

Einer privaten Initiative verdankte 1951 die „Stiftung Wohnungshilfe" ihre Existenz. Am 29. Mai 1953 beschloss der Stadtrat, dass sich die Stadt an der Stiftung beteiligen solle (RuB 23.10.1954, S. 1-3). Neun Jahre später stimmte er der Satzung zu, die der Stiftung endlich zur Rechtsfähigkeit verhalf (RuB 23.6.1962, S. 1). Träger der Stiftung waren die Stadt und der „Verein Soziales Hilfswerk für den Wohnungsbau e. V.". Das Stiftungskapital belief sich auf 100.000 Mark, aus dem zinslose Darlehen bis zu einer Höhe von 4000 Mark vergeben werden durften. Bis März 1963 hatte die Stiftung Wohnungshilfe bereits 26 Darlehen mit einem Gesamtvolumen von 93.000 Mark gewährt (RuB 16.3.1963, S. 1-2). Die Mitglieder des „Sozialen Hilfswerks" wurden für den 20. März 1975 zu einer Mitgliederversammlung eingeladen, auf der die Auflösung des Vereins auf der Tagesordnung stand (RuB 15.3.1975,

S. 9). Es steht zu vermuten, dass damit auch das Ende der „Stiftung Wohnungshilfe" gekommen war.

Der „Vater" Buchenaus

Boppard erstreckte sich 1950 noch fast ausschließlich auf das Gebiet zwischen Bahnlinie und Rheinufer. Zonen dichterer Bebauung waren der Stadtkern und die Niedersburg, Freiflächen gab es vorwiegend rheinaufwärts in der Oberstadt. Bergseits der Eisenbahntrasse war der Straßenzug von der Schützenstraße bis zum Burdental bebaut, ferner die Simmerner Straße und die Parkstraße, die Buchholzer Straße, das obere Fraubachtal und das Mühltal. Zwar waren die ersten Häuser auf der Zeil noch vor 1939 errichtet worden - die Einweihung der neuen Volksschule erfolgte 1941 -, doch erst in der Nachkriegszeit wuchs die Stadt den Abhang des Kreuzbergs hinauf. Bebauungspläne wurden festgelegt für die Zeil (1960), das Baugebiet Auf Proffen (1961), Flogt- und Sabelstraße (1962), Schützen- und Parkstraße (1964, 1966 und 1985) und schließlich für den Kreuzberg (1961/62) (*Hicke*, S. 129). Aus dem Jahr 1959 datierten erste Überlegungen zur Bebauung des Gebiets entlang der späteren Andreas-Schüller- und der Peter-Josef-Kreuzberg-Straße (RuB 30.5.1959, S. 1), das die Stadt 1927 von dem Weingutsbesitzer Leopold Grillo erworben hatte (RuB 29.6.1963, S. 3, 5).

Bürgermeister Stollenwerk vertrat die Auffassung, dass nur ein geschlossenes, neu zu errichtendes Siedlungsgebiet die Wohnungsnot in Boppard beseitigen könne. Er wurde zum geistigen Vater Buchenaus, dessen Grundkonzeption auf seine Vorstellungen zurückgeht. Stollenwerk, am 6. Juli 1900 in Düsseldorf geboren, promovierte 1925 zum Doktor der Staatswissenschaften und war von 1932 bis 1934 Amtsbürgermeister von Hachenburg im Westerwald. Als Zentrumspolitiker wurde er von den Nationalsozialisten aus dem Amt gedrängt und arbeitete von 1934 bis 1948 als Angestellter der Provinzial-Lebensversicherungsanstalt der Rheinprovinz. Für kurze Zeit (1948/49) hatte er den Posten des Stadtdirektors von Ahrweiler

Ansprache Stollenwerks beim „Tag der deutschen Heimat" des Bundes vertriebener Deutscher (BVD) am 8. Juli 1956.

inne und wechselte dann nach Boppard, wo er vom 16. März 1949 bis zum 31. Juli 1965 in Personalunion als Stadt- und Amtsbürgermeister wirkte. Stollenwerk starb am 11. Juni 1979 in Boppard, wo er auch begraben ist.

Die Ideen des Bürgermeisters stießen indessen nicht auf ungeteilte Zustimmung. Man hielt ihm vor, dass Buchenau zu weit von der Kernstadt entfernt sei, die zudem noch genügend Bauland bereithalte. Dem widersprach Stollenwerk, glaubte er doch, dass das Buchenauer Tal für Zwecke der Wohnbebauung besonders geeignet sei. Die Stadt besaß dort große Grundstücksflächen, die an Landwirte verpachtet waren und die als billiges Bauland veräußert werden konnten. Außerdem war nach seiner Auffassung dort -

und nur dort - der Bau von freistehenden Ein- oder höchstens Zweifamilienhäusern möglich, deren großzügig bemessene Grundstücke einen landwirtschaftlichen Nebenerwerb, etwa in Form von Kleintierzucht, ermöglichen sollten. Den Bau von größeren Mehrfamilienhäusern lehnte Stollenwerk ab. Gegen Ende seiner Amtszeit bekannte er: *Deshalb bin ich nie glücklich gewesen, wenn im Stadtrat vom Mehrfamilienbau die Rede war. Nach wie vor bin ich fest davon überzeugt, daß Familien, die mit vielen anderen in einem Hause gemeinsam wohnen müssen, nicht so glücklich werden können wie diejenigen, die nur mit einer oder zwei Familien allein im Hause sind* (RuB 17.7.1965, S. 1).

1954 - Buchenaus Geburtsstunde

Stollenwerk erläuterte in einem Leserbrief, den die Rhein-Zeitung am 2. März 1973 veröffentlichte, dass die Stadt Boppard zunächst beabsichtigte, entweder im Berghang oberhalb der Zeil zum Kreuzberg hin oder aber im heutigen Industriegebiet Hellerwald Wohnungen zu errichten. Dann aber rang sich der Stadtrat zur Bebauung der Buchenauer Talmulde durch, wobei die Debatten von heftigem Für und Wider geprägt waren (StR 4.3.1952, Punkt 5; 17.6.1952, Punkt 3). Im August 1952 vergaben die Stadtväter dann jene acht Baugrundstücke an die „Mittelrheinische Heimstätte" in Koblenz, die zur Keimzelle Buchenaus werden sollten. Die Planungen sahen die Errichtung von 16 Wohnungen im Wege des Erbbaurechts vor (StR 26.8.1952, Punkt 6). Infrastruktur und Versorgungseinrichtungen mussten jedoch „aus dem Boden gestampft" werden, gab es in dem neuen Siedlungsgebiet doch nur landwirtschaftliche Nutzflächen und dementsprechend außer dem schmalen Pfad entlang des Marienberger Parks zum Friedhof, dem „Schowes", nur unbefestigte Feldwege. Die einzigen „Buchenauer" waren damals die vier katholischen Bewohner des Forsthauses, die zur Pfarrei Boppard gehörten (*Pauly*, S. 247).

Im Oktober 1952 waren die Hauptwasserleitung von der Orgelbornquelle und die Hochspannungsleitung vom Eisenbolz zu den Neubaugrundstücken fertiggestellt, wobei Stollenwerk im Stadtrat darüber klagte, dass diese Erschließungstätigkeit durch *Arbeiten der Besatzung auf dem Friedhof stark behindert worden sei* (StR 14.10.1952, Punkt 1b). Am Nachmittag des 17. Juli 1953 feierte man Richtfest (StR 17.7.1953, Punkt 1b). Drei Monate später, am 9. Oktober 1953, gab der Stadtrat dem von der Simmerner Straße abzweigenden Weg, den man sich wohl eher als einfache Schotterpiste vorstellen muss, den Namen „Am Eisenberg" (RuB 15.3.1958). In diesem frühen Planungsstadium ist durchweg vom „Baugebiet Pütz" die Rede. Erst nach und nach setzte sich die Bezeichnung Buchenau für die neue Siedlung durch. Am 27. Februar 1957 verfügte die Bezirksregierung Koblenz: *Auf Grund [...] eines entsprechenden Beschlusses des Stadtrats von Boppard, Landkreis St. Goar, wird dem etwa 2 km vom Ortskern der Stadt Boppard in einem Seitental zum Rhein liegenden neuen Wohngebiet nach Anhörung des zuständigen Katasteramtes in Boppard der Name „Boppard-Buchenau" verliehen.* Zu diesem Zeitpunkt waren dort immerhin schon mehr als hundert Wohnungen fertiggestellt (RuB 23.3.1957, S. 2).

Doch zurück ins Jahr 1954. Am 1. Mai war es endlich soweit: Die ersten Bewohner, eine „Umsiedlerfamilie" aus Niedersachsen und 15 Flüchtlingsfamilien, die bislang in ver-

schiedenen Hunsrückdörfern untergebracht waren, bezogen die acht Doppelhäuser „Unter den Birken". Jede Wohnung umfasste eine Wohnküche, ein Elternschlafzimmer, ein Kinderschlafzimmer, Bad, Diele und eine Besenkammer (zusammen ca. 53 Quadratmeter) und eine Einliegerwohnung von rund 45 Quadratmetern (*Pauly*, S. 247; RuB 27.3. 1954, S. 1).

40 Bewerber hatten sich um die Wohnungen bemüht; die Enttäuschung unter den Abgewiesenen muss groß gewesen sein. *Die ersten Bewohner von Buchenau waren wirkliche Pioniere. Sie wohnten fast verlassen und weitab von der Stadt* (RZ 2.3.1973, Leserbrief Stollenwerks). Kritiker Buchenaus bemängelten in den folgenden Jahren immer wieder, was im Falle der Vergabe der ersten Häuser zutraf, auf die Jahre hin gesehen aber völlig gegenstandslos war: dass nach ihrer Meinung das neue Wohngebiet ausschließlich für Auswärtige geplant sei, während alteingesessene Bopparder keine Chance hätten, dort Baugrundstücke zu erwerben. Im Mai 1954 hieß es indessen ganz klar: *Da die Wohnungen für Umsetzer- bzw. Umsiedlerfamilien zweckgebunden sind, können einheimische Familien bei der Verteilung der Wohnungen nicht berücksichtigt werden* (RuB 27.3.1954, S. 1).

Fast zeitgleich mit dem Bezug der ersten Buchenauer Häuser nahm die Stadt die Kläranlage „Im Reitel" in Betrieb, *die in ihrer Art die einzige in Rheinland-Pfalz ist.* Die geklärten Abwässer sollten für Bewässerung von *Mischkulturen und für den Obst- und Erdbeerenanbau genutzt werden* (RuB 8.5. 1954). Allerdings war die Buchenauer Kanalisation erst Ende 1964 voll ausgebaut. Bis dahin wurde ein Teil der Abwässer ungeklärt in den Orgelbornbach geleitet, was dazu führte, dass der Marienberger Weiher fast völlig verlandete. Schließlich ging man daran, den Weiher auszubaggern und den Schlamm als Dünger auf dem Eisenbolz und auf dem Kasselinger Berg auszubringen (RuB 21. 11. 1964, S. 2). 1971 war die Kläranlage noch einmal Stein des Anstoßes für die „Arbeitsgemeinschaft Umweltschutz" des Bopparder Gymnasiums, die der Stadt vorwarf, die An-

Die ersten Häuser Unter den Birken im Rohbau, 1953/54.

Das Haus von Familie Wahl Unter den Birken, 1956.

lage durch mangelhafte Wartung nahezu funktionsuntüchtig zu machen und damit der Umwelt zu schaden (RuB 20.11.1971, S. 8; 4.12.1971, S. 7).

Die Landsiedlung

1954 wurde auch der Gemeinnützige Bauverein aktiv, indem er finanzschwachen Familien anbot, im „Pütz" ein Haus erwerben zu können, sofern sie bereit waren, neben ihren laufenden Mietzahlungen jährlich 500 Mark aufzubringen. Man plante den Bau von Reihenhäusern, die deutlich preiswerter waren als alleinstehende Häuser (RuB 12.6.1954). Wenig später fasste der Stadtrat nach heftigen Diskussionen den Beschluss, zwölf Hektar städtischen Grundbesitzes in Buchenau an die „Landsiedlung Rheinland-Pfalz GmbH" zum Preis von 50 Pfennig je Quadratmeter zu veräußern. Innerhalb von zwei Jahren sollte die Gesellschaft freistehende Häuser mit Einliegerwohnungen errichten, die mit einem halben oder ganzen Morgen Land zu landwirtschaftlichen Zwecken ausgestattet sein sollten (Pauly, S. 248). Damit sollte *den aus der Landwirtschaft*

stammenden Spätheimkehrern wieder Grund und Boden verschafft werden (RuB 31.7. 1954). Am Rande sei erwähnt, dass sich der Stadt dadurch wenige Jahre später die Möglichkeit eröffnete, den städtischen Ziegenbock abzuschaffen. *Ab 15. November 1958 hat Herr Erich Laskow, Boppard-Buchenau, Erlengrund 9, die Ziegenbockhaltung der Stadt Boppard übernommen. Die Deckstation Kirchgasse 9 wurde damit aufgelöst* (RuB 29.11.1958, S. 3).

Erneut kam es im Stadtrat zu hitzigen Wortgefechten, als Ende September 1954 der Teilbebauungsplan Boppard-Buchenau beraten wurde, der die planerischen Festsetzungen für das Siedlungsgebiet entlang der Straße Unter den Birken und in der neuen Landsiedlung (Bei den roten Buchen, Erlengrund und Ulmenweg) grundsätzlich festschreiben sollte. Einige Stadtratsmitglieder bemängelten vor allem die hohen Erschließungskosten für die Stadt (StR 24.9.1954, Punkt 12; RuB 2.10.1954, S. 1-2). Ende Januar 1955 befasste sich der Stadtrat mit Einsprüchen gegen den Teilbebauungsplan, die argumentierten,

daß durch den Wegfall von landwirtschaftlich genutzter Fläche die Existenz der Bopparder Landwirte angeblich vernichtet wird.
Einige Stadtratsmitglieder wollten den Vorbehalten der Landwirte August und Willi Leh-
nard, August Perll und Josef Höffling stattge-
ben, weil *sie aus grundsätzlichen Erwägungen gegen die Bautätigkeit in Buchenau eingestellt seien. Außerdem bestünden auf dem
sogenannten „Eierberg" Bebauungsmög-
lichkeiten und der Stadtrat solle auch daran
denken, daß durch den Bebauungsplan Buchenau die Romantik verloren ginge* (RuB
29.1.1955, S. 1). Die Entwicklung war jedoch nicht mehr aufzuhalten, zumal die

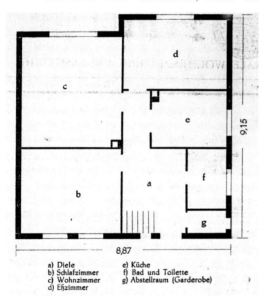

a) Diele   e) Küche
b) Schlafzimmer   f) Bad und Toilette
c) Wohnzimmer   g) Abstellraum (Garderobe)
d) Eßzimmer

*Grundriss eines Buchenauer Hauses, geplant von
der Deutschen Pfandbriefanstalt in Zusammenarbeit mit der Westfalen GmbH, Düsseldorf. Die Eigenheime umfassten eine Wohnfläche von rund 64
Quadratmetern und wurden zu je zwei in Doppel-
häusern zusammengefasst. Das Dachgeschoss konnte nachträglich ausgebaut werden. Ein Eigenheim
kostete 30.000 Mark; der Bauherr musste für Zinsen
und Tilgung monatlich 150 Mark aufbringen, „das
entspricht ungefähr der Miete für eine moderne 3-
Zimmer-Wohnung".*

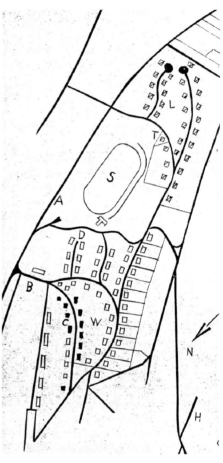

*Der älteste Siedlungskern Buchenaus (Unter
den Birken, Vierzehn Eichen, Ahornweg, Lindenhof, An der Platane) und die neue Landsiedlung (Bei den roten Buchen, Ulmenweg,
Erlengrund); Planungsstand Frühjahr 1955.
Im Endausbau sollte das Siedlungsgebiet
Wohnungen für 500 Menschen bieten. - A =
Buchenauer Weg, B = Im Reitel (mit Kläranlage), D = „VdK-Siedlung" (Lindenhof),
W = „Wohnsiedlung Boppard-Buchenau",
H = Hochbehälter, L = Landsiedlung, S = ge-
plantes Stadion, T = Transformatorenstati-
on. Die Haussymbole bedeuten:* ■ *= fertiggestellt,* □ *= im Bau,* ▨ *= geplant.*

Stadt, wie Bürgermeister Stollenwerk entgegenhielt, schon erhebliche Investitionen getätigt habe. Am 8. Januar 1955 hatte „Rund um Boppard" kurz berichtet, dass der Baubeginn der „VdK-Siedlung" unmittelbar bevorstehe. Bauträger war die „Gemeinnützige Siedlungsgesellschaft des Hilfswerkes der Evangelischen Kirchen in Deutschland". An der heutigen Stichstraße Lindenhof entstanden zunächst zehn Häuser mit 20 Wohnungen.

Schon im November 1954 hatte der Stadtrat ein „Ortsstatut für die Baugestaltung im Stadtteil Boppard-Buchenau" verabschiedet (StR 12.11.1954, Punkt 2). Wenige Jahre später entbrannte ein heftiger Streit zwischen der Stadt und einigen Anwohnern über die Gestaltung der Außenanlagen und die Grundstückseinfriedungen, so dass sich Bürgermeister Stollenwerk in einem seiner „Mitbürgerbriefe" genötigt sah, die baupolizeilichen Abrissverfügungen, mit denen man städtischerseits gegen ungenehmigte Zaunanlagen vorging, öffentlich zu rechtfertigen (RuB 23.4.1960, S. 1-2). Im August 1955 beschloss der Stadtrat dann förmlich den Bebauungsplan „Buchenau II" für das Gebiet der Landsiedlung (StR 30.8.1955, Punkt 9).

Probleme und weiterer Ausbau

Mit der Fertigstellung der Landsiedlung 1956 war die Entwicklung Buchenaus vorläufig abgeschlossen. Vom 1. Januar bis zum 31. Dezember dieses Jahres waren in Buchenau 38 Wohngebäude mit 73 Wohnungen neu errichtet worden.

Buchenau im Jahr 1956. Links die 30 freistehenden Häuser der Landsiedlung (Bei den roten Buchen, Ulmenweg, Erlengrund) mit großflächigen Grundstücken, die Kleintierhaltung für den Eigenbedarf ermöglichten. Noch jahrelang sorgten Hühner, Ziegen und Gänse für ländliche „Idylle". Rechts die ältesten Buchenauer Häuser an der Straße „Unter den Birken", die am 1. Mai 1954 von 16 Flüchtlingsfamilien bezogen wurden.

Am 10. Oktober 1954 hatten sich auf Einladung Stollenwerks 60 Bewohner im Forsthaus Buchenau eingefunden, um über die Gründung einer Nachbarschaft zu beraten. Dazu kam es jedoch noch nicht, wohl deshalb, *weil ein Bewußtsein der Zusammengehörigkeit so vieler aus ihrer Heimat vertriebenen und aus so verschiedenen Provinzen oder sogar Ländern stammenden Familien noch nicht bestand (Pauly,* S. 248). Am 8. Dezember 1956 fand die Gründungsversammlung der „Arbeitsgemeinschaft der Landsiedlung Boppard-Buchenau" statt. Den Vorstand bildeten Heinz Jäger, Erich Laskow, Herbert Deeg, Arno Wolf und Friedrich Johannbroer. Die Mitglieder beschlossen, die Probleme der Siedlung umgehend anzupacken: Autobusverbindung nach Boppard, Straßenbeleuchtung, Verbesserung des Zustandes der Straßen und eine einheitliche Gestaltung des neuen Stadtteils in der Weise,

dass er sich vom *ganzen äußerlichen Ortsbild harmonisch in die Landschaft einpassen soll und auch den Fremden und Erholungssuchenden ein Bild der Freude vermittelt* (RuB 15.12.1956). Wenige Wochen später, am 26. Januar 1957, schlossen sich die „Arbeitsgemeinschaft Landsiedlung" und die „Arbeitsgemeinschaft Buchenau" im Hotel „Rheingold" zur „Gemeinschaft Buchenau" zusammen, wobei die Arbeitsgemeinschaft Landsiedlung als Untergliederung des neuen Vereins weiter bestehen blieb. Dem neugewählten Vorstand gehörten Frau Lochmann, Herr Knorres, Heinz Jäger und Herbert Deeg an (RuB 2.2.1957). Im September 1960 scheiterte der Versuch, beide Arbeitsgemeinschaften endgültig zu einem Verein zu verschmelzen, an parteipolitischen Querelen (RuB 3.9.1960, 10.9.1960, 17.9.1960). Dennoch kann man davon ausgehen, dass die Arbeitsgemeinschaften Vorläufer der im März

Richtfest am Haus von Frau Thiele in der Stichstraße An der Platane, August 1960. Dort und in den Straßenzügen Ahornweg, Vierzehn Eichen und Lindenhof entstanden 16 Doppelhäuser in drei Preis- und Größenkategorien, die nach den Vorstellungen der Eigentümer geplant wurden. Im Hintergrund erkennt man einen Teil des noch im Bau befindlichen Stadions.

1970 gegründeten „Buchenauer Waldfestgemeinschaft" waren, aus der dann später die „Buchenauer Nachbarschaft" hervorging.

Im September 1955 erklärte sich das Autobusunternehmen Boos bereit, dreimal wöchentlich die Strecke Bahnhof Boppard - Friedhof - Buchenau in seinen Fahrplan aufzunehmen. Seit 1958 befuhr der Linienbus die Route täglich. Im gleichen Jahr häuften sich die Beschwerden der Buchenauer über den mangelhaften Zustand der Straßen in ihrem Stadtteil. E. Kusebauch veröffentlichte in „Rund um Boppard" vom 22. März 1958 einen „SOS-Ruf aus Boppard-Buchenau", der sich mit beißender Ironie der Problematik annahm. Das Buschwerk nahe der Gärtnerei Schwanenberger diente sonntäglichen Kirchgängern, die nicht am verschmutzten Schuhwerk als „Kattowitzer" erkannt und be-

lächelt werden wollten, als „Schuhwechselplatz". Im September 1959 ging ein lang gehegter Wunsch der Anwohner in Erfüllung, als die Instandsetzung des Buchenauer Wegs zwischen Friedhof und Im Reitel endlich in Angriff genommen wurde (*Johann*, S. 16-17).

Im Januar 1958 traten 47 Buchenauer mit ihrem Vorschlag an die Öffentlichkeit, auf dem freien Platz im Winkel zwischen den Straßen Vierzehn Eichen und Unter den Birken eine öffentliche Grünanlage anzulegen. Die Maßnahme sollte zur Ortsbildverschönerung beitragen, aber auch die Verkehrssicherheit erhöhen, indem dieser gefährliche Kreuzungsbereich übersichtlich gestaltet werden sollte. Als die Anlage dann 1960 fer-

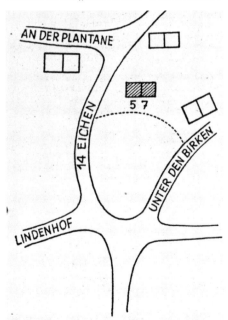

Vorschlag von 47 Buchenauer Bürgern zur Gestaltung der Grünanlage am späteren „Platz Deutscher Osten". Man beachte die falsche Schreibweise des Straßennamens „An der Platane".

Richtspruch anlässlich des Richtfests am 21. März 1959 in der Reihenhaussiedlung Im Goldregen (Johann, S. 17).

tiggestellt war, gab man ihr auf Vorschlag des Beigeordneten Carl Ternus den Namen „Platz Deutscher Osten" (*Johann*, S. 17).

Der Ausbau Buchenaus schritt zügig voran. Schon im April 1957 gelang es dem SSV Boppard, die große Planierraupe des Fußballverbands Rheinland für die Erdbewegungen zum Bau des Buchenauer Stadions einzusetzen. 30.000 Kubikmeter Erdreich wurden abgetragen. Im September 1958 überließ die Stadt durch Schenkung der Evangelischen Kirchengemeinde Grundstücke zur Errichtung einer Kirche und eines Pfarrhauses am Lindenhof. Im selben Monat siedelte sich der Fidula-Verlag im Ahornweg an (*Johann*, S. 16). Am 21. März 1959 feierte man in der Reihenhaussiedlung Im Goldregen Richtfest, wo die „Rheinische Wohnungsbaugesellschaft" 22 so genannte Kaufeigenheime baute. Schon im September des gleichen Jahres waren die 86 Quadratmeter großen Wohnungen bezugsfertig; weitere sechs bis acht Doppelhäuser waren in Planung (RuB 28.3.1959; 19.9.1959, S. 1).

Nachdem die Oberpostdirektion Koblenz Ende 1958 zunächst den Einsatz eines „Landzustellers mit Kfz" für Buchenau genehmigt hatte (RuB 6.12.1958), eröffnete am 1. Juli 1960 eine Poststelle mit Wertzeichenverkauf, Annahme von Postsendungen und Telegrammen, Vermittlung von Ferngesprächen und Rentenauszahlung. Erster Posthalter war Herr Hansen, ab Januar 1962 dann Familie Peters (Ahornweg 43). Ende 1959 war der Umzug der Firma „Rheindruck" in ihren Neubau Am Eisenberg abgeschlossen (*Johann*, S. 17).

Am 9. März 1959 fasste der Stadtrat einen Grundsatzbeschluss zur Errichtung des Freibades am Eisenberg (RuB 14.3.1959, S. 1). Im März 1960 erteilte der Stadtrat den Planungen der „Rheinischen Wohnungsbaugesellschaft", die Stichstraße An der Platane zu bebauen, seine Zustimmung (StR 28.3.1960, Punkt 31), und im Sommer des gleichen Jahres begannen die Planierungsarbeiten für das Neubaugebiet „Schäffersweyer" zwischen der Simmerner Straße und Am Eisenberg, wo

Die Reihenhäuser im Goldregen waren im September 1959 bezugsfertig.

später einmal Wohnhäuser im Landhausstil gebaut werden sollen (RuB 9.7.1960). Der erste Bauabschnitt war im September 1964 nahezu vollendet (RuB 12.9.1964, S. 2).

Das Kurviertel

In den 1950er Jahren galt Boppard als eine Hochburg des „rheinischen Rummeltourismus". Die Stadt war besonders im Herbst das Ziel von Kegelclubs, die vor allem am Wochenende ein kurzes, aber um so heftigeres Vergnügen suchten, verbunden mit starkem Alkoholkonsum und allen nur denkbaren negativen Folgen - für sie selbst und für die Bopparder. Bürgermeister Stollenwerk waren diese Zustände ein Dorn im Auge. In seinen „Mitbürgerbriefen" wetterte er unzählige Male gegen die „Strohhutmänner" und forderte eine Abkehr vom Klub-Tourismus. Eine wirkliche Alternative sah er allein in der Förderung des Kurbetriebs mit dem Fernziel, für Boppard das Prädikat „Kneipp-Heilbad" zu erlangen. Krönung sollte der Bau eines „Kurviertels" in Buchenau sein. Im April 1956 berichtete „Rund um Boppard" zum ersten Mal über die Planungen, die auf einer Bürgerversammlung der CDU erörtert wurden (RuB 28.4.1956). Anfang Mai beschloss der Stadtrat, das Forsthaus Buchenau an die Kurbetriebsgesellschaft zu verkaufen, damit diese dort eine Kneipp-Kuranstalt errichten könne

(RuB 19.5.1956). Die beliebte Ausflugsgaststätte sollte beibehalten werden. Der Kaufvertrag kam jedoch nicht zustande. Im Mai 1959 übernahmen dann die Eheleute Hermann und Anneliese Höhn das Forsthaus und bauten die Gastronomie aus (*Johann*, S. 17).

Obwohl das Kurviertel mit achtgeschossigem Kurhaus, drei- bis viergeschossigem Sanatorium, Privatpensionen, Ärztehäusern und Ladenstraßen 1959 durch einen Bebauungsplan abgesichert wurde, stand das Vorhaben unter keinem guten Stern. Im Frühjahr 1961 gab Bürgermeister Stollenwerk bekannt, dass die bislang favorisierte Investorengruppe aus dem Projekt „ausgestiegen" sei. An deren Stelle sei die „Deutsche Immobilien-Investierungsgesellschaft" in Frankfurt/Main getreten. Man müsse unbedingt an dem Vorhaben festhalten (RuB 11.3.1961, S. 1-2). Doch die Stimmen, die die Planungen aufgeben wollten, mehrten sich. Stollenwerk verteidigte seine Haltung: *Ich hoffe, dass sich der Gedanke des Kurviertels noch verwirklichen lässt. Mir selbst würde es vorkommen wie eine Krönung meiner ganzen Arbeit in Boppard* (RuB 7.3.1964, S. 6).

Noch einmal lehnte der Stadtrat mit knapper Mehrheit die Forderungen der Projektgegner ab. Was dann aber ein halbes Jahr später geschah, war eine kleine Sensation. Auf-

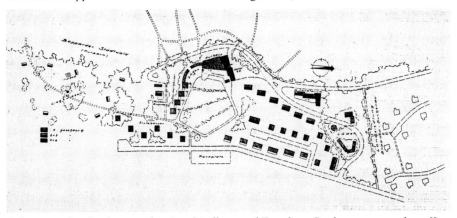

Bebauungsplan für das zwischen Landsiedlung und Forsthaus Buchenau vorgesehene Kurviertel.

merksamen Lesern von „Rund um Boppard" war schon bei der Lektüre der Ausgabe vom 15. August 1964 nicht entgangen, dass im Zusammenhang mit dem Bebauungsplan Kurviertel - merkwürdig genug - von „Industrieansiedlung" die Rede war. Unter der Schlagzeile „Die BOMAG baut in Buchenau" berichtete die Wochenzeitung dann über die Stadtratssitzung vom 14. September 1964, in der ein weitreichender Beschluss gefasst wurde. Jetzt sollte dem Bopparder Maschinenbau-Unternehmen dort die Ansiedlung gestattet werden, weil das Werksgelände in der Säuerlingstraße zu klein geworden war. Die SPD erklärte wegen der Geräuschentwicklung eines Industriebetriebs alle Planungen für den Kurbezirk für hinfällig und forderte die Freigabe des Geländes für den Wohnungsbau. Das Waldgelände oberhalb des Jüdischen Friedhofs oder der Vierseenblick ließen sich nach ihrer Meinung ohnehin besser für Kurzwecke nutzen. Die CDU meinte, dass ein Industriebetrieb am Rand eines

Wohngebiets nicht die Ideallösung sei, gab sich aber mit der Zusage zufrieden, dass dieser alles tun wolle, *um den Geräuschpegel so niedrig wie möglich zu halten* (RuB 19.9.1964, S. 1).

Zwar untersagte die Bezirksregierung aus landespflegerischen Gründen die BOMAG-Ansiedlung in Buchenau, worauf sich das Unternehmen nach Verhandlungen mit der Stadt im Hellerwald niederließ. Dennoch waren Stollenwerks ehrgeizige Pläne für ein Kneipp-Kurviertel hinfällig. Das Scheitern des Vorhabens führte der Bürgermeister auf das so genannte Baustoppgesetz zurück, das, 1963 erlassen, die Neuanlage von Hotels und Kurheimen verbot (RuB 7.3.1964, S. 2, 6). Endgültig wurde das Kurviertel im Frühjahr 1966 zu den Akten gelegt, als an seine Stelle der Bebauungsplan „Pütz" trat, der das Gelände für den privaten Wohnungsbau vorsah. Entsprechende Grundsatzbeschlüsse, die auch schon Häuser oberhalb der Straße Im Vogelsang (Baugebiet „Stadtwald") vorsa-

Baugebiet Buchenau I, um 1960.

hen, fasste der Stadtrat am 24. März 1966 (RuB 2.4.1966, S. 1).

Baugebiet Leiswiese

Eine Landesverordnung vom 4. Oktober 1960 beendete für den Kreis St. Goar die Zwangsbewirtschaftung auf dem Wohnungssektor. Aus der Sicht der Stadtverwaltung änderte sich dadurch jedoch nichts, denn nach ihrer Auffassung blieb die Situation auf dem Wohnungsmarkt weiterhin äußerst angespannt (StR 6.3.1961, S. 1-2). 1961 waren für das Gebiet des heutigen Buchenau sechs Bebauungspläne in Kraft: Buchenau I (Gelände zwischen Schwimmbad und Im Reitel), II (Landsiedlung), III (Leiswiese I), IV (Kurviertel), V (Mittelbachtal bzw. Schwimmbadgelände) und VI (Schäffersweyer). Neu hinzu gekommen war das Baugebiet Leiswiese I, dem der Stadtrat im

Sommer 1959 seinen Segen erteilt hatte. Neues Bauland musste ausgewiesen werden, weil die Nachfrage anhaltend groß war und die bisherigen Flächen verplant waren. Ja sogar in Buchenau selbst wurden die Wohnverhältnisse beengt. Bürgermeister Stollenwerk äußerte in einem Mitbürgerbrief sein Missfallen darüber, dass es auch dort mittlerweile Kellerwohnungen gebe (RuB 29.6. 1963, S. 3, 5).

Mitte Februar 1960 begannen die Bauarbeiten. In vier Abschnitten sollten je zwölf Einfamilienhäuser entstehen. Das Gelände hatte den Nachteil, dass es sehr viel Grundwasser führte, so dass die Stadt gezwungen war, die Kanalisation größer auszulegen als ursprünglich geplant (StR 20.6.1961, Punkt 2a). Die Siedlungsgesellschaft „Das familiengerechte Heim" trat als Bauträgerin auf,

Baugebiet Leiswiese I, 1964.

doch waren die Bauherren gehalten, durch umfangreiche Eigenleistungen die Kosten niedrig zu halten. Ihnen stand indessen schon im Juli und August 1960 der „Internationale Bauorden" des niederländischen Prämonstratenserpaters Werenfried van Straaten helfend zur Seite. 30 Helfer trugen entscheidend dazu bei, durch unentgeltliche Arbeitsleistung bares Geld zu sparen. Weitere Arbeitseinsätze folgten. Zur großen Enttäuschung Stollenwerks bewarben sich jedoch weniger Baulustige als erwartet um einen Bauplatz. Dabei war das eigene Haus für den Bopparder Bürgermeister ein wichtiger Schritt auf dem Weg zum persönlichen Glück: *Die Verteilung unseres Eigentums und unseres Vermögens in gerechter Form ist der beste Kampf gegen den Kommunismus. [...] Der kommunistische Mensch muß sehen, daß den Menschen tatsächlich geholfen wird und daß sie tatsächlich bei uns das bessere Leben haben* (RuB 8.7.1961, S. 2).

Wie dem auch sei - „Leiswiese I" wuchs und gedieh. Der 1000. Einwohner der „Trabantenstadt", wie Buchenau von alteingesessenen Boppardern immer noch genannt wurde, war Ernst Weiler, der sein Haus in der Leiswiese bezog. Im Oktober 1964 konnte man dort den neuen Springbrunnen bewundern (RuB 17.10.1964, S. 1). Überhaupt taten die Anwohner Buchenaus sehr viel für die Pflege des Ortsbilds, zuviel indessen für die Preisrichter des Verschönerungs-Wettbewerbs „Unser Dorf in Grün und Blumen". Als die Kommission am 22. Juli 1961 den Stadtteil in Augenschein nahm, war sie sich *schnell im klaren darüber, daß, wenn sie Boppard-Buchenau in die Bewertung mit einbezöge, sich eine weitere Bereisung des Kreises Sankt Goar wohl erübrige.* Also lief Buchenau „außer Konkurrenz", erhielt jedoch als Anerkennung 350 Mark in bar - ein wahrhaft salomonisches Urteil (RuB 5.8.1961). Die Leiswiese wiederum errang in dem Landes-

Einweihung des Kinderspielplatzes Leiswiese, 1967.

wettbewerb „Die beste Kleinsiedlung 1968" den ersten Platz. Zu diesem Zeitpunkt waren fast alle Siedlerstellen vergeben, nämlich 46 von 48 geplanten Bauplätzen (RuB 15.6.1968, S. 1). Drei Jahre später erklärte sich die Stadt Boppard dann dazu bereit, die Pflege und Unterhaltung der Straßen, Wege und Grünanlagen sowie des Kinderspielplatzes zu übernehmen. Bislang waren die Bewohner der Siedlung dafür verantwortlich gewesen. *Darin wurde eine ungerechte Behandlung gegenüber den Bewohnern anderer Stadtteile erblickt. Mit der jetzt getroffenen Regelung soll diese ungleiche Behandlung künftig ausgeschlossen werden* (RuB 12.6.1971, S. 2). Im Frühjahr 1968 beschloss der Stadtrat den Bebauungsplan Leiswiese II, der auf mittlere Sicht den Bedarf an Bauland in Buchenau decken sollte (RuB 6.4.1968, S. 1).

Pütz und Stadtwald

Mittlerweile war Buchenau anerkannt, auch bei den Bewohnern der Bopparder Kernstadt, von denen sich inzwischen etliche zwischen Eisenbolz und Stadtwald angesiedelt hatten. Das war nicht immer so gewesen. Anfangs hatte es verbreitet Vorbehalte, Vorurteile und Gehässigkeiten gegen die Vertriebenen aus den ehemaligen deutschen Ostgebieten gegeben, die man gern als „Kattowitzer" (nach der Stadt Kattowitz in Oberschlesien) bezeichnete. Der Begriff „Kattowitzer Kirmes" für das Buchenauer Waldfest ist noch heute unter „Ur-Boppardern" eine gängige Vokabel. In den 1950er Jahren gab es Stimmen, die der Stadt unterstellten, dass sie Buchenau ausschließlich für die „Rucksackdeutschen" plane. Großen Wirbel verursachten einige „Maihexen", die in der Walpurgis-

Luftbild Buchenaus von Nordwesten, zweite Hälfte der 1960er Jahre. Die heutige K 118 (der Feldweg links der Buchenauer Straße) ist noch nicht ausgebaut, das spätere Baugebiet Pütz wird einstweilen noch landwirtschaftlich genutzt.

nacht 1962 in Höhe des Anwesens Schwanenberger Schilder aufstellten, unter denen
unter anderem zu lesen stand: „Sie verlassen
den West-Sektor" (*Johann*, S. 17).

Im April 1965 waren die beiden Mietshäu-
ser am Buchenauer Weg fertiggestellt, die zunächst vom Gemeinnützigen Bauverein geplant, dann aber in städtischen Besitz übergegangen waren. In den 24 Wohnungen brachte
die Stadt die Bewohner der Martinsmark-
Baracken unter, des letzten Elendsquartiers
der Stadt (RuB 15.8.1964, S. 1-2). Ein ehren-
voller Tag war der 12. Oktober 1964. Bun-
desbauminister Paul Lücke besuchte den neu-
en Bopparder Stadtteil und machte Bürgermeister Stollenwerk Hoffnung, dass Buchenau möglicherweise in das „Demonstrativ-
bauprogramm" aufgenommen werden könnte, mit dem die Bundesregierung musterhafte
Neusiedlungen fördern wollte (RuB 17.10.
1964, S. 1). Buchenau, so Stollenwerk, könne dann vollends zur „Gartenstadt" ausgebaut werden, ein Gedanke, der sich jedoch

zerschlug, weil Buchenau schlussendlich
dann doch keine Berücksichtigung fand.

Das Jahr 1965 brachte ferner die endgültige Lösung für die verkehrstechnische Anbindung Buchenaus an die Kernstadt, indem die
Straße Am Eisenberg durch einen aufge-
schütteten Damm mit der Simmerner Straße
verbunden wurde. Den Erdaushub für den
Damm gewann man aus dem Ausbau der
Oberstraße und aus der Einplanierung des
neuen Industriegebiets Hellerwald, wo sich
die BOMAG ansiedeln wollte. Zuvor musste
sich die Stadt mit dem Ursulinenorden einigen, weil die neue Trassenführung über
Grundeigentum des Klosters Marienberg verlief. Der großzügige Ausbau der Straße, unter
anderem mit einem durch Hecken von der
Fahrbahn getrennten Fußgängerweg, hätte
nicht vorgenommen werden können, wenn
nicht das Gelände der Gärtnerei Schwanenberger von der Stadt aufgekauft worden wäre. Die ursprüngliche Planung, die Straße
über den Buchenauer Weg zu führen, wurde

Baugebiet Pütz, um 1972/73.

fallen gelassen zugunsten einer Trassenführung, die in Höhe des Friedhofs abknickt und als Kreisstraße 118 unmittelbar unterhalb des Eisenbolz weiter verläuft (RuB 27.3.1965, S. 1, 6).

Am 2. September 1970 gab die Stadt das neue Baugebiet „Pütz" zur Bebauung frei. Seine Grenzen sind nahezu deckungsgleich mit denen des früher geplanten Kurviertels. Eine Verbindungsstraße und drei Stichstraßen, die nach den Bopparder Persönlichkeiten Paul Preiß, Hans Jöres, Fritz Stammer und Jean Nick benannt sind, erschließen das Areal. Das erste fertiggestellte Gebäude war das Haus Hans-Jöres-Straße 4 (RuB 5.9.1970, S. 3; 10.2.1995, S. 2). Ein Sturm des Protests erhob sich, als 1972 bekannt wurde, dass die Stadt einem Gewerbebetrieb die Ansiedlung im „Pütz" gestatten wollte. Die Firma „RHEITA-Plast", vormals Bopparder Schiefertafelfabrik, hatte sich nach einem neuen Betriebsgelände umgesehen, da der alte Standort an der Säuerlingstraße zu eng geworden war. Die Interessengemeinschaft Landsiedlung-Leiswiese-Pütz und die Siedlergemeinschaft Leiswiese protestierten, und der Stadtrat musste sich mehrmals mit der Angelegenheit befassen. Schließlich siedelte das Unternehmen nach Kastellaun um, was „Rund um Boppard" in seiner Ausgabe vom 16. März 1974 unter der Überschrift „Fertigungsbetrieb ging für Boppard verloren" lebhaft bedauerte. In die verwaisten Fabrikgebäude zog der Kastellauner Lebensmittelmarkt „Convenda" ein, der diesen Standort im Jahr 2004 jedoch aufgegeben hat.

Überlegungen, das Gelände zwischen dem Straßenzug Schiffelsfelder Weg/Im Vogelsang und dem Stadtwald in die Bebauung einzubeziehen, reichen bis ins Jahr 1963 zurück. Sie waren Teil der städtischen Planungen, nach denen die ungebrochene Nachfrage nach preisgünstigem Bauland vorrangig in Buchenau zu befriedigen sei. Knapp neun Jahre später wurden die ersten Hausnummern im Baugebiet Stadtwald vergeben; die Straßenbenennungen nahm der Stadtrat in seiner Sitzung am 18. September 1972 vor (RuB 26.1.1963, S. 1-2; 30.9.1972, S. 3).

Rodungsarbeiten im Baugebiet Pütz, um 1972.

Zwischen 1973 und 1975 war vorübergehend das Baugebiet „Müllerberg" im Gespräch, das sich, an das „Pütz"-Gelände angelehnt, nahe des Forsthauses Buchenau im Berghang in Richtung „Giebel" erstrecken sollte. Die Presse sprach auch vom Baugebiet „Buchenau-Süd". Schon 1974 erkannte der Stadtrat aber, dass der Baulandbedarf doch nicht so groß war wie angenommen. Daher empfahl er Bürgermeister Linnenweber, „Müllerberg" zu Gunsten von „Buchenau I" aufzugeben, wo die Stadt reichlich Grundstücke besitze - ein Gedanke übrigens, der erst in der zweiten Hälfte der 1990er Jahre verwirklicht wurde. Ende 1975 trugen die Stadtväter dann das Vorhaben zu Grabe, weil anderweitig genügend Baugrund vorhanden sei. Man beschloss, die bereits gerodete Fläche (4,3 Hektar) wieder aufzuforsten und von dem Projekt Abstand zu nehmen (RuB 1.12.1973, S. 1-2; 10.8.1974, S. 2; 13.12. 1975, S. 11). Ein ähnliches Schicksal war dem Bauvorhaben „Eierberg" vorherbestimmt. Während einige Stadtratsmitglieder im Jahr 1955 forderten, die Bebauung Buchenaus zugunsten des Eierbergs aufzugeben, wollte man 20 Jahre später davon nichts mehr wissen: Der Erschließung des Eierbergs zeigte der Stadtrat im 1975 *die kalte Schulter, weil es wegen der in Buchenau und anderwärts möglichen Baugelegenheiten nicht nötig ist, diesen Hang zu bebauen und der Silhouette Boppards von hier aus die Schönheit zu nehmen* (RuB 16.8.1975, S. 1).

Ausbau der Infrastruktur

Fast 20 Bebauungspläne wurden bislang für Buchenau erlassen, wobei einigen nur eine kurze Lebensdauer beschieden war. Eindrucksvoll ist die Entwicklung der Einwohnerzahl des Stadtteils, wobei in der folgenden Tabelle die Jahre 1970 bis 2000 mangels verfügbarer Quellen nahezu unberücksichtigt bleiben müssen:

Einwohnerentwicklung

Jahr	Einwohner	Jahr	Einwohner
1955	160	1995	1850
1957	400	2001	1993
1959	600	2002	2033
1961	780	2003	2066
1962	733	2004	2082
1966	1000	2005	2083

Eine Siedlung, die selbst die meisten historisch gewachsenen Dörfer und Ortschaften in ihrer Nachbarschaft größenmäßig übertrifft, verlangt selbstverständlich nach einer gewissen Infrastruktur. Das gilt für die unterschiedlichsten Lebensbereiche. Die Versorgung mit Lebensmitteln und mit Gütern des täglichen Bedarfs war in Buchenau seit seiner Gründung ein Problem, das lebhaft erörtert, aber erst in jüngster Zeit zufriedenstellend gelöst wurde. Schon in den 1950er Jahren war man sich dessen bewusst, dass ein funktionierender Einzelhandel unabdingbar notwendig sei. Dem steht die Tatsache gegenüber, dass das einzige Lebensmittelgeschäft Buchenaus, der „Edeka-Markt Prelle" im August 1978 wegen Unrentabilität schließen musste (*Johann*, S. 18). Erst vor wenigen Jahren gelang es mit der Ansiedlung zweier großer Verbrauchermärkte, die Nahversorgung von rund 2000 Einwohnern sicherzustellen.

Im Dezember 1963 wurde der Katholische Kindergarten seiner Bestimmung übergeben (RuB 28.12.1963, S. 2). Die Stadt beabsichtigte zunächst, am Buchenauer Weg/Ecke Im

Einkaufszentrum Buchenau mit den Märkten Aldi und Extra, Aufnahme Oktober 2005.

Ein Glanzpunkt Buchenaus: Das im September 2002 neu eröffnete „BOMAG-Stadion".

Reitel ein Schulgebäude zu errichten, das je eine katholische und eine evangelische Zwergschule beherbergen sollte. 1964 nahm man jedoch Abstand von solchen Plänen und entschied, dass sich die Buchenauer Kinder per Bus oder zu Fuß in die Bopparder Volksschule auf der Zeil begeben sollten. Der „Buchenauer Schulweg" von der Simmerner Straße zur Zeil trägt seinen Namen schon seit 1961 (RuB 23.5.1964, S. 2, 6). Die räumliche Unterbringung der Bopparder Sonderschulklassen war zu Beginn der 1970er Jahre denkbar ungünstig, waren sie doch über das ganze Stadtgebiet verteilt (Schulpavillons in der

Nachdem die bisherigen Buchenauer Lokalitäten „Thonetshöhe", „Zum Sandlerwirt", „Zum Bär", „Schwimmbad-Restaurant", „Am Stadion" und auch das „Forsthaus Buchenau" im Laufe der Jahre nach und nach ihre Pforten geschlossen haben, lädt derzeit nur noch das „Hotel Royal" in der Buchenauer Straße (direkt neben dem Stadion-Parkplatz) zum gemütlichen Verweilen ein (Aufnahme Oktober 2005).

Kaiser-Friedrich-Straße, Grundschule auf der Zeil und ehemalige Volksschule Weiler) (RuB 14.10.1972, S. 2). Die Stadtverwaltung bot dem Rhein-Hunsrück-Kreis an, ein südöstlich des Forsthauses Buchenau gelegenes, 20.000 Quadratmeter großes Areal für einen Schulneubau kostenlos zur Verfügung zu stellen. Im August 1975 nahm die Sonderschule für Lernbehinderte ihren Unterrichtsbetrieb auf; seit Juni 1983 trägt sie den Namen „Helene-Pagés-Schule", benannt nach der bekannten katholischen Jugendschriftstellerin, die um 1900 lange Jahre als Volksschullehrerin in Boppard wirkte.

Das Stadion war seit Herbst 1966 in Betrieb, das Freibad schon im August 1962 eröffnet worden. Am 21. September 1973 übergab Bürgermeister Linnenweber das neue Hallenbad seiner Bestimmung. Als im Jahr 2001 eine grundlegende Erneuerung des Stadions anstand, verzichtete die Firma BOMAG auf eine Gewerbesteuer-Rückerstattung und trug damit entscheidend dazu bei, die Sanierungskosten zu senken. Seitdem trägt die Sportstätte den Namen „BOMAG-Stadion". Makulatur blieben die Pläne zum Bau eines Stausees im Mittelbachtal, der als Fremdenverkehrsattraktion dienen sollte, vor allem aber als Wasserreservoir für die beiden Bäder und als „Brandweiher" für die Feuerwehr. Zum Bau des Staudamms wollte man auf den Erdaushub zurückgreifen, der bei den Fundamentierungsarbeiten des Hallenbades anfiel (RuB 5.6.1971, S. 1; 29.4.1972, S. 1).

Beide christlichen Kirchen errichteten jeweils eine Kleinkirche in Buchenau. Die Weihe der katholischen „Erlöserkirche" nahm Prälat Moritz im Dezember 1967 vor. Das bischöfliche Generalvikariat in Trier bewilligte nur ein Gebäude in Holzbauweise, das jederzeit demontiert werden konnte, war doch die weitere Entwicklung Buchenaus, so die Argumentation, damals noch nicht abzusehen. Die evangelische Kleinkirche im Lindenhof, deren mutige Architektur weithin Anerkennung fand, weihte Superintendent Kickhefel am Palmsonntag 1970 (*Johann*, S. 18). Beide Kirchen werden mittlerweile

nicht mehr genutzt; die Erlöserkirche wurde 2004 abgerissen, während die evangelische Kleinkirche seit 2005 wegen Baufälligkeit gesperrt ist.

Beinahe wäre in Buchenau auch ein neues Dienstgebäude für die Bopparder Polizei errichtet worden. Der rheinland-pfälzische Innenminister Schwarz versicherte im April 1973, dass die Stadt auf jeden Fall Sitz eines Gendarmerie-Kommandos bleibe. Das Karmelitergebäude, die ehemalige Viehverteilung in der Säuerlingstraße und ein unbebautes Grundstück im Baugebiet Buchenau I schieden für den Minister jedoch als Standorte aus (RuB 14.4.1973, S. 11). Schließlich bezog die Polizei die Alte Burg.

Die Zukunft?

Seit Beginn der 1980er Jahre geplant, nahm man im Jahr 1998 den weiteren Ausbau des Baugebiets Buchenau I in Angriff. 105 Bauplätze standen an der Dr.-Alexander-Stollenwerk-, Hermann-Holz-, Josef-Dany- und Paul-Piwowarsky-Straße zur Verfügung. Damit erlebte Buchenau seinen einstweilen letzten „Bauboom". Anfang März 1998 wurde mit dem Bau des ersten Hauses begonnen (RZ 11.3.1998). Auch die Verkehrseinrichtungen mussten dem Zuzug vieler neuer Bewohner angepasst werden. So wies die Rhein-Zeitung darauf hin, dass zwischen dem Platz Deutscher Osten, der Buchenauer Straße und der Dr.-Alexander-Stollenwerk-Straße ein Kreisverkehr eingerichtet werde, der vierte im Rhein-Hunsrück-Kreis und der zweite im Stadtgebiet Boppard.

Doch auch in Buchenau machte sich ein Phänomen bemerkbar, das man mittlerweile auch von vielen Hunsrückdörfern kennt. Während am Ortsrand fleißig gebaut wird, stehen im „alten" Ortskern Häuser und Wohnungen leer; die Bewohner bewegen sich sozusagen vom Zentrum in die Peripherie. „Viel Ruhe, gesunde Luft und kranke Strukturen", so titelte die Rhein-Zeitung am 30. Juli 1999, kennzeichneten die Bopparder „Trabantenstadt". Etliche Einwohner zögen wegen der fehlenden Infrastruktur sogar wieder in die Kernstadt oder ganz woanders hin. Die Einrichtung des Buchenauer Einkaufszentrums, im Frühjahr 2002 fertiggestellt, sollte gerade auch diesem Trend entgegen wirken. In letzter Zeit werden wieder Stimmen laut, die für Buchenau einen eigenen Ortsvorsteher fordern - denn der Mensch lebt nicht vom Brot allein, sondern will auch seine (kommunal-)politischen Interessen wirkungsvoll repräsentiert sehen.

Literaturhinweise

Hicke = Hicke, Friedrich: Städtebauliche Entwicklung. In: Boppard. Geschichte einer Stadt am Mittelrhein. Hg. von *Heinz E. Mißling.* 3. Bd.: Boppard nach 1945. Boppard 2001, S. 111-153 (Buchenau S. 132-137).

Johann = Johann, Jürgen: Buchenauer Chronik (Journal; Beiträge zur Geschichte der Stadt Boppard 40). In: RuB 27.11.1998, S. 15-20. - Wiederabdruck in: 50 Jahre Rund um Boppard 1954-2004. Eine Dokumentation. Hg. vom Verkehrs- und Verschönerungsverein Boppard 1872 e. V. Boppard 2004, S. 421-426.

Pauly = Pauly, Ferdinand: Beiträge zur Geschichte der Stadt Boppard. Bd. 2: Die Nachbarschaften. Boppard 1990 (Buchenauer Nachbarschaft S. 246-253, bauliche Entwicklung Buchenaus bes. S. 247 - 248).

RuB = Rund um Boppard. Wochenzeitung und Amtliches Bekanntmachungsorgan. Verschiedene Jahrgänge und Ausgaben.

RZ = Rhein-Zeitung, Ausgabe N (St. Goar) und Ausgabe J (Rhein-Hunsrück-Zeitung). Verschiedene Jahrgänge und Ausgaben.

StR = Sitzungsprotokolle des Stadtrats, mit Angabe des Datums und des Tagesordnungspunkts (Stadtverwaltung Boppard).

Anmerkungen

1 *Sommer, Michael:* Flüchtlinge und Vertriebene in Rheinland-Pfalz. Aufnahme, Unterbringung und Eingliederung. Mainz 1990 (Veröffentlichungen der Kommission des Landtages für die Geschichte des Landes Rheinland-Pfalz 15), S. 67.

2 *Wagner, Willi:* Zusammenbruch und Neubeginn. Die Ereignisse im heutigen Landkreis Rhein-Hunsrück in der Zeit von 1945-1950. Simmern 1990 (Schriftenreihe des Rhein-Hunsrück-Kreises 6), S. 346-348.

3 Johannes Kruzwicki, der 1971 in Düsseldorf im Alter von 86 Jahren starb, war von 1918 bis 1921 als Vorgänger von Hans Jöres Zeichenlehrer am Städtischen Gymnasium. Er entwarf 1920 für die Stadt Boppard zwei Notgeldscheine mit den Nennwerten 10 und 25 Pfennig (RuB 25.10.1969, S. 6, und 23.10.1971, S. 2).

„Speckpater" hinterließ auch in Buchenau seine Spuren

„Internationaler Bauorden" beim Bau der Leiswiese aktiv

Spätestens als am 31. Januar 2003 - zwei Wochen nach seinem 90. Geburtstag - die Todesmeldung des im hessischen Bad Soden verstorbenen Gründers des internationalen katholischen Hilfswerkes „Kirche in Not/Ostpriesterhilfe", Pater Werenfried van Straaten durch die Presse ging, erinnerten sich auch einige „Alt-Buchenauer" an diesen verdienten Kirchenmann.

„Speckpater" Werenfried van Straaten (17. Januar 1913 - 31. Januar 2003).

Der Internationale Bauorden

Nicht nur durch die „Ostpriesterhilfe", ein zwischenzeitlich in 115 Staaten aktives Projekt, wurde der 1913 im niederländischen Mijdrecht geborene Prämonstratenser auch in unserer Heimat bekannt. Bereits Anfang der 1960er Jahre hinterließ der Pater mit dem ebenfalls von ihm im Jahre 1953 gegründeten „Internationalen Bauorden" in der Entstehungsphase des Bopparder Ortsteiles Buchenau seine unauslöschlichen Spuren.

Kurz nach Ende des 2. Weltkrieges warb Pater Werenfried vornehmlich in Belgien um Hilfe für die unsägliche Hungers- und Wohnungsnot im elendigen Nachkriegsdeutschland. Gerade den flämischen Bauern fiel es vielfach leichter, Grundnahrungsmittel, insbesondere Speck, statt Gelder zu spenden, so dass der agile Kirchenmann, der stets um die Versöhnung der einstigen Kriegsgegner besorgt war, bald den deutschen Heimatlosen Hunderte von Tonnen mit Speck überbringen konnte. Seither wurde er liebevoll bis an das Ende seiner Tage weithin „Speckpater" gerufen.

Die Linderung der gröbsten Hungersnot war nur ein erster, kleiner Schritt der Flüchtlingshilfe für die 14 Millionen aus dem Osten vertriebenen Deutschen, von denen 6 Millionen Katholiken waren. Der Erfolg seiner Bemühungen blieb für van Straaten so lange in Frage gestellt, so lange die bittere Not nicht von der Wurzel her angegangen wurde, so lange die Kriegsopfer zusammengepfercht keine menschenwürdige Wohnung ihr eigen nennen konnten. Sein Aufruf zur tatkräftigen Unterstützung der notleidenden deutschen Bevölkerung im Frühjahr 1953 an die flämische Jugend fand Widerhall in vielen jungen Herzen.

Und dies, obwohl die Deutschen in zwei Weltkriegen nicht gerade rücksichtsvoll mit den Belgiern, ihrem Land und ihrer Habe umgegangen waren. Auch gegen den Widerstand eigener kirchlicher Kreise organisierte der Pater zahlreiche Arbeitseinsätze im zerbombten Nachbarland und gerade in den fünfziger und sechziger Jahren leisteten seine ehrenamtlichen Bauhelfer in vielen hunderttausend Arbeitsstunden aktive Hilfe am Bau von Flüchtlingswohnungen.

Boppards Bürgermeister Dr. Alexander Stollenwerk (Amtsperiode: 16. März 1949 - 31. Juli 1965), der sich von dieser einmalige christlichen Aktion begeistert zeigte, sah eine Chance, die Umsetzung seines „Lebenswerkes Buchenau" mit Hilfe dieses Bauordnens zu beschleunigen. In umfangreichen Schriftverkehr bewarb sich der elanvolle Stadtchef um die begehrten freiwilligen Helfer, die in „48-Stunden-Wochen" nicht nur ihre Arbeitskraft unentgeltlich zur Verfügung stellten, sondern gar noch die Fahrtkosten

Auch Josef Dissemond, Buchenaus erster katholischer Seelsorger, war anfangs der 1960er Jahre annähernd täglich in der Leiswiese zur Betreuung seiner Mitchristen anzutreffen. Bereits von weitem hörten die Bewohner der Kleinsiedlung den auf einem laut knarrenden Moped herannahenden „Außenkaplan", dessen Gefährt (am linken Bildrand erkennbar) recht bald der Kosenamen „Christenverfolger" zugeteilt wurde.

Alten Erzählungen lässt sich entnehmen, dass Baukaplan und Baugesellen die vorzügliche Betreuung durch das Vorstandsmitglied der Siedlungsgemeinschaft, Heinz Decker - eines Buchenauers der ersten Stunde - ganz besonders lobten.

Über die Aktivitäten des von Werenfried van Straaten gegründeten Bauvereins in Buchenau und seiner weiteren christlichen Werke wurde damals bundesweit in zahlreichen Presse- und Rundfunkdokumentationen berichtet, so dass der zur Linderung der Flüchtlingsnot geschaffene aufstrebende Bopparder Ortsteil Buchenau bald weithin bekannt wurde.

Das Engagement der jungen Männer vom Bauorden zeigten zudem Signalwirkung und schon bald folgten viele Bopparder Einzelpersonen, Vereine, Parteien und Institutionen dem nachahmenswerten Beispiel. Stellvertretend für sicherlich viele weitere Aktive seien an dieser Stelle die „Ehrenamtler" der Freiwilligen Feuerwehr, der Pfadfinder, der katholischen Jugend, der Schützengesellschaft, der Jungen Union, der Stadtverwaltung und des Stadtrates genannt, die somit alle „ihren persönlichen Mosaikstein" zur Beseitigung

zum Einsatzort aus eigener Tasche zahlten. Die Bauherren beteiligten sich lediglich mit der Kostenübernahme von Arbeitskleidung, Verpflegung und Unterkunft.

Gebetsmühlenartig stellte das Stadtoberhaupt immer wieder das zur Linderung der bestehenden Wohnungsnot initiierte Projekt „Leiswiese" mit Hilfe eigens geschaffener, umfangreicher Arbeitsmappen vor und sein stetiges Nachhaken und Werben sollte nicht nur zur Freude vieler bauinteressierter Ostflüchtlinge recht bald belohnt werden: Bereits in den Monaten Juni bis August 1960 war eine Abordnung von annähernd 100 Baugesellen des Internationalen Bauordens für über sechs Wochen im Baugebiet Leiswiese Buchenau im Einsatz. Weitere drei Gruppen mit jeweils 25 Bauhelfern arbeiteten im Juli/August 1961 nochmals für insgesamt sieben Wochen im Kleinsiedlungsgebiet.

Nicht nur die Familie Diegelmann freute sich in der Leiswiese Nr. 15, dem späteren Amselweg, über ihr neues Heim. Auf dem Foto vom Herbst 1961 gönnen sich die tüchtigen Bauhelfer Walter jr., Angelika, Rosemarie, Walter sen., Ralf und Michael Diegelmann, sowie der benachbarte Mitsiedler Gerhard Jahn eine schöpferische Pause.

der unerträglichen und heute wohl nicht mehr vorstellbaren Wohnungsnot leisteten.

Kämpfer für den Frieden

Am 7. Februar 2003 wurde im Limburger Dom ein Requiem für den verdienten Or-densmann, dessen Lebensinhalt der Umsetzung seines kirchlichen Namens Werenfried, d.h. „Kämpfer für den Frieden", diente, gehalten. Die Beisetzung fand anschließend in der Prämonstratenserabtei Tongerlo in Belgien statt.

Mit tatkräftiger Unterstützung des Internationalen Bauordens und weiterer freiwilliger Helfer entstand recht schnell das Buchenauer Kleinsiedlungsgebiet „Leiswiese", hier ein Foto anfangs der 1970er Jahre.

Buchenau im Blickwinkel deutscher Kriminalgeschichte

1962: Verbrecher Dieter Freese auf dem Eisenbolz (beinahe) gefasst
Tagebuch einer (beinahe) gelungenen Flucht

Zu Beginn der 1960er Jahre geriet mit Dieter Freese ein gerade einmal 20 Jahre junger Bandenchef mit regelmäßigen Einbruchdiebstählen und seinerzeit ungewohnt brutalen Überfallserien vornehmlich im rheinländischen Siebengebirge und auch im Lahntal in die bundesweiten Schlagzeilen. Höhepunkt seiner verbrecherischen Karriere war dann Mitte Februar 1962 ein dreister Banküberfall auf die Filiale der Kreissparkasse in Winningen bei Koblenz, bei dem ein Menschenleben rücksichtslos ausgelöscht wurde.

Die Geschehnisse um die anschließende Verfolgung und die Verhaftung der Täter spielte sich maßgeblich auf dem heimischen Eisenbolz, damals nur „Eierberg" genannt, ab und Boppard erlebte in diesen Tagen eine bislang nicht gekannte Polizeipräsenz und bundesweite Beachtung.

Viele Bewohner unserer näheren Heimat erinnern sich auch heute noch recht detailliert der seinerzeitigen Ereignisse, die gar im Jahre 1966 in der überaus beliebten Kriminalserie „Stahlnetz" unter dem Krimiregisseur Jürgen Roland verfilmt wurden. Die besagte Folge, u.a. wirkte der bekannte Schauspieler Hellmut Lange mit, entwickelte sich unter dem Titel „Der fünfte Mann" bei der Erstausstrahlung am 23. August 1966 mit einer heute für nicht mehr möglich gehaltenen Einschaltquote von rund 90 % zu einem absoluten „Straßenfeger".

Es lohnt sich nach wie vor, das einstmalige Geschehen tagebuchförmig in Erinnerung zu rufen und nachfolgenden Generationen vorzustellen. Auch nach vielen Jahrzehnten vermitteln die Polizeiberichte eine unverminderte Spannung.

Mittwoch, 14. Februar 1962

Die Zweigstelle der Kreissparkasse in Winningen an der Mosel wird von fünf bewaffneten Banditen überfallen. Während drei der Verbrecher in einem gestohlenen PKW vor dem Geldinstitut warten, dringen zwei der Räuber in die Sparkasse ein. Es gelingt ihnen, rund 1.600,-- DM zu erbeuten. Der 61-jährige Leiter der Zweigstelle, Friedrich Bauersfeld, wird rücksichtslos niedergeschossen und erliegt seinen Verletzungen.

Nachdem noch am Nachmittag die Ermittlungen am Tatort abgeschlossen sind, läuft die Fahndung nach den Tätern weiterhin auf Hochtouren. Feststellungen bei der Kriminalpolizei in Koblenz lassen erahnen, dass die in Boppard in den beiden Baracken am Eierberg wohnenden und hinreichend polizeibekannten Werner K. (35 Jahre) und Karl L. (34 Jahre) in den Kreis der Verdächtigen einzubeziehen sind.

Bei einem in Friedhofsnähe Buchenau abgestellten PKW mit dem Kennzeichen des Kreises Siegen handelt es sich mutmaßlich um das gestohlene Tatfahrzeug.

Diese beiden nach der Festnahme des Haupttäters abgerissenen Wohnbaracken auf dem Bopparder „Eierberg" rückten für kurze Zeit in den Blickpunkt der Fahndungsarbeit nach „Freese & Co.".

Donnerstag, 15. Februar 1962

Beim Polizeiamt Boppard - Abteilung Kriminalpolizei - erscheinen Kollegen der Koblenzer Kriminalpolizei und bitten um personelle Unterstützung bei der vorgesehenen Überprüfung, ob sich die Tatverdächtigen K. und L. in den Wohnbaracken aufhalten.

Beamte der Kriminalpolizeiinspektionen Koblenz und Boppard begeben sich auf den „Eierberg" in unmittelbare Nähe der Wohnbaracken. Sie werden von Werner K. mit einem Fernglas erkannt, der die in der zweiten Wohnbaracke befindlichen Mittäter über ein privates Feldtelefon warnt.

Beim Betreten dieser Baracke stehen die beiden Kriminalbeamten drei vermeintlichen Tätern gegenüber, die alle schussbereite Pistolen bei sich tragen. Durch ein geschicktes Gespräch lenken die Beamten die Gesuchten ab. Ihnen gelingt es zur Überraschung der Ganoven, ihre Dienstwaffen zu ziehen und die Tatverdächtigen zu überrumpeln. Unter den drei Festgenommenen befindet sich auch das 22-jährige Bandenoberhaupt Dieter Freese.

Die räumliche Enge in der Baracke macht eine Körperdurchsuchung der Verhafteten auf Waffen unmöglich, so dass die Täter zunächst vor die Wohnbaracke geführt werden. Diese neue Situation nutzt der zwischenzeitlich hellwache Dieter Freese, um mit einem gewagten Sprung in das unwegsame Gelände zu flüchten. Mehrere von den Beamten abgegebene Schüsse verfehlen ihr Ziel.

Auch Werner K., der die Geschehnisse von seiner Baracke aus beobachtet hat, kann im Zuge der allgemeinen Verwirrung fliehen. Er wird aber bereits kurze Zeit später gestellt und verhaftet.

Das Bopparder Polizeiamt wird von der Thonetshöhe aus von den Vorgängen verständigt und gibt sofort die Meldung nach Koblenz weiter.

Koblenz fordert alle erreichbaren Funkstreifenwagen der motorisierten Gendarmerie aus den Kreisen St. Goar und Koblenz an und leitet sie nach Boppard.

Im rheinischen Siebengebirge und auch in großen Teilen des Lahntals war der Verbrecher Dieter Freese, Jahrgang 1940, längst „ein Begriff". Mit dem Bankraub von Winningen und der anschließenden spektakulären Flucht quer durch Deutschland schrieb er ein Stück deutscher Kriminalgeschichte.

Kurze Zeit darauf erscheinen in Boppard die ersten Einsatzwagen und zahlreiche, eiligst zusammengestellte polizeiliche Suchtrupps durchstöberten systematisch das gesamte Eisenbolzgelände.

In den frühen Abendstunden wird auch die Bopparder Bevölkerung auf den polizeilichen Großeinsatz aufmerksam. Zu Hunderten versammeln sich Bopparder Bewohner vor dem Polizeiamt auf dem Marktplatz. Mit Lautsprecherfahrzeugen wird die Menge wiederholt aufgefordert, die polizeilichen Maßnahmen nicht zu stören und sich aufzulösen.

Dies funktioniert jedoch nur zum Teil, da sich kaum jemand der anwesenden Bopparder das ungewohnte Massenspektakel entgehen lassen will. Manch einer der „Vor-Ort-Beobachter" und „heimlichen Hobby-Kriminologen" gibt eintreffenden Rundfunksendern sein erstes „Live-Interview".

Es kommen zwischenzeitlich aber auch die ersten Hinweise aus der Bevölkerung, die den flüchtigen Freese an unterschiedlichsten Stellen gesehen haben wollen. Alle Eingaben werden durch die Polizeikräfte unverzüglich untersucht.

Die frierende Menge wird nochmals ins Staunen versetzt, als die beiden gefassten Täter zum Polizeiamt Boppard gebracht, dort erstmals verhört und anschließend nach Koblenz abtransportiert werden.

Was den örtlichen Polizeibeamten nicht gelingt, schafft sodann ein starkes Schneegestöber mit eisigem Wind: Die Menge zerstreut sich.

Mit Lautsprecherwagen der Bopparder Polizei wird die Bevölkerung aufgefordert, in ihren Wohnungen zu bleiben und niemandem die Haustüre zu öffnen.

Das fragliche Gelände auf dem „Eierberg" wird am späten Abend nochmals von zwischenzeitlich personell weiter verstärkten Einsatzkräften durchsucht. Die Umgebung der Baracken wird während der gesamten Nacht von Polizeibeamten überwacht.

Und tatsächlich: Im dichten Schneegestöber erscheint Freese in der Nacht nochmals an seiner Baracke und wird durch einen vor der Wohnbaracke stehenden Bopparder Polizeibeamten gestellt. Dem wagemutigen Freese gelingt es ein weiteres Mal, mit einem Sprung in die Büsche seinen Fahndern zu entkommen. Erneut verfehlen die auf ihn abgegeben Schüsse ihr Ziel.

Sofort setzt die Verfolgung ein, die über Gartenzäune, durch den Marienberger Park, über die Gemarkungen Proffen, Zeil, Fraubach und Burdental führt.

Am Eingang des Mühltals haben mehrere Beamte plötzlich Sichtkontakt mit dem Flüchtenden. Dennoch gelingt es Freese, durch die angrenzenden Weinberge des „Bop-

Polizeibeamte aus Boppard und Umgebung ermittelten „in Sachen Freese" auf dem „Eierberg". Der Buchenauer Kriminalhauptkommissar Paul Michel (vorne) erörtert vor Ort zwei Reportern des Südwestfunks die Tatgeschehnisse.

parder Hamm" seinen Verfolgern in Richtung Jakobsberg zu entkommen.

Freitag, 16. Februar 1962

Schon in der frühen Morgendämmerung wird die Verfolgung fortgesetzt. Erstmals bedient sich die Polizei des Einsatzes mehrerer Hubschrauber. Polizeihunde nehmen die Spur auf und verfolgen den Flüchtenden durch die Gemarkungen von Brey und Rhens in Richtung Hunsrückhöhenstraße.

Stärker werdendes Schneetreiben und stürmischer Regen führt schließlich dazu, dass die Polizeihunde zusehends erschöpfen und letztlich nicht mehr weiter können. Die Spur des Dieter Freese geht verloren.

Parallel zu den vorstehenden Maßnahmen läuft seit dem Vortage auch die erfolgreiche Fahndung nach dem ebenfalls noch flüchtigen Mittäter Karl L., der während des Tages in einer Ortschaft des Kreises Zell festgenommen und entwaffnet wird.

Nachmittags kommt es erneut zu einem vierstündigen Großeinsatz, bei dem über 50 Polizei- und Kriminalbeamte - darunter auch die annähernd komplette Bopparder Polizei - zwischen 14.00 und 18.00 Uhr das Waldgelände im Mühlental bei Rhens systematisch abkämmen.

Erste Beamte, die mittlerweile seit mehr als 36 Stunden ununterbrochen bei eisiger Witterung im Einsatz sind, geben erschöpft und dem körperlichen Zusammenbruch nahe, auf. Die Aktion in dem unwegsamen, verfilzten Gelände verläuft ergebnislos.

Samstag, 17. Februar 1962

Freese hat sich durch Dickungen, Dornen und Gestrüpp während der Nacht bis zum Koblenzer Berghotel Rittersturz durchgeschlagen. Dort bricht er in einer Garage ein und stiehlt einen Personenkraftwagen, den er, nachdem er sich mit Verpflegung und neuer Kleidung versehen hat, zur weiteren Flucht benutzt.

Der PKW wird noch am gleichen Tag in Oberwinter aufgefunden.

Kurze Zeit später wird Freese in einer Gastwirtschaft in dem nahe des Laacher Sees gelegenen Dörfchen Wassenach in der Eifel erkannt. Während eine von ihm bestellte Mahlzeit zubereitet wird, schläft er am Tisch der Gastwirtschaft ein. Die erschrockene Wirtin verrät sich jedoch und veranlasst Freese zur erneuten Flucht.

Diesmal wird seine Verfolgung in einem Großeinsatz mit mehreren Hundertschaften der Bereitschaftspolizei in Verbindung mit den örtlichen Polizeikräften aufgenommen. Der gewünschte Erfolg bleibt erneut aus. Nach wie vor befindet sich der Täter auf freiem Fuß. Zwischenzeitlich setzt die Staatsanwaltschaft für seine Ergreifung 5.000,-DM Belohnung aus.

Unter ungeheuren Strapazen gelingt es dem flüchtenden Freese immer wieder, seinen Häschern trotz eisiger Temperaturen zu entkommen.

Rundfunksendungen werden regelmäßig für Sonderberichte mit dem aktuellen Fahndungsstand unterbrochen. Die noch wenigen Fernsehapparate unserer Heimat laufen auf Hochtouren. Zumindest in einigen Bevölkerungskreisen wird nach wiederholten „Beinahefestnahmen" erster Respekt vor der „Leistung" Freeses laut, dem es einige Male gelingt, seinen Häschern in letzter Sekunde zu entwischen.

Auch noch nach der erfolgten Verhaftung durch Beamte der Grenzpolizei Freyung ging Dieter Freese fest davon aus, dass ihm recht bald die erneute Flucht gelingen würde. Ein fataler Irrtum. Obiges Foto entstand nur einen Tag nach seiner Festnahme im Hofgelände der Grenzpolizeistation Freyung.

Freitag, 9. März 1962

Nach dreiwöchiger Großfahndung der westdeutschen Polizei, unterstützt durch Fernseh-, Rundfunk- und Presseveröffentlichungen, finden zwei Grenzpolizisten gerade mal knapp 120 Meter vor der tschechischen Staatsgrenze den in einem eisigem Schneeloch unsäglich erschöpften und schlafenden Raubmörder.

Bis zum „Eisernen Vorhang", dessen Überwindung im damaligen Ost-West-Verhältnis wohl seine Rettung bedeutet hätte, etwa drei Kilometer nordwestlich von Haidmühle,

Mit Handschellen und Fußfesseln wird Dieter Freese in den überfüllten Saal des Koblenzer Schwurgerichts geführt.

fehlte - Mutmaßung wurde ihm zum Verhängnis.

Montag, 5. November 1962

Das Schwurgericht Koblenz verurteilt den „gefährlichen Gewohnheitsverbrecher" Dieter Freese wegen nachgewiesener „schwerer und schwerster" Verbrechen zu einer lebenslangen Freiheitsstrafe.

Im Prozess wird wiederholt darauf verwiesen, dass Freeses außerordentliche verbrecherische Intelligenz die Kriminalpolizei in den Jahren 1960 - 1962 vor schwierigste Aufgaben stellte. So habe „der Gewaltverbrecher regelmäßig mit den Tatorten auch sein Handwerkszeug gewechselt". Zum Verhängnis sei es ihm letztlich geworden, dass er sich für seinen Koblenzer Banküberfall die falschen Komplizen ausgewählt habe. Über deren Fehler sei die Polizei erst auf seine Fährten gekommen.

Über Freeses mitangeklagte Komplizen werden folgende Urteile gesprochen:

· Karl L.: 13 Jahre Zuchthaus mit anschließender Sicherheitsverwahrung;
· Hermann G.: 11 Jahre Zuchthaus;
· Hans-Günter U.: 13 Jahre Zuchthaus;
· Werner K.: 9 Jahre Zuchthaus;
· Horst H.: 4 Jahre Zuchthaus.

Landkreis Freyung-Grafenau im Bayerischen Wald, hat sich Freese durchgekämpft.

Erst später stellt sich heraus, dass Freese sich erst zum Schlafen legte, als er sich auf ostdeutschem Gebiet und damit in Sicherheit wiegte. Diese - um nur wenige Meter ver-

Ein beachtliches Waffenarsenal, welches Dieter Freese bei seiner Verhaftung mit sich führte.

Nur ein Thema beherrschte die heimische Tagespresse im Oktober 1962: Der Prozess um Dieter Freese und seine Bande.

Noch im Gerichtssaal verkündet Freese lauthals, dass er bald aus dem Gefängnis „türmen" werde. Zur Verbüßung seiner Strafe wird Dieter Freese in die Justizvollzugsanstalt Diez an der Lahn verbracht.

Sonntag, 12. Dezember 1971

Mit einem metallenen Tischbein bewaffnet, stürzt Dieter Freese am dritten Adventsonntag gegen 17.00 Uhr aus seiner Zelle der Justizvollzugsanstalt Diez. Er klettert auf das Anstaltsdach und durchstößt dessen Drahtglasfenster. Freese steigt über ein Neubaugerüst in den Hof und will gerade eine fünf Me-ter hohe Mauer bezwingen. Vier Warnschüssen der Wachmannschaft stoppen Freese. Er ergibt sich.

Mittwoch, 1. Februar 1989

Dieter Freese kehrt nach einem Freigang nicht in seine Zelle der Justizvollzugsanstalt Diez zurück. Mehrere Tage ist der zwischenzeitlich 49-jährige Häftling nicht auffindbar.

Presseberichten zufolge stellt der durch die knapp dreißigjährige Haft gebrochene Mann keinerlei Gefahr für die Bevölkerung dar. Diesen Eindruck gewinnt auch ein pensionierter Bahnpolizist aus Bad Salzig, der während eines Spazierganges mit seinem Schäferhund einen „zerstreuten älteren Mann" schlafend in einer Gartenlaube am Bahndamm vorfindet.

Der ausgemergelte „Alte" nennt seinen Namen und lässt sich widerstandslos von der herbeigerufenen Polizeistreife abführen. Die Polizeibeamten gewinnen den Eindruck, Freese ist froh, dass seine Flucht endlich entdeckt und beendet sei.

„In unserer heutigen Welt wäre ein allein auf sich gestellter Dieter Freese wohl nicht mehr überlebensfähig", mutmaßen Beobachter.

„Nebenwirkungen" der Geschehnisse

Für die Bopparder hatten die seinerzeitigen Hinweise aus der Bevölkerung, die zwar nicht zur Ergreifung Dieter Freeses führten, dennoch einige positive „Nebeneffekte". Immerhin bewirkten sie eine ganze Reihe weiterer Festnahmen.

So wurde nicht nur ein PKW-Diebstahl aufgeklärt, sondern auch eine sechsköpfige Diebesbande, die Boppards Umgebung seit geraumer Zeit unsicher machte, konnte gefasst werden.

Im Laufe der Ermittlungen bestätigte sich dann auch der Verdacht, dass Freese für den bislang ungeklärten Bankraub auf die Raiffeisenkasse in Buchholz verantwortlich war. In der Nacht vom 24. zum 25. Juli 1961 entwendete Freese aus einem verschlossenen Hof im Bopparder Mühltal einen PKW, Marke Ford Taunus. Er versteckte zunächst das Gefährt im Mörderbachtal und fuhr am nächsten Morgen damit nach Buchholz zur dortigen Raiffeisenkasse. Gegen elf Uhr überfiel er die Bank und verschwand mit einer Beute von 7.010,-- DM, nachdem er dem

erschreckten Kassierer noch ein „Auf Wiedersehen!" zurief. Das Fahrzeug stellte er erneut im Mörderbachtal ab und begab sich zu Fuß zur Laubach bei Koblenz. Im Wald zog er sich um und wurde vom Bandenmitglied Horst H. nach Frankfurt gefahren. Die Täterermittlungen der heimischen Polizei blieben erfolglos.

Die Stadtverwaltung ließ in Folge der Geschehnisse im Wege des unmittelbaren polizeilichen Zwanges die besagten ungenehmigten Wohnbaracken in den Hängen des „Eierberges" abreißen.

Ein minutiös für den Zeitraum der Abendbrotausgabe geplanter Ausbruchversuch Dieter Freeses aus der Justizvollzugsanstalt Diez scheiterte am späten Nachmittag des 12. Dezember 1971.

Straßenbenennungen ehren Bopparder Persönlichkeiten

Mehrere Straßenbezeichnungen tragen den Namen verdienter Mitbürger

Auch in der Geschichte der Stadt Boppard gab es seit jeher Menschen, die in besonderer Weise der Gemeinschaft dienten. Es ist ein alter und bewährter Brauch, denjenigen Persönlichkeiten, die sich um das Allgemeinwohl besondere Verdienste erworben haben, öffentlich Dank und Anerkennung auszusprechen. So werden Verdienste für „Volk und Vaterland" in der Regel durch die Verleihung von Orden und Ehrenzeichen gewürdigt. Diese Form der Anerkennung ist jedoch seit Menschengedenken dem Bund und den Ländern vorbehalten.

Wenn eine Kommune eine um das örtliche Gemeinwesen verdiente Persönlichkeit ehren und auszeichnen, wenn sie ihre besondere Verbundenheit bezeugen und eine Dankesschuld abstatten will, tut sie dies in der Regel durch die Verleihung der Ehrenbürgerwürde. Die ist zugleich die höchste Auszeichnung, die eine Gemeinde zu vergeben hat. Sie erlischt mit dem Tod des Geehrten.

Die Stadt Boppard hat in der Vergangenheit von diesem (preußischen) Ehrenbürgerrecht nur sparsam Gebrauch gemacht und nur wenige Männer haben diese Ehrung erfahren:

- *Kreisphysikus Dr. Karl Christian Heusner (1876);*
- *Stadtbeigeordneter Theodor Castor (1924);*
- *Apotheker und Heimatkundler Georg Francke (1926);*
- *Reichspräsident Paul von Hindenburg (1933);*
- *Reichskanzler Adolf Hitler (1933).*

> ## Feierliche Eröffnung des neuen Stadtparlaments.
> ### Reichskanzler Hitler und Reichspräsident v. Hindenburg zu Ehrenbürgern ernannt. — Der Antrag auf Umbenennung des Rathausplatzes, der Mainzer- und Zeilstraße zurückgezogen.
>
> *Leitartikel in der „Bopparder Zeitung" vom 5. April 1933. Im Beitrag ist der Verlauf der einen Tag zuvor stattgefundenen Stadtverordnetenversammlung, in der Adolf Hitler und Paul von Hindenburg zu Bopparder Ehrenbürgern gekürt wurden, detailliert beschrieben.*

Nicht zuletzt aufgrund der negativen Erfahrungen im sog. „Dritten Reich" ist die Stadt von der Möglichkeit dieser Ehrung abgerückt. Quasi als „Ersatz" beschloss der Stadtrat am 24. Juli 1958 künftig per „Ortsatzung betreffend Ehrung verdienter Persönlichkeiten" diejenigen Personen, die sich um die Stadt Boppard besondere Verdienste erworben haben, mit einer „Nachbildung des Großen Stadtsiegels von 1236" auszuzeichnen.

Bis zum Kalenderjahr 2005 wurde 19 Personen diese Ehrung zuteil, wobei in allen Fällen einstimmige Ratsbeschlüsse die hohe Wertschätzung der Geehrten beweisen.

Als weitere Möglichkeit einer „Auszeichnung der besonderen Art" bietet sich den Kommunen die Chance, örtliche Straßen, Wege oder Plätze nach heimischen Persönlichkeiten zu benennen.

Auch im jungen Ortsteil Buchenau befinden sich bislang acht Straßenzüge, die mit ihrer Benennung solchen einstigen Mitbürgern Dank und Anerkennung aussprechen.

In einer kurzen „Biographie" sollen nachfolgend die besonderen Verdienste dieser Geehrten vorgestellt werden.

Josef Dany
(14. Oktober 1906 - 9. Februar 1974)

Der gelernte Bundesbahnbetriebswirt zog 1955 in den Stadtrat ein und gestaltete dort bis zu seinem Tode maßgeblich Bopparder Kommunalpolitik, zeitweise als Fraktionsvorsitzender. Ab 1962 wahrte er die Interessen seiner geliebten Heimat auch im Kreistag.

Menschliche Züge brachte der langjährige Patientenfürsprecher des örtlichen „Hospital zum Hl. Geist" auch in die zahlreichen Fachausschüsse, denen er während seiner kommunalpolitischen Tätigkeit angehörte.

Wer kannte ihn nicht als den langjährigen Fahnenträger der Obermärkter Nachbarschaft, wenn er beim Erstürmungszeremoniell der Orgelbornkirmes vor der Feste Eisenstein im Marienberger Park mitwirkte?

Viele Jahre gehörte er den Vorständen der beiden großen Bopparder Sportvereine, der TG und dem SSV Boppard, an. Selbst hatte er sich dem Handballsport verschrieben und diese Abteilung der Turngesellschaft lange Zeit geleitet. Beim Wiederaufbau dieser bei-

den Großvereine in den Nachkriegsjahren leistete Josef Dany wertvolle Pionierarbeit.

Durch sein verantwortungsvolles Mitwirken in Nachbarschafts-, Jugend- und Sportarbeit erfüllte er darüber hinaus freiwillig zusätzliche Ehrenämter und stellte sein Können umfassend der Bürgerschaft zur Verfügung.

Im Jahre 1971 ehrte ihn die Stadt Boppard mit der Verleihung der Nachbildung des Großen Stadtsiegels von 1236.

Hermann Holz
(11. Juli 1907 - 16. Dezember 1989)

Der gebürtige Elsässer kam 1919 nach Boppard und legte hier im Jahre 1926 am örtlichen Gymnasium seine Reifeprüfung ab. Nach dem Studium der Mathematik, Physik und Biologie und seiner Referendarzeit in Düsseldorf setzte er als Pädagoge in den Jahren 1937 - 1956 und 1967 - 1978 unvergessene Akzente am heimischen Gymnasium. Viele Schülergenerationen kamen in den Genuss, „Onkel Hermann" - wie er bei Schulausflügen genannt werden durfte - als eine engagierte und diskussionsfreudige Lehrkraft kennen und schätzen zu lernen.

Eine längere Krankheit zwang ihn im Jahre 1956 zur vorzeitigen Pensionierung. Nach seiner Genesung leitete er fünf Jahre eine Eisenbahnerfachschule in Koblenz, anschließend dozierte er sechs Jahre an der dortigen Bundeswehrfachschule. 1967 kehrte er endlich an sein geliebtes Kant-Gymnasium zurück, wo es ihm vergönnt war, noch ein Jahrzehnt unterrichten zu dürfen.

Seine knochige, verschmitzte, oftmals polemische aber auch nachdenkliche Art hatte ihn auch in der Kommunalpolitik, die er von 1956 bis 1984 in zahlreichen Gremien maßgeblich mitgestaltete, zu einer unverwechselbaren Persönlichkeit gemacht. Vielen Ratssitzungen verlieh der „freie" Kommunalpolitiker in unnachahmlicher Eigenart die rechte Würze.

„De Holze Hermann", wie er gemeinhin nur genannt wurde, ließ sich während seiner aktiven kommunalpolitischen Tätigkeit von keiner Partei gewinnen, sondern setzte seine Vorstellungen bürgernaher Kommunalpolitik in einer Wählergruppe um, wo er nach eigenen Angaben „ungebunden und losgelöst von parteipolitischen Zwängen" taktieren konnte.

Im Jahre 1987 ehrte die Stadt Boppard seine Lebensverdienste mit der Verleihung der Nachbildung des Großen Stadtsiegels von 1236.

Hans Jöres
(19. August 1876 - 5. März 1938)

Der begnadete Künstler, der 1876 in Odenkirchen geboren wurde und 1907 sein künstlerisches Studium beendete, war zunächst als Zeichenlehrer in Eupen am Nordrande des Hohen Venn tätig. Daneben entwickelte er ein lebhaftes eigenkünstlerisches Schaffen. Auf Veranstaltungen renommierter Kunstinstitute in Aachen, Düren, Mönchengladbach und Düsseldorf konnte Hans Jöres durch sein Talent überzeugen und mit namhaften Zeitgenossen in Wettbewerb treten.

Als aufgrund einer Entscheidung des Völkerbundes Eupen dem belgischen Staate zugeordnet wurde, verließ er seine angestammte Heimat und kam 1921 nach Boppard, in dessen Umfeld er ungezählte Motive für Pinsel, Stift, Feder und Kohle vorfand. Mit Rucksack und Staffelei nachmittags loszuwandern und unter freiem Himmel zu schaffen, wurde ihm fast ein tägliches Bedürfnis, wenn nur die Witterung es erlaubte.

Künstlerisch interessierte Schüler des Bopparder Gymnasiums, an dem er unterrichtete, nahm er mit. Sie konnten unter seiner Anleitung arbeiten.

Nicht nur im historischen Bopparder Stadtkern fand er seine malerischen Anregungen. Auch in Bacharach, Oberwesel, Sankt Goar, entlang des Rheinufers, in den kleinen Seitentälern und auf den Buckeln und Bergen unserer Heimat trafen ihn Spaziergänger immer wieder, regelmäßig umringt von einer Schar seiner Schüler, an.

Seine Ausstellungen wurden zu kulturellen Großereignissen der Stadt. Im Jahre 1930 stellte er allein vierzig Bilder in Öl, dreißig in Pastell und ebenso viele Zeichnungen und

Holzschnitte aus. Die seinerzeitigen Tageszeitungen berichteten stets mit großer Anerkennung. Als bildhafte Dokumente seiner Wahlheimat und des Vorderhunsrücks zeugen auch seine Federzeichnungen, die zu einem Großteil im 1925 erschienenen Heimatbuch des Kreises St. Goar oder auch in der von Schulrat Peter Josef Kreuzberg in den Jahren 1927 - 1935 herausgegebenen Zeitschrift „Rheinfels" veröffentlicht wurden.

Nach Jöres Tod war es für dessen Tochter Änne, im Übrigen eine anerkannte Musikpädagogin, eine große Verpflichtung, aus dem von ihr gehüteten Nachlass regelmäßig der Stadt, aber auch kunstinteressierten Mitbürgern, Werke ihres Vaters zu überlassen und nach ihrem Tod am 18. Mai 1974 den Restbestand endgültig dem städtischen Museum zu vermachen.

Im Jahre 1968 beschloss der Stadtrat die Benennung einer neuen Straße im Baugebiet „Pütz" mit der Bezeichnung „Hans-Jöres-Straße".

Jean Nick
(3. Januar 1872 - 6. Januar 1960)

Der bedeutende historische Nachlass seines Onkels, des verdienten Heimatforschers Johann Nick, Pfarrer von Salzig (gestorben 1903), reich an wertvollen und seltenen Schriften und Hinterlassenschaften, hat bereits den jungen Jean dazu angeregt, sich ebenfalls der heimatlichen Forschung zu widmen. Seine Liebe zur Historie und sein großes Kunstverständnis brachten ihm bald den Namen eines Experten auf diesen Gebieten ein.

Der Kunstfreund und Betreuer mittelrheinischer Geschichte und heimatlichen Schrifttums gehörte zu den Gründungsmitgliedern des im Jahre 1912 entstandenen Bopparder Heimatmuseums. Hier setzte er stets seine ganze Kraft ein für die Vervollständigung der Sammlungen des Museums. In den Wirren des 2. Weltkrieges verstand er es, zahlreiche wertvolle Schätze vor allen Schäden zu bewahren und den Nachkriegsgenerationen zu erhalten. Der Wiederaufbau des Museums ist zum größten Teil das Verdienst dieses örtlichen Buchbindermeisters und Buchhändlers.

Seinem tiefreligiösen Sinn und überzeugten christlichen Glauben entsprach es auch, dass er allen bedeutenden kirchlichen Bauten und deren Inneres, Gedenksteine, Altäre, Kanzeln etc. von Boppard und Umgebung in Bildern festgehalten hat. Hierbei war es ihm auch vergönnt, die jahrhundertealten Fresken in der Turmkapelle der „Alten Burg" zu entdecken und die Öffentlichkeit mit dieser „Sensation" zu überraschen.

Dass er es verstand, auch den Pinsel meisterhaft zu führen, bezeugen viele Gemälde, die teilweise noch in hohem Alter erstellt wurden. Er galt zeitlebens in Boppard als der liebevolle, stets freundliche und hilfsbereite Heimat- und Kunstdichter, den es erfreute, auch anderen mitzuteilen und von seinen Schätzen zehren zu lassen.

Ein Lebensschwerpunkt der 1959 mit der Verleihung der Nachbildung des Großen Stadtsiegels von 1236 geehrten Persönlichkeit, bestand in der Pflege des künstlerischen Nachlasses des unvergessenen Gedeon von der Heide.

Paul Piwowarsky
(14. Februar 1904 - 21. Mai 1984)

Ungezählte ehrenamtliche Tätigkeiten, Aktivitäten und Aufgaben prägten das Leben des engagierten Buchhändlers.

Annähernd zwei Jahrzehnte aktives Stadtratsmitglied, zuletzt als Fraktionssprecher, die Besetzung des 1. Beigeordnetenpostens, Mitglied des Kreistages und des Kreisausschusses und zahlreicher weiterer kommunaler Fachausschüsse ließen ihn seine Liebe zum Beruf und damit verbunden auch die Mandatsausübung auf Kreis-, Landes- und Bundesebene für seinen Berufsstand nicht vergessen. Beispielhaft sei hier sein langjähriges Engagement als Vorstandsmitglied im Börsenverein des Deutschen Buchhandels, Frankfurt, genannt.

Als Aufsichtsratsvorsitzender der örtlichen Volksbank widmete er sich ebenso örtlichen Interessen, wie er es verstand, die Stellung des heimischen Gewerbes in seiner Eigenschaft als Mitglied der Vollversammlung der Industrie- und Handelskammer zu stärken.

Dank seiner weitgehenden Fachkenntnisse im öffentlichen Recht wurde er zum ehrenamtlichen Verwaltungsrichter beim Oberverwaltungsgericht in Koblenz bestellt.

Die Art und Weise, wie der Ehrenamtsinhaber die Vielzahl seiner Ämter mit seiner Persönlichkeit ausfüllte und wie er sich hierbei in hohem Maß vom Verantwortungsgefühl für seine Mitmenschen leiten ließ, beeindruckte auch den Stadtrat, der ihn im Jahre 1971 mit der Verleihung der Nachbildung des Großen Stadtsiegels von 1236 ehrte.

Paul Preiß
(2. Februar 1859 - 5. Januar 1937)

Der im oberschlesischen Jakobswalde geborene Insektenforscher trat 1881 als Geometer in den Dienst der Rheinstrombau-Verwaltung, von der er 1889 zur Eisenbahndirektion Ludwigshafen wechselte, wo ihm die Abteilung der Steindruckerei unterstand.

Erst nach seiner Versetzung in den Ruhestand und seiner Umsiedlung nach Boppard im Jahre 1914 hatte er als Reichsbahninspektor i.R. ausreichend Zeit und Muße, sich seinem geliebtem Hobby, der Käfer- und Insektenwelt, zu widmen. Ungezählte Sammlungen dieser Tiere aus aller Welt befanden sich in seinem Bestand, wobei er neben eigenen Sammlungen auch ergiebigst die Zucht dieser Kleintierwelt frönte. Grundlage waren regelmäßig von Forschern aus aller Welt übersandte Lieferungen von Kokons und Eiern. Seine akribisch erstellten Zeichnungen waren wesentlicher Bestandteil der bildlichen Ausstattung der einschlägigen Fachliteratur, besonders von Schmetterlingsbüchern aus aller Welt.

Nicht weniger als dreiundvierzig Insektennamen tragen noch heute seinen Namen, sie sind von ihm entdeckt, zuerst benannt, beschrieben oder dargestellt worden. Durch seine verdienstvollen Forschungsarbeiten half Paul Preiß mit, den Namen seiner Bopparder Wahlheimat weithin bekannt zu machen.

Seine wertvollste und von Kennern als einzigartig bezeichnete Schmetterlingssammlung vermachte er schon zu Lebzeiten dem Besitztum des Bonner Naturkundemuseums Alexander Koenig, womit sie auch der Wissenschaft erhalten blieb.

Der bekannte Heimatforscher Hans Bellinghausen (Koblenz) setzte im Anschluss an einen von Paul Preiß im „Koblenzer Heimatblatt 1930" erschienenen Artikel über heimische Falterarten folgende biographische Notiz: „Herr Paul Preiß in Boppard ist einer der bedeutendsten Entomologen Deutschlands. Seine Sammlung an Käfern und Schmetterling aus allen Teilen der Welt ist wohl eine der reichhaltigsten in ganz Europa, die sogar Seltenheiten aufweist, welche selbst das Britische Museum in London nicht besitzt. Auch auf dem Gebiete der entomologischen Literatur hat Herr Preiß beachtenswerte Abhandlungen verfasst."

Dem Entomologen war es vergönnt, noch insgesamt 23 lange Jahre in seiner mittelrheinischen Wahlheimat, die den begeisterten Insektenforscher als feinsinnigen Künstler und gütigen, liebenswerten Mitbürger kennen- und schätzen lernte, zu verbringen.

Fritz Stammer
(18. März 1873 - 14. Mai 1960)

Der Kaufmann Friedrich Wilhelm (genannt „Fritz") Stammer übernahm 1903 von seinem Vater Heinrich Carl Stammer das elterliche Kaufhaus, das an der Stelle des am 2. Januar 1884 gemeinsam mit dem alten Rathaus abgebrannten Gasthauses „Zum Rebstock" errichtet wurde. Er führte dies bis 1937, als es das führende Textilgeschäft am Mittelrhein seinen Kindern in die nächste Generation übergab.

Fritz Stammers Lebenswerk galt besonders der Pflege und Wartung alten Brauchtums, die in der organisatorischen Gestaltung und Abwicklung der jährlichen Orgelbornkirmes - einem wahren Feste der gesamten Bürgerschaft - ihren Höhepunkt fand.

Nachdem er 1904 zum Nachbarmeister der Obermärkter Nachbarschaft gewählt wurde, übte er dieses Amt, gekoppelt mit dem Amt des Chronisten der Nachbarschaft über 50 lange Jahre aus. Er trat damals auch hier das väterliche Erbe an, der seit 1868, also 36 Jahre, dieser Berufung gefolgt war. Dessen Vater, Anton Stammer, leitete die Geschicke der Obermärkter Nachbarschaft zuvor in den Jahren 1847 - 1868. Eine in Boppard einmalige „Erblast", die sich - mit geringen Unterbrechungen - bis in die heutigen Tage erhalten hat.

Der Kaufmann hielt aber noch weitere, zahlreiche Ehrenämter inne, u. a. war er Mitglied des Kreistages und des katholischen Kirchenvorstandes, sowie 2. Vorsitzender beim Verkehrs- und Verschönerungsverein. Als passionierter Wanderer verstand er es, sich den ideellen Zielen dieses Vereins zu widmen.

Am 2. Januar 1959 ehrte ihn die Stadt Boppard gemeinsam mit seinem Freund Jean Nick mit der Verleihung der Nachbildung des Großen Stadtsiegels von 1236.

Als aufrechter und redlicher Kaufmann, Kenner der Heimatgeschichte und unermüdlicher Unterstützer alten Brauchtums blieb er der Bopparder Bevölkerung ebenso in Erinnerung, wie als langjähriger Nachbarmeister und Vorbild echten Bürgersinns.

Dr. Alexander Stollenwerk

(6. Juli 1900 - 11. Juni 1979)

Dass Dr. Alexander Stollenwerk, der nach Ausbildung an einem humanistischem Gymnasium seiner Vaterstadt Düsseldorf mit noch nicht ganz 18 Jahren die Reifeprüfung bestand, ein besonderes Interesse an jeder Art von Verwaltungstätigkeit hatte, war den im Nachkriegsjahre 1949 zur Bürgermeisterwahl berufenen Gremien der Stadt Boppard bestens bekannt.

Als engagierter Bürgermeister war er sodann in den Jahren 1949 - 1965 in seinem geliebten Boppard tätig. In diesen 16 Jahren hat sich das Stadtoberhaupt sehr große Verdienst zunächst um den Wiederaufbau der vom Krieg schwer in Mitleidenschaft gezogenen Stadt und später um ihren Anschluss an Gegenwart und Zukunft erworben. Zahlreiche Großprojekte wurden während seiner Amtszeit in Boppard vollendet oder in die Wege ge-

leitet. Kaum eine bedeutende Maßnahme der 50er, 60er und auch 70er Jahre gibt es, die nicht in irgendeiner Weise mit seinem Namen in Verbindung zu bringen ist.

Ohne Übertreibung lässt sich behaupten, dass das heutige Buchenau ohne sein persönliches, oftmals bis zur eigenen körperlichen Erschöpfung reichendes Engagement, wohl nur schwer vorstellbar ist.

Ein besonderes Interesse galt der historischen Vergangenheit seiner niederrheinischen Heimat und seiner Wahlheimat am Mittelrhein: Heute darf man ihn ohne Übertreibung als einen der bedeutendsten mittelrheinischen Geschichtsforscher unserer Tage zählen. Als unermüdlicher Heimatforscher und Verfasser zahlreicher Bücher und Schriften unserer Region bemühte er sich erfolgreich um die Pflege des Geschichtsbewusstseins.

Die „Stollenwerk-Kartei" - eine handschriftliche, stichwortartig auf „Schmierzetteln, Innenseiten gebrauchter Briefumschläge und zurechtgeschnittenen Kartonagen" verfasste Auflistung bedeutsamer und weniger bedeutsamer Bopparder Persönlichkeiten und Geschehnisse - gilt heute als Meisterwerk und unverzichtbarer Bestandteil der von der Stadtbücherei verwalteten heimatkundlichen Sammlung. Ungezählten Stadtchronisten und Hobbyhistorikern hat dieses in jahrelanger, mühseliger Kleinarbeit und rund 30.000 Kärtchen umfassende Nachschlagewerk überaus wertvolle Dienste erwiesen.

Der Ehrenvorsitzende des Geschichtsvereins stand lange Jahre auch dem Bopparder Verkehrs- und Verschönerungsverein vor, der ihn zum Ehrenmitglied ernannte.

Mit seiner Pensionierung im Jahre 1965 würdigte die Stadt den Inhaber zahlreicher Ehrenämter mit der Verleihung der Nachbildung des Großen Stadtsiegels von 1236.

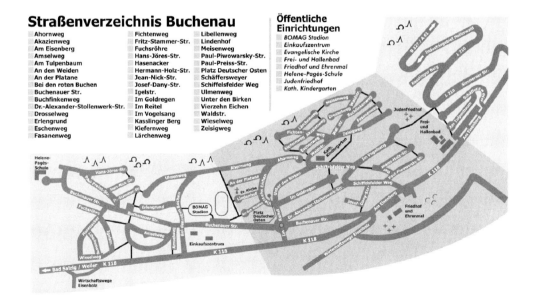

Straßenverzeichnis Buchenau

Ahornweg
Akazienweg
Am Eisenberg
Amselweg
Am Tulpenbaum
An den Weiden
An der Platane
Bei den roten Buchen
Buchenauer Str.
Buchfinkenweg
Dr.-Alexander-Stollenwerk-Str.
Drosselweg
Erlengrund
Eschenweg
Fasanenweg

Fichtenweg
Fritz-Stammer-Str.
Fuchsröhre
Hans-Jöres-Str.
Hasenacker
Hermann-Holz-Str.
Jean-Nick-Str.
Josef-Dany-Str.
Igelstr.
Im Goldregen
Im Reitel
Im Vogelsang
Kasslinger Berg
Kiefernweg
Lärchenweg

Libellenweg
Lindenhof
Meisenweg
Paul-Piwowarsky-Str.
Paul-Preiss-Str.
Platz Deutscher Osten
Schäffersweyer
Schiffelsfelder Weg
Ulmenweg
Unter den Birken
Vierzehn Eichen
Waldstr.
Wieselweg
Zeisigweg

Öffentliche Einrichtungen

BOMAG Stadion
Einkaufszentrum
Evangelische Kirche
Frei- und Hallenbad
Friedhof und Ehrenmal
Helene-Pagès-Schule
Judenfriedhof
Kath. Kindergarten

Die Rheingoldstraße
Mittelrheinische Panoramastraße passiert Buchenau

Das Logo der Rheingoldstraße: Wappenähnliche Straßenschilder mit einem goldenen Weinpokal, Sonne, Burg und Flusssymbol kennzeichnen den Verlauf der Rheingoldstraße.

Romantik am Mittelrhein

Unsere mittelrheinische Heimat gehört nicht erst seit seiner Prädikatsverleihung als Weltkulturerbe zu den reizvollsten Landschaften Deutschlands.

Größtenteils vom Ende der 1950er bis zur Mitte der 1960er Jahre wurde in diesem romantischen Gebiet entlang der Rheinschiene und auf den Rheinhöhen ein Straßenzug geschaffen, der seinen Besuchern zwischen Trechtingshausen und Rhens einmalige und unvergessliche Ausblicke auf die Schönheiten des Rheintales bietet.

Zunächst nur als Folge wirtschaftlicher Notwendigkeit betrachtet, Mittelrhein und

Die im Jahre 1965 als „Rheingoldstraße" getaufte Panoramastraße wurde abschnittsweise errichtet. Obiges Foto vom 13. Oktober 1958 zeigt die feierliche Eröffnung eines Teilabschnittes zwischen Holzfeld und Rheinbay.

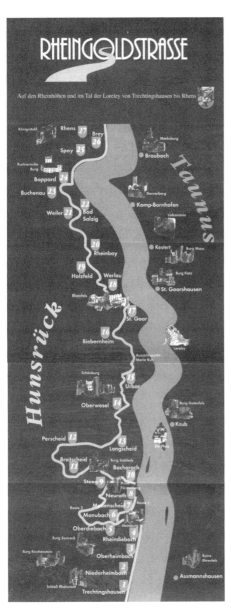

Vorderhunsrück verkehrstechnisch miteinander zu verbinden, reifte recht bald in zukunftsorientierten Gedankengängen die Idee, „Nützliches mit Zweckmäßigem" zu koppeln und einen touristischen Augenschmaus zu entwickeln.

Bei der Inbetriebnahme der ohne besondere Einweihungsfeierlichkeiten im klassifizierten Straßennetz eingeordneten Traumstraße im Jahre 1965 war der Straßenzug noch namenlos. Erst ein kurze Zeit später ausgelobter Wettbewerb bescherte ihr den prägenden Namen „Rheingoldstraße".

Gründervater Dr. August Weiler

Dr. August Weiler war der letzte Landrat des Altkreises St. Goar. Von 1959 an leitete der engagierte Kreischef die Geschicke des mittelrheinischen Kreises bis zu dessen Auflösung im Jahre 1969. Als sodann aus Teilen der Altkreise St. Goar und Simmern der heutige Rhein-Hunsrück-Kreis gebildet wurde, wechselte der naturverbundene Behördenleiter zur neuen Dienststelle, dem Landesversorgungsamt Rheinland-Pfalz, nach Koblenz.

Vor allem seinem Engagement und Elan war es zu verdanken, dass sich die Panoramastraße schon nach kurzer Zeit eines Be-

Darstellung des Verlaufs der Panoramastraße auf einem Prospekt der „RheinTouristik im Tal der Loreley", St. Goar, 2005.

Er gilt als „Vater der Rheingoldstraße": Der letzte Landrat des Altkreises St. Goar Dr. August Weiler.

kanntheitsgrades erfreuen konnte, der über Deutschlands Grenzen hinweg reichte.

Millionen von Lupinenblüten

Kamerateams „aus halb Europa" verweilten Ende der 1960er Jahre regelmäßig in den Monaten Juni bis September auf den mittelrheinischen Höhen und im Tal der Loreley, um die Einmaligkeit der an den Straßenrändern blühenden Millionen blauer Lupinenblüten im Bild festzuhalten.

Es handelte sich keinesfalls um wild gewachsene Pflanzen, vielmehr war das bunte Blumenmeer eine Folge Hunderter von Arbeitsstunden, in denen neben den Mitarbeitern der Straßenmeistereien, den kommunalen Gärtnerkolonnen, den Freiwilligen örtlicher Verkehrs- und Verschönerungsvereine auch private Blumenliebhaber und Naturfreunde Zentner auf Zentner von Samenkörnern blaublühender Lupinen am Straßenrand

ausstreuten. Jährlich wurden sie für ihre Mühen mit einem schier endlosen Blütenmeer belohnt.

Noch heute erfreuen „Nachkommen" der einstigen unter Federführung von Landrat Dr. August Weiler gesäten Lupinenpflanzen Jahr für Jahr - wenn auch in stetig verminderter Anzahl - nicht nur die zahlreichen, die Straßenstrecke passierenden Autofahrer.

Rheingoldstraße Buchenau

In einer Routenbeschreibung der Rheingoldstraße heißt es in einem im Rhein-Hunsrück-Kalender 1970 von Clemens Bock veröffentlichten Beitrag auszugsweise:

In Boppard verlässt dann die Rheingoldstraße die Bundesstraße 9, um sich auf einer Strecke von 80 km in vielen Windungen auf den Vorderhunsrück oder an den Hängen des Rheins ihren Weg zu bahnen, wobei sie eine

Auch die Kreisstraße 118, entlang des jungen Ortsteiles Buchenau, bildet ein Teilstück der Rheingoldstraße. Hier ein Blick aus Richtung Weiler auf die Panoramastraße, die den Ortsteil Buchenau vom Eisenbolz trennt.

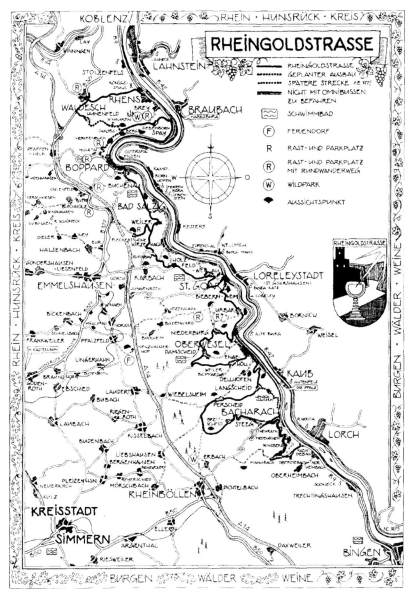

An zahlreichen Stellen entlang der Rheingoldstraße fanden Naturfreunde über viele Jahre gelbe Handzettel, auf denen die Besonderheiten der Panoramastraße vorgestellt wurden.

günstige Verbindung zum Hunsrück und zur Mosel darstellt.

Beim Befahren der Straße kann der Naturfreund einen beachtlichen Teil des Rheinischen Schiefergebirges sozusagen aus der Vogelschau erleben. Wer aber vorher noch ein erfrischendes Bad nehmen will, hat hierzu in dem unmittelbar an der Rheingoldstraße bei Boppard gelegenen Schwimmbad Gelegenheit.

Nur wenige Minuten sind zu fahren, und es lohnt sich bereits eine kurze Rast, um einen herrlichen Panoramablick auf das schöne alte Städtchen Boppard zu haben. Aber auch Boppard selbst bietet seinen Gästen soviel Romantik und Sehenswürdigkeiten, dass man auch eine längere Rast in den Mauern dieser Stadt gerne in Erinnerung behält.

Zuletzt 1995 ließ der örtliche Verkehrs- und Verschönerungsverein Boppard unter Federführung seines Vorsitzenden Ferdinand Benner Lupinen entlang der Kreisstraße 118 zwischen Buchenau und Bad Salzig nachsäen.

Werbung

Bis in die Mitte der 1970er Jahre standen in regelmäßigen Abständen entlang der Rheingoldstraße, vorwiegend an deren markanten Aussichtpunkten, hölzerne Kästen, die eine Vielzahl gelber Zettel enthielten.

Hierbei handelte es sich um vom Initiator Dr. August Weiler entworfene Handzettel, welche die Schönheiten der Landschaft entlang der Rheingoldstraße hervorhoben. Jährlich wurden 50.000 dieser in auffallendem gelb gehaltenen „Werbeschriften" verteilt.

Später schlossen sich auch die einschlägigen Fremdenverkehrsinstitutionen und örtlichen Verkehrsämter mit eigenen Werbeprospekten einer zielorientierten Werbung an.

IM FOTOALBUM GEBLÄTTERT

Kindergeburtstag im Ahornweg, 1962.

„Tag des Baumes"

Wochenlange Umweltaktionen in der Gesamtstadt fanden 1991 mit Festakt am Buchenauer Forsthaus ihren Höhepunkt

Historie des Gedenktages

Die Idee eines „Arbor Day", eines „Tag des Baumes", stammt aus dem nordamerikanischen Bundesstaat Nebraska.

Als die ersten Siedler dorthin kamen, fanden sie eine baumarme Landschaft vor. Einer der Pioniere von 1854 war ein gewisser J. Sterling Morton - mit seiner Familie in Detroit aufgebrochen. Unverzüglich begann er, auf seinem zugewiesenen Hausgrundstück Bäume, Sträucher und Blumen zu pflanzen. Mit gewaltigem Erfolg.

Morton war Journalist und Herausgeber der ersten Zeitung von Nebraska. Dieses Medium nutzte er, seine Mitbürger aufzufordern, es seinem gelungenen Beispiel gleichzutun und vor allen Dingen Bäume und nochmals Bäume zu pflanzen. Er führte den Lesern bildhaft vor Augen, dass sie durch die Anpflanzungen sich auch künftig des gewohnten Umfeldes ihrer einstigen Heimat erinnern können. Auch würden hierdurch auf natürliche Weise die ständigen Winde gebremst und vor allen Dingen ein natürlicher Schutz vor der brennenden Sonne gewährt.

Ja, mit seinen gebetsmühlenartig wiederholten Aufrufen zur Anpflanzung gelang es ihm, die Massen zu überzeugen und eine bislang ungekannte Euphorie in der Bevölkerung zu wecken. Eine „Volksbewegung" entstand, die folgerichtig - wir befinden uns in den Vereinigten Staaten - zu einer bedeutenden „öffentlichen Einrichtung" heranwuchs. Mortons wiederholte Presseaufrufe zur Einführung eines staatlichen „Feiertages" für Baumpflanzungen fand schließlich Gehör.

Am 10. April 1872 wurde erstmals in Nebraska ein landesweiter „Arbor Day", ein „Tag des Baumes", gefeiert. Und gleich wurden nachweislich weit über eine Million Bäume in dem noch jungen amerikanischen Staate gepflanzt.

Zwei Jahre später, 1874, rief der Gouverneur von Nebraska, Robert W. Furnas, den ersten offiziellen „Arbor Day" aus. Dieser wurde seither jährlich am 22. April, dem Geburtstag von J. Sterling Morton, begangen. Ein erster offizieller „Baum-Feiertag" war geboren.

Von Jahr zu Jahr verbreitete sich diese erfolgreiche Idee auch auf andere US-Staaten

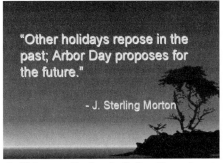

„Other holidays repose in the past; Arbor Day proposes for the future."

- J. Sterling Morton

„Gründungsvater" des jährlichen „Tag des Baumes": der Amerikaner J. Sterling Morton.

Auf Mortons Grabstein ließen Freunde sein bekanntestes Zitat einmeißeln: „Andere Festtage dienen der Erinnerung, der Tag des Baumes weist in die Zukunft!"

aus, so dass schließlich der letzte Freitag im April für alle amerikanischen Staaten als „Arbor Day" offiziell festgesetzt wurde.

Am 27. November 1951 beschloss die FOA „Food and Agriculture Organisation" der Vereinten Nationen, allen Völkern einen regelmäßigen nationalen „Festtag des Baumes" zu empfehlen. Bereits wenige Tage zuvor, am 10. November 1951 hatte die Schutzgemeinschaft Deutscher Wald (SDW) auf einer Tagung in Bonn den Entschluss gefasst, einen jährlichen „Tag des Baumes" im ganzen Bundesgebiet ins Leben zu rufen und zu organisieren.

In Kenntnis dieser Vorgaben hat der seinerzeitige Bundespräsident Theodor Heuss, zwischenzeitlich 80 Jahre nach dem ersten „Arbor Day" in den USA, auch für die Bundesrepublik einen offiziellen „Tag des Baumes" ins Leben gerufen. Am 25. April 1952 pflanzte er im Bonner Hofgarten einen Ahornbaum. Damit stand mit dem 25. April das Datum für den jährlichen „Tag des Baumes" in der Bundesrepublik.

Schnell bestand dahingehende Übereinstimmung aller beteiligten Umweltorganisationen, dass es sich hierbei nur um einen symbolischen Termin handele und eigentlich jeder Tag im Jahr ein „Tag des Baumes" sei.

Und an dieser Einstellung hat sich bundesweit bis heute nichts geändert, wobei es sich die Bundesländer zur Aufgabe gemacht haben, die „offiziellen" Feierlichkeiten nach Kräften zu unterstützen.

Landesfest 1953 in Boppard

Die Länder der jungen Bundesrepublik verständigten sich im Sommer 1952 darauf, künftig in separaten landesweiten Feierlichkeiten ohne zwingende Terminvorgabe, jedoch in etwa Ende April/Anfang Mai eines jeden Jahres, den sog. „Tag des Baumes" durch sinnvolle Aktionen zu würdigen.

Zusätzlich zu den Landesfeierlichkeiten möge abwechselnd jährlich eine zentrale Bundesfeier in einem anderen Bundesland stattfinden. 1954 war übrigens Rheinland-Pfalz an der Reihe, wobei die Stadt Kaiserslautern als Nachfolgerin von Düsseldorf mit

einem erfolgreichen Festprogramm weites Aufsehen erregte. Aber bereits ein Jahr zuvor galt die Aufmerksamkeit des Landes dem mittelrheinischen Boppard. Fast unbemerkt von der Öffentlichkeit war Boppard auserkoren, einen zentralen Mittelpunkt der Landesfeierlichkeiten zu bilden.

Ministerpräsident Dr. Peter Altmeier und einige Kabinettsmitglieder, denen die Ansiedlungsbemühungen des elanvollen Bopparder Bürgermeisters Dr. Alexander Stollenwerk im noch weitestgehend „jungfräulichen" Buchenau bestens bekannt waren, reisten am 25. April 1953 eigens in den künftigen Bopparder Ortsteil, um an der Seite hochrangiger Stadtprominenz entlang der späteren Wegeverbindung zwischen Buchenauer Straße und Ahornweg zahlreiche Weiden zu pflanzen. Zugleich war die heute noch geltende Wegebezeichnung „Am Weidenpfad" geboren.

„Jahresbäume"

Seit 1989 wird regelmäßig vom „Kuratorium Baum des Jahres (KBJ)"ein heimischer Baum zum „Baum des Jahres" ausgerufen. Gründungsmitglieder dieses Kuratoriums sind u.a. die „Schutzgemeinschaft Deutscher Wald" und die „Stiftung Wald in Not". Bislang wurde diese „Ehre" folgenden Bäumen zuteil:

- 1989 Stieleiche
- 1990 Buche
- 1991 Sommerlinde
- 1992 Bergulmus
- 1993 Speierling
- 1994 Eibe
- 1995 Spitzahorn
- 1996 Hainbuche
- 1997 Eberesche
- 1998 Wildbirne
- 1999 Silberweide
- 2000 Sandbirke
- 2001 Esche
- 2002 Wacholder
- 2003 Schwarz-Erle
- 2004 Weiß-Tanne
- 2005 Rosskastanie

Feierlichkeiten zum „Tag des Baumes 1991"

Offizielles „Logo" des Festtages, mit welchem auf Briefumschlägen, T-Shirts, Jute-Taschen und Presseverteilern geworben wurde.

Es sollte beinahe 40 Jahre dauern, bis Boppard erneut als Austragungsort der landesweiten Feierlichkeiten auserkoren wurde. Doch diesmal war einiges anders: Gemeinsam mit dem Forstamt Boppard und der Schutzgemeinschaft Deutscher Wald wurde unter Federführung des städtischen Mitarbeiters Toni Sachs - übrigens in Buchenau wohnhaft - eine Programmvielfalt ausgearbeitet, wie sie selbst „Insider" noch nicht allzu häufig erlebt hatten.

Wohl kaum eine Bopparder Institution, kaum einen Verein und kaum einen Verband im Stadtgebiet gab es, der sich nicht in irgendeiner Weise zur Teilnahme an den Feierlichkeiten berufen sah. Beileibe keine Selbstverständlichkeit, wie die Erfahrungen anderer Großveranstaltungen leidvoll und hinreichend bezeugen. Hier war es sicherlich auch dem Engagement von Bürgermeister Wolfgang Gipp - einem weiteren Buchenauer - zu verdanken, dass seine wiederholten Appelle und Aufrufe zur Unterstützung dieser Großveranstaltung im Interesse der Natur auf fruchtbare Böden fielen.

Ausstellungen, Vorträge, Baumpflanzaktionen, Waldbegehungen und weitere Umweltaktionen prägten über Monate den Tagesablauf zahlreicher Vereine, Kindergärten, Schulen, Kirchen und Parteien im Stadtgebiet. Ungezählte „Ehrenamtler" waren zudem „im Einsatz".

Nachfolgend eine Auflistung der mit eigenen Aktionen beteiligten örtlichen Gruppierungen, die mit tatkräftigem Elan die monatelang dauernde Veranstaltungsreihe in Boppard unterstützten. Allerdings kann die auf der Grundlage des durch die Stadtverwaltung erstellten Presse-Spiegels basierende Auflistung sicherlich keinen Anspruch auf Vollständigkeit erheben:

· Verkehrs- und Verschönerungsverein (VVV) Boppard;
· Grund- und Hauptschule Boppard;
· SPD-Ortsverein Oppenhausen-Herschwiesen;
· Ortsbeirat Boppard;
· Halsenbacher Umweltinitiative HUI;
· GNOR Rheinland-Pfalz;
· Kath. Kindergarten St. Klara Boppard;
· Aufbaugemeinschaft der Bopparder Winzer;
· Verkehrs- und Verschönerungsverein (VVV) Holzfeld;
· Wanderfreunde Boppard;
· Stamm Vasqua der VCP-Pfadfinderschaft Boppard;
· DLRG Bad Salzig;
· Städtischer Kindergarten Buchholz;
· Ortsbeirat Oppenhausen;
· Ortsbeirat Herschwiesen;
· Freiwillige Feuerwehr Boppard;
· Kulturamt Simmern als Flurbereinigungsbehörde;
· Ortsbeirat Holzfeld;
· Turngesellschaft Boppard;
· Bienenzuchtverein Boppard;
· Katholischer Kindergarten Buchenau;
· Obere Niedersburger Nachbarschaft Boppard;
· Ortsbeirat Buchholz;
· CDU-Frauen-Union Hirzenach;
· Hotel- und Gaststättenvereinigung Boppard;
· Werbegemeinschaft Boppard;
· Bundesakademie für Öffentliche Verwaltung Boppard;
· Kreissparkasse Boppard;
· Schreinerinnung Boppard;
· Jugendblasorchester Weiler;
· Bläsergruppe „Keilerrotte" des Hegerings Boppard;

- Buchenauer Nachbarschaft;
- Waldjugend und Stadtjugendpflege Boppard;
- Katholische und evangelische Kirchengemeinden Boppard;
- Waldhorn-Bläsergruppe Weibern;
- Helene-Pagés-Schule Boppard-Buchenau;
- Museum der Stadt Boppard;
- Realschule Marienberg Boppard;
- Hegering Boppard;
- Evangelischer Kindergarten Boppard;
- Katholischer Kindergarten Bad Salzig;
- Volksbank Boppard;
- St. Antonius-Nachbarschaft Boppard.

Festwochenende

Endlich war es dann soweit: Gemeinsam richteten Stadt Boppard, Forstamt Boppard und die Stiftung Schutzgemeinschaft Deutscher Wald die Feierlichkeiten zum „Tag des Baumes 1991" mit einem dreitägigen Festprogramm aus.

Mit holzgeschnitzten Stadtwappen erfreute Bürgermeister Wolfgang Gipp den Landesvorsitzenden der Schutzgemeinschaft Deutscher Wald, Kurt Rocker, und den rheinland-pfälzischen Ministerpräsidenten Rudolf Scharping.

„ Spielen mit Holz auf dem Marktplatz Boppard" lautete die bereits am Nachmittag des Freitag, 14. Juni, beginnende Eröffnungsveranstaltung unter der Leitung der Werbegemeinschaft, des Hotel- und Gaststättenverbandes und des Forstamtes Boppard.

In den Räumlichkeiten der örtlichen Niederlassung der Kreissparkasse wurden am frühen Abend gleich zwei Fachausstellungen, initiiert von der Schreinerinnung und dem Forstamt Boppard, eröffnet. *„ Veredelung einheimischer Hölzer"* und *„ Forstwirtschaft in Rheinland-Pfalz"* lauteten ihre Themeninhalte.

Den abendlichen Schlusspunkt setzte eine Vortragsveranstaltung in der vollbesetzten Aula der Bundesakademie Boppard, als Prof. Dr. Carl Böhret, Rektor der Hochschule für Verwaltungswissenschaften in Speyer zum Thema referierte: *„ Nachweltschutz: Was hinterlassen wir der nächsten Generation?"*

Ein Fußmarsch durch den Bopparder Stadtwald nach vorangegangener Fahrt mit der Hunsrückbahn zum Festgelände am Buchenauer Forsthaus bildete den Auftakt des „Haupttages", an dem pünktlich zur Mittagsstunde die offizielle Landesfeier begann.

Die zahlreichen, von der Bläsergruppe „Keilerrotte" des Hegerings Boppard begrüßten Festgäste lauschten gespannt den Grußworten von Kurt Rocker, Präsident der Schutzgemeinschaft Deutscher Wald, Landesverband Rheinland-Pfalz und Bürgermeister Wolfgang Gipp.

Die Festansprache hielt der rheinlandpfälzische Ministerpräsident Rudolf Scharping. Unter dem Leitgedanken *„ Zeichen setzen für die Zukunft unseres Waldes"* wies er eindringlich darauf hin, dass unser Wald nichts Gegebenes sei. Vielmehr gelte es allzeit, ihn aufzubauen, zu pflegen und zu schützen.

Baumpflanzaktionen zur Anlegung einer Lindenallee entlang der nahe gelegenen Pützwiese durch die prominenten Festgäste und im weiteren Stadtgebiet rundeten das bunte, von der Buchenauer Nachbarschaft tatkräftig mit einer gelungenen Bewirtung unterstützte

Das Forstamt Boppard hatte zwischen Forsthaus Buchenau und Grünfeldswiese einen Waldlehrpfad errichtet, der von den vielen Festaktbesuchern bei seiner Eröffnung durch Ministerpräsident Rudolf Scharping am „Tag des Baumes" mit großer Freude angenommen
wurde.

Das Wetter „spielte" mit und am Festplatz der Buchenauer Nachbarschaft, direkt am Forsthaus gelegen, herrschte großer Andrang, als Bürgermeister Wolfgang Gipp und Forstamtsleiter Dr. Gerd Loskant die zahlreichen Ehrengäste, allen voran Ministerpräsident Rudolf
Scharping und Landrat Bertram Fleck, begrüßten.

Festgeschehen ab. Die Auswahl des Lindenbaumes war übrigens keineswegs zufällig oder willkürlich, vielmehr handelte es sich hierbei um den „Baum des Jahres 1991".

Auch das sonntägliche Festprogramm wurde mit einer Waldwanderung eröffnet, an deren Anschluss ein ökumenischer Freiluftgottesdienst, die Hubertus-Messe, am Festgelände zelebriert wurde.

Ministerpräsident Rudolf Scharping eröffnete einen neu gestalteten Waldlehrpfad. Die Eröffnungstafel erörtert den Verlauf dieses Lehrpfades und dokumentiert die Standorte der einzelnen Stationen.

Unter Leitung des Forstamtes Boppards und verschiedener Vereine, Gruppierungen und Institutionen werden entlang dieses Lehrpfades die ökologischen Funktionen, die Bewirtschaftung und die Gefährdung des Waldes in zahlreichen Bildtafeln dargestellt.

Mit einem spätnachmittäglichen musikalischen Abschlusskonzert endete eine gelungene Veranstaltungsreihe zum „Tag des Baumes", die ihren Höhepunkt im Besuch des rheinland-pfälzischen Ministerpräsidenten fand und in Buchenau noch heute ihre nachhaltigen Spuren hinterlassen hat.

Lehrreiche Bildtafeln informieren entlang des in Form eines Rundweges angelegten Waldlehrpfades über das Ökosystem des Waldes. Auch wird die heimische Tierwelt, Flora und Fauna vorgestellt.

Der Bopparder Judenfriedhof

Denkmalgeschütztes „Haus der Ewigkeit" erinnert
an jüdische Vergangenheit in unserer Region

**Das jüdische Volk war rund
2.000 Jahre in alle Welt
zerstreut, verfolgt und
unterdrückt. Aber es ist nicht
untergegangen.**

Erste Juden in Boppard

Die Geschichte des jüdischen Volkes ist in ihrer frühesten Zeit zugleich die Geschichte semitischer Nomadenstämme, die sich 1.250 v. Chr. in Palästina ansiedelten. Unter König David bildeten sie ein einheitliches Israel mit der Hauptstadt Jerusalem.

Der stetige Verfall dieser Einheit in die Königreiche Juda und Israel um das Jahr 925 v. Chr. ist der Beginn einer einmaligen und wechselvollen Geschichte, die nach der im Jahre 70 n. Chr. erfolgten Zerstörung Jerusalems zur Zerstreuung der Juden in aller Herren Länder führt.

In unserer Heimat bezeugen historische Quellen, dass bereits in der römischen Kaiserzeit Juden im Rheinland lebten. Ihre Blütezeit hatten die zunehmend größer werdenden jüdischen Gemeinden sicherlich im 10. und 11. Jahrhundert. Die Herrscher ihrer Zeit statteten die jüdische Bevölkerung, zumeist Kaufleute, mit Schutzbriefen und Privilegien aus und waren bestrebt, die Juden vor hasserfüllten Übergriffen ihrer Mitmenschen zu schützen. Es bedarf keiner besonderen Erwähnung, dass sich die Landesherren diesen Schutz mit einer nicht unbedeutenden „Judensteuer" etwas kosten ließen und es sich hierbei keinesfalls um einen Akt der Nächstenliebe handelte.

Für die einstige freie Reichsstadt Boppard lässt sich eine jüdische Gemeinden erstmals in der zweiten Hälfte des 12. Jahrhunderts nachweisen, wobei viele Historiker trotz fehlender Quellen davon ausgehen, dass bereits zum auslaufenden 11. Jahrhunderts in den Jahren des 1. Kreuzzuges Juden in Boppard sesshaft waren. Bereits für frühere Jahren ist nicht auszuschließen, dass geschäftstüchtige, jüdische Händler aus der Bischofsstadt

Worms bereits am Mittelrhein verkehrten.

Pogrome des sich dem Ende zuneigenden 12. Jahrhunderts machten auch vor Boppards Stadttoren nicht halt.

Die Bopparder Judengasse (heute: Eltzerhofstraße) findet im Jahre 1250 ihre erstmalige Erwähnung, nachdem bereits zwei Jahre zuvor das Reichsministerialengeschlecht „Unter den Juden" (Inter Judaeos) dokumentiert ist.

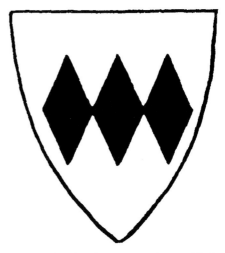

Wappen des Reichsministerialengeschlechtes „Unter den Juden" (Inter Judaeos) zu Boppard.

Immer wieder kam es zu fürchterlichen Übergriffen auf die Angehörigen des jüdischen Glaubens, beispielhaft seien als Stichwörter die „Werner-Legende" und die Armlederbewegung oder auch die Juden als Verursacher der mittelalterlichen und frühneuzeitlichen Pestjahre in Erinnerung gerufen.

Im Taufregister der Pfarrei Boppard findet sich ein Bericht über die Hinrichtung dreier zuvor getaufter Juden auf dem Angert.

Jüdische Friedhöfe

Historiker gehen davon aus, dass es bereits im Altertum jüdische Friedhöfe in Deutschland gegeben haben muss. Die ältesten, noch erhaltenen Judenfriedhöfe befinden sich in Rom. Hierbei handelt es sich um Katakombengräber, die an die hebräische Tradition der Bestattung in natürlichen, aber auch künstlichen Höhlen anknüpfen. Zumeist handelt es sich hierbei um Familiengräber.

Die zahlreichen mittelalterlichen Friedhöfe der Juden auf deutschem Gebiet wurden als Folge regelmäßiger Judenverfolgungen ebenso regelmäßig aufgelöst oder zweckentfremdet, beispielsweise dergestalt, dass die Grabsteine und -umrandungen zum Haus- und Mauerbau eine Nutzung erfuhren.

Jüdische Friedhöfe lassen vielfach den überaus gepflegten, nicht selten parkähnlichen Charakter christlicher Begräbnisstätten vermissen. Die Gräber sind von Bodendeckern überwuchert.

Die zumeist recht schlicht gehaltenen Grabsteine werden wenn überhaupt äußerst selten und nur notdürftig restauriert. „Wetterschiefe" Grabmäler gehören bereits recht kurze Zeit nach dem Ableben von Angehörigen zur Regel.

> **Den Gerechten baut man keine Denkmäler, ihre Werke sind ihre Verewigung.**
> *(Jüdischer Gelehrter im Mittelalter)*

Kränze und Blumengebinde - bei den Christen ein Zeichen der Verbundenheit mit dem Verstorbenen - findet man auf dem mit ewigem Ruherecht ausgestatteten Grabfeldern so gut wie nie.

Jüdische Gräber dürfen nicht ausgehoben oder mit einer Zweitbelegung versehen werden, es sei denn, die sterblichen Überreste werden in die geheiligte Erde Palästinas überführt.

Die Grabreihen des Bopparder Judenfriedhofes sind fallend zum Tal angeordnet, wobei die Grabinschriften sämtlich nach Osten ausgerichtet wurden.

An Samstagen (Sabbat) und an jüdischen Feiertagen ist der Besuch der Begräbnisstätten nicht erlaubt.

Die Judenfriedhöfe lagen seit jeher regelmäßig außerhalb der Ortschaften. In aller Regel handelte es sich hierbei um ohnehin minderwertiges Land, dass zumeist durch sumpfigen Untergrund oder unkultivierte Berghänge geprägt war. Flächen, deren Betreten den Christen von jeher verboten war, beispielsweise in der Nähe der Richtstätte, wurden gegen gute Bezahlung ebenfalls vermehrt den Juden überlassen.

Zumeist lagen jüdische Friedhöfe versteckt und wurden mit einer Mauer umgeben. In Friedhofsnähe floss in aller Regel ein Gewässer, oftmals ein kleiner Bach, der den Jordan symbolisiert. Über diesen wurden die Toten bei der Beisetzung getragen.

Nach Möglichkeit wurden die Grabfelder so angeordnet, dass die Verstorbenen mit den Füßen gen Jerusalem wiesen, in unserer mittelrheinischen Heimat also Richtung Ost/Südost. Die Grabsteine stehen am Kopfende.

Nach einem Grabbesuch legen die Angehörigen vielfach kleine Steine auf den Grabstein, wobei es sich wohl um die Übernahme eines von den Nomadenvölkern entwickelten Brauches handelt. Diese deckten die Gräber ihrer Verstorbenen zum Schutz vor wilden Tieren mit Steinen ab.

Die Begleitung des Sterbenden und die Bestattung des Toten übernahm in aller Regel die „Chewra Kadischa". Diese „Beerdigungsbruderschaft" ist mit der Tradition unserer Nachbarschaften in vielen rheinischen Städten, so auch in Boppard, durchaus vergleichbar.

Nach Verlassen des Friedhofes wuschen sich die Juden die Hände, einmal um die kultische Unreinheit abzuwaschen, und zum anderen, um zu zeigen, dass man am Tode des Verstorbenen unschuldig war.

Eine Bestattung ging so schnell wie möglich - zumeist noch am Todestag -, einfach und schlicht vonstatten. Der Verstorbene wurde in ein weißes Sterbehemd gehüllt und in einen einfachen Holzsarg gelegt.

Ein aus dem Jahre 1865 stammendes schmiedeeisernes Tor weist den Weg zum Bopparder Judenfriedhof.

Der vereinzelt anzutreffende Brauch, Erde aus Israel dem jüdischen Verstorbenen mit ins Grab zu geben, beruht auf dem Wunsch der frommen Israeliten, allzeit mit dem Heiligen Land (Eres Israel) verbunden zu sein. In diesem Zusammenhang ist sicherlich interessant, dass auch vielen heimatvertriebenen Buchenauer Bürgern, die in den 50er und 60er Jahren eine Beisetzung auf dem Eisenbolz erfuhren, in Erfüllung eines letzten Wunsches etwas Erde aus ihrer ostdeutschen Heimat mit ins Grab gelegt wurde.

Grabsteinsymbole

Auf den meisten Grabstätten der jüdischen Friedhöfe finden sich Symbole, die eine wie auch immer geartete „Besonderheit" des hier Bestatteten dokumentieren.

Die am häufigsten anzutreffenden Symbole sind:

· Der *Krug* (manchmal auch in Kombination mit einem Teller) weist den Toten als zum Stamme Levi gehörend aus. Die Leviten dienten in biblischer Zeit im Tempel Jerusalems.

· Die *segnenden Hände* weisen darauf hin, dass der Tote Nachkomme eines Priesters (hebr.: Cohen) ist.

· Das *Schofarhorn* zeigt an, dass der Tote an hohen Feiertagen in der Synagoge das Schofar geblasen hat.

· Das *Messer* weist darauf hin, dass der Tote das Ehrenamt der Beschneidung in einer jüdischen Gemeinde innehielt.

· Die *Krone* versinnbildlicht einen „guten Namen", welcher dem Toten zuteil wurde.

· Der *Weinstock* oder die Weinrebe sind Sinnbilder für ein erfolgreiches Wirken des Toten.

· *Davidstern, Menorah* (siebenarmiger Leuchter) oder *Rose* sind allgemeine Symbole des Judentums.

· Eine *gebrochene Säule,* eine *geknickte Blume* oder ein *Baumstumpf* belegen, dass der Tote aus der Blüte seines Lebens gerissen wurde.

Der Bopparder Judenfriedhof

Die früher von einer Mauer, heute von einem Drahtzaun mit schmiedeeisernem Tor aus der Zeit um 1865 eingegrenzte Friedhofsanlage liegt an einem bewaldeten Hang des Buchenauer Mittelbachtales.

Sie ist die älteste und größte unter den wenigen erhaltenen Judenfriedhöfen am Mittelrhein, wobei der älteste Grabstein aus dem Jahre 1676/77 datiert.

Die ältesten Steine stehen im hinteren Abschnitt, von wo aus die Belegung nach Osten,

Auch auf dem Bopparder Judenfriedhof sind einige Grabstätten mit schmiedeeisernem Gitter eingefasst.

Ein Bild andächtiger Ruhe: der Bopparder Judenfriedhof.

in Richtung des Talausganges fortgesetzt wurde. „Jüngere" Gräber des 19. und 20. Jahrhunderts befinden sich größtenteils im vorderen Bereich, vereinzelt wurde jedoch auch wieder in dieser Epoche weit hinten, am Ende des Friedhofes, bestattet.

Die Inschriften der Grabsteine sind einheitlich nach Osten ausgerichtet. Die Steine sind in Falllinie zum Tal angeordnet, so dass zwischen den Reihen neben den Grabstätten noch etwas Platz für einen schmalen Weg zur Verfügung steht. Erst mit den Bestattungen zur Mitte des 19. Jahrhunderts wurde diese bislang praktizierte Systematik vereinzelt unterbrochen.

Von den insgesamt 138 Grabsteinen stammt der größere Teil aus dem späten 19. und dem 20. Jahrhundert. Die letzte Beisetzung auf dem Bopparder Judenfriedhof datiert aus dem Jahre 1961. Diese jüngeren Steine tragen zumeist außer der hebräischen Inschrift auf der Vorderseite auch eine deutschsprachige Inschrift in lateinischer Schrift auf der Rückseite.

Etwa 20 Steine gehören zu den älteren. Sie haben sämtlich die Form einer Gesetzestafel, vorwiegend mit rundbogigem, vereinzelt mit segmentbogigem Abschluss. Auch unter den jüngeren Grabsteinen herrscht derselbe Typus vor.

Aus dem letzten Drittel des 19. Jahrhunderts sind einige Grabeinfriedungen mit Schmiedeeisengittern erhalten. Abweichende Grabsteinformen erscheinen erst spät, so einige Stelen mit Eckakroteren im 20. Jahrhundert.

Die Grabmäler bestehen zumeist aus Basaltlava, später auch aus Sandstein. Im 20. Jahrhundert kommt als Material auch schwarzer Marmor hinzu. Auf verschiedenen Steinen erscheinen symbolische Darstellungen, wie sie in der jüdischen Grabmalkunst üblich sind.

Denkmalzone

Mit Rechtsverordnung der Kreisverwaltung des Rhein-Hunsrück-Kreises vom 13. Juli 1992 wurde aufgrund der einschlägigen Vorschriften des Landesgesetzes zum Schutze und zur Pflege der Kulturdenkmäler (DSchPlG) vom 23. März 1978 der „Judenfriedhof Boppard" als Denkmalzone ausgewiesen. Schutzzweck dieser im Einvernehmen mit dem Landesamt für Denkmalpflege Rheinland-Pfalz ergangenen Rechtsverordnung ist die Erhaltung des Judenfriedhofs „....als ein Zeugnis der Vergangenheit Tausender Menschen jüdischen Glaubens in Rheinland-Pfalz und insbesondere der Jüdischen Gemeinde in Boppard. "

Gleichzeitig wird darauf verwiesen, dass der Judenfriedhof „.... mit seinen typischen und bemerkenswerten Grabsteinen ein Zeugnis des künstlerischen und handwerklichen Schaffens einer kulturell eigenständigen Bevölkerungsschicht und ihrer religiösgeistigen Grundlage" darstellt. Das 4.241 qm große Gesamtareal steht im Eigentum der Jüdischen Kultusgemeinde Koblenz.

Der lange Weg zum Friedhof Eisenbolz
Kurfürst Clemens Wenzeslaus verlegte die Friedhöfe aus den Städten
Erstbelegung Friedhof Eisenbolz am 1. Dezember 1878
Kleine Dokumentation der Bopparder Begräbnisstätten

Mit der Anlage des neuen Stadtfriedhofes am Eisenbolz folgten die Bopparder Stadtverordneten in der zweiten Hälfte des 19. Jahrhunderts einer unausweichlichen Notwendigkeit, konnte doch der bisherige Friedhof St. Antonius im Distrikt Säuerling den Beisetzungsbedarf einer im stetigen Wachstum befindlichen aufstrebenden Kleinstadt am Mittelrhein längst nicht mehr genügen.

Obwohl es sich bei der gewählten Fläche auf dem recht weit vom Stadtkern entfernten Hang im Eisenbolz in der langen Stadthistorie bereits um den dritten Stadtfriedhof handelte, stießen die Bopparder seit jeher regelmäßig auch an anderen Stellen im Stadtgebiet immer wieder auf menschliche Grabfelder.

Es lohnt sich also, einmal einen kleinen Blick nicht nur auf die drei „offiziellen" Bopparder Friedhöfe, sondern „einleitend" auch auf einige der ansonsten überlieferten Grabstätten im Stadtgebiet zu werfen.

Gräber „außerhalb" der Stadtmauer

Bei Ausgrabungen entlang der einstmaligen südlichen Kastellmauern stießen Bauherren ebenso regelmäßig auf vereinzelte Menschenknochen, wie auch recht gut erhaltene komplette Grabstellen aufgetan wurden.

So legte man beispielsweise in der Marienberger Straße, der Simmerner Straße, der Säuerlingstraße und der Humperdinckstraße wiederholt römische und fränkische Grabstellen frei, die z.T. auch bereits christliche Symbole zeigten. Deren Großteil ordneten Historiker dem vierten oder späteren Jahrhunderten nach Christi Geburt zu.

Bestens bekannt ist auch die „Märtyrersage vom Blutgässchen", wonach die östlich der Stadtmauer zwischen Binger Tor und Klosteranlage St. Martin vorgefundenen Grabstellen christlichen Märtyrern der Thebäischen Legion zugeordnet wurden.

Allerdings ist die Existenz dieser „Märtyrergräber" keineswegs unumstritten. So werden diese Gräber auch unter führenden Historikern als Reste eines spätfränkischen Gräberfeldes interpretiert. Gestützt wird diese These vornehmlich durch den Fund eines aus dem 7. Jahrhundert n. Chr. stammenden Kurzschwertes. Diese Grabbeilage wurde neben einem Skelett mit deutlich erkennbaren Schädelverletzungen gefunden. Daher vermuten Historiker, dass die zum Tode führenden Verletzungen des beigesetzten fränkischen Kriegers die Folge einer kämpferischen Auseinandersetzung gewesen ist.

Karmeliterkirche

Für bestimmte Bevölkerungskreise zählten Ruhestätten in einer örtlichen Kirche zur zeitgemäßen „gesellschaftlichen Pflicht". Lange Jahrhunderte galt es als eine besondere Lebenserfüllung, sich bereits zu Lebzeiten - regelmäßig durch bedeutende finanzielle Zuwendungen an die örtlichen Kirchengemeinden - ein solches Ruherecht zu sichern.

So war die Karmeliterkirche als Begräbnisstätte namhafter Bopparder Rittergeschlechter besonders geschätzt. Aber auch Patrizier der Stadt und gehobene Klostergeistliche fanden hier ihre letzte Ruhe.

Noch bis zur Wende ins 20. Jahrhundert war annähernd die gesamte Bodenfläche der Karmeliterkirche mit zahlreichen Grabplatten, die nach ihrem gewaltsamen Herausreißen heute zumeist verschwunden sind, bedeckt.

Nachdem das baufällig gewordene benachbarte Klostergebäude des Karmelitenordens in den Jahren 1728 - 1730 abgerissen und neuerrichtet wurde, fanden die vorgenannten Persönlichkeiten zumeist in der dortigen Totengruft, die sich unter dem Kreuzgang befand, ihre letzte Ruhe. In der Karmeliterkirche wurde sodann nur noch die Beisetzung der Prioren zugelassen.

St. Martin

Im Gelände des einstigen Klosters St. Martin stießen Archäologen regelmäßig auf menschliche Knochenreste und sonstige Hinweise auf einstige Begräbnisstätten.

So legten diese kurz vor dem ersten Weltkrieg bei Ausschachtungsarbeiten an der Mainzer Straße vor der Kirche eine Krypta frei, in der sich eine Urne befand. In den unruhigen Zeiten wurde dieser Grabfund jedoch verschleppt, bevor genauere Nachforschungen aufgrund der gut erhaltenen Urnenbeigaben detailliertere Angaben zur zeitlichen Zuordnung des Fundes ermöglichten.

Eine Grabstelle erwähnt der Hauschronist besonders, nämlich die des Magisters Johannes Fläming, der fast dreißig Jahre als Geistlicher hier gewirkt hatte, bevor er im Jahre 1532 verstarb. Er wurde in der alten, 1765 niedergerissenen Kirche zu St. Martin „unter dem blauen Stein, darauf ein Kelch stehet", begraben. Der Grabstein ist mutmaßlich in der Wirren der französischen Besatzungsjahre 1794-1814 verschwunden.

St. Remigiuskapelle

Auch im Umfeld der einstigen St. Remigiuskapelle, am Fuße des Mühltals in der Nähe des Königshauses, wurden menschliche Skelette freigelegt. Diese ordneten Historiker den Opfern von kriegerischen Handlungen gelegentlich des „1. Bopparder Krieges" im Jahre 1327 zu.

Nach alten Überlieferungen ist bekannt, dass größtenteils „Niedersburger Bauern" das weit außerhalb der schützenden Stadtmauern gelegene Königshaus, damit es nicht feindlichen Angreifern als Belagerungsort dienen konnte, zerstörten.

Kloster Marienberg

Vom ehemaligen Hohen Kloster ist bekannt, dass vor der dortigen Klosterkirche bis in das Säkularisationsjahr 1803 ein Friedhof für das „klösterliche Dienstvolk" bestand. Die Ordensfrauen selbst wurden anfänglich im Kreuzgang des Klosters beigesetzt. Dieser war aber bereits im Jahre 1475 aufgrund der im auslaufenden Mittelalter überaus starken Klosterbesetzung nicht mehr ausreichend und überfüllt, so dass die Beisetzungen auf die angrenzende Freifläche, die später als sog. „Nonnengras" in die Klostergeschichte einging, ausgedehnt wurden.

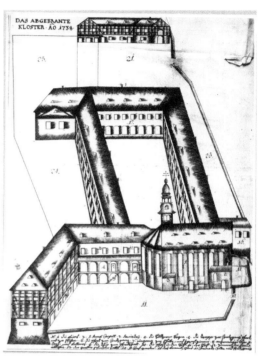

Zeitgenössische Skizze des einstmaligen Klosters Marienberg aus dem 18. Jahrhundert.

Zum Ende des 16. Jahrhunderts gingen die Ordensfrauen dann dazu über, nur noch die einfachen Laienschwestern im Kreuzgang oder im „Nonnengras" beizusetzen, während den „hochadeligen Chorfräuleins" die Klosterkirche selbst zugestanden wurde.

Auch mehrere Angehörige des honorigen Rittergeschlechtes derer von Beyer erwählten sich gerne ihre „Grabesley" im „Hohen Kloster". Neben Heinrich d.Ä. (gestorben 1355) und Heinrich d.J. (gestorben 1375) und deren „Weibsleuten" fanden sich dort auch die Grabstätten mehrerer ihrer Töchter, die auf Marienberg „ihren Schleier genommen hatten". Aus hiesiger Sicht ist es sicherlich bedauerlich, dass die „Beyer'schen Grabdenkmäler", zweifelsohne einzigartige Kunstschätze, noch im Jahre 1914 dem Deutschen Museum Berlin verkauft wurden.

Pfarrkirche St. Severus

Auch bestand in alter Zeit die Möglichkeit, sich ebenfalls gegen Gewährung gewichtiger Zuwendungen, ein ewiges Ruherecht in der St. Severus-Kirche zu sichern.

Seit jeher im Mittelpunkt des Stadtgeschehens: die Bopparder St. Severus-Kirche, hier auf einem Stich nach einer zeitgenössischen Zeichnung von Nikolaus Schlad, den Auszug der Bevölkerung zum Orgelborn zeigend.

Später entnommene Grabsteine der Familiendynastien Clotten, Mertloch, Lotley und einiger anderer beweisen, dass auch von dieser Beisetzungsmöglichkeit recht rege Gebrauch gemacht wurde. Einige dieser Grabsteine sind heute im Vorhof des städtischen Museums, also im Innenhof der Alten Burg, zu besichtigen.

Weitere Grabstellen

Wenn auch in deutlich geringerer Zahl, wurden auch an anderen Stellen im Stadtgebiet seit jeher immer wieder bei Ausgrabungen menschliche Gräber entdeckt. Es bedarf daher sicher keiner besonderen Ausführungen, dass auch die weiteren örtlichen Klöster oder die zahlreichen Kapellen ebenfalls als Begräbnisstätten eine Nutzung erfuhren.

Natürlich darf auch der im Mittelbachtal seit den Zeiten des Dreißigjährigen Krieges bestehende Judenfriedhof in einer Auflistung nicht vergessen werden.

Selbst für das aus mittelalterlichen Zeiten stammende Bopparder Hospital ist ein eigener Friedhof beurkundet.

Friedhof St. Thöges

Während die vorgenannten Begräbnisorte zumeist nur den privilegierten Gesellschaftskreisen zugestanden wurden, diente das Gelände vor der St. Severuskirche seit jeher als Gottesacker der „einfachen" Bopparder Bürgerschaft.

Wann erstmals eine Beisetzung auf St. Thöges - die Namensgebung beruht wohl auf einer alten Form von St. Antonius, dem eine nahegelegene Kapelle gewidmet war - erfolgte, lässt sich den einschlägigen Archivunterlagen nicht entnehmen. Traditionell spricht

Zeitgenössische Skizze der St. Severus-Kirche mit Friedhof St. Thöges aus dem 18. Jahrhundert.

jedoch einiges dafür, dass dies schon in früher mittelalterlicher Zeit, in etwa zeitgleich mit dem Bau der verschiedenen dortigen Kirchen, der Fall gewesen war.

Der Friedhof fügte sich südlich an die Pfarrkirche an und war von einer ca. 4 - 5 Fuß hohen Mauer umgrenzt. Zu ihm führte eine Treppe, die zwischen dem alten, im Jahre 1883 bei einer mächtigen Feuerbrunst zerstörten Rathaus und der an St. Severuskirche angebauten Johanneskapelle, errichtet war.

Spätere Knochenfunde lassen darauf schließen, dass sich etwa in Höhe des heutigen Hofzuganges zum Kaufhaus Stammer mehrere „Sammelgruben" befanden. Hier wurden offensichtlich die bei erfolgten Neubelegungen nach Ablauf der Ruhezeiten vorgefundenen und noch nicht verwesten Knochenreste der Vorgängerbelegung gesammelt und ordentlich gestapelt erneut beigesetzt.

Nachweislich besaß der Friedhof St. Thöges im Gegensatz zu denen einiger anderer Städte im Rheinland kein eigenes Gebeinshaus, einen so genannten Karner.

Kurfürstliche „Trauerordnung"

Bevor über die Geschehnisse im letzten Drittel des 18. Jahrhunderts, die zur Aufgabe des jahrhundertealten Stadtfriedhofs St. Thöges führten, berichtet wird, sollen zunächst einige Ausführungen über die Herkunft dieser Erkenntnisse informieren.

Eine auch der Öffentlichkeit zugängliche Quelle sind die in besonderem Maße ergiebigen und noch recht vollständig enthaltenen Hofratsprotokolle im Landeshauptarchiv Koblenz. Bei den Hofratsprotokollen handelt es sich um die zum größten Teil akribisch verfassten Niederschriften über die Sitzungen der kurfürstlichen Regierung unter dem letzten Kurfürsten Clemens Wenzeslaus, der dieses herrschaftliche Amt in den Jahren 1768 - 1802 besetzte.

Der Hofrat in Ehrenbreitstein, der regelmäßig dreimal wöchentlich zusammen trat, behandelte fast alle Dinge des täglichen Lebens, die in irgendeiner Weise an die Verwaltung herangetragen wurden. Dieses ungemein große Zuständigkeitsfeld bewirkte, dass in diesen Protokollen neben - aus heutiger Sicht - vielem Unwichtigem, Überflüssigem und Nebensächlichem auch manche Einzelheiten der Nachwelt überliefert wurden, die für die Geschichte zahlreicher Ortschaften von höchstem Interesse sind.

Sicherlich waren die verantwortlichen Stadtväter äußerst überrascht, als ihnen im Frühjahr des Jahres 1778 eine vom Kurfürsten Clemens Wenzeslaus unterzeichnete „Trauerordnung vom 30. März 1778" vorgelegt wurde, deren § 7 bestimmte, dass in den „Haupt- und Nebenstädten die Friedhöfe aus dem Stadtinnern nach draußen zu „verlegen seien".

Die am 30. März 1778 durch Kurfürst Clemens Wenzeslaus unterzeichnete „Trauerordnung", welche die Verlegung der zahlreichen innerörtlichen Friedhöfe vorsah, revolutionierte das heimische Bestattungswesen.

Der Gesetzesbegründung lässt sich entnehmen, dass wohl die furchtbaren Erinnerungen und Erfahrungen aus der letzten mittelrheinischen Pestzeit (1665 - 1669) für den

Erlass dieser Anordnung eine maßgebliche Rolle spielten. Obwohl zwischenzeitlich ein ganzes Jahrhundert verstrichen war, wollte der Landesfürst bei einer etwaigen Wiederholung dieser oder einer anderen Volksseuche nicht nochmals in die Kalamität verfallen, dass zum einen durch die innerörtliche Bestattung der an der Seuche Verstorbenen die ohnehin beträchtliche Ansteckungsgefahr zweifelsohne deutlich erhöht würde und andererseits durch die zahlreichen Sterbefälle die innerörtlichen Friedhöfe der im Wachstum befindlichen Ortschaften ohnehin nicht zur Bestattung aller Opfer ausreichten.

Auch die einstmaligen Koblenzer Entwicklungen, wonach aus Platznot „mehrstöckige" Gräber errichtet werden mussten, sollten sich nicht mehr wiederholen.

Aber auch befürchtete Gesundheitsgefahren durch unmittelbar an Friedhöfen angrenzende Wohngebäude begründeten die von vielen Entscheidungsträgern als überzogen angesehene kurfürstliche Verordnung. In fast allen Städten befanden sich unmittelbar neben den Kirchen und damit auch unmittelbar neben den Friedhöfen die öffentlichen Wasserbrunnen, aus denen die Bevölkerung ihren zum täglichen Leben erforderlichen Wasserbedarf decken musste.

Es liegt daher nahe, dass bereits mit Blick auf eine nicht auszuschließende Vermischung des Grundwassers die Befürchtung der gesundheitlichen Risiken keineswegs aus der Luft gegriffen und abwegig war.

Friedhof St. Antonius

Die Umsetzung der kurfürstlichen Verordnung sollte sich in Boppard allerdings noch bis ins Jahr 1785 verzögern.

Zunächst hat die Stadt keine wirklichen Anstalten gemacht, sich ernsthaft um eine Verlegung des zentral gelegenen Stadtfriedhofs zu kümmern. Erst im Jahre 1784 wurde auf Nachfrage dem Hofrat in Ehrenbreitstein berichtet, dass mittlerweile ein neues Friedhofsgelände ausersehen sei. Eine Bestattung sei dort allerdings noch nicht vorgenommen wurden.

Bei dem fraglichen Gelände handelt es sich um den späteren so genannten „alten Sportplatz" im Umfeld der einstigen St. Antoniuskapelle, also der Fläche um das heutige Feuerwehrgerätehaus.

Der Hofrat reagierte auf dieses Versäumnis recht ungehalten und bat um Mitteilung der Hinderungsgründe für die vorgegebene zügige Umsetzung der „Trauerordnung". Da sich jedoch nicht nur die Stadt Boppard mit der Umsetzung der kurfürstlichen Verordnung in Verzug befand, erging am 16. Oktober 1784 eine weitere Rechtsvorschrift, die sich erneut mit der „Außerortsverlegung" der Friedhöfe befasste.

Boppards Amtsverwalter Heinrich Knoodt (1706 - 1796) berichtete daraufhin, dass selbstverständlich sofort nach Erlass der Trauerordnung ein Gelände ausgesucht worden sei und die Stadt dieses Gelände auch zügig mit einer Ringmauer eingefasst habe. Dennoch habe man zunächst den alten Kirchhof neben St. Severus weiter belegt, wobei zwischenzeitlich der Platz allerdings erschöpft sei. Für die übrigen Ortschaften seines Amtes bestehe mit eingehender Begründung allerdings kein Handlungsbedarf.

Die Regierung ging sodann wohl davon aus, das jetzt einer unverzüglichen Belegung des neuen Friedhofs nichts mehr entgegenstehe.

Nach einem weiteren Jahr erkundigte sich der Hofrat erneut nach den zwischenzeitlichen Bopparder Verhältnissen.

Am 3. Oktober 1785 berichtete hierzu Amtsverwalter Knoodt, dass es nur am katholischen Stadtpfarrer läge, der den fertiggestellten Friedhof noch immer nicht benutzte. Allerdings habe Pfarrer Christian Sturm, der in den Jahren 1770 bis 1793 in Boppard tätig war, nach wiederholter Intervention des Amtsverwalters nunmehr offiziell von der Kanzel verkündet, dass er künftige Beisetzungen nur noch auf dem neuen St. Antoniusfriedhof durchführen werde.

Sodann erfolgte tatsächlich am 10. Oktober 1785 mit der Beisetzung des einen Tag zuvor verstorbenen vierjährigen Kindes Nicolaus Bischof, erster Sohn des nicht im Beruf stehenden Nagelschmieds Philipp Bischof, die Erstbelegung des neuen Stadtfriedhofs am Säuerling. Es folgte mit einem Söhnchen der Wirtshausfamilie Kirch vom renommierten „Rebstock" ein weiteres Kleinkind.

Auf Nachfrage wurde dem Hofrat durch Amtsverwalter Knoodt am 17. November 1785 mitgeteilt, dass zwischenzeitlich bereits neun Beerdigungen auf St. Antonius stattgefunden hätten. Diese Antwort genügte aber dem Hofrat noch keineswegs.

Vielmehr verlangte die kurfürstliche Regierung nun noch einen Bericht, ob denn auch der alte Friedhof „interdicieret seie und solcher zum besten des Stadtaerarii verwendet werden könne". Demnach ging der Hofrat offensichtlich davon aus, dass der bisherige Kirchhof nunmehr sofort für andere Zwecke verwendet werden könne.

Darauf aber erwiderte Knoodt, dass der alte Friedhof keineswegs bereits aufgehoben worden sei. Von einer anderen Nutzung dieses Geländes könne jedenfalls in ersterer Zeit noch nicht geredet werden. Allerdings beabsichtige man, wenn denn die Grabstellen in einiger Zeit sämtlich aufgehoben seien, den Platz zur Errichtung eines Pfarrhauses zu verwenden. Aus diesen Unterlagen lässt sich im Übrigen entnehmen, dass zwischen der kurfürstlichen Hofkammer, dem Stift Worms und der Stadt Boppard ein Rechtsstreit anhängig war, der den Bau eines Pfarrhauses zum Inhalt hatte.

Die Einebnung des alten Friedhofes St. Thöges erfolgte in den Jahren 1803 und 1804. Die große Menge der vorgefundenen unverwesten Knochen wurde zum neuen St. Antoniusfriedhof verbracht und in der dortigen Kapelle, die anfänglich als Beinhaus diente und später wegen Baufälligkeit abgerissen wurde, aufgestapelt.

Die beiden nördlich und südlich an die Pfarrkirche angebauten Kapellen, St. Michaelis und St. Johannis, wurden ebenso wie die an die Kirche angebauten Häuser niedergerissen.

Auch die Gruppe „Jesus und die schlafenden Jünger am Ölberg", im Volksmund liebevoll „Siebenschläfer" bezeichnet, fand auf dem Friedhof St. Antonius eine neue Heimat. Heute befindet sie sich in der Karmeliterkirche.

Infolge der vermehrten Benutzung durch französische Besatzungsangehörige verdoppelten die Stadtverordneten im Jahre 1814 die Fläche des Friedhofes St. Antonius. Die Kosten zum Erwerb weiteren Gartengeländes von Martin Kirch im August d. J. zur not-

Ursprünglich stand die Steingruppe „Jesus und die schlafenden Jünger am Ölberg" auf den Friedhöfen St. Thöges und St. Antonius, heute ist sie in der Karmeliterkirche beheimatet. Obiges an der Friedhofsmauer St. Antonius gefertigte Foto stammt aus dem Jahre 1899.

Das Friedhofskreuz, das die Jahreszahl 1724 trägt, wurde seinerzeit gestiftet von der adeligen Klosterfrau des Marienberges Josepha von Pimmer, die am 30. April 1747 in Boppard verstarb. Es soll am 25. März 1725 feierlich eingeweiht worden sein. Ursprünglich stand es neben der Auffahrt von der Marienberger Hohl zum einstmals Hohen Kloster.
Die Inschrift des Kreuzes verrät auch, dass es ursprünglich sicherlich nicht für den späteren Standort am Friedhof St. Antonius gedacht war. Sie lautet: „Auf dieß Closter Herr Jesu Christ dein Vorsorg sei zu jeder Frist. Beschütz und erhalt All hier zeitlich damit wir hernach dich loben ewiglich. Dieses Creutz hat mit Genehmhaltung der Gnad. Frau M. Agnetis v. der Leyen Abtizsin aufrichten lasen die geist: Frau M. Josepha Fraue von Primeren 1724."
Das Kreuz wurde im Jahre 1810 in die Mitte des Friedhofes St. Antonius versetzt, nachdem bereits 1803 die Benediktinerinnen fliehen mussten und das einstige Kloster zunächst als Staatsgut bewirtschaftet und später von den Gebrüdern Doll erworben wurde, die sicherlich ihre Zustimmung zur Umsetzung des Kreuzes gaben.

wendig gewordenen Erweiterung des Friedhofs und der Umfassungsmauer beliefen sich auf 2.780 Franken.

Aber auch dieser neue Teil war im Jahre 1832 bereits vollständig belegt und eine nochmalige Vergrößerung, Kostenrahmen 1.971 Taler, war angezeigt. Auch in den folgenden Jahren schlossen sich regelmäßig weitere Platzvergrößerungen an.

Im Jahre 1847 konnte endlich das erste städtische Leichenhaus, dessen Erstellung Kosten in Höhe von 1.595 Taler verursachte, in Betrieb genommen werden.

1851 fügte die Stadt mehrere der bei der zehn Jahre zuvor erfolgten Restaurierung der St. Severuskirche freigelegte Grabplatten in die Westmauer des St. Antoniusfriedhofes ein.

Trotz seines tiefgelegenen Standortes war der Kirchhof selbst schon von weitem als solcher zu erkennen, denn an der Nordfront säumten ihn hochstämmige Bäume. Dazwischen stand ein Kreuz aus dem Jahre 1724.

Den Kirchhof selbst schmückte eine Allee von Maulbeerbäumen. Er wies zahlreiche künstlerische Grabmäler auf, darunter auch besonders solche von in Boppard verstorbenen, begüterten Patienten der Wasserheilanstalt Marienberg.

Nach alledem verwundert es nicht, das sich das gepflegte Friedhofsareal zu einem vielbesuchten Ausflugsziel nicht nur sonntäglicher Spaziergänger entwickelte.

Die bereits vor Friedhofseröffnung dort befindliche Kapelle zu Ehren des Hl. Antonius wurde anfänglich als Beinhaus genutzt, bevor sie später wegen Baufälligkeit abgerissen werden musste.

Dechant Johann Baptist Berger hat im Jahre 1854 unter seinem Dichternamen „Gedeon von der Heide" in seinem Büchlein „Die Totenschau" Betrachtungen in Gedichtform über einzelne auf dem Friedhof St. Antonius zur letzten Ruhe gebettete Verstorbene niedergeschrieben. Persönliche Erinnerungen sind verflochten mit allgemein gehaltenen Betrachtungen über die vor dem geistigen Auge des Dichters erschienen Toten.

> **„Die Toten gehören zur Gemeinschaft der Lebenden."**
>
> Pfarrer Berger, 1854

Neben seiner geliebten Schwester Klara fand der 1888 verstorbene, unvergessene Dechant Johann Baptist Berger, weit über Boppards Grenzen auch unter seinem Dichternamen Gedeon von der Heide bekannt, auf dem Friedhof Eisenbolz die letzte Ruhe.

Der Friedhof St. Antonius bestand noch keine einhundert Jahre, bis sich anfangs der 1870er Jahre zeigte, dass auch er bald den Bedürfnissen einer aufstrebenden und wachsenden mittelrheinischen Kleinstadt nicht mehr genügen sollte.

Trotz wiederholten Flächenerweiterungen erwies sich die Begräbnisstätte nach einigen Jahren regelmäßig als erneut nicht ausreichend dimensioniert.

Mehrfachbelegungen von Einzelgräbern und vorzeitige Grabräumungen vor Ablauf der Ruhezeiten waren unvermeidbar. Erschwerend kam hinzu, dass auch die anhaltende Ausdehnung der städtischen Wohnbebauung - die einstmals bedeutende Stadtmauer hatte längst ihre Daseinsberechtigung als Schutzmauer verloren - die Häuser bis unmittelbar an die Friedhofsmauer heranführte.

In diesem Zusammenhang ist noch zu erwähnen, dass sich wohl seit langem die Stadt einen Leichenwagen leistete, denn in alten Protokollen aus dem Jahre 1867 wird wiederholt die Anschaffung eines neuen „Leichengefährts" angemahnt.

Friedhof Eisenbolz

So sahen sich die Stadtverordneten erneut genötigt, einmal mehr neue Friedhofsflächen zu suchen. Auf Unverständnis in großen Teilen der Bevölkerung und der katholischen Kirchengemeinde stießen die im Jahre 1875 bekannt gewordenen Pläne und Absichten zur Anlage eines neuen Stadtfriedhofs auf bislang land- und weinbauwirtschaftlich genutzten Flächen am Fuße des Eisenbolz.

Auch unter den Stadtverordneten herrschte große Uneinigkeit, wurden doch von einem Teil der Volksvertreter - ebenso wie von der katholischen Kirchengemeinde - näher gelegene Flächen im Bereich des noch unbebauten „Zeil" favorisiert. Als dennoch mit knapper Ratsmehrheit am Standort Eisenbolz festgehalten wurde, sollte dies der Auslöser für jahrzehntelang anhaltende, unerfreuliche Gerüchte über persönliche Bereicherungen einzelner Stadtverordneter im Zusammenhang mit dem Abschluss der notwendigen Grundstücksgeschäfte sein.

Die verausgabten Gesamtkosten zum Ankauf der Grundstücke, der Anlage der Grabfelder und der Erstellung notwendiger Räumlichkeiten durch die Baufirma der Gebrüder Alt auf dem Friedhofsgelände belasteten mit 73.000 Mark des Stadthaushalt.

Das Eingangskreuz am Friedhof Eisenbolz empfängt die Besucher der gepflegten, terrassenförmig angelegten Begräbnisstätte im Ortsteil Buchenau.

Bis zum Abschluss aller notwendigen Vorbereitungs- und Bauarbeiten sollten noch über drei Jahre vergehen, bevor dann am 1. Dezember 1878 der Friedhof Eisenbolz erstmals in Benutzung genommen wurde.

Wie die Standesamtsregister ausweisen, war es auch diesmal wieder - wie bei der Erstbelegung des vormaligen St. Antoniusfriedhofs - mit dem am Vortage verstorbenen zehn Monate alten Andreas Werner, Sohn eines Tagelöhners aus der Leiergasse, ein Kleinkind, dem die traurige „Ehre" zuteil wurde, den neuen Friedhof „einweihen" zu dürfen.

Nachdem in den nächsten Tagen die Beisetzungen zweier weiterer Kindesleichen und einer Totgeburt erfolgten, wurde erstmals am 14. Dezember 1878 eine erwachse-

ne Person auf dem Friedhof Eisenbolz beerdigt. Als nach einigen Jahren die Nutzung der jüngsten Friedhofsfläche weitestgehend akzeptiert wurde, ließ die Stadt anfangs der 1890iger Jahre den ehemaligen St. Antoniusfriedhof einebnen, wobei die Fläche anschließend bis zum 2. Weltkrieg als Sportplatz diente.

Trauerzug endete an Stadtgrenze

Wie bereits erwähnt, sprach sich die katholische Pfarrgemeinde von Anfang an gegen die Ausweisung des nunmehr fertiggestellten Friedhofes aus. Aufgrund dieser Widerstände war es nunmehr für die einstigen Kirchenführer nur noch konsequent, den neuen Friedhof nicht als kirchlichen Friedhof anzuerkennen, sondern allenfalls als „Kommunalfriedhof" wohl oder übel zu akzeptieren.

Mit einer Eingabe beim Trierer Generalvikariat beendete der katholische Geistliche Jakob Paulus (1895 - 1917) eine jahrelang praktizierte „unwürdige Beisetzungspraxis" und fortan begleiteten auch die katholischen Geistlichen die Trauergemeinde bis zur Grabstätte auf dem Eisenbolz.

Auf diese Unstimmigkeit ließ sich dann zurückführen, dass über einen Zeitraum von sage und schreibe 35 (!) Jahren die Beisetzungen einen recht seltsamen Verlauf hatten.

Pastor und Messdiener begleiteten ebenso wie der Großteil der Bopparder Bevölkerung die am Wohnhaus des Verstorbenen startenden Leichenzüge nur noch bis zur Stadtgrenze, die sich seinerzeit in etwa in der Höhe der heutigen Einmündung der Orgelbornstraße in die Simmerner Straße befand. Hier bekam der Verstorbene nochmals den kirchlichen Segen und die Angehörigen setzten gemeinsam mit den Sargträgern, regelmäßig aus Mitgliedern der zugehörigen Nachbarschaft bestehend, die restliche Wegstrecke alleine fort. Die verbleibende Trauergemeinde begab sich zurück auf den Heimweg.

Erst durch eine von Pfarrer Jakob Paulus auf Wunsch des Kirchvorstandes im Jahre 1913 verfasste Eingabe an das Trierer Generalvikariat wurde die Änderung dieses, wie der Geistliche formulierte, „unwürdigen Zustands" bewirkt. Ab April 1913 begleiteten dann endlich auch Pfarrer und Messdiener den Trauerzug bis zur Grabstätte.

So verliefen dann im wesentlichen unverändert die Beisetzungen im Stadtgebiet bis ins Jahr 1960, als dann endlich der Bau der langersehnten Friedhofskapelle verwirklicht wurde. Nach deren Einweihung erfolgten die Bestattungen nach vorherigem Gottesdienst in der örtlichen Pfarrkirche direkt von der Friedhofskapelle aus. Die langen, oftmals beschwerlichen Fußwege hatten damit ihr Ende gefunden.

Bis zur Einweihung der Friedhofskapelle im Jahre 1960 war eine Beisetzung auf dem Friedhof am Eisenbolz mit einem beschwerlichen Fußweg verbunden. Als „Leichenwagen" diente regelmäßig ein Pferdefuhrwerk. Auf obigem Foto eines Leichenzuges am Eisenberger Weg sind noch die großflächigen Weinhänge des Eisenbolzes erkennbar. Das Gefährt wurde von dem hauptberuflichen Landwirt Hans Breitbach aus der Burdengasse gesteuert, der in den Jahren 1940 bis 1950 diese „Nebentätigkeit" ausübte.

*Mitte der 1950er Jahre wurde die alte Friedhofsmauer, errichtet aus Steinen der gegenüber-
liegenden Ziegelei, abgerissen.*

Das jahrhundertealte Brauchtum der nächtlichen Totenwache am Totenbett des Verstorbenen - auch hierbei wurde den Nachbarschaften eine maßgebliche Rolle zugestanden - gehört ebenfalls seitdem auch in Boppard endgültig der Vergangenheit an.

„Nachbesserungen" auf dem Friedhofsgelände

Die erste spürbare Vergrößerung des noch jungen Friedhofs fand im Jahre 1910 statt, als die Friedhofsfläche um zahlreiche Grabreihen in den Eisenbolzer Hang hinein und auch Richtung Bad Salzig erweitert wurde.

Trotz massiver Proteste aus der Mitte der Bevölkerung, welche die kräfteraubenden Mühen der Sargträger mit ihren gewichtigen Lasten auf dem schnurgeraden und äußerst steilen Verlauf des ansteigenden Zentralwe-ges beklagten, fand sich aus Kostengründen damals keine Mehrheit, diesen Hauptweg in der gewünschten „Schlangenform" in die höher gelegenen Grabfelder ansteigen zu lassen.

Zwar diente 1954 Stadtbürgermeister Dr. Alexander Stollenwerk dem Stadtrat unter eingehender Schilderung der „Hangproblematik" die „Neugestaltung des Bopparder Friedhofs" an. Aber auch diesmal konnten sich die Ratsvertreter wegen der immensen Kosten nicht für die vorgeschlagene Wege-änderung gewinnen lassen.

Immerhin stimmten die Bürgervertreter einem zügigen Abriss der in die Jahre gekommenen und einsturzgefährdeten Friedhofs-mauer zu und ließen diese durch sog. „lebende Hecken" ersetzen.

Es sollte noch bis zum Ende der 1950er Jahre dauern, als sich dann doch noch der Stadtrat endlich dazu durchringen konnte, den unveränderten Wegeverlauf auf dem ansteigenden Gelände dergestalt zu verlegen, dass künftig auch mit einem „Gefährt", wie die Ratsprotokolle formulierten, alle Gräber angefahren werden können.

Bei dieser Gelegenheit wurde auch der vor dem Friedhofseingang aufgeschüttete Erddamm eingeebnet. Ein beidseitig umfließender Bachlauf, der als Vorfluter diente, sorgte zuvor stets für einen feuchten und matschigen Eingangsbereich.

Im November 1960 freute sich Stadtoberhaupt Dr. Stollenwerk über die Fertigstellung einer würdigen Friedhofskapelle, die wenige Jahre später durch den Bau eines benachbarten Glockenturms ergänzt wurde.

Eingangsbereich Friedhof Eisenbolz mit Leichenhalle und Glockenturm (Foto: 2005).

Ein Besuch des Eisenbolzer Terrassenfriedhofs entwickelt sich für Heimatinteressierte zu einer wahren Fundgrube. Besonders in den unteren Grabfeldern stößt der Besucher ständig auf einstige Stadtprominenz. So ist beispielsweise in obiger Grabstätte Altbürgermeister Joseph Fetzer (1867 - 1920), der am 31. Juli 1914 in vaterländischer Begeisterung auf der Bopparder Rathaustreppe den Ausbruch des 1. Weltkrieges verkündete, beigesetzt.

Dieser Glockenturm entstand im Zusammenhang mit der Anlage des Kriegsopfer-Ehrenhains, wobei die katholische Kirchengemeinde das einstige Glöckchen der ehemaligen Franziskanerkirche, die auch anschließend beim Lehrerseminar treue Dienste leistete, zur Verfügung stellte. Der verschwundene Klöppel wurde vom örtlichen Hinterbliebenenverband gestiftet. Erstmals läutete das neue Friedhofsglöckchen bei der Beerdigung des Kraftfahrers Peter Werner am 4. Juli 1966.

Nachdem auch in den weiteren Jahren bis in die heutigen Tage regelmäßig weitsichtige Nachbesserungen und Neuerungen am Buchenauer Friedhofskomplex erfolgten, beispielhaft seien die Schaffung von Parkflächen für Besucher, die Anlage von Grünflächen und Pflanzbeeten, der Bau erforderlicher Kühlzellen und weiterer zeitgemäßer Einrichtungen genannt, handelt es sich heute beim Stadtfriedhof in Buchenau um eine würdige und der Aufgabe gerecht werdende Begräbnisstätte, die sicher noch lange Jahrzehnte den Bopparder Ansprüchen und Erfordernissen Rechnung tragen wird.

Kirche zu Christus dem Erlöser

Von 1967 bis zum Jahre 2004 besaß Buchenau eine „katholische Übergangskirche"

Zum auslaufenden Jahr 1967 wurden dem religiösen Leben der an kirchlicher Tradition reichen Rheinstadt Boppard neue Impulse hinzugefügt. Endlich erhielt der im stetigen Wachstum befindliche Ortsteil Buchenau seine ersehnte, wenn auch kleine „Erlöserkirche" in der Waldstraße.

Bereits am 19. September 1960 stellte die Stadt Boppard der Katholischen Kirchengemeinde Grundstücksflächen *„an der Felsnase oberhalb der Ecke Unter den Birken"* unentgeltlich zum Bau einer Kirche zur Verfügung. Dass die Umsetzung dieser Absicht dann allerdings noch über sieben Jahre dauern sollte, damit hatten seinerzeit sicherlich auch die verantwortlichen Bistumsvertreter nicht gerechnet. Zu ungewiss war in dieser Zeit die Entwicklung der Pfarrgemeinde in dem jungen Ortsteil und wohl niemand war in der Lage, eine auch nur annähernd präzise Zukunftsprognose abzugeben.

So war die bauliche Umsetzung wohl vornehmlich ein Verdienst des am 3. Dezember 1961 vom Bistum Trier zum Rektor der Marienberger Ursulinenschule und gleichzeitig zum ersten katholischen Seelsorger in Buchenau bestellten Josef Dissemond aus Bols-

dorf. Neben seiner „offiziellen" Stelle als Kaplan der Pfarrei Boppard wurde ihm auch der Rang eines „Außenkaplans" für Buchenau zugedacht. Und in dieser Eigenschaft drängte er wiederholt auf baldige Umsetzung einer zwischenzeitlich erfolgten mündlichen Zusage Triers zur Errichtung eines Buchenauer Gotteshauses. Bei seinen Bestrebungen wurde er tatkräftig vom Pfarrgemeinderat mit Pfarrer Erhard Josef Krummeich an der Spitze unterstützt.

Aber Trier ließ sich keinesfalls so einfach zu einer Verwirklichung seiner Gedankengänge bewegen. Immerhin konnten jedoch die Bopparder Fürsprecher bewirken, dass zunächst mit der Errichtung eines Kindergartens auf dem besagten Gelände ein erster Schritt in Richtung kirchlicher Nutzung getan wurde. Am 15. Dezember 1963 erfolgte die Einweihung des Katholischen Kinder-

Skizze der als reiner Holzbau erstellten Buchenauer Erlöserkirche aus dem Jahre 1968.

gartens Buchenau durch Caritasdirektor Msgr. Paul Fechler.

Außenkaplan Josef Dissemond wurde seiner Berufung nicht müde und nutzte jede sich ihm bietende Möglichkeit, um mit Bittbesuchen und Petitionen bei seiner vorgesetzten Trierer Kirchenbehörde an die Notwendigkeit des baldigen Baues einer Buchenauer Kirche zu erinnern. Und als er bei seiner im Jahre 1966 erfolgten Versetzung nach Bad Kreuznach ebenso wie der am 1. Mai 1966 in den Ruhestand getretene Pfarrer Krummeich das Bedauern über die bislang nicht von Erfolg gekrönten Ansiedlungsversuche unüberhörbar zum Ausdruck brachte, wagten beide noch nicht zu hoffen, dass sich ihr Wunsch letztlich doch noch in recht naher Zukunft erfüllen sollte.

Im Frühjahr 1967 wurde endlich die ersehnte schriftliche Bauzusage der Bistumsverwaltung bekannt gegeben, allerdings mit dem Hinweis, dass wegen der Unbestimmtheit der weiteren katholischen Bevölkerungsentwicklung *„nur eine Kirche aus jederzeit demontierbaren Fertigbauteilen für den Übergang"* errichtet werden dürfe. Als Übergang wurde die Zeit empfunden, in der sich die zukünftige Entwicklung des Ortsteiles ablesen und damit die erforderliche Größenordnung eines Kirchenbaues festlegen lässt. Zunächst sei die *„Errichtung einer dreihundert Personen umfassenden Kirche"* bewilligt.

Der kurzfristigen Umsetzung dieses Projekts stand nun nichts mehr im Wege und der 7. Januar 1968 wurde für Buchenau zu einem

Auszug aus der bebilderten Pfarrchronik St. Severus Boppard mit nachfolgender Bildunterschrift: Benediktion der „Erlöserkirche" in Boppard-Buchenau am 7. Januar 1968 durch Msgr. Ordinariatsrat Heinrich Moritz aus Trier; v.l.n.r.: Kaplan lic. theol. Hans Welschbillig, Pfarrer Josef Dissemond aus Bad Kreuznach (früher Rektor auf Marienberg und Expositus von Buchenau), Pfarrer Wolfers, Msgr. Moritz aus Trier, Dechant Wiegand aus Herschwiesen und Rektor Mosmann (Marienberg, jetzt Expositus für Buchenau).

Auch die Pfarrgemeinde wohnte neben den zahlreich erschienenen Ehrengästen am 7. Januar 1968 den Einweihungsfeierlichkeiten der „Erlöserkirche" bei.

Festtag. Ordinariatsrat Msgr. Heinrich Moritz fand sich in der künftigen „Erlöserkirche" ein, um im Kreis der örtlichen Geistlichkeit die innere und äußere Benediktion des Gotteshauses zu vollenden. Gleichzeitig erhielt die Kleinkirche den offiziellen Namen „Kirche zu Christus dem Erlöser".

Als Sprecher des Kirchenvorstandes hieß Oberstudienrat Anton Eberz die Anwesenden willkommen und verband seinen Dank an die bischöfliche Verwaltung für das den Bopparder Verhältnissen zuteil gewordene Verständnis mit dem Wunsch, dass das neue Kirchlein nun auch Ansporn und Hinweis dafür werden möge, dass die christliche Gemeinde in Buchenau ein stetiges Wachstum erfahre.

Zu den Geistlichen, die anschließend mit der Gemeinde in das neue Gotteshaus einzogen, gehörten neben dem am 10. Juli 1966 eingeführten Pfarrer Nikolaus Wolfers, Dechant Peter Wiegand (Herschwiesen), Pastor Josef Dissemond (Bad Kreuznach), der frühere Kaplan der Pfarrabteilung Buchenau und als „Großvater des Buchenauer Kirchenbauprojektes" betitelt, Rektor Winfried Mosmann und Kaplan Hans Welschbillig.

Unter dem Gesang der Allerheiligenlitanei wurde der zweite Teil der Benediktion

> **Dieser Bau ragt als Haus und Wohnung Gottes zwar nicht über andere hinaus, erhält aber als Stätte mehrfacher Begegnung seine besondere Bedeutung.**
>
> *Festpredigt Ordinariatsrat Msgr. Heinrich Moritz*

vollzogen. Wesentliche Teile des Festgottesdienstes gestaltete der Bopparder Kirchenchor mit ein- und mehrstimmigen Gesängen.

In seiner Festpredigt zeigte sich Msgr. Moritz von der Schlichtheit der kleinen „Erlöserkirche" beeindruckt.

Pastor Wolfers nahm in der anschließenden Feierstunde in den Räumlichkeiten des benachbarten Kindergartens die Gelegenheit wahr, dem Bistum und der Stadt im Namen der Bopparder Pfarrei zu danken und die Verdienste all derjenigen hervorzuheben, die an der Verwirklichung des Projekts beteiligt waren. Ohne deren finanzielle Hilfe wäre die durch die Renovierung der St. Severus-Kirche noch stark belastete Pfarrgemeinde zu einer solchen Leistung nicht in der Lage gewesen. Ein wesentlicher Schritt auf dem Wege zur kirchlichen Gemeindebildung in Boppard-Buchenau sei dadurch ermöglicht worden.

Pfarrer Osthus und Pfarrer Dr. Rose, Repräsentanten der evangelischen Kirchengemeinde, übermittelten ebenso wie Bürgermeister Günter Linnenweber und die Mitglieder des Stadtrates ihre Glückwünsche und gedachten dankbar der erhaltenen Zusage, wonach die Erlöserkirche auch für evangelische Gottesdienste zur Verfügung stehe.

Groß war die Freude der Kirchenbesucher, als am 20. Juli 1968 die ortsansässige Bopparder Orgelbaufirma Gerhardt eine neue Orgel für die „Erlöserkirche" installierte.

Nachdem bereits im Jahre 1982 umfangreiche Renovierungsarbeiten an der Kirchensubstanz unvermeidbar waren, ließ sich nach weiteren zwei Jahrzehnten im Jahre 2004 aufgrund gutachterlich attestierter Einsturzgefahr ein Abriss des „in die Jahre gekommenen Provisoriums" nicht mehr vermeiden.

Bedingt durch die bereits seit Jahren stetig rückläufige Zahl sonntäglicher Gottesdienstbesucher dürfte zumindest kurz- und mittelfristig nicht mit der Verwirklichung der einstmals angedachten und erhofften „Endkirche" zu rechnen sein.

Buchenaus „Messdiener-Pioniere" im Jahre 1964: Nachdem erstmals an Weihnachten 1961 in der eiskalten Friedhofskapelle eine Heilige Messe gefeiert wurde, fanden fortan bis zur Fertigstellung des Kindergartens im Jahre 1963 dort auch die sonntäglichen Gottesdienste statt. Woche für Woche wurde ein Gruppenraum im neuen Kindergarten mit tatkräftiger Unterstützung der Familie Burkhard (Im Goldregen) für die Abhaltung der Messfeierlichkeiten „umfunktioniert". Mit Einweihung der „Erlöserkirche" verrichteten die fleißigen Altarhelfer dann ab 1968 ihren Kirchendienst in dem neuen Gotteshaus.

Entwicklung der Evangelischen Kirchengemeinde Buchenau

Eine Chronik von Pfarrer i. R. Rainer Hachmann

*Obigen Pfarrern wurde die seelsorgerische Betreuung der evangelischen Christen im Orts-
teil Buchenau erfolgreich anvertraut (v.l.n.r.): Wilhelm Mundle (1942 - 1962), Dr. Eugen Rose (1963 - 1967), Dieter Osthus (1967 - 1974), Gottfried Diening - kein Foto vorhanden -
(1974 - 1978), Rainer Hachmann (1979 - 2003) und Andrea Gorres (seit 2004).*

Die Keimzelle der Evangelischen Gemeinde Buchenau bildeten evangelische Vertriebene aus den Ostgebieten des Deutschen
Reiches, die seit 1954 in Buchenau angesiedelt wurden. Schon bald entstand bei ihnen
der Wunsch nach einem eigenen Versammlungsraum bzw. nach einer Kirche.

So stellte das Presbyterium der Evangelischen Kirchengemeinde Boppard am 13. Dezember 1957 einen Antrag an den Rat der
Stadt Boppard mit der Bitte um Überlassung
eines kostenlosen Grundstückes zur Erbauung einer Kirche. Knapp ein Jahr später im
Oktober 1958 erging ein entsprechender Beschluss des Stadtrates, womit der Evangelischen Gemeinde zwei Parzellen im Lindenhof zur Errichtung einer Kirche und eines Gemeindehauses geschenkt wurden. Ein erster
Schritt zur Realisierung des Bauvorhabens
wurde mit der Einrichtung eines Baufonds getan.

Aber nicht nur eine eigene Kirche sondern
für ihre seelsorgerliche Betreuung auch einen eigenen Pfarrer hätten die evangelischen
Buchenauer gerne gehabt. Deshalb beschloss das Presbyterium, einen Antrag an
die Kirchenleitung in Düsseldorf zur Errichtung einer 2. Pfarrstelle zu richten: *„Ihr Inhaber bekommt einen kleineren Seelsorgebe-
zirk (Buchenau und Salzig), betreut die An-*
*stalt St. Martin mit sonntäglichem Gottes-
dienst und Konfirmandenunterricht und beteiligt sich maßgeblich an der ev. Unterwei-
sung der Kreisberufsschule“,* so der Beschluss vom 11. Januar 1962.

Wenn diesem Antrag auch nicht stattgege-
ben wurde, so ließ man dennoch nicht locker
und stellte mit Beschluss vom 28. Juni 1962
einen neuen Antrag zur Errichtung einer Vikarinnenstelle. (Anmerkung: Eine Theologin
konnte zur damaligen Zeit noch keine eigene
Pfarrstelle einnehmen.) Diesem Antrag wurde von der Kirchenleitung zugestimmt. Leider aber fand sich keine Bewerberin.

Inzwischen wuchs die evangelische Bevölkerung durch weitere Ansiedlung von
Flüchtlingen immer mehr an. Eine Bebauung
auf den beiden kleinen Parzellen im Lindenhof erschien dem Presbyterium nach Befra-
gung der ev. Gemeindeglieder von Buchenau
daher nicht mehr sinnvoll.

Das Presbyterium bat mit Beschluss vom
22. April 1963 den Rat der Stadt Boppard um
Überlassung eines kostenlosen Grundstückes im neuen Baugebiet „Pütz“ zur Errichtung eines Kindergartens mit einer Wohnung
für die Kindergärtnerin, eines Küsterhauses,
eines Pfarrhauses, eines Gemeindehauses
mit Gemeinde- und Jugendräumen und einer
Kirche.

Mit Schreiben des Bürgermeisters Dr. Alexander Stollenwerk vom April 1964 stellte die Stadt die Schenkung eines entsprechenden Grundstückes von ca. 5 000 qm in Aussicht. So konnten die Planungen für die Realisierung des Bauvorhabens, das in vier Bauabschnitte gegliedert wurde, endlich anlaufen. Die Errichtung eines Kindergartens hatte oberste Priorität, da der im Dezember 1963 in Buchenau eröffnete katholische Kindergarten bereits überfüllt war.

Der damalige Bautenkirchmeister des Presbyteriums, Stadtbaurat Zoller, legte einen ersten Entwurf für den Kindergarten vor, jedoch bestand das landeskirchliche Bauamt in Düsseldorf auf der Ausschreibung einer Gesamtplanung der vier Bauabschnitte, aus der der Kölner Architekt, Dipl. Ing. Helmut Wolfram, als Sieger hervorging und am 24. Mai 1966 vom Presbyterium mit der Ausarbeitung der Baupläne für das Gemeindezentrum - Abschnitte I und II (Kindergarten mit Wohnung für Kindergärtnerin und Küster sowie des Pfarrhauses) - beauftragt wurde. Die örtliche Bauleitung sollte der Bopparder Architekt Heinrich Pilz übernehmen. Der erste ausführliche Kostenvoranschlag für den 1. Bauabschnitt (ohne Inneneinrichtung) betrug ca. 390 000,00 DM.

In der Zwischenzeit ging natürlich auch das kirchliche Leben in der Ev. Kirchengemeinde Boppard weiter. Am 17. März 1963 wurde als Nachfolger des pensionierten Pfarrers Wilhelm Mundle Dr. Eugen Rose mit einem Festgottesdienst in der Christus-Kirche feierlich in sein Amt als Pfarrer eingeführt.

Ab Mai 1963 fanden sich wöchentlich interessierte Buchenauer Gemeindeglieder zunächst bei Frau Oberkrämer, später bei Familie Grönig zu einer Bibelstunde zusammen. Seit März 1965 traf sich ein Mütterkreis regelmäßig im Katholischen Kindergarten Buchenau. Zur gleichen Zeit beschloss die Kirchenleitung der Ev. Kirche im Rheinland die Umwandlung der bestehenden Vikarinnenstelle in eine zweite Pfarrstelle der Ev. Kirchengemeinde Boppard. Sie sollte die Gemeindeteile Bad Salzig, Weiler und Buchenau umfassen.

Am 2. Mai 1965 trat Dieter Osthus seinen Dienst als Vikar in der Gemeinde an und übernahm am 1. Oktober 1965 als Hilfsprediger die Verwaltung der zweiten Pfarrstelle. Zu seinen Dienstpflichten gehörte auch die Durchführung von zwölf Religionsunterrichtsstunden an der Berufsschule Boppard.

Angesichts der erheblichen Kosten allein für den 1. Bauabschnitt und der Tatsache, dass die Kirchenleitung in Düsseldorf inzwischen einen Baustopp für nicht dringliche Projekte erlassen hatte, kamen dem Presbyterium doch erhebliche Zweifel, das Gemeindezentrum in der geplanten Form so durchzuführen. Auch der Kreissynodalvorstand in Koblenz, der eine Dringlichkeit hätte bescheinigen müssen, hatte große Bedenken. In seinem Schreiben vom 19. Dezember 1966 hieß es: *„Auf das Schreiben der Gemeinde Boppard vom 21. November 1966 wegen Gemeindeneubau in Boppard beschließt der KSV, die Gemeinde zu bitten: Notwendigkeit und Rentabilität der Planung sollen überprüft werden und der endgültige Plan soll mit Angabe der Kosten wieder vorgelegt werden."* So nahm man dann schließlich vorläufig Abstand von den Bauplänen eines Gemeindezentrums im Pütz und entschied sich für den Kauf eines Pfarrhauses in Buchenau für den Inhaber der zweiten Pfarrstelle, die am 16. April 1967 mit der Einführung von Dieter Osthus, dem einzigen Kandidaten, erstmalig besetzt wurde.

Im Laufe des Jahres 1968 kristallisierte sich im Presbyterium und bei den befragten Buchenauer Gemeindegliedern die Überzeugung heraus, zunächst als Übergangslösung für fünf Jahre auf dem Gelände im Lindenhof eine versetzbare Notkirche und ein Pfarrhaus - der Kauf eines Hauses hatte sich zerschlagen - zu errichten. Zu einem späteren Zeitpunkt sollte ein Gemeindezentrum auf dem Gelände im „Pütz" erbaut werden. Auf Grund dieses Presbyteriumsbeschlusses nahm die Stadt Boppard die in Aussicht gestellte Schenkung des Geländes im „Pütz" wieder zurück.

Ab Februar des gleichen Jahres konnten die Buchenauer an jedem ersten Sonntag im

Monat ihre eigenen Gottesdienste und Kindergottesdienste feiern, und zwar in der Buchenauer Erlöserkirche, die die Katholische Pfarrgemeinde St. Severus zur Verfügung gestellt hatte.

Noch mehr als ein Jahr sollte es aber dauern, bis mit dem Bau einer kleinen Holzkirche am 3. Dezember 1969 begonnen werden konnte, die von der Firma Peter Milz aus Blankenheim/Eifel errichtet wurde.

Am 22. März 1970 feierten die evangelischen Buchenauer die Indienststellung ihrer Kirche. Dazu schrieb die Rhein-Zeitung in ihrer Ausgabe vom 24. März 1970:

„Jetzt haben auch die evangelischen Bewohner des Bopparder Ortsteils Buchenau ihre eigene Kirche. Am Sonntag ist der bescheiden als Kleinkirche deklarierte Bau mit einem festlichen Gottesdienst seiner Bestimmung übergeben worden. Man ist bei der Ausführung des als Dachhaus aus Fertigteilen erstellten Baues davon abgerückt, ihn rein sakralen Zwecken zu widmen. In Minutenschnelle lässt sich seine Inneneinrichtung zu einem Gemeindesaal umwandeln, und damit hat man dem Wunsch, eine Art Gemeindezentrum in Buchenau zu schaffen, Rechnung getragen. Dem Gottesdienst zur Indienststellung der neuen Kirche ging die Schlüsselübergabe voraus. Die Überreichung von Bibel - der Gemeinde von Bundespräsident Gustav Heinemann geschenkt - Agende, Tauf- und Abendmahlsgeräten folgte.

Superintendent Kickhefel, der sie entgegennahm, berührte in seiner Ansprache grundsätzliche Überlegungen der Kirche über den Bau neuer Kirchengebäude überhaupt. Er sah die neue Buchenauer Kleinkirche als Muster dafür, dass dem gläubigen Christen hier ermöglicht werde, vom einsamen Suchen zum gemeinsamen Finden zu kommen. Aus solcher Gemeinschaft, die nicht nur im Gottesdienst wirksam werde, erwachse für die Gemeindeglieder die Chance, aus Krise, Unbehagen und Rückzugsstimmung herauszukommen und einer Überwältigung durch die Strömungen des letzten Jahrhundertdrittels zu entgehen." Die Gesamtkosten mit Einrichtung und Orgel (Firma

Oberlinger), die im September 1970 aufgestellt wurde, betrugen 108.000,00 DM.

Nun feierten die evangelischen Christen von Buchenau jeden ersten und dritten Sonntag im Monat ihre Gottesdienste und Kindergottesdienste in ihrer eigenen Kirche. Doch auch wochentags kamen die Buchenauer in ihre Kleinkirche. Jede Woche trafen sich die Vier- bis Achtjährigen in einem Kinderkreis, die Acht- bis Dreizehnjährigen in einer Mädchen- und Jungenjungschar, die älteren Jugendlichen in einem Kreis für junge Leute. Einmal im Monat kamen die älteren Gemeindeglieder zu einem Gemeindenachmittag zusammen. 1971 wurde ein Filmclub eingerichtet, in dem drei Jahre später der „Kreis für junge Leute" aufging.

Im Oktober 1970 hatte die Pfarrfamilie das neben der Kleinkirche gelegene, neu erbaute Pfarrhaus bezogen.

Nach neunjährigem Dienst verließ Pfarrer Dieter Osthus Ende Mai 1974 die Evangelische Kirchengemeinde Boppard, um eine Auslandspfarrstelle in einer deutschen Gemeinde in Wales/Großbritannien anzutreten. Als sein Nachfolger wurde der Hilfsprediger Gottfried Diening am 20. Oktober 1974 in sein Amt als Pfarrer eingeführt.

In seine Dienstzeit fiel die Umbenennung des Gemeindenachmittages in „Seniorennachmittag", womit dem Umstand Rechnung getragen wurde, dass sich fast ausschließlich die ältesten Gemeindeglieder zu diesem Kreis gehörend fühlten.

Im Februar 1976 rief Pfarrer Diening einen Ehepaarkreis, der bis zum Ende seiner Dienstzeit bestand, ins Leben. Unter der Leitung der Grundschullehrerin Wilhelmine Marquardt aus Buchenau wurden ab März 1976 lernschwache Schüler dreimal wöchentlich in Lesen, Rechtschreibung und Rechnen in der Kleinkirche kostenlos unterrichtet.

Auch Spielen und Erzählen sollten nicht zu kurz kommen. Im Februar 1978 etablierte sich ein Puppenspielkreis mit dem Ziel, ein Puppentheater aufzubauen, um im Gottesdienst biblische Geschichten zu spielen. Der erste Gottesdienst mit der Puppenbühne, in dem das Gleichnis vom barmherzigen Samariter gespielt wurde, fand am 11. Juni 1978 in der Kleinkirche statt.

Am 31. Dezember 1978 verließ Pfarrer Diening die Evangelische Kirchengemeinde Boppard, um eine Pfarrstelle in Viersen zu übernehmen.

Als sein Nachfolger wurde am 28. Oktober 1979 Pfarrer Rainer Hachmann in einem festlichen Gottesdienst in der Christus-Kirche durch Superintendent Hans Warnecke in sein Amt eingeführt. Neben seinem gottesdienstlichen und seelsorgerlichen Dienst sowie dem Religionsunterricht in der Grundschule und der Berufsbildenden Schule Boppard lag ihm besonders die Weiterführung der Kinder- und Jugendgruppen, die Durchführung von Konfirmanden- und Sommerfreizeiten am Herzen.

Aber auch die übrigen Gemeindeglieder kamen nicht zu kurz. Der Seniorenkreis erfreute sich weiterhin großer Beliebtheit, ein Gesprächskreis traf sich ab März 1980 einmal monatlich im Buchenauer Pfarrhaus. Hier wurden Fragen und Probleme aus Theologie, Familie, Schule, Naturwissenschaft und Gesellschaft diskutiert. Auch das gesellige Beisammensein der Mitglieder wurde gefördert. Im Februar 1980 fanden sich unter der Leitung von Frau Eva Zickel alle 14 Tage Frauen zu einem Bastel- und Handarbeitskreis zusammen. Die dort entstandenen Ar-

beiten wurden auf einem Basar am Buß- und Bettag 1980 verkauft. Von dem Erlös wurden vier Kerzenkronleuchter sowie weitere Antependien für Altar und Kanzel angeschafft.

Am 23. März 1980 feierten die Buchenauer Gemeindeglieder das zehnjährige Bestehen ihrer Kleinkirche mit einem Gemeindetag, der mit einem Familiengottesdienst, den die Mitglieder der Puppenbühne und die Konfirmanden gestalteten, eingeleitet wurde. Den Festvortrag hielt der ehemalige Presbyter Günther Leitz, in dem er die Entstehungsgeschichte der Buchenauer Kleinkirche darlegte. Mittagessen, Kaffeetrinken und Spiele für die Kinder schlossen sich an. Seit der Einführung von Pfarrer Hachmann kamen die Buchenauer nun jeden Sonntag zum Hören des Wortes Gottes, zum Singen und Beten in der Kleinkirche zusammen.

Im Laufe der folgenden Jahre stellte sich immer mehr heraus, dass die Kleinkirche nicht den Erfordernissen zeitgemäßer Gemeindearbeit entsprach. Es fehlten im Wesentlichen Gruppenräume sowie eine ausreichende Sanitär- und Küchenanlage. Zudem

Pfarrer Rainer Hachmann schenkte der Buchenauer Gemeinde ein Kruzifix und stellte zu Weihnachten seine Südtiroler Krippe zur Verfügung. Jahr für Jahr wurde diese um eine Figur erweitert, so dass sie bei der letzten Aufstellung zu Weihnachten 2003 aus 36 Figuren bestand. Krippengebäude, Brunnen und Hirtenfeuer wurden von dem katholischen Rektor i. R. Rainer Bersch aus Buchenau in 80 Arbeitsstunden gefertigt.

Die Evangelische Kleinkirche mit benachbartem Pfarrhaus im Buchenauer Lindenhof Mitte der 1990er Jahre.

wies die Kleinkirche, die als vorübergehendes Provisorium gedacht war, von Anfang an gravierende bauliche Mängel auf (kein Dachüberstand, keine Abdeckung der äußeren Balkenkonstruktion), was zu mehr oder weniger großen Schäden führte. Eine Renovierung und Erweiterung des bestehenden Baukörpers hätte ca. 400.000,- DM betragen. Diese Kosten standen jedoch in keinem Verhältnis zu einem entsprechenden Raumgewinn. Deshalb schlug das landeskirchliche Bauamt in Düsseldorf einen Neubau vor.

Eine Kindergruppe vor der Kleinkirche Buchenau Mitte der 1990er Jahre inmitten ihrer Betreuer Pfarrer Rainer Hachmann und Agnes Fahr.

Am 6. Juni 1984 wurden fünf Architekten zu einem beschränkten Wettbewerb aufgefordert. Der Baubeginn sollte im Frühjahr 1985 erfolgen. Die Bauvoranfrage an das Kreisbauamt in Simmern wurde von diesem allerdings negativ beschieden mit der Begründung, der Lindenhof läge faktisch in einem „reinen Wohngebiet", obwohl kein rechtsgültiger Bebauungsplan vorlag und die Stadt Boppard eine Ausnahmegenehmigung erteilt hatte.

Der damalige Kreisbaudirektor Knop wies aber einen Weg, doch noch zu einem Neubau im Lindenhof zu kommen. Die umliegenden Nachbarn müssten in Anlehnung an das Verfahren einer vereinfachten Bebauungsplanänderung ihre Zustimmung zu einem Neubau geben. Diese Zustimmung versagte jedoch eine Nachbarin mit der Begründung: *„....die Kirche ist nicht eine Notkirche, dann eher ein Notstandort, ...es müsste ein Haus mit größerem Areal gesucht werden."*

Eine erneute Bauanfrage an den Rhein-Hunsrück-Kreis vom 6. Juli 1988 wurde wie auch der Widerspruch negativ beschieden. Im Widerspruchsbescheid des Kreisrechtsausschusses vom 8. März 1989 hieß es: *„Das Vorhaben steht nicht mit baurechtlichen Vorschriften im Einklang. Erst nach der Änderung des bestandskräftigen Bebauungsplans Boppard-Buchenau I kann die Erteilung eines positiven Bauvorbescheides in Aussicht gestellt werden."*

Der Bebauungsplan wurde im Jahr 1993 durch den Rat der Stadt Boppard beschlossen und der Lindenhof als Teil eines „allgemeinen Wohngebietes" ausgewiesen. Der Neubau eines Gemeindehauses mit Kirchenraum wäre nun baurechtlich möglich gewesen, jedoch hatte sich die gemeindliche Situation in Buchenau geändert. Viele ältere Gemeindeglieder der ersten Generation waren inzwischen verstorben, ihre Häuser oft an ihre katholisch getauften Kinder oder Enkelkinder übergegangen, bzw. an katholische Bürger verkauft worden. Die evangelische Bevölkerung war um 15 - 20 % gesunken, die Zahl der Gottesdienstbesucher und die Mitgliederzahl von Kinder-, Jugend- und Seniorengruppe immer geringer geworden. Das war natürlich auch - wie in anderen Gemeinden - die Folge der Entkirchlichung der evangelischen Bevölkerung. So verzichtete das Presbyterium auf die Errichtung eines Neubaues. Die Kleinkirche wurde notdürftig repariert und bekam innen und außen einen neuen Anstrich.

Doch zurück in die achtziger Jahre! Im Juli 1987 fand der erste von zehn Familientagen in der Kleinkirche und im Pfarrgarten statt, die von den Kindern der Kindergruppe, den Konfirmanden und den Eltern gestaltet wurden. Ende der achtziger Jahre löste sich die Gruppe der Jugendlichen auf, da in den letzten und nachfolgenden Jahren oft nur ein bis zwei Jugendliche aus Buchenau konfirmiert wurden. Dagegen war die Zahl der Kinder wieder ansteigend, so dass bis Juni 2000 zum Teil zwei Kindergruppen existierten.

In der zweiten Hälfte der neunziger Jahre siedelten sich viele Russland-Deutsche in Buchenau an, die das gottesdienstliche und gemeindliche Leben bereicherten.

Im September 2000 wurden die Seniorenkreise aus Buchenau und Bad Salzig zusammengelegt, da ihnen trotz Überalterung unserer Gesellschaft der Nachwuchs ausging. Die monatliche Zusammenkunft fand von nun an abwechselnd in der Kleinkiche Buchenau und im Café Nörtersheuser in Bad Salzig statt.

Am 16. November 2000 trafen sich die Mitglieder des Presbyteriums und des Pfarrgemeinderates St. Severus zu einer gemeinsamen Sitzung, in der es neben der Überlegung gemeinsamer Aktivitäten hauptsächlich um eine gemeinsame Kirche in der dann zu erweiternden Friedhofskapelle von Buchenau ging. Eine Realisierung diese Planes, von Vertretern der Stadt Boppard ins Gespräch gebracht, scheiterte jedoch letztlich an der Weigerung des Stadtrates, auch den Anbau eines Raumes für die Gemeindearbeit zu gestatten.

Mit einem festlichen Gottesdienst zum Erntedankfest am 03. Oktober 2003 in der Christus-Kirche, zu dem auch Bad Salziger, Buchenauer und Bopparder Nachbarschaftsvertreter mit ihren Fahnen anwesend waren, und

einem anschließenden Empfang im Gemeindesaal Boppard wurde Pfarrer Rainer Hachmann nach vierundzwanzigjährigem Dienst in der Evangelischen Kirchengemeinde Boppard in den Ruhestand verabschiedet.

Schon drei Monate später, am 11. Januar 2004, wurde als seine Nachfolgerin Andrea Gorres in ihr Amt als Pfarrerin der 2. Pfarrstelle eingeführt, die nun je zur Hälfte als Gemeinde- und Schulpfarrstelle ausgewiesen ist.

Mit der Schließung der Kleinkirche wegen Baufälligkeit am Erntedankfest 2004 verlagerte sich das gemeindliche Leben der Evangelischen Christen in Buchenau mehr und mehr nach Boppard. Die wenigen Senioren aus Buchenau treffen sich nun monatlich gemeinsam mit den Senioren aus Boppard und Bad Salzig im Ev. Gemeindesaal in Boppard. Außerdem findet im Buchenauer Pfarrhaus regelmäßig ein Konfirmandenhelferkreis statt. Ein Frauenkreis, geleitet von Pfarrerin Andrea Gorres, kommt seit Herbst 2004 im Bopparder Gemeindehaus zusammen.

„Wie geht es weiter mit der Buchenauer Kleinkirche?" Dazu schreibt Pfarrer Walter Krause im Gemeindebrief „Kirche bei uns": *„Wie aber das weitere Schicksal der Kleinkirche selbst sein wird, steht gegenwärtig noch nicht fest. Denn wie es die Kirchenordnung verlangt, haben wir deren Stilllegung dem Superintendenten mitgeteilt und um Beratung für das weitere Vorgehen gebeten."*

Mitglieder des Buchenauer Seniorenkreises im Jahre 1996.

Auflistung der ehren- und nebenamtlichen Buchenauer Küster, die die Klein-kirche und ihre Anlagen betreuten und der ehrenamtlichen Presbyter, die mit viel Engagement ihren Dienst in und für die evangelische Kirchengemeinde leisteten:

Küster:

Eheleute Rudolf Stach (1970 - 1972)
Frau Boeck (1970 - 1972)
Frau Hoffmann (1970 - 1983)
Herr Theodor Krüger (1972 - 1973)
Frau Roswitha Arneburg (1973 - 1975)
Frau Erika Melzer (1975 - 1978)
zahlreiche Zivildienstleistende (1978 - 1992)
Frau Hedwig Marx-Urhausen (1992 - 1993)
Eheleute Werner Friesenhahn (1993 - heute)

Presbyter:

Herr Helmut Wahl (1958 - 1964)
Herr Dr. Siegfried Pistorius (1964 - 1970)
Herr Jürgen Kühn (1968 - 1970)
Herr Günther Leitz (1970 - 1976)
Frau Christa Ruppel (1973 - 1984)
Herr Uwe Zickel (1976 - 1988)
Herr Hans Müller (1976 - 1980, 1986 - 1988 und 1996 - 2002)
Frau Renate Buchmann (1982 - 1993)
Frau Maren Leitz (1984 - heute)
Herr Ulrich Tischer (1988 - 1996)
Frau Agnes Fahr (1993 - 2004)
Herr Jens Müller (2004 - heute)

„Tränen, von Müttern geweint, schufen dies steinerne Bild"

Steinernes Mahnmal am Friedhof durch transparente Gedenktafeln ergänzt - Entwicklung der Bopparder Ehrenhaine

Seit jeher gehörte es zu den ungeschriebenen Pflichten kriegsführender Völker, ihren gefallenen Soldaten Ehrenzeichen zu setzen. So ist uns beispielsweise schon aus der Antike das Löwendenkmal im griechischen Chäronea überliefert, das zur Erinnerung an die ums Leben gekommenen Thebaner und Athener im Jahre 338 v. Chr. errichtet wurde.

In Deutschland wurden erstmals auf königliche Anordnung nach den Befreiungskriegen in den Kirchen Gedenktafeln mit den aufgelisteten Namen der Gefallenen aufgehängt. Nach dem Deutsch-Französischen Krieg der Jahre 1870/71 wurden an vielen Orten auf zentralen Plätzen Kriegerdenkmäler, zumeist Steinsäulen oder Obelisken, oftmals gekrönt durch den preußischen Adler, als erinnerndes Zeichen dieses Sieges errichtet.

Infolge der verlorenen beiden großen Weltkriege sahen sich die verantwortlichen Denkmalbauer vor einer neuen Aufgabe, die sie wohl manches Mal überforderte. Anstelle der vorherigen Siegesdenkmäler galt es nun, mit Mahnmalen und Gedenkstätten den Wunsch der Bevölkerung nach Frieden und Völkerverständigung zu dokumentieren. Es lohnt sich, einmal die Entwicklung der Bopparder Ehrenhaine rückwirkend zu betrachten.

Unter großer Anteilnahme der Bevölkerung wurde am 23. Juni 2002 die Ergänzung des Mahnmals der Stadt Boppard seiner Bestimmung übergeben.

Kaiserlinde am Marktplatz

Unsäglich glücklich schätzte sich die Stadt Boppard, als ihr am 3. März 1871 endlich offiziell die langersehnte Nachricht vom Friedensschluss und damit vom Ende des Deutsch-Französischen Krieges übermittelt wurde. Sofort wurden die Vorbereitungen für ein begeisterndes Friedensfest getroffen, welches bereits zwei Tage später, am 5. März 1871 auf dem Bopparder Marktplatz unter großer Beteiligung der Bevölkerung abgehalten wurde.

Hier reifte auch die Idee, die bislang im Herzen des Marktplatzes stehende hohe Tanne durch eine Linde zu ersetzen. Und in der vom Stadtchronisten Wilhelm Schlad meisterlich gefertigten „Chronik der Stadt Boppard" heißt es in seinem Eintrag vom 26. März 1871:

*Auf Wunsch des Herrn Bürgermeisters Syrée in Übereinstimmung des Gemeinderats wurde der Beschluss gefasst, an nämlicher Stelle, wo die gezierte Tanne gestanden, eine junge frische Linde zu pflanzen. Gestern Morgen nach elf Uhr wurde dieser freudige und für die Stadt historische Akt bei Anwesenheit des größten Teils der Bürgerschaft unter entsprechenden Feierlichkeiten vorgenommen. Herr Bürgermeister Syrée hielt auch heute wieder die dem Zwecke des Festes entspre-*chende *Rede, in welcher er die junge Linde „Kaiserlinde" taufte und mit dem jungen Kaiserreich in Vergleich brachte. Möge der junge Baum wachsen und blühen wie das deutsche Kaiserreich, und mögen sich noch unsere Enkel im Schatten der Linde erinnern an die großen Ereignisse, welche wir in so kurzer Zeit durchlebt.*

Kriegerbrunnen in den oberen Rheinanlagen

Nach dem Waffenstillstand folgten harte Notjahre, in denen trotz mancherlei Elend die Bevölkerung dennoch regelmäßig ihr Bekunden hervorbrachte, in geeigneter Form ihrer „gefallenen Helden" zu gedenken. Die Errichtung einer Gedenkstätte stand jedoch in den ersten Nachkriegsjahren bereits aus finanziellen Erwägungen nicht ernstlich zur Debatte. Dies sollte sich jedoch um die Mitte der 1930er Jahre ändern.

Lange Jahrzehnte spendete die im März 1871 auf dem Marktplatz gepflanzte „Kaiserlinde", die einige Jahre später mit der „Kriegerehrung" umgeben wurde, ihren Schatten, bevor dieses Ehrenmal im Jahre 1965 einem heftigen Sturm zum Opfer fiel. Der Rheinische Verein für Denkmalpflege bezeichnete einstmals die „Kaiserlinde" in einer Veröffentlichung über heimatliche Kriegerehrenmale als das schönste der ganzen Rheinprovinz.

Boppard - Totalansicht

Wie obige „Stengel-Ansichtskarte" aus dem Jahre 1915 zeigt, herrschte wie im gesamten Deutschen Reich auch in Boppard in den anfänglichen Kriegsjahren 1914/15 ein ausgesprochener „Hurra-Patriotismus", der vereinzelt schon üble Wurzeln schlug. So hieß es beispielsweise in einem örtlichen Fachvortrag über die Situation des mittelrheinischen Weinbaus vom November 1914: „Wie der größte Feind im gegenwärtigen Krieg der Engländer ist, so ist es im Kriege der Schädlinge im Weinberg der Heu- und Sauerwurm, von jetzt ab Engländer genannt".

Von der reichsweiten Begeisterung zu Beginn des „Tausendjährigen Reiches" ließen sich auch Boppards Stadtverantwortliche anstecken. So verwundert es nicht, dass einem Aufruf des hiesigen Kriegervereins unter seinem Vorsitzenden Freiherrn von Huene zur Errichtung eines *„Krieger-Ehrenmals im Andenken ihrer für das heilige Vaterland Deutschland im Weltkriege 1914 - 18 gefallenen Helden und Stadtbürger"* mit der zeitgemäßen Euphorie gefolgt wurde.

Entwurf und Ausführung des in den heutigen Georg-Francke-Anlagen errichteten „Kriegerbrunnens" oblagen dem städtischen Denkmal-Ausschuss unter Leitung von Stadtbaumeister Walter Görg. Die Ausführung übernahm der Koblenzer Bildhauer Robert Willms. Am 17. März 1935 erfolgte die feierliche Grundsteinlegung des in den 1960er Jahren zunehmend verfallenen und später abgerissenen Ehrenmals.

Steinernes Ehrenmal am Friedhof Eisenbolz

Als sich am 14. Januar 1958 Boppards Stadträte mehrheitlich, aber keinesfalls einstimmig, dafür aussprachen, das Buchenauer Friedhofsvorgelände den Opfern des 2. Weltkrieges zu widmen, kam Unmut bei nicht wenigen heimischen Kriegsteilnehmern auf. Stellvertretend für recht weite Bevölkerungskreise brachten die örtlichen Kriegshinterbliebenenverbände ihre Bedenken gegen diese Standortentscheidung lautstark zum Ausdruck, hätten sie doch bereits wegen der Entfernung die Schaffung eines weiteren

Sowohl die Grundsteinlegung im März 1935 wie auch die offizielle Einweihung des neuen Kriegerbrunnens in den oberen Rheinanlagen im Juni 1935 erfolgten unter großer Anteilnahme der Bopparder Bevölkerung. In einer „Nacht- und Nebelaktion" wurde dieses Ehrenmal Mitte der 1960er Jahre abgerissen.

Ehrenmals in Nachbarschaft der beiden Gedenkstätten im Stadtkern gewünscht.

Und als der Stadtrat am 21. Juli 1959 im Zusammenhang mit der beabsichtigten Friedhofserweiterung die vorgenannte Entscheidung bekräftigte, löste dies erneut heftigstes Unverständnis bis hin zu Beschimpfungen durch die Vertreter der Hinterbliebenenverbände aus.

So dauerte es noch über vier Jahre, bis dann endlich - allen Widerständen zum Trotz - am 18. August 1963 der neue Ehrenhain am Friedhof eingeweiht wurde. Die im Zusammenhang mit der angekündigten Umgestaltung des Friedhofsareals auszuführenden gärtnerischen Arbeiten wurden vom Kölner Gartenbauarchitekten Viktor Calles umgesetzt. Für die Gestaltung des Ehrenhains bediente er sich des befreundeten Bildhauers Berens.

Bewusst hatte der Stadtrat die Vorgabe gegeben, einen „Ehrenhain für alle Opfer aller Kriege" zu erstellen. Und diese Vorgabe wurde mit einem großen Holzkreuz gelöst, welches durch eine angemessene Umpflanzung seine Betonung erfuhr. Das Kreuz ist in der Mitte einer Mauer platziert, an deren Kopfenden eingemeißelte Reliefs symbolisch „Krieg und Frieden" darstellen. Während sich zunächst die beiden kämpfenden Männer feindlich gegenüberstehen, reichen diese sich am Ende der Mauer freundschaftlich die Hände.

Auch die örtlichen Hinterbliebenenverbände akzeptierten letztlich doch die gefundene Lösung und erklärten sich zudem bereit, den Klöppel der Glocke für den noch zu errichtenden Glockenturm zu spenden.

Die Festansprache von Bürgermeister Dr. Stollenwerk zur Einweihung des neuen Eh-

Die dankbare Stadt Boppard
ehrt das Andenken
ihrer für das heilige Vaterland Deutschland
im Weltkriege 1914–18 gefallenen Helden
und Stadtbürger
durch Errichtung dieses Krieger-Ehrenmals
und fordert
ihre Stadtbewohner und deren Nachkommen auf,
im Hinweis
auf die großen selbstlosen Opfer
der 2 Millionen deutscher Kameraden
eingedenk zu sein
der heiligen Pflicht, mitzuwirken
an dem großen Einigungswerk,
das unser weitschauender
Führer und Reichskanzler
Adolf Hitler
durch Gründung der NSDAP
aus dem Frontgeist heraus
im Glauben
an die deutsche Nation und ihr ewiges Bestehen
schuf
zu Deutschlands Größe, Einheit und Reinheit
am 30. Januar 1933.

Die Wahl der Worte in den städtischen Urkunden zur Beschlussfassung über die Errichtung eines Kriegerbrunnens (30. Januar 1933) und anlässlich der Grundsteinlegung (17. März 1935) lässt erkennen, dass die in diesen Jahren reichsweit aufflammende fanatische Begeisterung zum Nationalsozialismus auch vor Boppards Toren nicht Halt machte.

Die feierliche Grundsteinlegung
zu diesem
Krieger-Ehrenmal

erfolgte am 17.März 1935, im 3.Jahre der tatkräftigen Regierung unseres hoch —
verehrten und geliebten Führers und Volkskanzlers Adolf Hitler, als Flieger-Ge-
neral Hermann Göring preußischer Ministerpräsident, Staatsrat Josef Ter-
boven Oberpräsident der Rheinprovinz, Standartenführer der SS.Turner
Regierungspräsident zu Koblenz, Staatsrat Gustav Simon Gauleiter des Gaues
Koblenz-Trier-Birkenfeld, Dr.Statz Landrat des Kreises St.Goar, Dr.Gottwald
Kreisleiter der NSDAP. des Kreises St.Goar, dessen Stellvertreter Theo Valerius zu Boppard Kreisinspekteur im Kreise St.Goar, Dr.Schneider erstmalig wieder Bürgermeister der Bürgermeisterei Boppard-Stadt und -Land und
Richard Fisy Ortsgruppenleiter der NSDAP-O. Boppard war. Bei den 2.größ-
ten Konfessionen betreute Definitor Dr. Kaster die katholische Pfarrei und der
Pfarrer Goebel die evangelische Gemeinde. All der verdienten Vorgänger dieser Männer, die den Plan zu diesem Ehrenmal heranreifen sahen, sei hier
gleichfalls ehrend gedacht. Ein weiteres dankbares Andenken gebührt dem Krie-
gerverein Boppard mit seinem Vorsitzenden Freiherrn von Huene, welcher den
Plan durch fleißige Werbearbeit finanzieren half.
        Entwurf und Ausführung zu diesem Zeichen der Liebe wurde auf Beschluß
des Denkmals-Ausschusses der Stadt unter Leitung des Stadtbaumeisters Walter Görg in die Hände des Bildhauers Robert Willms zu Koblenz gelegt und an
dieser Stelle in den oberen Rheinanlagen (Francke-Anlagen) errichtet zum
Zeichen, daß unsere teuren Toten gekämpft haben für den freien, deutschen Rhein,
der nimmer zur Grenze Deutschlands werden soll. Auch sind diese Anlagen mit
dem schönen Blick auf den Rhein und die Stadt wohl geeignet, die Bevölkerung zu mah-
nen zur Treue für das deutsche Vaterland. So wollen wir hier am Ehrenplatze der für uns
gefallenen Väter, Söhne und Brüder Mut und Kraft finden, um zu erstarken im gerechten
und unentwegten Kampfe für ein neues, schönes Deutschland im Sinne unseres großen
Führers Hitler.-Heil Hitler!
Diese Urkunde ist entworfen und ausgeführt von dem Bürger der Stadt Josef Bolz u.
sie trägt die folgenden Unterschriften:

Der Bürgermeister: Die Beigeordneten:

Die Ratsherren der Stadt: Die Geistlichkeit d.Stadt:

— Sonstige Mitwirkende:

Dem in Boppard lebenden Künstler Volker Gerlach gelang es in beeindruckender Weise, die schwierigen Vorgaben zu erfüllen und ein schlichtes, aber auch ergreifendes Mahnmal für alle Opfer des 2. Weltkrieges zu schaffen.

renhains stand unter dem Leitgedanken „Tränen, von Müttern geweint, schufen dies steinerne Bild". Gleichzeitig wies er darauf hin, dass es Meinung der Ausschüsse gewesen sei, bewusst auf die Anbringung von irgendwelchen Namen an der neuen Mauer abzusehen. Insbesondere sollten nicht die Namen der Bopparder Opfer dort eingegraben werden, denn auch die inzwischen in Boppard zugezogenen Familien hätten Opfer zu beklagen. Das Ganze möge mehr eine Stätte der Stille und der Andacht sein, als eine Stätte des lauten Aufmarsches und des Trommelwirbels.

Zahlreiche Angehörige von Gefallenen und Vermissten, die Delegationen der örtlichen Hinterbliebenenverbände, Fahnenabordnungen aller örtlichen Nachbarschaften und der Sport- und Musikvereine zeigten sich ebenso wie alle politischen Vertreter und sonstigen Bürger und Ehrengast Landrat Dr.

Auf dem Friedhofsvorplatz wurde 1963 ein erstes Mahnmal errichtet, welches 2002 durch eine namentliche Auflistung der Opfer komplettiert wurde und nun als Einheit eine würdige Gedenkstätte in Erinnerung an die Opfer des 2. Weltkrieges bildet.

Weiler mit dem geschaffenen Werk der Besinnung sehr zufrieden.

„Nie mehr wieder"

Nachdem trotz der vorhandenen Gedenkstätten der neu gewählte Bopparder Bürgermeister Dr. Walter Bersch wiederholt von Vertretern des örtlichen Sozialverbandes VdK, aber auch aus der Mitte der Bürgerschaft auf Unzulänglichkeiten in der Gedenkarbeit hingewiesen wurde, erklärte das Stadtoberhaupt die Angelegenheit zur Chefsache.

Den ersten Initiatoren Engelbert Brager und Hans Herber stellten sich recht bald mit Dr. Ernst Honneth, Heino Noll, Dr. Heinz Maurer und Alois Comes weitere Befürworter einer neuen Gedenkstätte zur Seite, deren gemeinsames Bestreben es wahr, ein Ehrenmal zu errichten, welches zu allen Fragen der Bopparder Stadtgeschichte der Jahre 1933 - 45 eine Antwort gibt.

Dem Künstler Volker Gerlach war es letztlich vorbehalten, allen noch so schwierigen Vorgaben mit der Umsetzung seines Mahnmals zu entsprechen: Sieben transparente Wandtafeln listen unter der jeweiligen Überschrift „Nie mehr wieder" die ermittelten Namen der 441 Bopparder Opfer des Zweiten Weltkrieges auf.

Eine Tafel beinhaltet die Namen der ermordeten politisch Verfolgten und der deportierten und größtenteils ermordeten jüdischen Mitbürger. Auf weiteren vier Tafeln sind die Namen der gefallenen Bopparder Soldaten aufgelistet. Die letzte Tafel erfasst insbesondere die Namen der getöteten Einwohner Boppards, vornehmlich Opfer von Bomben- und Granatangriffen.

Bürgermeister Dr. Walter Bersch hielt eine bewegende Festansprache zur Einweihung des jüngsten Ehrenmals und dankte vor allem den örtlichen Initiatoren, die sämtlich der Kriegsgeneration angehören.

Endlich ein Freibad

Freizeiteinrichtung der Wirtschaftswunderjahre im Trend der Zeit

Schwieriger Grunderwerb

In der Tat wurde nachweislich bereits Mitte der 1950er Jahre das Thema „Freibad" zumindest vereinzelt im Zusammenhang mit den sich einer kleinen mittelrheinischen Kommune bietenden Möglichkeiten der Förderung des Fremdenverkehrs diskutiert. Aber, sei es in einer der ungezählten Stammtischrunden oder gar in einem der städtischen Ausschüsse - so recht vorstellbar war die Verwirklichung eines solchen Mammutprojektes für Boppard damals wohl wirklich nicht.

Erst als Altbürgermeister Dr. Alexander Stollenwerk sich erstmals in einem seiner „Rund um Boppard - Mitbürgerbriefe", vielfach „Hirtenbriefe" genannt, am 13. April 1957 unter anderem dem Thema Freibad widmete, nahm die Umsetzung erste Konturen

Bürgermeister Dr. Alexander Stollenwerk stellte die Weichen. Von seinem Anstoß in einem „RuB-Hirtenbrief" des Frühjahres 1957 bis zur Freibaderöffnung im Spätsommer 1962 sollte es allerdings noch über fünf Jahre dauern.

an. Für das weitsichtige Stadtoberhaupt ging es zunächst jedoch ausschließlich darum, ausreichende Flächen zu erwerben, um dann nach erfolgtem Kauf ein geeignetes und vor allen Dingen zusammenhängendes Areal für konkretere Planungen vorhalten zu können.

Natürlich erkannte Dr. Stollenwerk hierbei auch die gewaltige Chance, den weiteren Ausbau des von ihm federführend betriebenen Ausbaus des jungen Ortsteiles Buchenau zu beschleunigen. In seinem vorgenannten an die „Lieben Mitbürger" gerichteten Aufruf hieß es:

Lassen Sie mich einmal auf die Frage eines Schwimmbades hinweisen. Wenn auch in der Öffentlichkeit nicht mehr von dem Plan gesprochen worden ist, dann ist dieses Vorhaben aber doch noch nicht vergessen.

Wir haben für diesen Plan Geld zurückgelegt. Aber diese Summe reicht bei weitem noch nicht, um auch nur anfangen zu können. Das erste aber, was geschehen muss, ist der Erwerb des erforderlichen Geländes. Der Stadtrat hat beschlossen, diese Aufgabe dem 2. Beigeordneten als Dezernat zuzuweisen. Er wird sich - soweit es noch nicht geschehen ist - mit allen Eigentümern in Verbindung setzen. Meine Hoffnung ist, dass es ihm möglich wird, die nötigen Grundstücke für die Stadt zu kaufen. Bei den Kaufverhandlungen werden immer wieder Wünsche geäußert, die Stadt solle tauschen. Wir haben Ackerflächen z.B. auf Kasseling, die sehr begehrt sind, aber ich glaube nicht, dass der Stadtrat zustimmen würde, wenn von diesem Gelände im Tausch abgegeben werden sollte.

Mein Wunsch wäre es, wenn es der Stadt gelingen würde, irgendwo weitere Grundstücke aufzukaufen, die gerade z.B. für den Erwerb des Schwimmbadgeländes als Gegenwert weggegeben werden könnten.

Als in den folgenden eineinhalb Jahren keinerlei spürbare Erfolge oder Fortschritte in Sachen Freibadbau für die Öffentlichkeit erkennbar wurden und sich Bürgermeister Dr. Stollenwerk gar Vorwürfe der Untätigkeit, vereinzelt war sogar von „Unfähigkeit" die Rede, gefallen lassen musste, erschien am

17. Januar 1959 ein erneuter „Mitbürgerbrief" in „Rund um Boppard", in welchem sich der Stadtchef auf veröffentlichte Erklärungen der im Stadtrat vertretenen politischen Parteien zur Frage des Schwimmbadbaus bezog und die bisherige Entwicklung erörterte:

Wenn ich nunmehr gleichwohl ebenfalls zum Schwimmbadbau Stellung nehme, dann geschieht es nur deswegen, um noch einige Gedanken zu diesem Thema vorzutragen, aber auch, um vielleicht das ein oder andere deutlicher, vielleicht aber auch richtiger zu sagen. Da ist zuerst einmal die Frage, ob man nicht schon viel früher den Bau eines Schwimmbades hätte betreiben können. Solange ich in Buchenau bin - und das sind jetzt nahezu 10 Jahre - wird von einem Schwimmbadbau gesprochen.

Noch bis in die allerjüngste Zeit hinein hat für viele Bürger aber die Lage des künftigen Schwimmbades noch nicht festgestanden. Es hat immer noch Anhänger des Gedankens gegeben, das Schwimmbad z.B. dorthin zu bringen, wo heute der Sportplatz am Gymnasium ist. Andere haben an dem Gedanken festgehalten, das Schwimmbad ins Mühltal zu verlegen. Es gab aber auch noch andere Vorschläge. Solange aber nicht feststand, wohin das Schwimmbad zu bringen ist, solange konnte ernstlich nichts unternommen werden.

Die Platzfrage ist gottlob entschieden. Aber das Gelände musste erst noch erworben werden. Vielleicht sagt der ein oder andere, ja, warum habt Ihr es denn nicht erworben? Durch Euer Zögern habt Ihr doch den Bau des Schwimmbades unnötig hinausgezögert. Hierauf muss man erwidern, dass keiner von den Grundstückseigentümern freiwillig zur Stadt kam und dort das ihm gehörige Gelände für das Schwimmbad zu günstigsten Preisen anbot. Die Versuche der Verwaltung, das Gelände zu erhalten, waren jedenfalls in den Jahren 1955 und 1956 ohne jedes Ergebnis geblieben. Die Verwaltung konnte aber auch nur die damals üblichen Preise bieten, für die niemand verkaufen wollte.

Hat dieser Misserfolg aber auch an unserer Ungeschicklichkeit gelegen? Diejenigen aber, die hierüber ein Urteil abgeben wollen, mögen bedenken, dass auf dem Rathause höchstens zwei oder drei Kräfte sind, ich selbst mit eingerechnet, die solche Grundstücksverhandlungen führen können. Für mich selbst muss ich dabei ausdrücklich betonen, dass ich zeitlich beim besten Willen nur ausnahmsweise einmal mich mit solchen Verhandlungen beschäftigen kann. Wer mein Tagewerk kennt, wird sich über eine solche Erklärung sicher nicht wundern. Auch die anderen Mitarbeiter sind entsprechend belastet. Gerade deshalb habe ich persönlich nach der Kommunalwahl 1956 dem Stadtrat vorgeschlagen, die Herren Beigeordneten ebenfalls mit einem bestimmten Aufgabenkreis zu betrauen. Es geht also auf meine Anregung zurück, dass Herr Beigeordneter Erkel, der sich erfreulicherweise auch dazu bereiterklärte, mit der Last und der Verantwortung für das Schwimmbadgelände betraut wurde.

Als ehrenamtlicher Beigeordneter war Willi Erkel mit den schwierigen Kaufverhandlungen zum Erwerb des benötigten Freibadgeländes beauftragt.

Wenn aber nun jemand mit der Meinung kommen sollte, innerhalb von zwei Jahren seit der Kommunalwahl hätte aber doch der ganze Ankauf durchgeführt werden können, dann berücksichtigt er wirklich nicht, die kaum zu beschreibenden Schwierigkeiten, die dem Ankauf entgegenstehen. Eine solche Kritik heißt auch, die Arbeit des ehrenamtlichen Beigeordneten gering zu schätzen. Ich glaube, als Bürgermeister verpflichtet zu sein, gerade im Gegenteil die Leistungen, die der ehrenamtliche Beigeordnete auf diesem Gebiet bewirkt hat, mit Dank und Anerkennung herausstellen zu müssen. Wir alle hoffen aber sehr, dass die Grundstücksbeschaffung in absehbarer Zeit vollständig durchgeführt ist.

Tatsächlich trugen die nun verstärkt aufgenommenen Grundstücksverhandlungen Früchte, allerdings war es trotz ernstlicher Bemühungen aller Verhandlungsführer nicht möglich, auch die letzten beiden „Nichtverkaufswilligen" im Interesse der Sache zu einer Abgabe ihrer Grundstücke zu bewegen.

Diesen „unakzeptablen Zustand" nahm die führende Stadtratsfraktion zum Anlass, in einem Dringlichkeitsantrag, der auf die Tagesordnung des Stadtrates vom 16. Juli 1959 genommen wurde und hier eine einstimmige Zustimmung fand, die Verwaltung mit der Einleitung eines Enteignungsverfahrens beim Scheitern der letztmaligen Verhandlungen zu beauftragen.

„Rund um Boppard" vom 18. Juli 1959 berichtete unter der Überschrift „Enteignungsverfahren für Schwimmbadgelände?" hierzu:

Der Stadtrat hat in seiner Sitzung vom 27. April 1959 einmütig beschlossen, möglichst bald ein Schwimmbad im Mittelbachtal zu errichten. Schon vorher hatte der 2. Beigeordnete, Herr Erkel MdL, sich für die Stadt eingesetzt, das benötigte Gelände anzukaufen. Das ist ihm auch in weitem Maße gelungen. Noch fehlen aber einige Grundstücke, die für das Schwimmbad benötigt werden. Um den Erwerb dieser Grundstücke haben sich Haupt- und Bauausschuss, ferner, wie bekannt ist, dankenswerterweise auch einige Stadtratsmitglieder persönlich bemüht. Da diese Verhandlungen bisher noch nicht zum Erfolg geführt haben, hat auch die CDU-Stadtratsfraktion ihrerseits Verhandlungen aufgenommen; bisher aber ebenso wenig einen Erfolg erzielen können.

Da der Bau des Schwimmbades aber nicht noch weiter hinaus gezögert werden kann, beschließt der Stadtrat, die Verwaltung zu beauftragen, sofort das Enteignungsverfahren einzuleiten, wenn die noch schwebenden Grundstücksverhandlungen nicht während der Offenlegungsfrist für den Teilbebauungsplan Schwimmbadgelände (20. August 1959) zu einem glücklichen Ende geführt worden sind.

Begründung:

Seit einer Reihe von Jahren steht fest, dass für das Schwimmbad das geeignete Gelände das Mittelbachtal ist. Eine Verlegung an eine andere Stelle kommt nicht in Betracht. Der Grund und Boden steht der Stadt mittlerweile bis auf die Grundstücke zweier Eigentümer zur Verfügung. Die CDU bejaht unbedingt das Privateigentum, schätzt aber die soziale Verpflichtung des Eigentums noch höher. Aus den bisher geführten Verhandlungen muss man den Eindruck gewinnen, dass die Grundstückseigentümer, um die es sich hier handelt, bei den Verhandlungen ungerechtfertigte Vorteile zu erhalten wünschen. Dem kann u.E. im Interesse der Allgemeinheit die Stadt Boppard nicht zustimmen. Deshalb wird es gut sein, für die Beendigung der Verhandlungen eine Frist zu setzen und schon heute zu beschließen, mit den gesetzlichen Mitteln das Interesse der Allgemeinheit durchzusetzen.

Ergänzend zu diesem Antrag trug Dr. Lüssem (CDU) vor, dass zur Zeit noch mit den beiden Grundstückseigentümern verhandelt würde, um vielleicht in letzter Minute die Einleitung des Enteignungsverfahrens abwenden zu können.

Einmütig stellten sich die Fraktionen des Stadtrates hinter diesen Antrag und gaben damit ihren Willen kund, den Bau des Schwimmbades jetzt unverzüglich, wenn es Not tut auch gegen den Willen der sich sper-

renden Grundstückseigentümer, durchzuführen.

Stadtrat Dany (SPD) sprach davon, dass dieser Beschluss ein letzter Appell sein soll und gab der Hoffnung Ausdruck, dass die Grundstückseigentümer nunmehr zur Einsicht kämen.

Dennoch sollte auch dieser richtungsweisende Stadtratsbeschluss allein noch nicht ausreichen, um die beiden „Sturköpfe" - wie sie mittlerweile im Bopparder Volksmund genannt wurden - zum Verkauf ihrer zwischen den Katasterbezeichnungen „Schiffelsfeld" und „Schäffersweyer" gelegenen Grundstücke zu bewegen.

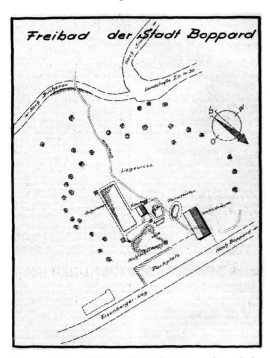

Bauamtsleiter Wilhelm Rick fertigte aufgrund der Vorgaben des Gernsbacher Dipl.-Ingenieurs Max Goller im Sommer 1959 die erste „Ideenskizze" des in der Vorplanung befindlichen Freibades. Zweifelsohne lassen sich die Grundkonturen der seinerzeitigen Vorstellungen noch heute erkennen.

Erst als sich ein Vertreter der Bezirksregierung Koblenz, der zuständigen Enteignungsbehörde, vermittelnd zu Wort meldete und die Beteiligten darauf hinwies, dass im Falle eines durchaus mit Erfolgsaussichten behafteten Enteignungsverfahrens die fragliche Fläche gegebenenfalls lediglich mit dem ortsüblichen Bodenvergleichswert entschädigt werde, akzeptierten die Grundstückseigentümer das doch um einiges höher liegende Kaufpreisangebot der Stadt. Ein bei Ausschöpfung des Rechtsweges langjähriges Enteignungsverfahren war somit vermieden.

Konkrete Gestaltungsplanungen

Bereits im Frühjahr 1959 wurde Diplom-Ingenieur Max Goller aus Gernsbach mit der Erstellung der konkreten Freibadplanung beauftragt. Unter dem Aufmacher „Freibad und Fremdenverkehr" war es der Wochenzeitung „Rund um Boppard" am 29. August 1959 vergönnt, auf der Titelseite die Gestaltungsabsichten einer interessierten Öffentlichkeit vorzustellen. Auch wenn die spätere Umsetzung nicht im Detail allen Ursprungsvorstellungen entsprach, die Grundzüge des Freibades erkennen wir zweifelsohne auch heute noch wieder.

Die seinerzeitigen Ausführungen des RuB-Redakteurs zur Belebung des Fremdenverkehrs allerdings lassen heute sicherlich manchen „Touristik-Manager" ein Schmunzeln nicht verkneifen. Hier heißt es:

Wir freuen uns, schon heute unseren Lesern den bisher unveröffentlichten Plan zum Bau des Bopparder Freibades zur Kenntnis bringen zu können. Der Architekt, Dipl.-Ing. Max Goller aus Gernsbach, hat es verstanden, hier Natur und Technik in schönster Harmonie zu verbinden. Ohne die Struktur der Landschaft auch nur im Geringsten zu ändern, hat er das neue Freibad in das Wiesental eingeplant. An die Talform angepasst, erhält das Bad seinen Eingang von der Straße „Am Eisenberg".

Die Situationsskizze vermittelt einen Eindruck davon, wie gut es gelungen ist, die vielen Einzelteile des Freibades sporadisch so anzuordnen, dass keine unschöne Baumasse entstehen wird. Ohne Zweifel wird durch die verschiedenen Höhenlagen der Becken die reizvolle landschaftliche Situation noch unterstrichen, durch die Staffelung wird aber auch der ganzen zukünftigen Anlage ein ganz eigenartiger architektonischer Reiz verliehen.

Das große Schwimmerbecken in den Maßen 50 x 16 2/3 m wird 1.500 Kubikmeter Wasser fassen. Es wird für alle sportlichen Veranstaltungen die notwendigen Einrichtungen besitzen und die Voraussetzungen, die an eine solche Anlage gestellt werden, erfüllen.

Interessant ist die asymmetrische Form (Paletten- oder Nierenform) des tiefer gelagerten Nichtschwimmer- und Kinderplanschbeckens. Die kühn geschwungene Rutschbahn im Nichtschwimmerbecken wird gewiss der Jugend viel Freude machen.

Das Kinderplanschbecken erhält als Aufbau inmitten eine kleine Spielinsel. Das in Trapezform ausgebildete Sprungbecken, mit 1-m- und 3-m-Sprungbrett und 5-m-Plattform, hat ein Fassungsvermögen von ca. 650 Kubikmeter.

Das Filtergebäude, in dem sich die Reinigung des Wassers abspielt (mit Hilfe von Pumpaggregaten und einer umfangreichen Installationseinrichtung) wurde sehr hübsch dem Gelände angepasst und wird einen dekorativen Blickfang bilden. Sein Dach dient gleichzeitig als Terrasse und erlaubt einen Rundblick auf das gesamte Badegelände.

Die Hochbauten - Garderoben, Sammel- und Einzelkabinen, Toilettenräume, Kasse u.s.w. werden so zweckmäßig angelegt, dass der Badebetrieb bei normalen Besuch von zwei Personen überwacht werden kann, ein Umstand, der bei den Unterhaltungskosten nicht gering zu veranschlagen ist.

In welcher Beziehung steht nun ein Freibad zum Fremdenverkehr? Es ist aber not-

Das Sprungbecken war bereits fertiggestellt, als mit dem Bau des wettkampfgerechten Schwimmerbeckens begonnen wurde. Auf dem Foto aus dem Jahre 1962 ist rechts oben der Sprungturm erkennbar.

wendig, die Gesamtsituation zu betrachten. Immer mehr streben die Fremden in den Sommermonaten hinaus aus der Großstadt in die naturnahen Erholungsgebiete. Die Erfahrung bei uns in Boppard zeigt, dass Rheinromantik, Berge, Wiesen und Wälder die Bedürfnisse allein nicht mehr befriedigen können. Eine ausschlaggebende Rolle spielt das Wasser mit seinen vielen Möglichkeiten. Nicht umsonst bauen heute alle größeren aber auch kleineren Hunsrückgemeinden Freibäder. Sie wissen, dass sie ihren Gästen mehr als bisher bieten müssen.

Wir wissen, dass in unserem näheren Bezirk trotz aller Anstrengungen ein großer Mangel an Freibädern besteht. Diesem Mangel wird zu einem Teil mit der Erbauung des Bopparder Freibades abgeholfen. Gewiss, wir bauen das Bad zunächst und in erster Linie für uns selbst. Eine zwangsläufige Folge des Neubaues wird aber sein, dass die Badegäste aus weiter Umgebung zu uns kommen werden.

Der Begriff einer Autostunde spielt ja im Fremdenverkehr keine große Rolle. Wir hatten uns einmal umgetan, um zu erfahren, wohin sich unsere badelustigen Bopparder Gäste wenden. Nun, einige wenige Unempfindliche besuchen das Bopparder Strandbad, andere wenden sich nach Kamp-Bornhofen (das mit den Booten der Bopparder Lokalschifffahrt Hebel so bequem zu erreichen ist), der Rest verteilt sich auf die Freibäder in Beulich (!), Kastellaun (!) und Koblenz.

Für die Gäste rheinauf und ab und die des Hunsrücks wird sich nach Errichtung des Freibades der Weg nach Boppard lohnen. Diese Feststellung könnte für diejenigen eine Beruhigung sein, die sich um die Finanzierung und Aufbringung der Unterhaltskosten den Kopf zerbrechen müssen. Es wird sich herumsprechen, dass Boppard ein besonders

Endlich kam der heißersehnte Tag: Am 12. August 1962, einem herrlichen Spätsommertag, eröffnete das Bopparder Freibad erstmals seine Pforten.

großzügiges, schönes Bad besitzt mit einem hygienisch einwandfreien Wasser, so dass mancher Fremde künftig des Freibades wegen Boppard besuchen wird.

Ungleich größer aber wird der Zustrom von Tagesgästen sein. Und diese Tagesgäste wollen dann in Boppard nicht nur baden, sie lassen in Boppard auch ihr Geld. Und das spielt u. a. auch eine Rolle und kann in diesem Zusammenhang ruhig einmal ausgesprochen werden.

Wer einen erhöhten Fremdenverkehr wünscht und erwartet, muss zuerst etwas leisten. Es ist keinesfalls so, dass man erwarten kann, dass die Fremden kommen, und dass man aus den erhöhten Eingängen erhöhte Leistungen bestreitet. Wir müssen unseren Gästen noch mehr als bisher bieten, erst dann können wir erwarten, dass ihre Zahl sich vervielfacht. Mit unserem neuen Freibad schaffen wir einen weiteren Anreiz und wir glauben, dass sich unsere Erwartungen erfüllen werden.

Es bedarf keiner Frage, dass der Fremdenverkehr im Hinblick auf den reinen Erholungssuchenden und Tagesgast in Boppard durchaus förderungswürdig und erstrebenswert ist. Dazu ist das neue Freibad ein geeignetes Mittel; Badegäste sind angenehme Gäste.

Hoffentlich kann das neue Freibad schon im nächsten Jahr seiner Bestimmung übergeben werden. Für viele wird dann Boppard das Ideal ihrer Ferienwünsche sein.

Bauphase und Eröffnung

Nun ja, weder im nächsten, noch im übernächsten des auf den vorstehenden Leitartikel folgenden Kalenderjahres erfolgte die ersehnte Freibaderöffnung. Und selbst der anvisierte Eröffnungstermin um die Ostertage des Kalenderjahres 1962 konnte letztlich nicht gehalten werden.

Schuld daran waren weniger städtische Versäumnisses oder fehlende Auftragsvergaben - nein, in Zeiten der sog. Wirtschaftswunderjahre war es einfach nicht möglich, qualifizierte Auftragsfirmen auf dem freien Markt zu finden, die sich mit vollem Einsatz

Eine schwungvolle Rutschbahn lud bereits am Eröffnungstag Kinder und Jugendliche ins Nichtschwimmerbecken ein, dem liebevoll der Namen „Herzbecken" zugedacht wurde.

und Engagement einem solchen Mammutprojekt wie dem Bau eines kommunalen Freibades widmeten. Andere Arbeiten der in Aufbruchstimmung befindlichen jungen Bundesrepublik wurden vorrangig in Angriff genommen.

Und Bürgermeister Dr. Stollenwerk nutzte die verbleibende Zeit, um sich in regelmäßigen Abständen in seinen „RuB-Mitbürgerbriefen" immer mal wieder dem Thema „Freibad" zu widmen.

Am 14. Juli 1962 verkündete er der heimischen Bevölkerung, dass sich ein jährlicher Fehlbedarf von 30.000,-- DM im städtischen Haushalt wohl nicht vermeiden lasse. Gleichzeitig nutzte er die Gelegenheit, um einige Gedankengänge in Sachen Energieeinsparung und der Schaffung von Mehreinnahmen der (unwissenden) Bevölkerung zu vermitteln.

Was wären die heutigen Stadtkämmerer glücklich, wenn sich die ermittelte Größenordnung des jährlichen Zuschussbedarfs im 21. Jahrhundert auch nur annähernd bewahrheiten würde. Rund ein 30-faches des vorgenannten Ansatzes umfasst seit vielen Jahren das diesbezügliche Haushaltsdefizit. Allerdings sind jetzt die „roten Zahlen" von Hallen- und Freibad zusammen gefasst.

Aber zitieren wir Dr. Stollenwerk, wohlgemerkt im Jahre 1962:

Zunächst darf ich noch einmal wiederholen, damit auch der letzte Zweifel genommen wird, dass ein Schwimmbad sich niemals rentieren kann. Ein Schwimmbad wird immer ein Zuschussobjekt bleiben. Wir haben uns einmal in der Nachbarschaft umgehört und bei Städten, die ebenfalls Schwimmbäder betreiben, erkundigt, welche Kosten regelmäßig entstehen. Dabei hat sich dann ergeben, dass neben dem Kapitaldienst durchweg Kosten entstehen, die jährlich zwischen 20.000,- DM bei der einen Stadt und 40.000,- DM bei einer anderen Stadt liegen. Alle anderen Zahlen lagen zwischen diesen beiden Werten.

Man kann also auch für Boppard ohne weiteres unterstellen, dass wir mit jährlichen Unkosten von 30.000,- DM neben dem Kapitaldienst zu rechnen haben werden. Diese Kosten setzen sich zusammen aus den Aufwendungen, die für die Unterhaltung notwendig sind und aus den Personalkosten.

Wir haben uns darüber hinaus aber auch erkundigt, welche Einnahmen andere Städte haben und vor allen Dingen hat uns dabei interessiert, mit wie viel Badetagen man im Jahr rechnen kann. Dabei ergab sich dann, dass an Vollbadetagen in den einzelnen Jahren 30 oder in anderen Jahren 33, in der Spitze aber höchstens 35 Tage im Jahr gezählt wurden. Wir können also auch für uns nicht mehr erwarten als 33 Vollbadetage. Das sind die Tage, an denen wir volle Einnahmen haben werden und an denen wir etwas verdienen können. Dieser Verdienst ist notwendig, um die gewaltigen Kosten, die das ganze Jahr über entstehen, aufzubringen.

Die Frage, weshalb an anderen Tagen als an diesen 33 weniger oder gar nicht gebadet wird, wurde übereinstimmend dahin beantwortet, dass das Wasser zu kalt oder die Luft zu kühl sei. Wir haben deshalb überlegt, ob wir diesen beiden Übelständen nicht abhelfen können. Unsere Erkundigungen haben nun ergeben, dass der Gedanke, das Badewasser anzuwärmen, keineswegs abwegig ist. Man kann das Badewasser wärmen durch eine Ölheizung oder auch durch elektrische Heizung, bei der man den Nachtstrom ausnutzt.

Ansichtskarte aus dem Jahre 1964.

Bademeister Helmut Erbar, lange Jahrzehnte in Diensten der Stadt, gehörte vom Eröffnungstage an zum „festen Inventar" des neuen Freibades.

Auch die Luft anzuwärmen, ist heute kein großes Problem mehr. Man könnte Infrarotstrahler aufstellen, so dass die Badenden, die das Wasser verlassen, im Schutze dieser Lampen stehen und nicht zu frieren brauchen. Auch hat der Bauausschuss bei der Prüfung dieser Frage sich gesagt, dass die meisten Einnahmen in den Nichtschwimmerbecken erzielt werden können und dass deshalb Heizung und Wärmelampen bei den Nichtschwimmerbecken angebracht werden müssten.

Darüber hinaus wurde auch noch ein weiterer Gedanke erörtert, nämlich der, ob man die Badenden nicht durch Schutzwände und dergleichen bei rauem oder regnerischem Wetter schützen kann. Man könnte dadurch erreichen, dass man z.B. die Nordwinde durch eine Zeltleinwand vom Badebecken abhält. Man könnte aber auch hingehen und eine Plastikhülle über das Bad stülpen, sobald das Wetter ungünstig wird. Dann würden wir ein Badebecken haben, das in etwa einem Hallenbad ähnelte.

Schließlich muss ich noch davon sprechen, wann denn endlich unser Bad eröffnet wird. Jedermann in Boppard weiß, wie viel Sorgen wir wegen des Fertigstellungstermins gehabt haben. Mehrmals habe ich den Stadtrat davon verständigen müssen, dass die Aufträge zwar vergeben seien, dass aber infolge des Personalmangels auf dem Arbeitsmarkt die Arbeiten nur geringe Fortschritte machten. Wir hatten seinerzeit gehofft, Ende 1961 mit den Arbeiten zu Ende zu sein. Diese Hoffnung hat uns getäuscht. Auch die Erwartung, wenigstens im Frühjahr 1962 das Bad eröffnen zu können, hat uns betrogen. Dann hieß es, der 1. Juni oder der 1. Juli würde die Fertigstellung bringen. Nun haben wir aber doch die bestimmte Erwartung, dass wir etwa in den ersten Tagen des Monats August die Anlage der Öffentlichkeit übergeben können.

Am 12. August 1962 war es dann endlich soweit: Das Wetter war im Gegensatz zu den vorangegangenen Wochen herrlich und die Massen strömten an diesem Spätsommertag nach Buchenau, um das neue, zwar längst noch nicht fertig gestellte Freibad höchstpersönlich zu testen und zumindest einige Runden in den eiskalten Wasserbecken - daran erinnern sich noch heute einige Badbesucher der ersten Stunde - zu drehen.

Bademeister Helmut Erbar und sein Team hatten alles bestens im Griff und nur einige Male musste der neue „Schwimmbadchef" die begeisterten und vereinzelt übermütigen Badegäste zur Einhaltung der Badeordnung ermahnen.

Boppard, die aufstrebende Stadt am Mittelrhein, war glücklich und stolz, nun endlich einen neuen einzigartigen Anziehungspunkt, allen Bewohnern und Gästen anbieten zu können. Und auch Stadtoberhaupt Dr. Stollenwerk nutzte wenige Tage nach der Freibaderöffnung die Gelegenheit, seine „Lieben Mitbürger" von seinen an den ersten Badetagen gewonnenen Freibadeindrücken zu unterrichten.

In „Rund um Boppard" vom 25. August 1962 hieß es:

Seit 14 Tagen ist unser Schwimmbad der Öffentlichkeit übergeben worden. Wir haben keine besondere Einweihungsfeierlichkeit abgehalten, weil die Anlage noch nicht vollständig fertig ist. Aber die Hauptsache, die Becken nämlich, stehen dem Publikum zur Verfügung. Da das Wetter wider Erwarten sich doch noch sommerlich gestaltet hat, ist es für viele Einwohner von Boppard eine Wohltat gewesen, das neue Schwimmbad noch in diesem Jahr benutzen zu können. Aber die Besucher werden sicherlich nicht darüber hinwegsehen, dass noch so manches an dem Schwimmbad auszuführen ist.

Jeder kann schon bei einem kurzen Rundblick feststellen, was alles noch fehlt. Die Umzäunung ist noch nicht fertig. Wir werden einen Teil des Bachlaufes ebenfalls noch verrohren müssen. Die Gebäude bedürfen noch des Verputzes. Dazu kommt die Gestaltung des Vorplatzes. Es fehlen Einrichtungen für das Abstellen von Kraftfahrzeugen. So gibt es noch vieles, was wir in den nächsten Monaten bis zum Frühjahr 1963 durchführen müssen.

Es darf auch noch darauf hingewiesen werden, dass es sich als unbedingt notwendig herausgestellt hat, Wohnungen unmittelbar am Freibad zu besorgen, damit die Anlage ständig bewacht werden kann. Man braucht ja nicht besonders zu betonen, dass der Bau des Schwimmbades sehr viel Geld gekostet hat. Wir haben neben den Kosten des Grunderwerbs bisher dafür etwas mehr als 600.000,- DM eingeplant, wissen aber, dass die Restarbeiten noch größere Summen erfordern und der weitere Ausbau mit Terrasse über der Umwälzpumpe, Schaffung von Parkraum sowie dem Bau einer Minigolf- und Bocciaanlage ebenfalls Gelder erfordert. Damit ist schon gesagt, dass wir für die Anlage, wenn sie ganz fertig gestellt wird, rund eine Million DM ausgegeben haben werden.

Da aber Schwimmbäder sich niemals rentieren können, müssen wir dafür sorgen, möglichst bald die durch den Bau entstandenen Schulden zu tilgen.

Es ist kein Wunder, dass bei der regen Benutzung dieses Bades auch jetzt schon manche Wünsche an uns herangetragen wurden. Es wurde z.B. angeregt, auch an der Simmerner Straße Parkplätze anzulegen und von dort aus einen Weg in das Schwimmbad zu bauen. Oder es wurde davon gesprochen, dass wir möglichst bald auch eine Art Restaurant auf dem Freibadgelände einrichten sollten. Ich bin der Auffassung, dass diese Fragen zwar sehr wichtig sind, dass wir aber zunächst erst die Arbeiten vollenden müssen, die wir begonnen haben; danach können wir uns neuen Aufgaben zuwenden.

Gründung einer örtlichen DLRG-Gruppe

Kaum war das Freibad eröffnet, beauftragten die Verantwortlichen des DLRG-Bezirks Koblenz aufgrund ständig wachsender Mitgliederzahlen im Mittelrheingebiet ihr in Boppard wohnendes Mitglied Kurt Gilsbach

Obiges während der Gründungsversammlung der DLRG-Ortsgruppe Boppard entstandenes Foto zeigt von links nach rechts den neugewählten Vereinsvorsitzenden Kurt Gilsbach, den Leiter des DLRG-Bezirks Koblenz, Max Jäger und dessen Geschäftsführer, Walter Cesian.

mit der Einberufung einer Gründungsversammlung zwecks Neubildung einer eigenen Ortsgruppe.

Aufgabenschwerpunkt des neuen Vereins sollte die Abhaltung von Lehrgängen zum Erlangen des DLRG-Grund- und Leistungsscheines sein. Möglichst jedem Nichtschwimmer galt es, das Schwimmen zu erlernen und jedem Schwimmer sollte die Möglichkeit geboten werden, sich zum Rettungsschwimmer ausbilden zu lassen.

Es dauerte nicht mehr lange, bis sich in der am Mittwoch, 26. Juni 1963 im Bopparder „Hotel Rheingold" angesetzten Gründungsversammlung zahlreiche Interessierte einfanden, deren gemeinsames Motto lautete: „Kampf dem nassen Tod".

In Anwesenheit mehrerer Vorstandsmitglieder der seit fast 40 Jahren bestehenden DLRG-Bezirksgruppe Koblenz erbrachten die einmütig verlaufenden Vorstandswahlen

Zahlreiche Mitglieder der ersten Stunde präsentieren sich auf diesem Gruppenfoto aus dem Jahre 1973, das anlässlich der Feierlichkeiten zum zehnjährigen Bestehen im Bopparder Rathaussaal entstand. V.l.n.r.: Julika Gilsbach, Hans Rieger, Dr. Ludwig Grothe, Eduard Steil, Agnes Steil, Lieselotte Holzmeister, Walter Cesian, Max Jäger, Manfred Hilger, Lorenz Wolf, Hans-Günther Meyer-Kirschner, Kurt Stumm, Heinz Bach, Günter Linnenweber, Hermann Breitbach, Kurt Gilsbach.

der in Gründung befindlichen neuen Ortsgruppe folgende geschäftsführende Vereinsführung:

1. Vorsitzender: Kurt Gilsbach;
2. Vorsitzender: Lorenz Wolf;
technischer Leiter: Helmut Erbar;
Vereinsarzt: Dr. Ludwig Grothe;
Beisitzerin: Lieselotte Holzmeister.

Die neu formierte Vereinsspitze schritt
auch gleich zur Sache und recht bald wurden
erste Ausbildungskurse stufenweise angeboten: Freischwimmen, Fahrtenschwimmen,
Jugendschwimmen, DLRG-Grundschein
und DLRG-Leistungsschein - so lauteten die
ersten Ausbildungsziele der am Freitag, 5. Juli 1963, 18.30 Uhr im Bopparder Feibad be-
gonnenen Ausbildungskurse.

Zwischenzeitlich agiert die DLRG-Ortsgruppe Boppard im fünften Jahrzehnt ihres

*Ein „Renner" an sommerlichen Freibadta-
gen sind die beliebten „Spiel- und Spaßta-
ge", an denen das Nichtschwimmerbecken
zur Freude der Kinder mit Laufmatten und
Wasserspielgeräten aufgefüllt wird.*

*Lange Jahre bildeten Schwimmmeister Josef Nicke-
nig, unterstützt von seinen „Assistentinnen" Anne-
mie Fregona und Ursula Böhm, ein fleißiges Trio innerhalb des aktiven „Boppi-Teams".*

Bestehens, flankiert von der 1989 mit heftigen „Geburtswehen" hinzu gestoßenen
DLRG-Ortsgruppe Bad Salzig, in den Bopparder Bädern und ist nicht nur die größte
Gruppe im DLRG-Bezirk Koblenz, sondern
zählt zweifelsohne auch zu den führenden
Vereinen am Mittelrhein.

Höchste „Erfolgszahlen" zu erfolgreich abge-
schlossenen Aus- und Fortbildungen ihrer
Mitglieder, aber auch landesweite Auszeichnungen aufgrund umfangreicher Integra-
tionsbemühungen junger Aussiedler machten die heimische Ortsgruppe weit über Boppards Stadtgrenzen bekannt. Die Ausrichtun-
gen überörtlichen Volksschwimmens und Tri-
athlonveranstaltungen mit internationalem
Starterfeld zählten neben anderen Großver-

Gelungene Werbeveranstaltung: Die Freibadsaison 1990 wurde mit der „RPR-Sommertour", einer mehrstündigen Rundfunk-Livesendung, eröffnet.

anstaltungen ebenfalls zum Aufgabenfeld des Vereins.

Ein beachtlicher vereinseigener Fuhr- und Bootspark bestätigt neben dem Besitz umfangreicher und hochkarätiger Ausbildungsmaterialien eine solide und gesunde Basis des gemeinnützigen Vereins. Für diese Konstanz spricht zweifelsohne auch die Tatsache, dass der Ortsgruppe mit Holger Stüber erst der zweite Vorsitzende in ihrer langjährigen Vereinsgeschichte vorsteht.

Abwechslungsreiche Freibadsaison

In der Tat ist es der Stadt Boppard eindrucksvoll gelungen, mit dem Bau des großräumigen Freibads eine weit über die örtlichen Grenzen beliebte Freizeitanlage zu errichten.

Auf dem Preisniveau der bisherigen Eintrittsgebühren ließe sich ein „privatisiertes Erlebnisbad" wohl kaum erfolgreich betreiben. Gehören solche Bilder mit Warteschlangen am Freibadeingang bald der Vergangenheit an?

In den Folgejahren wurde regelmäßig in Attraktivitätssteigerungen investiert und auch im Bopparder Freibad ist der Trend „weg vom reinen Sportbad, hin zum Spiel- und Spaßbad" recht deutlich erkennbar.

Besuchertage mit Wasserspielgeräten aller Art, Tauchlehrgänge, Sprungwettbewerbe, Wassergymnastik, Tischtennisturniere, Senioren-Gymnastik, Beach-Volleyball-Demonstrationen, Badeparties und, und, und... die Ideenvielfalt des „Boppi-Teams", wie die städtischen Schwimmbadmitarbeiter von vielen Badbesuchern liebevoll genannt werden, kennt keine Grenzen.

Zukunftsprognose?

Nachdem aber in den letzten Jahren die zwischenzeitlich veraltete Technik zunehmend zu kostenträchtigen Reparaturen und Investitionen Veranlassung bietet, stellen sich die Stadtoberen vermehrt die Frage, ob es sich eine kostenbewusste Kommune der heutigen Zeit überhaupt noch leisten kann, als freiwillige Aufgabe der Selbstverwaltung ein kommunales Bad vorhalten zu können.

Wäre eine Privatisierung oder gar eine Schließung ein gangbarer und vor allem akzeptabler Weg?

Bau des Katholischen Kindergartens

Außenkaplan Josef Dissemond und „sein" Buchenauer Meisterwerk

Nachdem Boppards Bürgermeister Dr. Alexander Stollenwerk Anfang November des Jahres 1961 davon unterrichtet wurde, dass Buchenau nicht zuletzt aufgrund seiner zahlreichen Vorsprachen in Trier alsbald mit Josef Dissemond einen eigenen „Außenkaplan" zugeteilt bekomme, wuchs in dem engagierten Stadtoberhaupt natürlich die Hoffnung, dass ihm recht bald ein Mitstreiter bei der Umsetzung seines Lebenswerkes, der Realisierung des „Mammutprojektes Buchenau", zur Seite stehen werde. Als ein Mosaikstein dieser gewichtigen Aufgabe galt sicherlich die Errichtung eines eigenen Kindergartens für den jungen Bopparder Ortsteil.

Und in der Tat wurden Dr. Stollenwerks kühnste Hoffnungen in der Praxis gar übertroffen. Mit dem neuen Rektor der Ursulinenschule fand Buchenau einen Seelsorger, der sich gleich in den ersten Tagen mit den Be-

sonderheiten des jungen Ortsteils vertraut machte und an Weihnachten 1961 war es soweit: In der eiskalten Friedhofskapelle hielt Josef Dissemond die erste Heilige Messe in Boppard-Buchenau. Dies blieb im Übrigen für lange Monate so und Sonntag für Sonntag fanden sich fortan zahlreiche Buchenauer

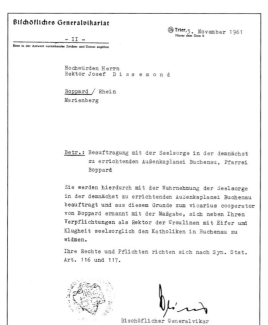

Bestellung von Josef Dissemond als Seelsorger der „Außenkaplanei" Buchenau.

Unermüdlicher Motor bei der Errichtung eines katholischen Kindergartens Buchenau: Josef Dissemond, erster Seelsorger des aufstrebenden Bopparder Ortsteils.

um 9.15 Uhr zum Gottesdienst am Friedhofsgelände ein.

Erst als im Dezember 1963 der neue Kindergarten in der Waldstraße eingeweiht wurde, beschloss der Kirchenvorstand, ab sofort in einem der beheizten Gruppenräume den sonntäglichen Gottesdienst abzuhalten.

Aber bis es soweit war, galt es für die maßgeblichen Befürworter eines Buchenauer Kindergartens, ungezählte Hürden und Klippen zu überwinden. Zum Quartett der unermüdlichen Kämpfer, die sich auch von regelmäßigen Rückschlägen nicht entmutigen ließen, zählten neben Josef Dissemond und Dr. Alexander Stollenwerk deren „Kampfgefährten" Pfarrer Erhard Krummeich und die Buchenauer FIDULA-Mitinhaberin Lieselotte Holzmeister.

Nachdem bereits am 19. September 1960 die Stadt der Katholischen Kirchengemeinde bedeutende Grundstücksflächen „an der Felsnase oberhalb der Ecke Unter den Birken" zum Bau einer Kirche unentgeltlich zur Verfügung gestellt hatte, beschloss der Kirchenvorstand in seiner Sitzung vom 9. März 1962 „in der Siedlung Boppard-Buchenau einen Kindergarten mit Gottesdienstraum" zu errichten. Nach einem von Ober-Regierungs-Baurat Dr. Freckmann, einem Bewohner des Goldregens, aufgestellten Kostenanschlag sollten die voraussichtlichen Baukosten rd. 120.000,- DM betragen. In der Kirchenchronik St. Severus ist hierzu vermerkt:

Die Finanzierung dieses Bauvorhabens ist wie folgt vorgesehen:

Landeszuschuss 40.000,- DM,
Zuschuss der Diözese 40.000,- DM,
Darlehen des Kreises 5.000,- DM,
Darlehen Kirchengemeinde 35.000,- DM.

Das bischöfliche Generalvikariat hat die Bewilligung eines Zuschusses in Höhe von 40.000,- DM unterm 17. März 1962 - F.5 - genehmigt. Außerdem hat der Stadtrat in seiner Sitzung vom 5. April 1962 beschlossen, ebenfalls einen Zuschuss von 10.000,- DM zu bewilligen. Des weiteren wurde das für die Errichtung des Kindergartens erforderliche Gelände kostenlos zu Verfügung gestellt.

Und als dann endlich die Weichen allseits „Richtung Kindergartenbau" gestellt waren, ging auch die Umsetzung recht zügig vonstatten. In einem Brief aus dem Jahre 1995 an die Kindergartenleiterin, der auch noch heute sehr aufschlussreiche Zeilen enthält, schilderte Josef Dissemond nach einem Kindergartenbesuch einige Einzelheiten aus seinen Buchenauer „Pioniertagen":

Sehr geehrte Frau Napp,

anlässlich meines zufälligen Besuches im Kindergarten Buchenau habe ich Ihnen versprochen, einige Einzelheiten, die den Bau des Kindergartens betreffen, mitzuteilen.

Im November des Jahres 1961 wurde ich als Außenkaplan für Boppard-Buchenau zuständig nach Boppard versetzt. Meine Aufgabe war, eine Gemeinde in Buchenau aufzubauen.

Es wohnten vielleicht insgesamt 100 Personen im Ortsteil. Die Landsiedlung stand schon, einige Häuser im Ahornweg und Unter den Birken. In Zusammenarbeit mit der Stadt Boppard, besonders mit dem damaligen Bürgermeister Dr. Alexander Stollenwerk, nahm die Stadtplanung dieses neuen Wohngebietes seinen Fortlauf.

Es kamen sehr viele Flüchtlinge, denen Wohnraum geschaffen werden musste. So wurde in den 60-iger Jahren mächtig gebaut, auch sozialer Wohnungsbau in der Leiswiese. Die Zahl der Wohnungen und die Zahl der Einwohner stiegen ständig.

Dr. Stollenwerk machte mir klar, dass nicht der Eisenbolz bebaut werden solle, sondern der Stadtwald, oberhalb der beiden Straßen Vogelsang und Ahornweg gelegen.

Dort an der Spitze dieser beiden Straßen lag ein kleines Waldgrundstück, dass uns die Stadt Boppard überschrieb, zwecks Baus einer Kirche und eines Kindergartens.

Anfangs 1962 fasste der Kirchenvorstand von St. Severus den Beschluss, einen Kindergarten für zwei Kindergartengruppen in Boppard-Buchenau zu bauen. Als Architekt wurde Dr. Freckmann, Buchenau, beauftragt. Die Bauplanung und die Genehmigung und

Finanzierung der Baumaßnahme ging zügig voran, so dass Mitte 1962 mit dem Bau begonnen werden konnte. Doch leider kam bereits im November 1962 ein Wintereinbruch, so dass der Kindergarten erst 1963 eröffnet werden konnte.

Große Schwierigkeiten machte uns, eine Kindergartenleiterin zu finden. Damals waren Kindergärtnerinnen dünn gesät. Auf Vermittlung von Frau Dr. Susanne Hermanns MdL, Koblenz, wurde uns genehmigt, die Kinderpflegerin Frau Olivia Acht als Kindergartenleiterin in Buchenau einzustellen.

Nach Fertigstellung des Kindergartens waren wir im Kindergarten sonntags zur Messe versammelt. Herr Burkhard aus dem Goldregen fertigte ein wunderschönes Podest mit Teppichbelag und ein Holzkreuz, das jetzt in einem Gruppenraum hängt. Viele Gläubige, Kinder und Eltern, halfen jeden Sonntagmorgen, den Kindergarten umzuräumen zum Gottesdienst und nachher auch wieder zurückzuräumen.

Hauptverantwortliche waren damals Herr und Frau Johannes Holzmeister mit Kindern, Herr und Frau Anton Eberz mit Kindern, Herr Burkhard mit Tochter, Frau Urban mit Tochter und viele, viele andere, deren Namen ich leider vergessen habe. Jedenfalls kann ich sagen: Wir waren ein Herz und eine Seele!

Außenkaplan Josef Dissemond, der „Mann mit Hut und Zigarette“, befand sich während der Bauphase tagtäglich auf der Baustelle.

Fachsimpelei des planenden Architekten Dr. Freckmann mit der „heimlichen Bauaufsicht“, Außenkaplan Josef Dissemond.

Die Bopparder Baufirma Kirch wurde mit den Rohbauarbeiten beauftragt. Rechts auf dem Foto deren Buchenauer Mitarbeiter Held.

Erstes Teilziel erreicht: Die rückwärtige Außenwand des neuen Kindergartenkomplexes steht.

Und als dann tatsächlich am 15. Dezember 1963 der katholische Kindergarten Buchenau seine offizielle Bestimmungsübergabe erfuhr, berichtete auch „Rund um Boppard" über dieses bedeutende Ereignis:

In die Chronik unseres Stadtteiles Boppard-Buchenau wird der vergangene Sonntag mit goldenen Lettern eingezeichnet werden. Im Rahmen einer festlichen Stunde, zu der viele Vertreter des öffentlichen Lebens, darunter Landrat Dr. Weiler, Bürgermeister Dr. Stollenwerk, Mitglieder des Landtages, des Kreistages und des Stadtrates und als Vertreter der evangelischen Gemeinde Pfarrer Dr. Rose erschienen waren, wurde der neu erbaute Kindergarten seiner Bestimmung übergeben. Welche Bedeutung man auch höheren Orts dieser neu geschaffenen Einrichtung zumisst, beweist, dass Caritasdirektor Msgr. Paul Fechler aus Trier eigens nach Boppard

gekommen war, um den neuen Kindergarten einzusegnen.

Einstimmig sang der katholische Kirchenchor den Hymnus „Herr Deine Güte...". Nach einem Gedichtvortrag nahm sodann Msgr. Paul Fechler die kirchliche Weihe vor, während der die Festgemeinde das Lied „Lobet den Herren..." sang. Ein gemeinsam gesprochenes Gebet und der Chor „Gott ist mein Lied..." beschlossen den Weiheakt.

Pfarrer Krummeich begrüßte die Festgäste und dankte für den so überaus großen Besuch trotz der schlechten winterlichen Witterung und des weiten Weges. Er dankte auch all denen, die bei dem Gelingen des Werkes hilfreich Hand gereicht hatten, besonders dem Bürgermeister und dem Bopparder Stadtrat für die kostenlose Übereignung des Geländes und die zuteil gewordene Förderung. Niemand, so sagte Pfarrer Krumm-

Der katholische „Kindergarten Franziska" im Jahre 2002. Zur Betreuung der kurz zuvor eingerichteten dritten Kindergruppe dient ein liebevoll umgestalteter Wohncontainer.

eich, habe im Jahre 1953, als die ersten Planungen für Boppard-Buchenau Gestalt gewannen, daran gedacht, dass Boppard-Buchenau sich so entwickeln würde. Heute wohnen in diesem Ortsteil rund 1.000 Seelen, deren religiöse Betreuung sichergestellt werden müsse. In diese religiöse Betreuung müsse insbesondere auch das Kleinkind eingeschlossen sein. Besonders herzliche Grußworte richtete der Redner an Pfarrer Dr. Rose von der evangelischen Kirchengemeinde. Sein Erscheinen sei ein Zeichen für das gute und herzliche Einvernehmen zwischen den

Dechant Hermann-Josef Ludwig als Trägervertreter und Friedrich Hicke, 1. Beigeordneter der Stadt Boppard, führten am 10. August 2005 das wichtige „Großereignis" des ersten Spatenstiches für die anstehende Erweiterung im Beisein vieler Kindergartenkinder aus, nicht ohne den Kostenträgern Bistum, Kirchengemeinde, Land, Kreis und Stadt für ihre zugesagten Unterstützungen zu danken.

beiden Konfessionen. Bei der Einweihung des evangelischen Kindergartens in Boppard sei er damals ebenso gern der Einladung gefolgt.

Wir erinnern uns in dieser Stunde, so fuhr Pastor Krummeich fort, gerne des Apostelwortes „Einer ist unser Meister - Ihr alle aber seid Brüder! Wir haben nur einen Lehrer und Meister, das ist Christus selbst." Auf dieses Ziel hin haben wir unsere ganze Erziehung auszurichten; es heißt: Die Einheit aller Christen. Worte des Dankes und der Anerkennung fand Pastor Krummeich für Herrn Oberregierungs- und -baurat a.D. Dr. Freckmann, dem die Bauleitung übertragen worden war und der seine Aufgabe in ganz vorzüglicher Weise gelöst hat. Dies bewies der spätere Rundgang. Aber auch allen Firmen, die am Gelingen des Werkes mitgewirkt hatten, vom Chef bis zum letzten Arbeiter, galten die Dankesworte des Redners.

Baurat a.D. Dr. Freckmann sagte anschließend, dass das Werk wohl im großen und ganzen stehe, dass es aber infolge von Zeitmangel nicht möglich gewesen sei, die letzten Feinheiten am Bau vor seiner Inbetriebnahme auszuführen. Alle Beteiligten seien sich aber darüber einig gewesen, die Übergabe des Kindergartens nicht noch weiter zu verzögern. Mit dem herzlichen Wunsch, dass viel Freude und Segen für die Zukunft von diesem Haus ausgehen möge, übergab er die Schlüssel an Pfarrer Krummeich.

Grüße und gute Wünsche für den Kreis und die Stadt Boppard überbrachten Landrat Dr. Weiler und Bürgermeister Dr. Stollenwerk.

Pfarrer Dr. Rose bedankte sich für die ihm zuteil gewordene Einladung und führte aus, dass die Hinführung des Kleinkindes zum Christentum eine große Aufgabe und Verpflichtung sei. Unchristliche Einflüsse während der Entwicklung seien später kaum noch wettzumachen. Für den Kindergarten und seine Aufgabe erbat er Gottes Segen.

Zum Schluss sprach Rektor Dissemond, der Seelsorger von Boppard-Buchenau. Seinem Eifer, Einsatz und seiner Energie ist es in erster Linie zu danken, dass dieses Werk begonnen und vollendet werden konnte. *Er gab seiner berechtigten Freude über das gute Gelingen Ausdruck und dankte allen. Bei einem anschließenden Rundgang durch den neuen Kindergarten konnten sich die Anwesenden von der zweckmäßigen und schönen Gestaltung und Einrichtung der Räume überzeugen.*

Knapp vier Jahrzehnte konnte der zweizügige Kindergarten durchaus als ausreichend bemessen bezeichnet werden. Anfangs des neuen Jahrtausends zeigte sich jedoch aufgrund wachsender Bevölkerungszahlen, dass Raum für die Bildung einer weiteren Kindergartengruppe dringend angeboten werden müsste.

Nachdem zunächst mit Unterstützung der Stadt ein ausrangierter Wohncontainer liebevoll umgestaltet wurde und so in den Jahren 2002 bis 2005 als Gruppenraum diente, erfolgte am 10. August 2005 dann endlich der herbeigesehnte Spatenstich für den Anbau eines neuen Gruppenraumes, wodurch die Tage des Container-Provisoriums endgültig gezählt waren. Am 14. Oktober 2005 stand bereits das Richtfest an.

Nach Abschluss des Umbaus stehen alsdann den Buchenauer Kindern insgesamt 75 Regelplätze in drei Gruppen, ein Mehrzweckraum und mehrere Nebenräume zur Verfügung, um für künftige Anforderungen bestens gerüstet zu sein.

IM FOTOALBUM GEBLÄTTERT

Nachbarschaftliches Straßenfest im Ahornweg Mitte der 1980er Jahre.

„Posthilfsstelle" Buchenau

1960 entstand im Ahornweg eigenes „Mini-Postamt"
Endgültige Schließung im Jahre 1994

Einige Jahrzehnte war Buchenau auf einem örtlichen Poststempel verewigt. Ab dem Jahre 1960 wurde bei der neuen Poststelle in Buchenau auch ein sog. „Zweikreisstempel" mit Postleitzahl „5407" und Ortsangabe „Boppard-Buchenau" geführt, der um die Mitte der 1970er Jahre durch die Ortsangabe „Boppard 6" ersetzt und bis zur endgültigen Schließung der Post-Agentur im Jahre 1994 eingesetzt wurde.

Auch wenn sich heute nur noch wenige Mitbürger darin erinnern können, lange Jahre besaß das in stetigem Wachstum befindliche Buchenau eine eigene Postagentur.

Wie bei vielen Vorhaben in Buchenau war auch in Sachen „Einrichtung einer örtlichen Poststelle" ein langer und steiniger Weg zu beschreiten. Die Ausgangslage: Es gab keine Telefonzellen und keine Briefkästen vor Ort und die erhaltene Post musste sich jeder Buchenauer persönlich beim Postamt in der Bopparder Heerstraße abholen.

Nachdem bereits ab Mitte der 1950er Jahre wiederholt sowohl Bürger Buchenaus wie auch der Bürgermeister bei der Koblenzer Oberpostdirektion vorstellig wurden und immer wieder Petitionen, Unterschriftenlisten und Anträge bei dieser Fachbehörde zur Verbesserung der heimischen Infrastruktur eingebracht wurden, stellte sich im auslaufenden Jahr 1958 ein erster Teilerfolg ein.

Bürgermeister Dr. Alexander Stollenwerk erhielt in der ersten Dezemberwoche die ersehnte Mitteilung der Oberpostdirektion:

Wir bestätigen den Eingang Ihres oben erwähnten Schreibens und möchten Ihnen mitteilen, dass wir nach einer an Ort und Stelle durchgeführten eingehenden Überprüfung der postalischen Verhältnisse im Ortsteil Buchenau den Einsatz eines Landzustellers mit KFZ genehmigt und die Einrichtung einer Posthilfsstelle angeordnet haben.

Wir hoffen, die vorgesehenen Maßnahmen durch Bereitstellung eines Fahrzeuges und nach Abschluss der Verhandlungen über die personelle Besetzung der Posthilfsstelle in Kürze durchführen zu können.

Das vorweihnachtliche Geschenk war so recht nach dem Geschmack der Buchenauer und als ihnen dann tatsächlich ab März 1959 „genauso wie den städtischen Bürgern" die Post von einem uniformierten Briefträger zugestellt wurde, da waren sie schon ein wenig

Über 20 lange Jahre befand sich die Buchenauer Poststelle, ordnungsgemäß gekennzeichnet durch den „Postadler", im Ulmenweg 12.

stolz. Wohlgemerkt - eine „Errungenschaft", die eines jahrelangen Einsatzes bedurfte.

Bis dann hingegen auch die angekündigte Posthilfsstelle tatsächlich eingerichtet war, kam es nochmals zu einigen Verzögerungen. Einmal entsprachen die angebotenen Räumlichkeiten nicht den Vorstellungen der Post, dann ließ sich das bescheidene Verdienstangebot nicht mit den Vorstellungen der Bewerber in Einklang bringen.

Aber nach weiteren eineinhalb Jahren war es dann endlich doch soweit: Im häuslichen Anwesen von Mitbürger Hansen im Ahornweg 17 wurde zum 1. Juli 1960 die ersehnte Poststelle errichtet.

Mit einem großen Hinweisschild im Vorgarten des Wohnhauses wurde das postalische Aufgabenfeld klar abgegrenzt: „Wertzeichenverkauf, Annahme von Postsendungen und Telegrammen, Ferngespräche, Rentenauszahlung".

Gerade einmal 18 Monate später hieß es allerdings in der ersten „Rund um Boppard"-Ausgabe des Jahres 1962: *Herr Hansen, der die Poststelle in Boppard- Buchenau seit ihrem Bestehen führte und der sich mit Lust und Eifer dieser Aufgabe verschrieben hatte, bat die Bundespost, ihn wegen seines fortgeschrittenen Alters mit Ablauf des Jahres 1961 aus diesem Dienst zu entlassen.*

Vielen Buchenauern in bester Erinnerung ist der langjährige Zusteller Jupp Noll, hier auf einem Foto aus dem Jahre 1985 mit der Leiterin der Buchenauer Poststelle, Christine Krüger.

Ab dem 8. Januar 1962 wird die Poststelle von Familie Peters, Ahornweg 43, geführt. Die Dienststunden sind die gleichen geblieben.

Im Juli 1964 erklärte sich auf wiederholte Initiativen zahlreicher Buchenauer das zuständige „Telegraphenneubauamt Bad Kreuznach" bereit, am Platz Deutscher Osten und am Ahornweg in Höhe des Sportplatzes die ersten Münzfernsprecher des Ortsteiles zu installieren.

Nachdem auch die von Familie Peters geführte Filiale im Jahre 1971 geschlossen wurde, eröffnete Christine Krüger im Ulmenweg 12 eine neue Poststelle, welche dann über zwanzig Jahre, wie die Vorgängereinrichtungen, zur vollsten Zufriedenheit der Buchenauer geführt wurde.

Ab dem Jahre 1991 wurde sodann die verlagerte Buchenauer Poststelle in der Waldstraße 5 von Astrid Frank geleitet, bis dann zum Bedauern vieler Bewohner im Jahre 1994 infolge der Neustrukturierung der Deutschen Bundespost diese „Filiale" gänzlich geschlossen wurde.

Bürgermeister Dr. Walter Berschs wiederholte Ansiedlungsversuche, in der „Tabak-Börse" des neu errichteten Extra-Einkaufsmarktes auch eine Postagentur einzurichten, blieben bislang erfolglos.

Tagtäglich viele Stunden „Schalterarbeit" bestimmten den Tagesablauf der „Frau Posthalterin" Christine Krüger.

Ein Hallenbad für Buchenau
3,6-Millionen-Projekt im Jahre 1973 seiner Bestimmung übergeben

Gebetsmühlenartige Überzeugungsarbeit

Parallelen zum einstmaligen Freibadbau sind durchaus angebracht. Wie bereits 1957, als sich der seinerzeitige Bürgermeister Dr. Alexander Stollenwerk erstmals öffentlich in einem seiner „Rund um Boppard-Hirtenbriefe" für den Bau eines Freibades aussprach, nutzte auch der zwischenzeitlich im Amt befindliche Stadtbürgermeister Günter Linnenweber - wie sein Amtsvorgänger ebenfalls ein Garant weitsichtiger Politik - zum auslaufenden Jahre 1969 die Gelegenheit, seine Gedankengänge in Sachen „Bopparder Hallenbad" über die beliebte Wochenzeitung einer breiten Öffentlichkeit mitzuteilen.

Dem Stadtchef wurde die nicht unbedeutende Last aufgebürdet, die Mehrheit der heimischen Bevölkerung von den Vorzügen eines Hallenbades im Vergleich zu dem ebenfalls in diesen Monaten lautstark geforldertem Neubau einer Stadthalle zu überzeugen. Allen Beteiligten war klar: Beide Mammutprojekte gleichzeitig zu schultern, war unerfüllbares Wunschdenken. Also galt in dieser Zeit der unverkennbare Arbeitsschwerpunkt Günter Linnenwebers der argumentativen Überzeugungsarbeit „pro Hallenbad".

In der „RuB-Weihnachtsausgabe" vom 23. Dezember 1969 hieß es unter dem Aufmacher *„Ein Hallenbad in Boppard":*

Mit steigendem Wohlstand werden die Ansprüche des einzelnen an die Gesellschaft größer. Das ist eine Erscheinung, die in alle Lebensbereiche eindringt. Dies bedenkend, schickt sich die Stadt Boppard an, ein Hallenbad zu bauen. So wenigstens hat der Stadtrat zur Zeit durch entsprechende Beschlüsse seinen Willen bekundet. Wir sparen für das Bauvorhaben Geld an und ich hoffe, dass in einer der nächsten Sitzungen des Stadtrates die entscheidenden Merkmale für die Planung im einzelnen bestimmt werden.

Zu früh oder zu spät?

Ich meine, es ist der richtige Zeitpunkt. Es gibt Bürger, die der Auffassung sind, es sei verfrüht, ein Hallenbad zu bauen. Andere Auf-

Nach jahrelanger Überzeugungsarbeit hatte es Bürgermeister Günter Linnenweber - übrigens auch ein Buchenauer - endlich geschafft: Der Bau eines Hallenbades für Boppard wurde im Juli 1970 vom Stadtrat „abgesegnet".

gaben seien vordringlicher, es müsse z.B. zunächst eine Stadthalle gebaut werden.

Es besteht kein Zweifel, dass zu mancher Dringlichkeitsfolge verschiedene Auffassungen bestehen; es kommt auf den Standort an, den der Kritiker bezieht. Der Stadtrat ist bemüht, über die Erfüllung der gestellten Aufgaben nach allen Seiten abgewogen zu entscheiden. Gern würde er aus sachlichen Erwägungen die eine und die andere Maßnahme zugleich einleiten. Doch da wird ihm die Grenze gesetzt von der finanziellen Leistungskraft unserer Stadt, aber mitunter auch von der Tatsache, dass Leistungsmög-

lichkeiten unserer Wirtschaft - Industrie, Handwerk, Handel und Gewerbe - ausgeschöpft sind.

Stadthalle oder Hallenbad

Um auf das Beispiel Stadthalle zurück zu kommen. Nach Auffassung des Stadtrates geht nach den augenblicklichen Gegebenheiten in unserer Stadt der Bau eines Hallenbades dem Bau einer Stadthalle vor. Damit will er nicht erklären, dass in Boppard Einrichtungen vorhanden sind, die den Bau einer Stadthalle erübrigen; auch wenn verschiedene Betriebe des Hotel- und Gaststättengewerbes unserer Stadt ein interessantes Angebot an Veranstaltungsräumen machen können, das Hotel „Winzerverein" einen neuen Saal mit einem Fassungsvermögen für 500 Personen baut und die große Turnhalle des Gymnasiums nach einem Erlass des Ministeriums für Unterricht und Kultus Rheinland-Pfalz für kulturelle Veranstaltungen ohne Getränkeausschank zur Verfügung steht. Jedoch ist mit diesen Anlagen eine bestimmte Bedarfsdeckung möglich, auch wenn sie nicht allen gestellten und zu stellenden Forderungen gerecht werden.

Vergleichbare Einrichtungen für das Badewesen, damit sind die Schwimmmöglichkeiten, unabhängig von den Witterungseinflüssen gemeint, sind in unserer Stadt nicht vorhanden. Dabei wird nicht verkannt, dass es auch bei uns verschiedene Hallenbäder in Kleinst- und Kleinformat gibt. Diese Entwicklung wird sich fortsetzen, doch kann mit dem Angebot nicht einmal eine annähernde Bedarfsdeckung erreicht werden.

Übrigens habe ich bei möglichen Gesprächen mit Bürgern die Frage nach der Dringlichkeit für eine Stadthalle und ein Hallenbad unter Berücksichtigung der Gegebenheiten gestellt. Es war interessant und aufschlussreich, festzustellen, dass etwa 80 bis 90 % der Auffassung sind, wie ich sie soeben versucht habe darzustellen.

Was hätten Sie zurückgestellt?

Es gibt aber auch Bürger, die der Meinung sind, das Hallenbad hätte schon längst gebaut sein müssen. Ja, was das sachlich be-gründete Bedürfnis angeht; nein, was die Dringlichkeit zu anderen Notwendigkeiten betrifft. Ich muss noch einmal hervorheben, dass es mit dem Motto „nach uns die Sintflut" leicht wäre, viele Wünsche nicht unerfüllt zu lassen. Welcher Familienvater würde so handeln? Er müsste schon unverantwortlich sein. Dieselbe Regel gilt bei uns als Gemeinde. Was wir nicht bezahlen können, unter Einbeziehung einer vertretbaren Verschuldung, dürfen wir nicht bestellen.

Jetzt das Hallenbad, denn außer dem sachlich begründeten Bedürfnis dürfte in den nächsten Jahren auch die Voraussetzung einer vertretbaren Finanzierung gegeben sein.

Vielleicht erinnern Sie sich noch, dass mit dem Bau einer neuen Turnhalle für unsere Volksschulen in der ursprünglichen Planung ein Lehrschwimmbecken als Schulhallenbad vorgesehen war. Der Stadtrat entschied sich jedoch nach Beratung mit der Bezirksregierung Koblenz, von dem Schulhallenbad mit dem Ziel abzusehen, sobald wie möglich ein Hallenbad für eine allgemeine Nutzung in entsprechender Größe zu bauen. Das war im Jahre 1966. Die guten Absichten wurden aber durch die überraschende Verlegung der Betriebsstätte Procter & Gamble von Boppard nach Frankfurt/Main und dem damit verbundenen Ausfall von jährlich 1,2 Millionen DM Gewerbesteuer in den Hintergrund gedrängt. Jetzt gelten sie wieder.

Über die anstehenden Fragen des Einzugsbereichs, des Standortes und der Größe des Wasserbeckens für das Hallenbad wird der Stadtrat demnächst beraten.

Detailplanung

In den nachfolgenden Monaten kam das Thema „Hallenbadneubau" ebenso regelmäßig auf die Tagesordnung des Stadtrates, wie es auch ebenso regelmäßig von dort zu Vorberatungen in die Fachausschüsse zurückverwiesen wurde.

Mitte Juli 1970 war es dann soweit: Der Stadtrat beschloss, die Architektenleistungen einschließlich Bauleitung für das zu erstellende Hallenbad der Firma PLAFOG aus Kulmbach zu übertragen. Mit deren jüngstem Werk, einem bereits Mitte Juni von den Ratsmitgliedern gemeinsam besichtigter Hallenbadneubau in Bonn-Beuel, hatte das Fachunternehmen seine Qualifikation in dieser Branche eindrucksvoll belegt.

Der nunmehr erfolgten Auftragsvergabe und der Festlegung des endgültigen Raumprogramms ging ein beschränkt ausgeschriebener Architektenwettbewerb und eine gründliche Beratung aller möglichen Varianten eines solch gewichtigen Bauvorhabens voraus.

Die einmütig in der Stadtratssitzung am 22. September 1970 beschlossene Planung sah im Wesentlichen folgende Details vor:

· Der Standort der Anlage befindet sich zwischen dem Freibadeingang und dem Anwesen Knoof.

· Ein Becken erhält die Maße 12,5 x 25 Meter, das Lehrschwimmbecken die Maße 8 x 12,5 Meter.

· Das Hauptbecken ist mit einem Hubboden auszustatten. Die Wassertiefe in diesem Hauptbecken beträgt 1,80 bis 3,80 Meter, im Hubbodenteil 0,30 bis 1,80 Meter.

· Die Sprunganlage sieht ein Ein- und Dreimeterbrett, sowie eine Drei- und Fünfmeterplattform vor.

· Befestigungsmöglichkeiten für Wasserballtore und Absperrmöglichkeiten sind vorzusehen.

· Eine Ozonanlage sorgt für die Wasseraufbereitung.

· Die Kesselanlage des Hallenbades zur Erwärmung des Wassers ist so auszulegen, dass auch gleichzeitig das Wasser der Außenbecken mit aufgeheizt werden kann.

· Im Baukörper ist Raum für eine Milchbar mit einer Erweiterungsmöglichkeit als Terrasse zum Freibad vorzusehen.

· Das in der Flucht des geplanten Hallenbades liegende Kinderplanschbecken im Freibad ist zu verlegen.

· Für die Filteranlage des Freibades ist im Keller des Hallenbades entsprechender Freiraum vorzuhalten.

· Zwischen Hallenbad und Feibad ist eine Zugangsmöglichkeit einzuplanen.

· Beginnend von der Straße sind vorzusehen: Stiefelgang, Wechselkabinen, Barfußgang, Duschräume, Toiletten und Wasserbecken.

· Sammelumkleide- und Lehrumkleideräume sind im Untergeschoss zu platzieren.

· Die Hallenhöhe beträgt fünf Meter, über der Sprunganlage acht Meter.

· Die Umgangsfläche, die an der Sprunganlage fünf Meter, ansonsten drei Meter breit sein wird, nimmt 300 qm in Anspruch.

· Den Einstieg in das Hauptbecken ermöglichen vier Einstiegleitern.

· Die Wassertiefe des über eine an der Längsseite angeordnete Eingangstreppe zu betretene Lehrschwimmbeckens beträgt 0,75 bis 1,25 Meter.

· Die Umgangsfläche des Lehrschwimmbeckens beträgt 115 qm.

· Eingangshalle und Kassenraum befinden sich im Untergeschoss. Dort sind ebenfalls eine Telefonzelle, Abstellräume, Putzgeräteräume und ein Geräteraum für schwimmsporttreibende Vereine vorzusehen.

· Die separaten Duschräume für Schulen, sowie männliche und weibliche Besucher umfassen jeweils zwölf Duschen.

· Im Obergeschoss sind ein Schwimmgeräteraum, ein Sanitätsraum, ein Schwimmmeisterraum und ein Aufenthaltsraum für Personal vorzusehen.

Finanzierung

Die bereits frühzeitig mit der kommunalen Aufsichtsbehörde abgestimmte Finanzierung des städtischen Mammutprojekts sah im Wesentlichen ursprünglich folgende Modalitäten vor:

Die Gesamtkosten sind mit rund 3,6 Millionen DM veranschlagt. 60 % dieser Kosten, das sind 2,1 Millionen DM, werden durch Landeszuschüsse finanziert. Ferner ist ein Kreiszuschuss in Höhe von 10 %, das sind 357.000,- DM, eingeplant. 30 %, also etwas mehr als 1 Million DM, werden aus städtischen Eigenmitteln erbracht.

Der Kreisanteil wurde später auf 125.000,- DM zurückgefahren. Der Landesanteil wurde exakt in eingeplanter Höhe ausgezahlt. Die Restkosten verblieben bei der Stadt Boppard.

Festakt zur Einweihung

Wie (fast) immer bei kommunalen Großprojekten konnte auch diesmal der zunächst für Ende 1972 anvisierte Eröffnungstermin des neuen Hallenbades letztlich nicht gehalten werden.

Am Freitag, 22. September 1973, war es dann endlich soweit: Im vollbesetzten Hallenrund - die Festprominenz erschien allerdings nicht in badgerechter Kleidung - übergab Staatsminister Heinrich Holkenbrink das Hallenbad seiner künftigen Bestimmung.

„Rund um Boppard" berichtete in seiner Ausgabe vom 29. September 1973 unter der Überschrift *„Fremdenverkehrswert Boppards wurde erhöht":*

Nach zweijähriger Bauzeit war es am Freitag der Vorwoche endlich soweit, das neue Hallenbad Boppard konnte in Dienst gestellt werden. Das 3,6 Millionen-Objekt, das nicht nur das Freizeitangebot der Bopparder selbst und der Einwohner der benachbarten Gemeinden bereichert, sondern auch den Fremdenverkehrswert Boppards erhöht, sprengt sowohl in seiner Größe als auch in der technischen Ausstattung den Rahmen üblicher Bäder.

In der großen Schwimmhalle hatten sich die zahlreichen Festgäste versammelt, als die Geistlichen der beiden christlichen Konfessionen, Pfarrer Wolfers und Osthus, den Segen Gottes auf die neue für den Menschen

Gastwirt Wolfgang Schüller betrieb Mitte der 1970er Jahre das beliebte „Hallenbad-Restaurant". In den Sommermonaten nutzte er zudem die großflächige Außenterrasse.

bestimmte Einrichtung herabließen. Die Zweckbestimmung des Gebäudes veranlass-te dann auch Pfarrer Wolfers, auf die Einheit von Leib und Geist und auf die Bibelfor-schung „Verherrlicht Gott in eurem Leib" nachdrücklich hinzuweisen.

Mit einem modernen Instrumentalsatz stimmten Schülerinnen der Bopparder Hauptschule in die Feierstunde ein.

Danach begrüßte Bürgermeister Günter Linnenweber die Gäste, an ihrer Spitze den rheinland-pfälzischen Verkehrsminister Heinrich Holkenbrink, Regierungspräsident Heinz Korbach, Landrat Albert Reinhard und die Landtagsabgeordneten Dr. Hanns Neubauer und Willi Erkel.

Auf dem Weg der Verbesserung der Le-bensbedingungen sei das neue Hallenbad ein weiterer Schritt, sagte der Bürgermeister.

Auch den Gästen der Stadt Boppard werde damit eine weitere Möglichkeit der Erholung geboten. Linnenweber erinnerte daran, dass das neue Hallenbad mit öffentlichen Gel-dern, mit Steuern, also mit Zuschüssen des Landes und des Kreises, gebaut worden sei. Weil dies unser aller Werk und Vermögen sei, bat er, die neue Einrichtung pfleglich zu be-handeln. Linnenweber erinnerte weiterhin daran, dass die Stadt die Finanzierung da-durch leichter fiel, weil sie die hohen Erlöse aus dem Verkauf von Stadtwald für die Auto-bahn zur Finanzierung verwenden konnte. Ohne Namen zu nennen, dankte er allen, die am Zustandekommen der Einrichtung ihren Anteil hatten.

Minister Heinrich Holkenbrink gab von dem ihm zuteil gewordenen Dank einen Teil an Staatsminister a. D. Dr. Hanns Neubauer

Der Buchenauer Kurt Gilsbach, Gründungsmitglied und jahrzehntelanger Vorsitzender der örtlichen DLRG-Gruppe, setzte sich in zahlreichen städtischen Gremien immer wieder für den Ausbau und die Attraktivierung der Bopparder Bäder ein. Bei den Einweihungsfeierlich-keiten des Hallenbades am 22. September 1973 überbrachte er eine Grußbotschaft vom über-geordneten Landesverband.

von Boppard ab. Er sei es gewesen, der nach Klärung der Standortfrage die Entscheidung für Boppard seinerzeit getroffen habe. Holkenbrink lobte die Ausführung des Bades, ihre gelungene Einbeziehung in die Landschaft und wies auf die vielen in den letzten Jahren geschaffenen öffentlichen oder mit öffentlichen Mitteln geförderten Einrichtungen hin, die der Lebensbereicherung, der Abwechslung, der Entspannung und Erbauung dienen. Sie seien in dieser Form noch in den Fünfziger Jahren undenkbar gewesen, in einer Zeit des Aufbaues, des Fleißes und des sich Versagens. Trotzdem müsse man die jetzt deutlich zum Ausdruck kommende Bewusstseinsverschiebung dankbar empfinden.

Der Ruf nach Hallenbädern beispielsweise habe nicht nur mit einer Mode etwas zu tun und sicher auch nicht ausschließlich mit dem Wunsch der Stadtväter, mit Nachbargemeinden konkurrieren zu können. Das Leben werde heute umfassender verstanden und nicht nur aus dem Fleiß allein heraus begriffen. „Faulheit ist schlecht, nur Leistung ist nicht besser", sagte der Minister und warnte zugleich vor einer möglichen Überziehung der Freizeitwünsche.

Eine technische Vorstellung des neuen Hallenbades, das er als „voll sportgerecht" nach den Richtlinien des Deutschen Schwimmverbandes bezeichnete, gab ein Vertreter der Firma PLAFOG.

Landrat Albert Reinhard sah in der Schaffung des neuen Hallenbades „die Zentralität des Mittelzentrums Boppard noch vermehrt". Dem Menschen werde eine „Offerte unterbreitet, durch Benutzung des Bades seine Lebensfreude zu steigern und seine Gesundheit zu erhalten". Er stellte heraus, dass an der Projektfinanzierung der Rhein-Hunsrück-Kreis mit 125.000,- DM beteiligt ist. Rund 2,1 Millionen DM werden durch das Land, und zwar durch das Ministerium für Wirtschaft und Verkehr im Sinne einer Fremdenverkehrsförderung und vom Ministerium für Soziales, Gesundheit und Sport für die Gesundheitsförderung zugeschossen.

Als stolze Bilanz bezeichnete Landrat Reinhard die Tatsache, dass mit dem Bopparder

Bereits seit vielen Jahren zählt das wöchentliche DLRG-Babyschwimmen zu den beliebtesten Besucherstunden im städtischen Hallenbad.

Bad die Zahl der Hallenbäder im Rhein-Hunsrück-Kreis jetzt fünf beträgt, ein Bad sich noch im Bau befindet und ein siebtes bereits in der Planung steht.

Die Tatsache, dass das Bopparder Hallenbad erst an fünfter Stelle stehe, sage nichts über die Notwendigkeit und Dringlichkeit dieser Einrichtung. Über die Priorität von Hallenbädern gäbe es keine Vorschriften. Schon manches Mal habe man erlebt, dass Rathäuser vor Krankenhäusern rangierten. Der Landrat sprach die Hoffnung aus, dass die Frequentierung des Bades seine Dringlichkeit bestätige, dass also die Notwendigkeit der Investition durch einen guten Besuch dieser Einrichtung bewiesen werde.

Für den Landesverband der DLRG überbrachte Kurt Gilsbach die Grüße und kündigte eine weitere Aktivierung des Ausbildungsbetriebes an. Eine recht interessante Vorführung gaben die Katastrophentrupptaucher der DLRG aus Koblenz.

Instrumentalkreis und -chor der Hauptschule Boppard, die schon die Feierstunde eingeleitet hatten, ließen sie auch musikalisch ausklingen, sehr zur Freude der Gäste.

Danach war Gelegenheit gegeben, das neue Bad und seine Nebenanlagen zu besichtigen.

Lange Jahre bildete die von Erich Schmitt, Ehren-mitglied der DLRG-Ortsgruppe Boppard, geleitete Senioren-Wassergymnastik ein beliebtes Programm-angebot im städtischen Hallenbad.

Bäderalltag

Seit Baderöffnung sind die städtischen Mitarbeiter mit Unterstützung der schwimm-sporttreibenden Vereine bemüht, allen Gästen ein abwechslungsreiches Besuchsprogramm anzubieten.

Warmwassertage, Sprungwettbewerbe, Tauchlehrgänge, Beach-Parties und viele weitere Aktionen sorgen für allerlei Kurzweil im Badgeschehen.

Einen Programmschwerpunkt bilden regelmäßige Schwimmkurse für alle Altersgruppen, egal ob für Anfänger oder Fortgeschrittene. Die ortsansässigen Gruppen der Deutschen Lebensrettungsgesellschaft (DLRG) leiten nicht nur diese Kursreihen. Ihre, in langen Jahren absolvierten ehrenamtlichen Wachdienststunden dürften wohl nicht mehr zu zählen sein. Vordere Platzierungen bei zahlreichen überregionalen Vergleichswettkämpfen belegen die Leistungsfähigkeit der örtlichen „Lebensretter".

Selbst ein Tauchsportverein hat zwischenzeitlich in den Bopparder Bädern seine Zelte aufgeschlagen.

Im Februar 2002 gründete sich dieser von dem Buchenauer Reinhold Koch geführte junge Verein. Zu seinem Stellvertreter wurde Jens Nicolai gewählt. Fünf ausgebildete Tauchlehrer gehören dem Verband SSI an. Der sich ständigen Mitgliederzuwachses erfreuende Tauchsportverein bietet Tauchertraining für alle Leistungsstufen an und gewährleistet eine qualifizierte Ausbildung bis hin zum Tauchlehrer.

Schulschwimmen gehört seit Baderöffnung zum Sportunterricht der örtlichen Schulen. Qualifiziertes Lehrpersonal bietet die Gewähr dafür, dass die Schulkinder bereits frühzeitig mit dem Element Wasser vertraut gemacht werden.

Unverzichtbarer Bestandteil im Angebot des Hallenbades sind die unterschiedlichen Fitnessprogramme, beginnend bei der Wassergymnastik für alle Altersklassen und noch lange nicht endend beim „neuzeitlichen" Aquafit.

„Trockentaucher" des jungen Bopparder Tauchsportvereins: v.l.n.r.: 1. Vorsitzender Reinhold Koch, Tauchlehrer Karl-Heinz Mallmann, Tauchschüler Peter Kaiser.

Die Helene-Pagés-Schule
Sonderschule des Kreises seit 1975 in Buchenau

Rechtsgrundlagen

Durch das Landesgesetz über die öffentlichen Grund-, Haupt- und Sonderschulen vom 8. Mai 1968 erfolgte eine umfassende Neuorientierung des rheinland-pfälzischen Schulwesens. Hierbei wurde die bislang als Teil der Volksschule begriffene Sonderschule verselbständigt und in ihren Formen differenziert. Mit Inkrafttreten des Gesetzes zum 1. August 1968 stellte die einstmals vielfach im Volksmund abwertend als „Hilfsschule" bezeichnete Sonderschule eine eigene gleichberechtigte Schulgattung neben der Grund- und Hauptschule dar. Die Trägerschaft wurde den Landkreisen, für unseren Bereich war dies damals noch der Altkreis St. Goar, übertragen.

Die Sonderschule als allgemeinbildende Schule wird von Kindern besucht, die aufgrund einer Lernbehinderung im allgemeinen Bildungsweg der Grund- und Hauptschule nicht oder nicht ausreichend gefördert werden können. So mannigfach die Behinderungen der Kinder sind, so mannigfach sind auch die Arten der Sonderschulen.

Die Sonderschule hat gemäß der Empfehlung der Ständigen Konferenz der Kultusminister in der Bundesrepublik vom 16. März 1972 zur „Ordnung des Sonderschulwesens" die Aufgabe, das Recht des behinderten Menschen auf eine seiner Begabung und Eigenart entsprechenden Bildung und Erziehung zu verwirklichen. Die der individuellen Eigenart der Schüler gemäße Bildung soll diese zu sozialer und beruflicher Eingliederung führen und ihnen zu einem erfüllten Leben verhelfen. Die Schule soll daher den Kindern rechtzeitig helfen, Vertrauen zu sich und ihren Leistungsmöglichkeiten zu gewinnen. Lebenshilfe gilt daher als ein Grundprinzip aller Sonderschulen.

Suche nach Räumlichkeiten

Schon mit Inkrafttreten des neuen Schulgesetzes setzte sich 1968 sowohl in den „Alt-Landkreisen" St. Goar wie auch in Simmern recht bald die Erkenntnis durch, dass über

In leuchtendem Orange prägt sie das Buchenauer Tal: die Helene-Pagés-Schule.

Sonderschulrektor Hans Theis mit Konrektorin Mechtild Schmitt, die übrigens lange Jahre in der Buchenauer Straße wohnte, im Jahre 1976 in den „Sonderschulbaracken" der Kaiser-Friedrich-Straße, nahe dem Kant-Gymnasium.

kurz oder lang kein Weg daran vorbeiführe, einheitliche Sonderschulen auf Kreisebene zu schaffen. „Die bisherige Praxis, die aufgrund unterschiedlicher Behinderungen in ihrem Lernvermögen beeinträchtigte Kinder in den Grund- und Hauptschulen mitlaufen zu lassen, muss beendet werden", so der allgemeine Tenor.

Recht bald errichteten die Schulverantwortlichen in der Nähe des Kant-Gymnasiums mehr oder weniger provisorische Pavillons, in der künftig der Unterricht der kreisweiten „Sonderschule L + G" abgehalten wurde. Zusätzlich waren Kinder der Sonderschule in den Grundschulen Boppard und Weiler integriert.

Zum 7. Januar 1969 startete der dortige Unterricht mit zunächst drei Schülern. Am 1. April 1969 waren es aber schon 36 und am 1. August 1969 bereits 78 Schüler. Im Schuljahr 1970/71 wurden 125 Kinder in 7 Klassen

Die Handwerker arbeiteten Hand in Hand, so dass nach knapp zweijähriger Bauzeit vom ersten Spatenstich im Herbst 1973 bis zur Einweihung im November 1975 „das Werk vollendet war".

unterrichtet. Im September 1974, also lange nach der 1969 vollzogenen Verwaltungsreform, die große Teile der Altkreise St. Goar und Simmern zum „Rhein-Hunsrück-Kreis" zusammenwachsen ließ, zählte die Sonderschule 171 Schüler.

Hinsichtlich der künftigen räumlichen Unterbringung waren auf Kreisebene Überlegungen angestellt worden, die Volksschule in Bad Salzig zu übernehmen. Das Gebäude des verwaisten Landratsamtes in St. Goar war ebenfalls im Gespräch, bis die Stadt Boppard unter Bürgermeister Günter Linnenweber dann fünf geeignete Grundstücke zur Errichtung eines Neubaues im Gebiet der Stadt Boppard den Kreisgremien vorschlug.

Standort Buchenau

Am 11. Mai 1971 entschied dann der Kreistag zugunsten des unterhalb des Buchenauer Forsthauses gelegenen rund 17.000 qm großen, unbebauten Grundstücks, welches die Stadt dem Kreis kostenlos zur Verfügung stellte. Auch die mit der Grundstücksschenkung verbundene Erwartung der Stadt Boppard, dass auch die anderen Kommunen im Kreisgebiet beim Bau weiterer spezifischer Sonderschulen sich ebenfalls entsprechend großzügig verhalten mögen, stieß bei den Kreistagsmitgliedern auf einhellige Zustimmung.

Mit der Schulplanung wurde der Koblenzer Architekt Wolfgang Schumacher beauftragt. Nach dem Zeitraum der Planung und der Bewältigung umfangreicher Formalitäten erteilte die Bezirksregierung Koblenz mit Erlaubnisbescheid vom 25. April 1973 die schulaufsichtsbehördliche Genehmigung für den neuen Unterrichtskomplex.

Die Stadt Boppard leistete „ganze Vorarbeit" und verabschiedete aus Gründen der Rechtssicherheit im Oktober 1973 einen speziellen „Bebauungsplan Sonderschule".

Das Raumprogramm mit anvisierten Baukosten von rund 4,5 Millionen DM umfasste zwölf Unterrichtsräume, drei Kursräume, sechs Fachunterrichtsräume, ein Sprachraumlabor, Verwaltungsräume und eine Turnhalle mit den Maßen 18 x 24 Meter, zuzüglich der üblichen Nebenräume. Hinzu kam eine Freisportanlage mit einer 100 m-Laufbahn.

Insgesamt 16 Lehrkräfte waren für die künftige Unterrichtsgestaltung vorgesehen.

Eine ausführliche Würdigung des „Mammutprojekts Sonderschule" erfolgte beim

Die Rektoren Hans Theis (1969 - 1980), Karl-Benno Grenzmann (1980 - 2000) und Paul Meyer (2000 - 2004) setzten Akzente und prägten das Ansehen der Helene-Pagés-Schule, der Förderschule mit dem Schwerpunkt Lernen.

Richtfest am 11. September 1974, wo nicht nur Landrat Albert Reinhard, Regierungsdirektor Walzik von der Schulabteilung der Bezirksregierung, Stadtbeigeordneter Johannes Heimes, Sonderschulrektor Hans Theis und Architekt Schumacher die hervorragende Zusammenarbeit aller am Bau beteiligten Behörden und Institutionen lobten.

Einweihung

> **Der kulturelle Status eines Gemeinwesens wird dadurch bemessen, in welchem Umfang behinderten Menschen geholfen wird.**
>
> *Sonderschulrektor Hans Theis, 1974*

„Wir, die Lehrkräfte an dieser Schule, haben uns hier dem pädagogischen Auftrag zu stellen, junge, behinderte Menschen zu verantwortungsvollen Mitgliedern der Gesellschaft zu erziehen." Mit diesen einleitenden Worten begrüßte Sonderschulrektor Hans Theis am 10. November 1975 die zahlreichen Festgäste anlässlich der Einweihung der Sonderschule in Buchenau.

Mehr als 200 Schüler verfolgten die Festansprache von Landrat Albert Reinhard, der seine Freude und seinen Stolz über das gelungene Werk mit vielen Worten des Dankes bezeugte. Ähnlich äußerte sich auch Regierungspräsident Heinz Korbach, der in Vertretung von Kultusminister Bernhard Vogel die Glückwünsche der Landesregierung übermittelte. Diesem „Gratulationsreigen" schlossen sich in einem bunten, von den Mädchen der Oberstufe feierlich mit Tänzen und Liedern ausgefüllten Programm, neben dem bauleitenden Architekten Schumacher, auch die Vertreter beider Konfessionen, Lehrer- und Elternvertreter und ganz besonders Bürgermeister Günter Linnenweber an.

Namenspatronin Helene Pagés

In Erinnerung an die bekannte Jugend- und Heimatschriftstellerin (14. Dezember 1863 - 23. November 1944) nannte sich die Schule mit Wirkung vom 11. Juni 1983 fortan offiziell „Helene-Pagés-Schule". Das Entschei-

Das Lebenswerk der Jugend- und Heimatschriftstellerin Helene Pagés wird mit der Namensgebung der Sonderschule in Buchenau ehrend in Erinnerung gehalten.

dungsgremium folgte mit dieser Namensgebung einem Vorschlag des Lehrerkollegen und „Schulchronisten" Karl-Heinz Büsch.

Es lohnt sich, an dieser Stelle einmal diese wunderbare Namenspatronin etwas genauer kennen zu lernen oder in Erinnerung zu rufen.

Nach dem Besuch der Volksschule in Leiningen bereitete sich Helene Pagés drei Jahre im Lehrerinnenseminar Montabaur auf ihren künftigen Beruf vor. Ihre erste Lehrerstelle erhielt sie an der zweiklassigen Volksschule in Nauort/Westerwald, wo sie in den Klassen eins bis vier insgesamt 81 Kinder unterrichtete.

Im Jahre 1885 erfolgte ihre Versetzung an die Katholische Volksschule Boppard, die sich im einstigen Karmeliterkloster befand.

In Boppard gründete sie 1898 eine private Fortbildungsschule für Mädchen und richtete 1902 die erste Schulküche der mittelrheinischen Kleinstadt ein. Vier Jahre später wurde sie zur nebenamtlichen Leiterin der städtischen freiwilligen Mädchenfortbildungsschule berufen.

Sie gehörte zu den ersten Mitgliedern des 1885 gegründeten Vereins Katholischer Deutscher Lehrerinnen; mit ihrer ehemaligen Lehrerin Pauline Herber plante, baute und richtete sie 1896 das einstige Lehrerinnenheim in der Simmerner Straße, das spätere Altenheim, ein.

Im Jahre 1913 wurde Helene Pagés im Alter von nur 50 Jahren krankheitsbedingt in den vorzeitigen Ruhestand versetzt. Zwei Jahre später verlegte sie ihren Wohnsitz von Boppard nach Bonn, wo sie sodann bei ihrer Nichte wohnte.

In den Jahren 1917 bis 1943 lebte sie in Münster. Um den zum Kriegsende dort ständig zunehmenden Luftangriffen zu entfliehen, verzog sie von zu den Vinzenzschwestern nach Reit im Winkl, wo sie auch krankheitsgeschwächt am 23. November des darauffolgenden Jahres verstarb und beigesetzt wurde.

Während ihrer Pensionsjahre widmete sich Helene Pagés der Jugend- und Heimatliteratur. Im Jahre 1913 erschien der „Ehrenpreis", eine Sammlung von Legenden, Erzählungen und Geschichten, vorwiegend an Kommunikanten gerichtet. 1920/21 folgten mit „Großmutters Jugendland", „Großmutters Mädchenjahre" und „Mutter Nanni und ihre Kinder" erste eigene Bücher.

Ebenso wie die Reihe der „Nanni-Bücher" fand die spätere „Christel-Serie" (1928 - 1933) ihre Grundlinien in Begebenheiten in ihrer Familie. Ihre beiden volkstümlichen Lebenserinnerungen „Die klingende Kette" (1936) und „Fernes Läuten" (1939) vermitteln bildhafte Eindrücke von den Gegebenheiten ihrer Zeit, sei es im Vorderhunsrück oder auch in Boppard.

Stellvertretend für weitere gelungene Beispiele ihrer Bopparder Erinnerungen nachfolgend ein kleiner Auszug aus „Fernes Läuten", den sie „Schule und Schulkirche in Boppard" betitelte und mit welchem ein kleiner Einblick in das einstige Schulleben unserer Stadt gewährt wird.

„Da ich als Lehrerin nach Boppard kam, gehörte das jahrhundertealte Karmelitenkloster fast ausschließlich der Bopparder Jugend. Im Erdgeschoss waren die mit Kindern vollgestopften Volksschulsäle; über ihnen horchten Gymnasiasten auf die Abenteuer Homers, auf die Götterfahrten Wodans oder lasen Cäsar und Ovid. Oben und Unten störten sich nicht; denn des Klosters Mauern und Wände sind dick und dicht, so, wie sie das vierzehnte Jahrhundert seinen Klöstern und Gotteshäusern baute.

Die spätgotische Karmelitenkirche, die dem Klosterflügel angebaut ist, spiegelt in ihren hohen Fenstern den Rhein. Wie oft hat mich die Glocke ihres kleinen Turmes in die Schule gerufen! Ihr Ton ist hell, er hat etwas Frohes, Springendes, so, als liefe er mit lustigen Kinderfüßen. Wenn er morgens oder mittags vom Schuldiener Heidger, der vom

In Reit im Winkl fand Helene Pagés ihre letzte Ruhe.

Schusterschemel aufstehen musste, um ihn zu wecken, in die Straßen und Gassen der Stadt geschickt wurde, waren denn auch gleich Hunderte von Füßen in Bewegung. Ich meine immer, ich hätte in keiner andern Stadt Schulkinder so lustig in die Schule laufen sehen wie in Boppard. Freilich will ich gleich dazu sagen, sie liefen noch viel fröhlicher und eiliger hinaus als herein."

Viele ihrer rund zwanzig Buchveröffentlichungen findet der heimatinteressierte Beobachter noch heute in heimischen Bücherregalen.

Helene Pagés sah ihren Lebensinhalt darin, andere zu führen, als Mensch, als Lehrerin, als Dichterin. Viele ihrer in strengem Gottesglauben vermittelten Werte sind zeitlos gültig.

Schulalltag

Für ein neues Outfit des Schulgebäudes sorgten im Jahre 1978 mit Enrique Geuer, Willy Heinzen, Christa Steiner und Herbert Tschirpke bekannte Künstler unserer Heimat.

Erstmals besuchen im Jahre 1979 insgesamt 20 Schüler der Abschlussklasse ein „Betriebspraktikum", d.h. sie haben Gelegenheit, in einer Probephase vor Ort in den Berufsalltag „hinein zu schnüffeln". Seither wird von dieser Möglichkeit von den künftigen Berufseinsteigern Jahr für Jahr rege Gebrauch gemacht.

Das erste auf einem Schulgelände der näheren Umgebung angelegte Feuchtbiotop entstand im Jahre 1984 an der Helene-Pagés-Schule.

Höhepunkt des Schuljahres 1988/90 war sicherlich die Teilnahme zahlreicher Schüler am jährlichen Spielfest im Bundeskanzleramt, wobei vielen Teilnehmern die hautnahe Begegnung mit Bundeskanzler Dr. Helmut Kohl unvergessen blieb.

Angeregt durch den ehemaligen Schulelternbeirat fand im Oktober 1989 die Gründungsversammlung des Vereins der Freunde und Förderer der Helene-Pagés-Schule statt.

Die Ausstattung mit acht leistungsfähigen Rechnern im Frühjahr 1993 ermöglichte die Einführung des EDV-Unterrichts.

Nachdem im September 2004 seitens des Rhein-Hunsrück-Kreises als verantwortlichem Schulträger grünes Licht zur Errichtung einer Ganztagsschule ab dem Schuljahr 2005/2006 signalisiert wurde, musste nur noch die vorgeschriebene Mindestteilnehmerzahl von 26 Teilnehmern an diesem zusätzlichem, aber freiwilligen „Serviceangebot" der Schule erreicht werden. Da jedoch bereits im Februar 2005 insgesamt 40 verbindliche Anmeldungen zur Teilnahme an der „Über-Mittag-Betreuung einschließlich Verpflegung" vorlagen, freuten sich die Schulverantwortlichen über die Zusage der rheinland-pfälzischen Kultusministerin Doris Ahnen vom 4. April 2005, dass das Projekt „Ganztagsschule" am 1. August 2005 starten könne.

Nach Schaffung der organisatorischen Voraussetzungen, beispielhaft seien die Gewährleistung einer umfassenden Nachmittagsbetreuung und die Neueinrichtung eines Speiseraumes genannt, ist diese Neuerung an der Schule mit dem Förderschwerpunkt Lernen heute fest integriert.

Im Jahre 2003 erfolgte unter dem Motto „Mit allen Sinnen in die Natur" eine gänzliche Neugestaltung der Außenanlagen, deren Schwerpunkte nunmehr eine Fühlstraße, eine Riechstraße, eine Insektenwand, eine Klangstraße, ein Weidenlabyrinth und ein Waldklassenzimmer bilden.

FC Buchenau

1976 gründete sich in Buchenau der erste Sportverein

Aller Anfang ist schwer

Eine konkrete Planung zur Gründung eines eigenen „Vereins für sportbegeisterte Buchenauer" existierte eigentlich zu keiner Zeit.

Dennoch häuften sich im abendlichem Freundeskreis oder bei geselligen Runden im 1975 eröffneten „Sandlerwirt" regelmäßig dahingehende Äußerungen einiger „Fußballverrückter" aus Buchenau und Umgebung,

Fünf rührige Vereinsvorsitzende standen bislang dem FC Buchenau vor (v.l.n.r.): Manfred Noll (1976 - 83), Bernd Buchner (1983 - 89), Gerd Bach (1989 - 94), Willi Bach (1994 - 96) und Franz Gick (1996 - z.Zt.).

die - wie sie später erzählten - in anfänglicher Bierlaune mit der Gründung eines eigenen Fußballteams in dem jungen Bopparder Ortsteil liebäugelten.

Es war die Zeit, wo sich in den Kneipen vieler Dörfer unserer Heimat Idealisten zusammenschlossen, um zwar losgelöst von dem unumgänglichen Prozedere offizieller Sportvereine, aber dennoch in irgendwie geregelten Bahnen ihren Lieblingssport ausüben zu können. Neue Fußballclubs, vielfach im Volksmund als trinkfreudige Thekenmannschaften abgewertet, schossen wie Pilze aus dem Boden.

Schnell hatten Alban Bach - Hauswirt der ersten Buchenauer Gaststätte „Zum Sandlerwirt", die von 1975 - 1978 bestand - und einige Stammgäste ein geeignet erscheinendes „Dreigestirn" auserkoren, um endlich den Versuch zu wagen, auch in Buchenau auf die Suche nach Gleichgesinnten zu gehen.

„Sandlerwirt" Alban Bach, Initiator und späteres Ehrenmitglied des FC Buchenau, hier mit Ehefrau Marlies am Tresen. „Ich habe wohl das Bier zu billig verkauft", lautete sein Fazit, als die gleichlautende Gaststätte in der Buchenauer Str. 52 nach nur zweijähriger Betriebszeit im Jahre 1978 ihre Pforten schloss und zu Wohnzwecken umgebaut wurde.

Manfred Noll, Kurt Stumm und Heinz Gras schritten bald mit Begeisterung zur Tat und tatsächlich gelang es dem Trio schon nach ein, zwei Wochen intensiver Suche, die verbindliche Zusage von „drei, vier Hände

voll" geselliger Freizeitkicker zu erhalten, die sich voller Vorfreude bereiterklärten, in gewisser Regelmäßigkeit, aber „ohne verbindlichen Zwang", künftig in Buchenau der „schönsten Nebensache der Welt" zu frönen.

FC Sandler

Insbesondere versicherungs- und haftungsrechtliche Gründe erforderten es aber, dass sich auch Freizeit- und Hobbymannschaften einem Verein des Fußballverbandes Rheinland anzuschließen hatten. Nur solchen Mannschaften, auch wenn keinerlei Bedenken gegen die Führung eines eigenen Namens bestanden, war es erlaubt, bei offiziellen Turnieren oder in einer der neu gegründeten Freizeitklassen zu starten.

Natürlich hätten die Buchenauer Freizeitaktivisten gerne von Anfang an auf dem nahe gelegenen, stadteigenen Stadiongelände ihren Fußballsport ausgeübt. Allerdings waren alle Verständigungsbemühungen mit den seinerzeit Verantwortlichen des SSV Boppard über erwogene „Mitbenutzungsrechte" aus unterschiedlichen Gründen letztlich kläglich gescheitert, so dass die langjährigen freundschaftlichen Beziehungen einiger Buchenauer zum SC Weiler sich in dieser Pionierzeit auszahlten.

Der Nachbarverein nahm die Buchenauer Hobbyfußballer nicht nur gerne in seine Reihen auf, er stellte dem „FC Sandler", wie sich das neuformierte Team in der Anfangszeit nannte, auch mit dem Sonntagvormittag regelmäßige Trainingseinheiten zur eigenverantwortlichen Nutzung auf dem dortigen Sportplatzgelände zur Verfügung.

Woche für Woche trafen sich die Aktiven dann in Weiler zum Training, wo die Mehrheit der fußballerfahrenen Mannschaftsmitglieder, die bislang in offiziellen Teams benachbarter Vereine kickten, den wenigen Neulingen die „Welt des runden Leders" näher brachte. Klar, dass nach jeder Trainingseinheit beim anschließenden Frühschoppen im „Sandlerwirt", der sich für manchen Ballbegeisterten zum Dämmerschoppen entwickeln sollte, heftigst gefachsimpelt und debattiert wurde.

Im Frühjahr 1976 startete das Freizeitteam erstmals auf Turnieren der näheren Umgebung. Vereinswirt Alban Bach, kurzerhand zum Präsidenten gekürt, ließ es sich nicht nehmen, „seinen" Jungs die beiden ersten kompletten und unvergessenen Trikotsätze mit den Werbeaufschriften „Kümmerling" bzw. „Jägermeister" zur Verfügung zu stellen.

Erfolgreich startete die junge Formation, bunt gemischt mit „alten Füchsen und jungen Wilden", im offiziellen Spielbetrieb der Freizeitmannschaften und manch gewonnener Pokal zierte recht bald das Vereinslokal.

Von der „Freizeitmannschaft" zum „Meisterschaftsbetrieb"

Ständigen Zulauf erfahrend, schritten die Verantwortlichen zur Tat und luden im November 1976 in den „Sandlerwirt" zur offiziellen Vereinsgründung ein. Alle unvermeidbaren bürokratischen Hürden wurden mit viel organisatorischem Geschick gemeistert und so wurde mit dem „FC Buchenau 1976 e.V." der erste Buchenauer Sportverein ins Leben gerufen.

Einvernehmlich folgten die Mitglieder dem Vorschlag des langjährigen 1. Vorsitzenden Manfred Noll, mit der Ernennung des Vereinswirtes Alban Bach zum ersten und bislang einzigen Ehrenmitglied, dessen unermüdliche Verdienste um den nunmehr endlich aus der Wiege gehobenen jungen Verein zu würdigen.

Der anfängliche Schwerpunkt der Vereinsaktivitäten lag sicher bei den Freizeitfußballern, die über mehrere Spielrunden im zweiwöchigen Rhythmus am späten Montagnachmittag ihre Paarungen gegen renommierte Freizeitmannschaften aus der näheren und weiterer Umgebung austrugen.

Als eigenständigem Verein stand jetzt auch einer Nutzung des Buchenauer Stadiongeländes nichts mehr im Wege.

Gründungsteam FC Buchenau im Jahre 1976. Stehend: Willi Geis, Hans-Karl Schmitt, Wolfgang Bach, Friedhelm Kerp, Manfred Grüneberg, Helmut Ernst, Lukas Stumm, Robert Reitz, Alban Bach; knieend: Bernd Buchner, Manfred Noll, Richard Hinz, Heinz Gras, Detlef Werner, Dieter Lüpke, Günter Bach (v.l.n.r.).

Übergabe des Siegerpokals im heimischen Stadion durch Boppards Ortsvorsteher Wolfgang Gipp an FC-Mannschaftsführer Lukas Stumm im Jahre 1980.

Der nunmehr „geordnete" Spielbetrieb erforderte auch eine Menge organisatorischen Aufwand, dessen Erfüllung dank des engagierten „Multitalents" Franz Gick glänzend gemeistert wurde. Recht bald erkannte dieser als Vorsitzender des eigens gewählten „Festausschusses" - weitere Ausschussmitglieder waren Friedhelm Kerp und Manfred Noll - , dass zur unerlässlichen Vereinspflege nicht nur das sportliche Ambiente, sondern auch

Mannschaftsfoto FC Buchenau aus dem Jahr 1981. Obere Reihe: Michael Diegelmann, Michael Klenner, Wolfgang Diegelmann, Ralf Diegelmann, Franz Gick, Friedrich Kerp, Robert Reitz; mittlere Reihe: Gerd Stahl, Bernd Buchner, Horst-Rainer Klenner, Manfred Noll, Richard Hinz, Peter Fondel; untere Reihe: Dieter Lüpke, Walter Diegelmann, Thomas Klenner (v.l.n.r.).

der gesellige Teil ein ganz wichtiges und unverzichtbares Puzzleteil darstellt.

Noch heute schwärmen alte Vereinsmitglieder von den beliebten und bis ins Detail vorbereiteten und organisierten Jahrestouren, die als mehrtägige Ausflüge im Oktober eines jeden Jahres den absoluten geselligen Höhepunkt im jährlichen Vereinsgeschehen bildeten.

Sportlicher Höhepunkt war - wie in jedem Fußballerleben - der ungefährdete Aufstieg des neuformierten Teams in die Kreisliga C in der Spielrunde 1985/86.

Als Erfolgstrainer agierten in langen Jahren Paul Icks und Helmut Biller.

Trotz ansprechender Leistungen wurde es nach und nach für die „letzten Mohikaner" zusehends schwerer, noch eine vollzählige Mannschaft an Wettkampftagen aufzubieten. Die Ersatzbank war ohnehin schon seit langem verwaist.

So trat unweigerlich das ein, was Beobachter schon länger hatten kommen sehen und was besonders die „Fußballer der ersten Stunde" ebenfalls Saison für Saison befürchteten: Nach sechsjährigem Kampf um Wettkampfpunkte stellte der FC Buchenau nach der Spielrunde 1988/89 den offiziellen Meisterschaftsbetrieb ein. Seither wird nur noch trainiert und im nicht organisierten Freizeitbereich „gekickt".

Frauenfußball

Natürlich hatten die Buchenauer Freizeitfußballer - wie sollte es auch anders sein - auch ihren eigenen Fanclub, der sich größtenteils aus ihren sportbegeisterten Fußballerfrauen und -freundinnen zusammensetzte.

Als es dann einige Vertreterinnen dieser holden Weiblichkeit tatsächlich in später Stunde nach einem der wenigen verlorenen Spiele einmal wagten, die nicht immer als fußballerische Leckerbissen einzuordnenden Leistungen ihrer (damals noch) angehimmelten Göttergatten zu kritisieren, konterte die sichtlich gefrustete Herrlichkeit sofort: „Ja, ja, ja…Ihr müsst es ja erst einmal besser machen…!"

Die Frauen blickten sich nur an und schnell machte ihr überraschender Kommentar in der schmunzelnden Männerwelt die Runde: „Einverstanden, machen wir!"

Gesagt - getan

Das erste Training im Buchenauer Stadion fand in der ersten Augustwoche 1981 statt. „Ein bunter Hühnerhaufen wäre vor Neid erblasst", lächelten einige aufmerksame Beobachter.

„Dann wollen wir mal", sprach mit Wolfram Schinabeck ein aktiver FC-Fußballer, und ihm gelang bereits nach wenigen Trainingseinheiten das Kunststück, den leistungshungrigen Frauen Positionen auf dem Spielfeld zuzuordnen und sie mit den Grundtechniken im Fußballsport in gekonnter Manier vertraut zu machen. Für die Vermittlung des unerlässlichen Regelwerkes, und hier vor allem der allseits gefürchteten Abseitsregel, wurden kurzerhand „Überstunden" anberaumt.

Die Mädels, aber auch zusehends die staunende Männerwelt, waren von den ungeahnten und bislang im Verborgenen gebliebenen fußballerischen Qualitäten begeistert und recht bald wurden die ersten Freundschaftsturniere besucht. Nach anfänglichen Eingewöhnungsschwierigkeiten belegten die Frauen des FC Buchenau hier stetig vordere Plätze und der starken Truppe wurde regelmäßig die Favoritenbürde aufgelastet.

So lag es nahe, dass das zwischenzeitlich von Spielertrainerin Annelie Neuser betreute Team erstmals in der Saison 1984/85 in den offiziellen Meisterschaftsbetrieb der Kreisliga einstieg. Auf Anhieb gelang den begeis-

Buchenaus „Dream-Team" im Jahre 1986. Stehend: Patricia Pfeil, Bianca Schuch, Ilona Gipp, Anette Equit, Margret Schinabeck, Marianne Bormann, Hedi Schneck, Trainer Gerd Bach; knieend: Ellen Bauer, Alexandra Best, Agnes Wagner, Andrea Hoppen, Angela Baumann; es fehlen: Silvia Lenz, Stefanie Lenz und Bettina Schwickert (v.l.n.r.).

terten Frauen ein niemals erwarteter dritter Tabellenplatz mit der traurigen Folge, das die Erfolgstrainerin abgeworben wurde, um sich fortan auf höherer Ebene der Förderung des Mädchenfußballs zu widmen.

Aber es war kein Problem für die „starke, äußerst charmante Truppe", wie sich die Frauen selbst gern bezeichneten, mit Joachim Liesenfeld einen neuen erfolgshungrigen Coach zu finden.

Aber dessen Engagement war berufsbedingt nur von kurzer Dauer und Erfolgstrainer Gerhard Bach - ebenfalls FC Fußballer - sprang in die entstandene Lücke. Mit Teamgeist, Kameradschaft und Trainingsfleiß gewannen die Buchenauerinnen gleich zweimal in den Spielzeiten 1986/87 und 1987/88 ungefährdet den begehrten Titel des „Hallenkreismeisters".

Als sich nach einigen erfolgsverwöhnten Jahren dann auch in der bislang heilen fuß-

ballbegeisterten Damenwelt erste Abnutzungserscheinungen zeigten und der unverzichtbare Nachwuchs nur spärlich heranreifte, folgte der Verein gerne dem Fusionsangebot des SV Vesalia 08 Oberwesel, mit den dortigen Frauen eine Spielgemeinschaft zu bilden. Auch diese ging für einige Jahre äußerst erfolgreich auf Punktejagd und mauserte sich zu einem sportlichen Aushängeschild der Region.

Mit Stefanie Lenz und Alexandra Best gehörten zwei „Kickerinnen" zum Verein, die in ihrer aktiven Zeit zu den rheinländischen Auswahlspielerinnen zählten und weit über Boppards Grenzen geachtet und bei ihren Gegnerinnen gefürchtet waren.

Insbesondere aufgrund mangelnden Nachwuchses konnte sich trotz sehr erfolgreicher Jahre der Frauenfußball beim FC Buchenau letztlich nicht halten, so dass die endgültige Auflösung der „Damenriege" Mitte der

Rheinlandmeisterinnen der „Mädchen U 13" im Jahre 1988: FC Buchenau mit Betreuerin Annelie Neuser (links).

1990er Jahre unvermeidbar war. Noch heute blicken viele FC-Fans mit etwas Wehmut zurück auf vergangene Zeiten.

Hallen-Rheinlandmeisterschaft der FC-Mädchen

Einen packenden und überraschenden Verlauf nahm die Verbandsmeisterschaft des Jahres 1988 im Hallenfußball der Mädchen „unter 13". In der Bopparder Großsporthalle stellte das von Annelie Neuser meisterlich betreute Team den gesamten Saisonverlauf auf den Kopf und sicherte sich mit tatkräftiger Unterstützung der heimischen Fangemeinde den begehrten Meisterschaftstitel. Zwei Siege, ein Unentschieden und eine überragende Melika Foroutan, die mit fünf Treffern zur Torschützenkönigin avancierte, gewährleisteten dieses sportliche „Highlight" in der Vereinsgeschichte des FC Buchenau.

Gymnastikgruppe

Auch wenn das Engagement der Fußballerfrauen langsam aber stetig rückläufig war, „Fitness" wurde beim FC Buchenau allzeit groß geschrieben. So fanden sich mit Annette Bach, unterstützt von Birgit Klenner, zwei ideenreiche Übungsleiterinnen, die zur wöchentlichen Gymnastik in die Halle der Buchenauer Sonderschule einluden.

Seit langen Jahren treffen sich seither in der 1988 ins Leben gerufenen Gymnastikstunde annähernd zwei Dutzend weiblicher Vereinsmitglieder, die gerne der Einladung zum bunt gemischten Bewegungsprogramm in der Turnhalle der Helene-Pagés-Schule folgen.

Als fester Bestandteil des Trainingsangebots erfreuen sich neben der schwerpunktmäßigen Gymnastik die gemeinsamen Radtouren, Schwimmbadbesuche und natürlich die gemeinsamen Ausflüge unvermindert einer anhaltenden Beliebtheit.

„Vereinsleben" heute

Nach dem viel zu frühen Ableben der beiden Mitbegründer des Vereins, Bernd Buchner und Robert Reitz, fehlten dem FC Buchenau plötzlich zwei Persönlichkeiten, die es

Einige Mitglieder der Gymnastikgruppe des FC Buchenau im Sommer 2005. Obere Reihe: Birgit Klenner, Karin Reinganz, Renate Kneib, Karin Jakobi; untere Reihe: Michaela Mader, Silvia Huhn, Christiane Schlösser (v.l.n.r.).

über lange Jahre verstanden, das Vereinsleben durch persönliches Engagement in vielerlei Richtung zu fördern.

Aber auch private und berufliche Umorientierungen und Veränderungen vieler Vereinsmitglieder ließen die sportlichen Aktivitäten des Vereins stetig in ruhigere Fahrwasser bewegen, so dass diese zwischenzeitlich annähernd gänzlich erloschen sind.

Nur noch ab und an erinnern einige wenige Freundschaftsspiele der „FC-Traditionsmannschaft" an die einstigen Glanzjahre des FC Buchenau.

Dass der FC Buchenau auch heute überhaupt noch „am leben" ist, verdankt er in erster Linie seinem rührigen 1. Vorsitzenden Franz Gick, der das Vereinszepter im Jahre 1996 übernahm. Auch wenn sich die von ihm organisierten Vereinsaktivitäten nunmehr neben dem nach wie vor regelmäßigen Training am Montagabend und einigen Freundschaftsspielen im Jahr vorwiegend auf traditionelle Ausflüge, Wanderungen oder andere gesellige Veranstaltungen beschränken, gibt er die Hoffnung nicht auf, „dass der Verein spätestens zum 30-jährigem Jubiläum aus seinem Dornröschenschlaf erwacht und mit neuem Leben erfüllt wird."

Maiwanderung des FC Buchenau im Jahre 2003 über die Höhen der rechten Rheinseite mit Abschluss in Bornhofen.

Von der „Waldfestgemeinschaft" zur „Buchenauer Nachbarschaft"

Zwölfte Bopparder Nachbarschaft entstand im Jahre 1967

Die Anfänge

Und wieder stößt man bei den Recherchen zur Gründung der heute fest etablierten Nachbarschaft auf Buchenaus „Gründungsvater" Dr. Alexander Stollenwerk, der bereits - seiner Zeit voraus - für den 10. Oktober 1954 alle Neubürger des jungen Ortsteiles und einige Bopparder Nachbarmeister zu einer denkwürdigen Versammlung ins Buchenauer Forsthaus einlud. Nachbarmeister Heinrich Nick von der Untermärkter Nachbarschaft referierte vor 60 Bewohnern Buchenaus über die historischen Bopparder Nachbarschaften.

In seinen Ausführungen über Sinn und Zweck einer Nachbarschaft betonte Heinrich Nick ausdrücklich: *„Es muss ein wesentliches Merkmal einer künftigen Buchenauer Nachbarschaft sein, dass hier auch Sitten und Bräuche aus der früheren Heimat der Neubürger eingebracht werden können".*

Zwar bildete sich in der Tat ein „vorbereitender Ausschuss" zur Gründung einer offiziellen Nachbarschaft, der auch zweimal tagte, um aber bereits kurze Zeit später in der Versenkung zu verschwinden, ohne dass hierüber Unmut laut wurde. Zeitgenossen begründeten diese Entwicklung mit der immensen Schwierigkeit, ein „gemeinsames Zusammengehörigkeitsgefühl" für so viele Heimatvertriebene unterschiedlicher Provinzen und Länder zu entwickeln. „Die Zeit war wohl für eine eigene Nachbarschaft noch nicht reif", so das allgemeine Fazit, dem sich auch Dr. Stollenwerk schweren Herzens beugen musste.

Bis zum nächsten wichtigen Schritt in Richtung Nachbarschaftsgründung verflossen mehr als zwei Jahre. Am 26. Januar 1957 verbündeten sich in Boppards „Hotel Rheingold" die beiden bislang nebeneinander agierenden Arbeitsgemeinschaften „Landsiedlung" und „Buchenau", um künftig die Interessen des jungen Ortsteiles gemeinsam als „Gemeinschaft Buchenau" vertreten zu können.

Während die „Arbeitsgemeinschaft Buchenau" bislang vorwiegend mit interessier-

Nachbarmeister Heinrich Nick von der Untermärkter Nachbarschaft referierte im Herbst 1954 vor 60 Buchenauer Neubürgern im Forsthaus Buchenau und vermittelte elementares Grundwissen über die Historie der Bopparder Nachbarschaften. Es sollte allerdings noch einige Jahre dauern, bis seiner Aufforderung zur Bildung einer eigenen Nachbarschaft gefolgt wurde.

ten Bopparder Bürgern besetzt war, die mutmaßlich wohl größtenteils von Dr. Stollenwerk „aus freiwilligen Mitarbeitern der Stadtverwaltung bestimmt" wurden, handelte es sich bei der am 8. Dezember 1956 gegründeten „Arbeitsgemeinschaft Landsiedlung" ausschließlich um „Pioniere Buchenaus", deren erste Vorstandsnamen noch heute fest mit der Entstehungsgeschichte Buchenaus verwurzelt sind: Heinz Jäger, Erich Laskow, Herbert Deeg, Arno Wolf und Friedrich Johannbroer.

Ein leidiges Kapitel parteipolitischen Gezänks dokumentieren dann die Buchenauer Annalen im September 1960. Sicherlich in

Ein erstes Kinderfest in der Leiswiese im Jahre 1966. Hieraus sollte sich einmal das Buchenauer Waldfest entwickeln.

guter Absicht entstandene Ideen zur Verwirklichung einer „Gesamtinteressengemeinschaft Buchenau" scheiterten an den - wie später formuliert wurde - „eigenen Vorstellungen einiger politischer Vertreter, die wohl mit den Buchenauer Interessen Kommunalpolitik zu betreiben gedachten". Nach einer Fülle gegenseitiger Vorwürfe und Schuldzuweisungen, zahlreichen Leserbriefen und Pressestatements verwahrten sich die Buchenauer letztlich erfolgreich jeglicher Einmischung „von außen" und verhinderten auf diese Weise, der befürchtete „Spielball der Politik" werden.

Das erste Sommerfest
Vorläuferin des Waldfestes

Bereits 1958 hatte sich im Buchenauer Ahornweg 19 mit der Mitinhaberin des FIDULA-Verlags, Lieselotte Holzmeister, eine Mitbürgerin gefunden, die mit tatkräftigem Engagement um die Schaffung eines kulturellen Lebens in Buchenau besorgt war.

Die zahlreichen Kinder des stetig wachsenden Ortsteiles waren ihr längst ans Herz gewachsen und so reichte der späteren Bundestagsabgeordneten die Organisation eines eigenen St. Martins-Umzugs bei weitem nicht, die Kinderherzen im Umfeld ihrer neuen Heimat zu erfreuen.

Mit einigen Gleichgesinnten, allen voran Ursula Binder, schloss sie sich zusammen, und am 16. September 1966 fanden sich über einhundert Buchenauer Kinder auf der Leiswiese ein, um erstmals ein gemeinsames Kinderfest in großem Rahmen zu feiern. Natürlich waren auch die anwesenden Eltern von dieser gelungenen Premiere begeistert und schnell reifte in vielen Köpfen die Idee, auch in künftigen Jahren ein solches Fest vornhemlich für die Kinder, aber unter Hinzuziehung der Erwachsenen, gemeinsam zu feiern.

Auf Einladung Lieselotte Holzmeisters versammelten sich am 23. Februar 1967 Bewohner aus allen Baugebieten in ihrem Hause und schnell waren sich die Beteiligten einig: Ab sofort wird jährlich wird ein „Buchenauer Heimat- und Siedlerfest" für Jung und Alt gefeiert.

Gesagt - getan! Unter der Schirmherrschaft von Bürgermeister Günter Linnenweber, der sich sofort von dieser Idee angetan zeigte, fand am 15./16. Juli 1967 erstmals auf der neben der Forsthaus gelegenen Pützwiese das „Buchenauer Sommerfest" statt. Und dank dieser Veranstaltung war 1967 auch das Jahr, das später offiziell als Gründungsjahr der „Buchenauer Nachbarschaft" in die Ortshistorie einging.

Die Buchenauer Waldfestgemeinschaft ließ im Jahre 1968 das einstmalige Waldfest wieder aufleben. Obige Werbeanzeige der „Bopparder Zeitung" vom Samstag, 17. Juli 1926, beweist, dass bereits in wirtschaftlich schwerer Zeit zwischen den beiden großen Weltkriegen das „Buchenauer Waldfest" zum heimischen Festreigen zählte.

„Rund um Boppard" berichtete über den Verlauf des ersten Sommerfestes am 22. Juli 1967 unter der Schlagzeile „Ein schöner Erfolg":

Die Gratulation, auf dem Festplatz verlesen, bedeutet eine Bestätigung der bisher-

igen Bemühungen. Die Gemeinsamkeit der Buchenauer untereinander und die Verbundenheit der Bopparder zu ihnen wurden sichtbar. Immer wieder gab es ein herrliches Begrüßen, ein Zusammenrücken und gemütliches Beieinandersitzen, ein Singen und Tanzen im Schatten der hohen Waldbäume und abends beim Glanz der Lichterketten.

Die Begrüßung zu Beginn der zweitägigen Veranstaltung hatte im Namen des Sommerfestausschusses Frau Lieselotte Holzmeister übernommen, die auch den Umzug zum Festplatz anführte und von den Buchenauer Kindern einige Lieder zum Willkommen singen ließ.

Als Ehrengäste seien der in unserer Stadt wohnende Staatsminister Dr. Hanns Neu-

Mit zahlreichen Handwurfzetteln wurde Buchenaus Bevölkerung zum 1. Sommerfest am Forsthaus eingeladen.

bauer, die Geistlichen beider Konfessionen, Pastor Wolfers, Pfarrer Osthus und Kaplan Welschbillig, der Fernsehredakteur Peter vom Hof, die beiden Nachbarschaftsmeister Peter Bayer und Josef Höffling mit Geschäftsführer Rudolf Koelges genannt sowie der Vorstand der Turngesellschaft mit Dr. Ludwig Grothe, Hans Biller und Franz Benning, weiter die Vertreter der Bopparder Feuerwehr.

Grüße durch Telefonanruf bzw. Telegramm übermittelten der Landrat des Kreises St. Goar, Dr. Weiler, und Nachbarschaftsmeister Josef Noll.

Der Schirmherr des Festes, Bürgermeister Günter Linnenweber, eröffnete die Veranstaltung und hielt eine launige Ansprache. Er sagte u.a., dass er als Schirmherr gern seinen Schirm zu Hause gelassen habe, nachdem der Regen noch in den Morgenstunden recht kräftig auf Buchenau gerieselt hatte, doch durch die Sonne vertrieben worden war. Nun könne nach einigem Bangen das erste Sommerfest in Boppard-Buchenau gefeiert werden, dem er alle seine guten Wünsche mitgebe.

Die Siedlungsgemeinschaft Leiswiese, unter ihnen viele gebürtige Boppard er, die wissen, wie man in Boppard Feste feiert, und die keine Mühe und Zeit scheuten, den Festplatz aufzubauen, hatte auch die Gestaltung und Kinderbelustigung übernommen und jedes Mädchen und jeden Jungen durch Süßigkeiten beglückt.

Es war ein unvergessliches Bild, als in einem großen Kreis die Kinder über die Wiese gingen und alle Erwachsenen zu ihnen herübergrüßten.

Eine frohe Überraschung bereitete anschließend der Spielmannszug „Frei Weg" mit einem zünftigen Ständchen.

Zu einem Höhepunkt wurde am Sonntagmorgen während des Frühschoppens das Konzert der Bälzer Sangesgilde unter Leitung ihres Vorsitzenden Adolf Busch. Es ist eine besondere Aufgabe für einen Chor, im Freien zu singen. Die Bälzer lösten sie mit Sicherheit und Klangfülle und vermittelten den Zu-

hörern eine besinnliche Stunde. Dieses freundschaftliche Geschenk, das mit starkem Beifall aufgenommen wurde, ließ die Bitte nach einer Wiederholung im nächsten Jahr laut werden.

Der Wirt des Forsthauses Buchenau hatte mit zahlreichen Helfern für das leibliche Wohl gesorgt und am Ende des ersten Festtages ein kleines Feuerwerk zur Freude aller Gäste abgebrannt. Um Mitternacht bei den Klängen des letzten Tanzes sah man über den Baumwipfeln die glitzernden Kaskaden und sprühenden Lichtraketen herniedergleiten, so als wollten sie sich zum Schmuck in die Zweige hängen.

Die Musiker des Vereins „Concordia" Rhens waren nimmermüde Spielleute und trugen wesentlich zum Gelingen des Festes bei.

> **Möge Ihr nachbarschaftliches Tauffest unter einem guten Stern stehen und Anschluss an die große Tradition unseres Brauchtums finden.**
> **Es soll und wird uns eine Ehre und Verpflichtung sein, Sie in Ihrem volkstümlichen Wollen nach besten Kräften zu unterstützen.**
>
> *Grußwort Rudolf Koelges*
> *Geschäftsführer der Bopparder*
> *Nachbarschaften*

Waldfest verdrängt Siedlerfest

Im darauf folgenden Jahr 1968 erschien dann erstmals der Name „Waldfest", der die vorangegangenen Bezeichnungen „Siedlerfest" und „Sommerfest" verdrängte.

Vielleicht lag es am nicht unbedingt zu erwarteten Erfolg der Festveranstaltungen, dass in der Kernstadt einige Neider die Bezeichnung „Kattowitzer Kirmes" in die Welt setzten, die anfangs dann doch für einige Erregung und sog. „böses Blut" sorgte.

Basierend auf der Tatsache, dass sich in Buchenau überwiegend Heimatvertriebene angesiedelt hatten, wurden „Witze" dieser Art nur mit einem Kopfschütteln registriert. Gleiches galt für den unvergessenen und regelmäßig in Erinnerung gerufenen „Streich" der „Maihexen" vom 1. Mai 1962, die mit einem in der Nähe des Anwesens Schwanenberger aufgestellten, handgeschriebenen Schild *„Sie verlassen den West-Sektor"* für helle Empörung in den Reihen der Ostflüchtlinge sorgten.

Die Buchenauer Waldfestgemeinschaft e.V.

Wie bei vielen Vereinen war es auch bei den Buchenauer Siedlern so, dass immer wieder die gleichen Personen „die Arbeit schafften", während sich andere mehr „im Hintergrund sonnten". Den Initiativen des unermüdlichen Ehepaares Ursula und Erich Binder war es dann weitgehend zu verdanken, dass sich im März 1970 diejenigen Buchenauer, die ihr gemeinsames Waldfest feierten, offiziell unter Zugrundelegung einer von Erich Binder erarbeiteten Satzung zur „Buchenauer Waldfestgemeinschaft" zusammenschlossen.

Als Ziele der Gemeinschaft wurden die Heimatpflege, der nachbarliche Zusammenhalt, die ideelle Unterstützung der Mitglieder und die jährliche Feier eines Waldfestes genannt.

Natürlich gehörte zum ersten Waldfest „der neuen Generation" im Jahre 1968 auch „anständige Musik". Und damit das so war, dafür sorgte Jung-Discjockey Dieter Lüpke, assistiert von seinen erfahrenen Helfern Günther und Wolfgang Preuß. Gefragtester Wunschhit während der „Disco für Jung und Alt" war übrigens kein Tanzschlager, sondern Donovans Ballade „Atlantis".

Dem Vorstand des Vereins gehörten neben dem Vorsitzenden an: stellvertretender Vorsitzender, Kassierer und bis zu drei Beisitzer. Der durch Beschluss der Mitgliederver-

Die Eintragung in das Vereinsregister beim Amtsgericht in Boppard datiert vom 15. Juni 1970. Die Satzung hatten die ersten Vorstandsmitglieder der „Buchenauer Waldfestgemeinschaft" unterschrieben: Lieselotte Holzmeister (Vorsitzende), Klaus Sauerborn (stellv. Vorsitzender), Ursula Binder (Kassiererin) sowie die Beisitzer Willi Henning, Erika Seeger und Gerhard Heinrich (v.l.n.r.).

233

sammlung bestellte Vorstand kann bei Ausscheiden eines Mitgliedes ein Ersatzmitglied berufen, das von der Mitgliederversammlung zu bestätigen ist.

Einmal jährlich hat eine Mitgliederversammlung stattzufinden. Bei einer Vereinsauflösung fällt das Vermögen dem Deutschen Roten Kreuz in Boppard zu.

Stetige Entwicklung des Waldfestes

Trafen sich die Festgäste anfangs nur auf der Pützwiese, so feierten die Buchenauer am 11./12. Juli 1970 ihr Waldfest auf dem vergrößerten Festplatz beim Forsthaus. Erstmals war in diesem Sommer sogar zur Freude der jüngsten Besucher ein Kinderkarussell aufgestellt.

Das Waldfest des Jahres 1971 zeichnete sich dadurch aus, dass ab sofort auf dem Veranstaltungsgelände eigene Anschlüsse für Strom und Wasser zur Verfügung standen.

Im Jahre 1972 bestand ein erbauter Geräteschuppen zur Unterbringung von benötigten Einrichtungsgegenständen und Mobiliar seine Bewährungsprobe.

Und zwei Jahre später stand an der Waldkirmes vom 13./14. Juli 1974 erstmals ein von der Jugend aufgestellter Kirmesbaum. Eine vergrößerte Tanzfläche sorgte für die rechte Feststimmung.

Im Jahr 1976 wird die Waldkirmes gar durch einen Umzug mit Musikkapelle eröffnet. Ausgehend vom Haus FIDULA im Ahornweg beteiligten sich viele Festbesucher an diesem gelungenen, von der Nachbarmeisterin Lieselotte Holzmeister angeführten, Festauftakt.

Die Buchenauer Nachbarschaft

Sicherlich hing es mit der Verbindung der Waldfestgemeinschaft zu den Bopparder Nachbarschaften zusammen, dass sich zum Ende der 1970er Jahre zunehmend Stimmen mehrten, die sich mit dem Gedanken anfreundeten, im Vereinsnamen auch das Wort „Nachbarschaft" aufzunehmen.

Und tatsächlich sollte nach diesen ersten Gedankenanstößen eine Angleichung an die Bopparder Nachbarschaften auch für die Waldfestgemeinschaft nur noch eine Frage der Zeit sein.

Bei der Jahreshauptversammlung am 9. Mai 1981 im Forsthaus Buchenau war es dann soweit: Einstimmig wurde die Namens-

Im Jahre 1997 erfolgte eine Belebung des Buchenauer Waldfestes durch einen Kinderflohmarkt.

Die Zeit verging im Flug und im Jahre 1992 konnte bereits das 25-jährige Nachbarschaftsjubiläum gebührend gefeiert werden.

änderung der „Waldfestgemeinschaft e.V." in „Nachbarschaft Buchenau - Waldfestgemeinschaft e.V." beschlossen.

Damit waren die Anfänge des Buchenauer Siedlungsfestes mit der zwischenzeitlichen Entwicklung in Einklang gebracht.

Nachbarschaftsfahnen

Zwangsläufig kam bei der neu formierten, zwölften Bopparder Nachbarschaft recht bald der Wunsch nach einer eigenen Nachbarschaftsfahne auf.

Ende Januar 1986 begab sich eine vom Vereinsvorstand bestimmte Abordnung ins bayerische Schierling, wo bei der „Niederbayerischen Fahnenstickerei" eine Nachbarschaftsfahne zum Preis von gut 7.000,- DM in Auftrag gegeben wurde.

Die Genehmigung, das Bopparder Stadtwappen in der Fahne führen zu dürfen, wurde durch die Stadtverwaltung mit Schriftsatz vom 20. März 1986 erteilt. In perfektem „Amtsdeutsch" verwandelte sich der beantragte „Adler mit Kreuz" wie folgt: *„In Gold ein rotgezungter und bewehrter Adler, belegt mit silbernen Herzschild, darin ein rotes Balkenkreuz".*

Am zwanzigsten Jahrestag des Buchenauer Waldfestes, am 13. Juli 1986, wurde die Fahne während eines Festhochamtes im Zelt durch den katholischen Pfarrer Werner Assmann geweiht. Beim anschließenden Festkommers wirkten neben der Bälzer Sangesgilde auch die Chorgemeinschaft MGV Boppard/Quartettverein Liederkranz Hirzenach und das Jugendblasorchester Weiler mit.

Die erste Nachbarschaftsfahne zeigt auf der einen Seite eine Baumgruppe mit dem Bopparder Stadtwappen und der Umschrift „Buchenauer Nachbarschaft", auf der anderen Seite eine Waldlandschaft mit dem Festplatz und der Umschrift „Buchenauer Nachbarschaft Waldfestgemeinschaft", darüber den „Bopparder Adler". Beidseitig ist das Gründungsjahr 1967 aufgestickt.

Keine Frage - die junge Nachbarschaft war mächtig stolz auf ihre Fahne und doch wurde von den jeweiligen Trägern immer wieder darüber Beschwerde geführt, dass deren Tuch im Vergleich zu den weiteren Nachbarschaftsfahnen doch deutlich schwerer sei. So waren längere Festveranstaltungen für den jeweiligen Fahnenträger regelmäßig eine recht mühsame Angelegenheit.

Der amtierende Vorstand um Nachbarmeister Uwe Zickel entschied aus diesem Grund im Spätsommer 2001, eine neue Nachbarschaftsfahne in Auftrag zu geben und der bisherigen Fahne einen Ehrenplatz im städtischen Museum zukommen zu lassen.

Gemeinsam gaben Pfarrer Rainer Hachmann und Pastor Hermann-Josef Ludwig als Vertreter der beiden großen Konfessionen der neuen Fahne anlässlich eines ökumenischen Gottesdienstes am 14. Juli 2002 auf dem Waldfestgelände ihren Segen. Fahnenabordnungen aller weiteren städtischen Nachbarschaften bezeugten diesen feierlichen Festakt.

Und bereits zur Weihnachtsfeier konnte Uwe Zickel die aus Spenden finanzierte neue Fahne dem Vereinsvorstand präsentieren. Diese, ebenfalls quadratische Nachbarschaftsfahne hat mit 120 cm eine um 20 cm kürzere Schenkellänge als ihre Vorgängerin und ist vor allen Dingen aus deutlich leichterem Tuch erstellt.

Neben einer bildhaften Bestickung mit den Motiven Wald, Buchenblätter, Buchecker und dem Bopparder Stadtwappen prägt der Schriftzug „Buchenauer Nachbarschaft" die Vorderseite der Fahne.

Die Rückseite zeigt die Waldfesthütte, das Bopparder Stadtwappen, einen Wiedehopf und den von den Jahreszahlen 1967 und 2001 eingesäumten Schriftzug „Buchenauer Nachbarschaft".

Immerhin 15 Jahre hatte die „alte" Fahne der Nachbarschaft treue Dienste geleistet, bevor sie im Jahre 2001 durch eine deutlich leichtere „Nachfolgerin" ersetzt wurde. Nachbarmeister Uwe Zickel und Fahnenträger Gerhard Heinrich präsentieren das „gute Stück" beim Waldfest ein letztes Mal.

Sorgen und Nöte um das Festplatzgelände

Längst waren die Probleme des Jahres 1974 vergessen, als befürchtet wurde, das seinerzeitige Waldfest könnte das letzte am bisherigen Standort gewesen sein. Der damalige Bebauungsplanentwurf für das angedachte Baugebiet „Müllerberg", der eine Straßenführung mitten durch das Waldfestgelände vorsah, scheiterte jedoch schon in frühem Stadium und der Fortbestand des Festgeländes war gesichert.

Zumindest vorerst, denn im Jahre 1994 flatterte dem damaligen Nachbarmeister Nikolaus Sauerborn Post des Simmerner Kreisbauamtes ins Haus, in dem ihm mitgeteilt wurde, dass „wegen des Verdachtes einer Zuwiderhandlung gegen die Landesbauordnung gegen ihn ermittelt werde".

In der Tat waren wohl in vorangegangenen Jahren einige Anbauten der regelmäßig vergrößerten Festhütte am Forsthaus ohne die erforderlichen bauaufsichtlichen Genehmigungen errichtet worden. Und da es sich im Juristendeutsch um sog. „außerörtliche, nicht privilegierte Vorhaben innerhalb einer Waldfläche" handelte, war guter Rat teuer.

Hier bewährte sich dann der glückliche Umstand, dass mit dem Nachbarschaftsmitglied Wolfgang Gipp ein Bürgermeister aus Buchenau an der Stadtspitze stand. Er vermittelte erfolgreich mit Landrat Bertram Fleck, einem weiteren Freund der Buchenauer Nachbarschaft, und bald stand dem Abschluss eines einvernehmlich und letztlich für beide Teile akzeptablen Vergleiches nichts mehr im Wege. Ein Teil der in den

In einer „gemeinsamen Aktion" vieler Helfer und Freunde der Buchenauer Nachbarschaft begann im Herbst 1996 der große Umbau des Festgeländes. Bereits im März 1997 konnte das Richtfest auf dem in seiner heutigen Form gestalteten „neuen" Gelände gefeiert werden.

Wald hineinragenden Festhütte musste abgetragen werden, an anderer Stelle durfte in weniger beeinträchtigender Weise Ersatz geschaffen werden. Gleichzeitig wurde der

Egal, ob auf Schusters Rappen, mit der Hunsrückbahn oder wie auf obigem Foto mit der Sesselbahn. Helferausflüge zu den Schönheiten unserer nahen Heimat werden bei der Buchenauer Nachbarschaft großgeschrieben.

Nachbarschaft ein großzügig bemessener Umsetzungszeitraum zugestanden. Der Fortbestand des Waldfestes war ein weiteres Mal gesichert!

Das „Vereinsjahr"

Auch wenn zweifelsohne das jährliche Waldfest der Höhepunkt im Jahresablauf der jungen Nachbarschaft darstellt, auch im weiteren Vereinsgeschehen wird Geselligkeit großgeschrieben.

Regelmäßige Ausflüge, Umweltaktionen, Helfertreffen, Grillabende, Pflanzaktionen und weitere gesellige Veranstaltungen gehören schon seit langem zu den jährlichen Aktivitäten des eingetragenen Vereins. Gemeinsame Fahrten mit der Sesselbahn oder der Hunsrückbahn erfreuten zudem seit jeher zahlreiche Nachbarschaftsmitglieder.

Über die beiden in Buchenau Anfang der 1980er Jahre aufgestellten, von Nachbar Sigurd Zimmermann gestifteten Wegekreuze am Festplatz und am Katholischen Kindergarten, übernahm die Nachbarschaft die Patenschaft.

Während der gelungenen Feierlichkeiten zum landesweiten „Tag des Baumes" im Jahre 1991, wo nicht nur Ministerpräsident Rudolf Scharping viele lobende Worte für die

1981 stiftete Nachbar Sigurd Zimmermann das neben dem Waldfestgelände aufgestellte „Buchenauer Kreuz". Gerne übernahm die Buchenauer Nachbarschaft die Patenschaft über das am Ausgangspunkt und Ende mehrerer Wanderwege platzierte und zum kurzen Verweilen einladende Kleinod.

Gesellige Veranstaltungen gehören zum Pflichtaufgabenteil im alljährlichen Vereinsgeschehen der Buchenauer Nachbarschaft. Im Mai 2000 erfolgte unter Federführung von Winzermeister Joachim Engels eine Rebpflanzaktion am Waldfestgelände.

Buchenauer Nachbarschaft fand, erfreute Nachbarmeister Uwe Zickel die Festbesucher mit der Pflegezusage für die erstmals einer größeren Öffentlichkeit präsentierte, oberhalb des Forsthauses liegende, Brunnenstube.

„Drückt in Buchenau irgendwo der Schuh", so lassen es sich die verantwortlichen Vorstandsmitglieder nicht nehmen, die betroffenen Stellen, Behörden oder Institutionen hierüber, in der Regel gekoppelt mit einem Verbesserungsvorschlag, zu informieren. Als anfangs des neuen Jahrtausends Forderungen bei der Stadt laut wurden, in Buchenau einen eigenen „Jugendtreff" einzurichten, standen Freiwillige der Buchenauer Nachbarschaft mit der erklärten Bereitschaft, „sich in geeigneter Form im Interesse der Jugend gerne in die Umsetzung des nicht unproblematischen Vorhabens einzubringen", in erster Reihe.

Weihnachtsmarkt

Am Abend des 8. Dezember 2002 war Julika Gilsbach - ein Nachbarschaftsmitglied der „ersten Stunde" - zwar mächtig geschafft, aber vor allem riesig stolz. Der Festplatz des ersten Buchenauer Weihnachtsmarktes leerte sich, die Anbieter räumten ihre geschmackvoll erstellten Verkaufsstände und alle, aber auch alle, waren sichtlich zufrieden.

Aussteller, Besucher, Chormitglieder, Kindergartenverantwortliche, Helfer, Nachbarschaftsmitglieder - egal, wer befragt wurde, nur positive Statements über eine neue Festlichkeit im kulturellen Geschehen der Stadt waren in Erfahrung zu bringen.

„Anfangs war es gar nicht so einfach, Mitstreiter für meine Idee eines kleinen, aber ganz besonderen Weihnachtsmarktes zu finden", erinnerte sich die Buchenauerin aus der Hans-Jöres-Straße. Bereits seit einigen Jahren trug Julika Gilsbach ihre letztlich überzeugenden Argumente dem Nachbarschaftsvorstand regelmäßig vor, bis sie im Frühjahr 2002 endlich „grünes Licht" erhielt und dem vereinsinternen Festausschuss eine weitere Aufgabe übertragen wurde.

Einige anstrengende Monate mit Bastelarbeiten in traditioneller Handarbeit und der Bewältigung organisatorischer Notwendigkeiten standen für die „Schafferin" an, bis alle Vorbereitungen abgeschlossen waren und

Festlich geschmückte Verkaufstische und ein gepflegtes Ambiente verschafften dem noch jungen Buchenauer Weihnachtsmarkt schnell einen überregionalen Bekanntheitsgrad.

der vorweihnachtliche Festtag endlich nahte. Selbst Petrus freute sich mit den Buchenauern und bescherte einen herrlichen Wintertag.

„Klein aber fein", so lautete das bewusst gewählte Erfolgsmotto der festlichen Veranstaltung, an der insgesamt 18 Marktbeschicker ein buntes Angebot, beginnend bei Gestecken, Tür- und Wandkränzen, Grußkarten, Met, Waffeln, Gebäck und, und, und… präsentierten.

Schnell bestand Einigkeit bei allen Helfern des nachbarschaftlichen Festausschuses darüber, das ein neuer Programmteil im Bopparder Veranstaltungskalender geboren war. Und so erfreuten sich auch in den kommenden Jahren Besucher von Nah und Fern auf den „kleinen, aber besonderen" Weihnachtsmarkt der Buchenauer Nachbarschaft.

Die Buchenauer Möhnen
Immerhin zehn Jahre bestimmten sie karnevalistisches Treiben

„Leider hat es für das karnevalistische elfte Jahr nicht mehr gereicht. Unser zusammen gewürfelter Haufen karnevalistischer Frauen wurde stetig kleiner. Aus unseren im Jahre 1981 angeschafften Kostümen wuchsen wir zusehends heraus und so haben wir uns schweren Herzens im Jahre 1991 entschlossen, unsere Möhnengruppe aufzulösen. Es waren schöne Jahre und wir hatten viel Freude miteinander", erinnert sich mit Hildegard Sauerborn ein Gründungsmitglied der „Buchenauer Möhnen".

Auch wenn es sich bei den Buchenauer Möhnen nicht um eine offizielle Gruppe der noch jungen Buchenauer Nachbarschaft handelte, die Initiatoren und Ideengeber waren größtenteils auch bereits zuvor bei der Siedlungsgemeinschaft Leiswiese, der Waldfestgemeinschaft und eben der Nachbarschaft kulturell aktiv. Und wie es sich für einen Möhnenverein gehört, zogen auch die Buchenauer Möhnen Jahr für Jahr an „ihrem" Schwerdonnerstag, teilweise sogar mit musikalischer Begleitung, von der Leiswiese ins Forsthaus, um hier auf ihrer „Möhnenparty an Weiberfastnacht" den Alltag für einige Stunden vergessen zu lassen.

Selbstverständlich, dass ein perfektes Sitzungsprogramm mit „Büttenreden, Show und Tanz" geboten wurde. Als Zugabe gab es dann am Karnevalssamstag, ebenfalls im Forsthaus, noch einen karnevalistischen Familienabend.

Während der Schwerdonnerstag in der klassischen Möhnenbekleidung gefeiert wurde, beteiligte sich die immerhin 16-köpfige Buchenauer Truppe sowohl am Bad Salziger, wie auch am Bopparder Festumzug mit jährlich wechselnden Kostümen. Und auf manch gewonnenen Preis für die schönste Kostümierung konnten die Frauen zu Recht stolz sein.

Genau ein Jahrzehnt bildeten sie einen festen Bestandteil des heimischen Karnevals: die Buchenauer Möhnen.

Bei den jährlichen Festumzügen in Boppard und in Bad Salzig (Foto: 1989) standen die Buchenauer Möhnen in wechselnden Kostümen in der ersten Reihe.

Angeführt wurden die begeisterten Karnevalisten von der im zweijährigen Rhythmus neu zu wählenden Obermöhn.

Helga Liesenfeld kam sogar in den Genuss, für zwei Perioden, also für insgesamt vier Jahre, den Buchenauer Möhnen in den Jahren 1981 - 85 vorzustehen. Weitere Obermöhnen waren Gerda Pfeifer (1986 - 87), Hildegard Sauerborn (1988 - 89) und Gerda Bär (1990 - 91).

Nach Auflösung des losen Zusammenschlusses im Jahre 1991 setzten einige Aktivisten bei den befreundeten Weilerer Möhnen ihre karnevalistische Laufbahn fort. Von anderen Gruppenmitgliedern wurden freigewordene Kapazitäten in die Bopparder Schützengesellschaft eingebracht. Und wieder andere beendeten ihr karnevalistisches Engagement und verfolgen seither das fastnächtliche Treiben „von außen".

Selbstverständlich besaßen die Buchenauer Möhnen neben dem allgemeinen „Möhnenorden" auch einen wechselnden „Festorden der Obermöhn".

Nur Insidern bekannt:
Die „Kühtrift-Nachbarschaft"

Anwohner des Wohngebietes „Schäffersweyer" bilden
Boppards (inoffizielle) Nachbarschaft Nr. 13

Erreicht der Besucher von der Kernstadt aus kommend den jungen Ortsteil Buchenau, so stößt er zunächst unmittelbar vor dem Schwimmbadparkplatz auf die recht steil gehaltene Seitenstraße „Schäffersweyer". Die ersten Häuser entstanden hier in den 1960er Jahren - und das sieht man einigen dieser Wohngebäude auch heute noch an, sind sie doch zeitgerecht im Stil des damals recht populären Architekten Le Corbusier gebaut. Charakteristisch hierfür sind die gradlinige, sachliche Architektur und die mit Eternit-Platten belegten flach gehaltenen Dächer.

Böse Zungen - vermutlich aus der Kernstadt - verliehen dem Wohngebiet recht bald den Namen „Känguru-Viertel" (…große Sprünge, aber nix im Beutel…), eine Spottbezeichnung, die sich bis in die heutigen Tage gehalten hat. Ältere Bewohner erinnern sich, dass die Bezeichnung einstmals auch von einem Lotto-Millionär aus dem Wohngebiet hergeleitet sein könnte, der mit ausgeprägter Verschwendungssucht nach Jahren des Wohlstands letztlich Haus und Hof verlor und völlig verarmt verstorben sei. Aber wie dem auch sei, die heutige Bewohnergeneration jedenfalls hat mit ihrem „zugedachten" Känguru keinerlei Probleme.

Im Gegenteil: Selbst als „Wappentier" auf der „Kühtrifter Nachbarschaftsfahne" fand das australische Beuteltier seine Anerkennung. Und spätestens jetzt empfiehlt sich der Hinweis, dass es sich beim „Kühtrift" um den als Flurbezeichnung verewigten Weg des städtischen Viehs zur Fütterung in den belaubten Stadtwald handelt.

Die Bewohner des Wohngebietes verstanden es von jeher, sich gegenseitig zu helfen und nach gelungenem Werk oder aber auch „einfach nur so" miteinander zu feiern. Und da es weder eine traditionell gewachsene Nachbarschaft oder gar einen eigenen Kirchenpatron, an dessen Festtag man eine Kirmes hätte begehen können, gab, entwickelte sich auf Initiative des Nachbarn Joachim Noll erstmals am 3. Juli 1981, dem Wochenende nach der Orgelbornskirmes, ein „Kühtrifter Nachbarschaftstreffen".

Selbstverständlich erhielten alle Anwohner von Schäffersweyer und Tulpenbaum zu diesem anvisierten geselligen Treffen auf

Bereits beim zweiten Nachbarschaftstreffen der „Kühtriftler" im Jahre 1982 wurde von den Festbesuchern ein Erinnerungsfoto gefertigt.

Ein stattlicher Kirmesbaum, der viele der angrenzenden Häuser um einiges überragte, fand dank Unterstützung zahlreicher Nachbarn seinen Aufstellplatz am Rande des Wendeplatzes „Am Tulpenbaum". Bei obiger Baumaufstellung in der Mitte der 1980er Jahre halfen die Nachbarn Karl-Friedrich Capitain, Dieter Lüpke, Hans Nass, Günther Leitz und Fred Blümle (v.l.n.r.).

dem Wendeplatz im Tulpenbaum eine schriftliche Einladung. Die gelungene Festivität, bei der sich alle Feiernden in einer Teilnehmerliste eintrugen, stieß offensichtlich auf solche Begeisterung, dass die Anwesenden gleich fürs kommende Jahr eine Neuauflage vereinbarten. Diesmal wurde sogar ein eigens herbeigeschaffter Kirmesbaum, liebevoll von den Kindern aus der Nachbarschaft geschmückt, am Rande des Festplatzes aufgestellt. Ein überdimensional großes Känguru ließ den Besucher unmissverständlich erkennen, in welch fröhlicher Gesellschaft er sich befand.

Dann nahm alles „seinen Lauf": Malermeister Walter Decker fertigte eine eigene Nachbarschaftsfahne mit den Insignien des Baugebietes. Für die „verwaltungsmäßige Organisation", sprich Einladungen und

Schriftverkehr, zeichnete fortan Nachbar Hermann Breitbach verantwortlich.

Zur Goldenen Hochzeit gab es ein Präsent der Nachbarschaft. Hinzugezogene weibliche Bewohner erhielten einen Blumenstrauß, ihre Männer wurden mit einer Flasche Wein willkommen geheißen. Verstorbene wurden neben dem gemeinsamen Teilnahme am Begräbnisgang mit einem Grabgesteck geehrt.

Zeitgleich mit der Festlegung dieser Regularien in einer „satzungsähnlichen Niederschrift" wurde entschieden, sich keinesfalls als offizielle Nachbarschaft im Sinne der in Boppard traditionell zumeist aus der Historie entwickelten Brunnengemeinschaften verstehen zu wollen. Die „Kühtriftler" wollten einvernehmlich vielmehr „lieber unter sich" bleiben. Gesagt, getan - bislang weist keine der akribisch festgehaltenen jährlichen Teilnehmerlisten eine dreistellige Besucherzahl aus. Daher ist es nur eine konsequente Folge, dass die Gemeinschaft von einer vereinzelt erwogenen Eintragung ins Vereinsregister bewusst absah.

Und so bringt sich jeder so gut in die Gemeinschaft ein, wie er es aufgrund seiner „Fähigkeiten und Talente" vermag. Auch wenn ein „Nachbarmeister" niemals offiziell gewählt wurde - nachdem Nachbar Heinz Kähne bereits seit Jahren als solcher angesehen wird, hat er sich wohl selbst auch mit dieser

Da zu einer „richtigen" Nachbarschaft bekanntlich auch eine eigene Fahne gehört, erklärte sich Malermeister Walter Decker im Jahre 1982 spontan zur Fertigung obiger Nachbarschaftsfahne. Die Fahne zeigt einen über einem Wappen stehenden Schäfer in blauer Tracht. Das Wappen selbst ist in vier Segmente eingeteilt: Ein Weinglas symbolisiert die Geselligkeit, das Schaf im Weiher stehend verbildlicht den Baugebietsnamen „Schäffersweyer", links unten das bereits erwähnte Känguru und rechts unten ist in Anlehnung an eine weitere Straße ein stilisierter Tulpenbaum zu sehen.

Dankesurkunde der Nachbarschaft für die von Walter Decker im Jahre 1982 gefertigte Nachbarschaftsfahne.

Proklamation abgefunden, zumal er seine Amt nach Auskunft anderer Nachbarn ausgesprochen gut erledigt und sich so nahtlos in die Liste seiner Vorgänger einreiht.

Für die Rhetorik innerhalb der „Kühtrifter Nachbarschaft" ist jedoch unangefochten Nachbar Hermann Driesch zuständig. Eines seiner jüngeren Rundschreiben an alle Bewohner der beiden Straßenzüge ist durchaus geeignet, die „Grundstrukturen" der Nachbarschaft zu verdeutlichen.

Driesch schrieb:

„Hallo Schäffersweyer, Tulpenbaum, Nachbarn!

Einer muss es sagen, sonst macht es ja doch keiner: Für das so harmonisch verlaufende (versaufende) Kühtrift-Straßenfest verdienen die Initiatoren, Raumbeschaffer und

freiwilligen Helfer unser aller Anerkennung und Dank. Der jahrelang unermüdliche Organisator Hermann Breitbach kann zufrieden darüber sein, den Marschallstab in ebenso aktive, jüngere Hände gegeben zu haben. Die neue Mannschaft hat sich in Fortführung nachbarschaftlicher Tradition bestens bewährt.

Stundenlang haben Ferdi Benner, Heinz Kähne und Lothar Fischbach für unsere kulinarischen Bedürfnisse gesorgt: Grillen, Bier zapfen, Weinflaschen entkorken, im Zelt nach dem Rechten sehen. Wir Kühtriftler sind erfreulicherweise kein eingetragener Verein mit Satzungen. Alles ging unbürokratisch über die überdachte Bühne; stattdessen gab es geselliges Beisammensein frei von Vereins-Zwängen mit ermüdenden Ansprachen. Demokratie pur!..."

Bis zur Mitte der 1990er Jahre wurde so im gemieteten Festzelt im Wendeplatz Tulpenbaum gefeiert. Nachdem die „in die Jahre" gekommenen Gründungsväter des Nachbarschaftsfestes ihr Organisationstalent der herangereiften Nachfolgegeneration übertrugen, wurde schon aus Kostengründen der Wendeplatz als Festgelände aufgegeben. Die Ausrichtung in Garage und Hofeinfahrt der Nachbarn Edith und Lothar Fischbach blieb aus Platzgründen im Jahre 1998 ein einmaliges Intermezzo. Sodann fand sich in der Verlängerung des Tulpenbaum-Reihen-hauses der Bewohnerfamilien Ebel/Benner/Lüpke/Felkel eine geeignete Bleibe, fanden die Festbesucher doch hier ein überdachtes „Carport" und ein größeres, eigens erworbenes Zelt vor.

Nach langjährigem Gebrauch schrie das arg in Mitleidenschaft gezogene Zelt aller-

Dass den Anwohnern im „Schäffersweyer" den ihrem Wohngebiet von Spöttern verliehene Namen „Känguru-Viertel" keinerlei Probleme bereitet, beweist die alljährlich bei der „Nachbarschaftskirmes" vollzogene Aufstellung einer von Malermeister Walter Decker gefertigten überdimensionalen Nachbildung des australischen Wappentieres.

dings zuletzt förmlich nach Zwangsentsorgung und neue kreative Ideen waren gefragt. Und schon hat sich mit Nachbar Wessollek der Pächter des Schwimmbadrestaurants zu einer Einladung der Nachbarschaft in seine Geschäftsräumlichkeiten entschlossen, die gerne angenommen wurde…

Von der Friedhofsgärtnerei zum BOGAMA

Familienbetrieb Schwanenberger in der vierten Generation

Firmeninhaber Josef, Heinrich, Heinz und Ingo Schwanenberger: Zwischenzeitlich wird das erfolgreiche Familienunternehmen bereits in der vierten Generation betrieben.

Aus dem vom städtischen Totengräber Josef Schwanenberger in der heutigen Friedhofskapelle gegründeten Anfängen der gewerblichen Grabpflege entwickelte sich im Laufe arbeitsreicher Jahrzehnte ein modernes Fachunternehmen.

Vielen Mitbürgerinnen und Mitbürgern ist die 1961 abgerissene „alte" Gärtnerei Schwanenberger, Standort zwischen der Orgelbornquelle und Hallenbad, noch in recht guter Erinnerung.

Errichtet wurde dieser langjährige Firmensitz ausgangs des 19. Jahrhunderts von einem Gärtner Ahlborn, der, als er sich nach einigen Jahren zur Auswanderung nach Kanada entschloss, das gesamte Areal an „Missionspatres" veräußerte. Mit dem Bopparder Gärtner Peter Weifeuer setzten die Kirchenvertreter einen engagierten Betriebsleiter ein, hatte er doch sein Handwerk von der Pike auf gelernt.

Bereits 1875 eröffnete dessen Vater in der einstmaligen Bopparder Judengasse, heute Eltzerhofstraße, eine Samenhandlung, um schon ein Jahr später diesen aufstrebenden Betrieb zunächst in die Angertstraße 11 und anschließend in die Wasemstraße zu verlegen.

Infolge politischer Veränderungen sahen sich die genannten „Missionspatres" nicht mehr in der Lage, die Gärtnerei aufrechtzuerhalten und veräußerten die Betriebsstätte im Jahre 1936 an Heinrich Schwanenberger, der bereits einige Jahre zuvor (1933) die Buchenauer Friedhofsgärtnerei „offiziell" gründete.

Auch dem jungen Heinrich, Sohn des städtischen Mitarbeiters Josef Schwanenberger, der in den Jahren 1922 bis 1956 als Totengräber im Dienste der Stadt stand, war das Gärtnereihandwerk „in die Wiege" gelegt worden. Lange Jahre hatte er hinreichend Gelegenheit, seinem Vater nicht nur bei der Friedhofspflege, sondern auch beim Anbau heimischen Gemüses und der „Blumenzucht" über die Schulter zu schauen. Eines offiziellen Gewerbescheines bedurfte es zwischen den großen Weltkriegen noch nicht und so war mancher Friedhofsbesucher froh, direkt „vor Ort" noch einige frische Schnittblumen zu erhalten.

Da auch die Stadtführung das Engagement des Totengräbers ausdrücklich begrüßte, erweiterte Josef Schwanenberger, der im Übrigen mit Ehefrau Margarethe und fünf Kindern in der heutigen Friedhofskapelle mit angrenzendem Ziegen- und Hühnerstall wohnte, recht bald seine Tätigkeit um die Angebote „Grabpflege und Anpflanzungen" sowie etwas später um eine „Kranzbinderei". Zurückblickend lässt sich sicherlich feststellen, dass sich aus diesem nebenberuflichen Engagement des städtischen Totengräbers das spätere betriebliche Aufgabenfeld der „privaten Grabpflege" entwickelte.

Immerhin 25 lange Jahre bestand die von Heinrich Schwanenberger geführte „Gärtnerei Schwanenberger" oberhalb der Orgelbornquelle, bis im Jahre 1961 die Betriebsstätte wegen des Ausbaues des einstigen Eisenberger Weges zur heutigen K 118 an den neuen Standort „Am Eisenberg" - gegenüber dem Friedhofseingang - verlegt wurde. Im Rahmen der Straßenbauarbeiten wurde das einstmalige tiefliegende Firmengelände um rund zwei Meter mit Erdreich aufgefüllt.

Heinrich Schwanenberger hatte im väterlichen Betrieb auf dem Friedhofsgelände das Rüstzeug erworben, um im Jahre 1936 nahe der Orgelbornsquelle eine eigene Gärtnerei zu übernehmen.

Schon in jungen Jahren erteilte Heinrich Schwanenberger seinem Sohn Heinz im alten Gärtnereibetrieb nahe der Buchenauer Orgelbornquelle Nachhilfeunterricht in Sachen „Frühbeetbepflanzung". Das Foto entstand im Nachkriegsjahr 1947.

Im Jahre 1970 übernahm Heinz Schwanenberger das väterliche Unternehmen und erweiterte die Gärtnerei im Jahre 1986 um einen beliebten Blumenpavillon.

Da sich im Laufe langer Jahre allgemein die Rahmenbedingungen für kleinere Gärtnereibetriebe, die zudem schwerpunktmäßig ausschließlich aufs „Friedhofsgeschäft" spezialisiert waren, veränderten, passte sich auch der elanvolle Firmenchef den „neuen Zeiten" an.

Im Jahre 1996 begann Heinz Schwanenberger mit der Betriebserweiterung zum großflächigen „Bopparder Garten-Fachmarkt BOGAMA". Keine Frage, mutige Investitionen, von denen heute Ingo Schwanenberger, seit 2004 Firmeninhaber in der „vierten Generation", profitiert.

Fachverstand, Kundenfreundlichkeit und ein breit gefächertes Angebotssortiment zählen sicherlich zu den prägenden Merkmalen, die den Namen des Buchenauer Fachbetriebes BOGAMA weit über die heimatlichen Grenzen hinaus bekannt machten.

Und, wer den jungen Firmeninhaber mit seinem Familiennachwuchs auf dem Betriebsgelände beobachtet, darf zu Recht vermuten, dass das „Ende der Schwanenberger'schen Fahnenstange" wohl noch nicht erreicht ist…

Betriebsgelände der Gärtnerei Schwanenberger im Jahre 1980.

Lackiererei und Tankstelle prägten Ortseingang

Autolackierwerk Hubert Bays zählte lange Jahre
zu den mittelrheinischen Branchenführern

Das Lackierwerk Bays genoss als Fachbetrieb einen weit über die heimatlichen Grenzen hinausreichenden qualifizierten Ruf.

Als am Montag, 27. Mai 1957, Lackierermeister Hubert Bays am seinerzeitigen „Eisenbergerweg" gegenüber dem städtischen Friedhof der interessierten Öffentlichkeit seine neuen Betriebsräume präsentierte, bestand das Familienunternehmen bereits im 36. Jahr. Noch ein Jahr zuvor wurde in großem Rahmen der 35. Geburtstag des Betriebes in den zusehends beengter werdenden Räumlichkeiten in der Bopparder Leiergasse, wo das Unternehmen seit dem Jahre 1950 beheimatet war, gefeiert.

Mit fachlichem Können, handwerklichem Geschick, Umsicht und Mut auf seinem Spezialgebiet hat der junge Meister den vom Vater übernommenen Betrieb im Jahre 1950 in Boppard eingerichtet. Bei seinen stetigen Bemühungen, den Kundenkreis zu erweitern, erwies sich die räumliche Enge in der Leiergasse als eine dort unüberwindbare Hürde, die nun endlich genommen war. Fortan konnten neben den üblichen Personenkraftwagen, Kleinbussen und Transportern auch Arbeiten an Großfahrzeugen, Autobussen und Lastkraftwagen jeder Art ausgeführt werden.

Endlich besaß Hubert Bays mit dem Firmenumzug im Sommer 1957 die ersehnten hellen, großflächigen Räumlichkeiten, die er in Zeiten beginnender Wirtschaftswunderjahre für seine expandierende Lackiererei benötigte. Wenn es auch in Buchenau noch nicht allzu viele Kraftfahrzeuge gab, immerhin besaß der Ortsteil schon frühzeitig eine eigene Tankstelle. Auf obigem Foto aus dem Jahre 1959 ist am linken Bildrand der Neubau des benachbarten Rheindruck-Firmengebäudes erkennbar.

Firmeninhaber Hubert Bays ließ es sich nicht nehmen, die Kundenfahrzeuge selbst zu betanken.

Die neue Werkstatt, der sich recht bald eine öffentliche Tankstelle und später ein Reklameatelier hinzugesellten, war nach den neuesten Erkenntnissen auf dem Gebiet der Lackier- und Anstrichtechnik eingerichtet und zählte seinerzeit zu den modernsten Unternehmen dieser Art am gesamten Mittelrhein.

Aussagekräftige Werbeanzeige ausgangs der 1960er Jahre.

Gewichtige Arbeitsvorteile gewährleistete eine neue Hebebühne, die in der Tereson-Abteilung des Fachbetriebes zum Einsatz kam.

Auf über 300 Quadratmetern Betriebsfläche standen nunmehr neben der Spritzkabine mit Unterflurabsaugung und Belüftung noch eine Trockenkabine für Ganz- und Teillackierungen im Heißspritz- und Einbrennverfahren zur Verfügung.

Regelmäßige Werbeanzeigen sorgten für einen weiten Bekanntheitsgrad des Buchenauer Unternehmens.

Nach Erledigung der notwendigen Vorarbeiten gestattete die moderne Firmeneinrichtungen acht bis zehn Ganzlackierungen pro Arbeitstag.

Als sich für das Familienunternehmen kein geeigneter Nachfolger fand, siedelte die Stadt Boppard in den Firmenräumlichkeiten nach Betriebsschließung anfangs der 1970er Jahre dort ihren Bauhof an, der bis zum Umzug nach Bad Salzig im Jahre 2002 von hier aus seine umfangreiche Aufgaben erfüllte.

Musikalische Grüße vom Ahornweg

Ehepaar Holzmeister verlegte 1958 Firmensitz des FIDULA-Musikverlags von Stuttgart nach Buchenau

Firmengründung

Eigentlich basiert das erfolgreiche „Unternehmen Buchenau" des bereits 1948 in Stuttgart gegründeten FIDULA-Musikverlags auf einem Zufall. Während eines mittelrheinischen Kurzurlaubs der Eheleute Johannes und Lieselotte Holzmeister war das junge Unternehmerpaar von den Schönheiten Boppards und den umliegenden Landschaften dermaßen begeistert, dass „während der Fahrt mit der Sesselbahn" im Sommer 1957 die Idee geboren wurde, die erfolgreiche Verlagsarbeit künftig im Großraum Boppard fortsetzen zu wollen.

Ohnehin waren die Firmeninhaber bereits längere Zeit auf der Suche nach neuen Ausdehnungsmöglichkeiten, entsprachen doch die zwischenzeitlich beengten Stuttgarter Räumlichkeiten längst nicht mehr den unabdingbaren Notwendigkeiten eines in den „Wirtschaftswunderjahren" expandierenden Unternehmens.

Schnell hatten die beiden im Buchenauer Ahornweg 19 ein geeignetes, zum Verkauf stehendes Objekt gefunden und bereits im Frühjahr 1958 wurde das neue Firmendomizil gemeinsam mit Sohn Georg und Tochter Mechthild bezogen.

Gestalterische Unternehmerjahre

„Lieder, Musik und Tanz" waren seit jeher die Schwerpunkte der Verlagsarbeit und im

So präsentierte sich der neue Firmensitz des FIDULA-Musikverlags im Buchenauer Ahornweg 19 im Jahre 1958.

„Ausschlaggebend für unseren Umzug nach Boppard war letztlich wohl tatsächlich unsere Fahrt mit der Sesselbahn" erinnerte sich Lieselotte Holzmeister, die ebenso wie ihr Ehemann Johannes von den Schönheiten der mittelrheinischen Landschaft auf Anhieb gefangen war, noch lange Jahre an ihren Kurzurlaub im Sommer 1957.

nationalen und internationalen Musikgeschäft galt der Name FIDULA recht bald als Markenzeichen und Gütesiegel. Die kindgerechten Musikbücher, Liederhefte, Schallplatten und Kassetten des Buchenauer Verlages zählten weithin zum Pflichtinventar deutscher Kindergärten und Volksschulen.

Umsatzzuwächse in ungeahnter Größenordnung machten recht bald eine weitere Ausdehnung der Räumlichkeiten unumgänglich. Als sich 1962 überraschend die Chance bot, die benachbarte Doppelhaushälfte des Ahornweges 21 zu erwerben, ergriffen die Unternehmer diese Gelegenheit sofort beim Schopf. Das 25-jährige Firmenjubiläum des FIDULA-Musikverlags wurde 1973 mit einem Festkonzert des Kölner Kinderchores in Buchenau in feierlichem Rahmen gewürdigt.

Ein Jahr später überraschte der Verlag die Bopparder Bevölkerung mit der Herausgabe einer Langspielplatte kirchlichen Liedguts, gespielt auf der neuen Orgel der Pfarrkirche St. Severus.

Geselligkeit, Brauchtumspflege und politischen Engagement

Längst hatte sich die Familie in Boppard etabliert und so war es für „Insider" keine große Überraschung, als Lieselotte und Johannes Holzmeister in der Karnevalssession 1964 als neues Bopparder Prinzenpaar proklamiert wurde.

Diese Gelegenheit nutzte Firmenchef Johannes, um mit einer ganz besonderen „Rund um Boppard"-Beilage die heimische Narrenwelt zu erfreuen. „Eckig in Boppard" hieß sein Gegenstück zu der beliebten Wochen-

Neben Druckwerken und Tonträgern erfreuten sich auch zahlreiche, von dem Firmenehepaar entworfene und gestaltete musikalische Grußkarten als Marktneuheit einem großen Zuspruch.

Orgelmusik aus der St. Severus-Kirche auf einer Langspielplatte: Mit diesem „musikalischen Neuland" erfreute Johannes Holzmeister im Jahre 1974 die musikinteressierte Bopparder Bürgerschaft.

zeitung und auch noch in den beiden folgenden Jahren gab es mit diesem scherzhaften Beitrag während den Bopparder Karnevalstagen einiges zu schmunzeln.

1968, in der 5. Wahlperiode des Deutschen Bundestages, zog Lieselotte Holzmeister für die CDU als Nachrückerin in dieses hohe bundesrepublikanische Verfassungsorgan ein.

Ihr überdurchschnittliches kulturelles Engagement vor Ort trug auch in Buchenau Früchte: Im März 1970 übernahm Lieselotte Holzmeister den Vorsitz in der neugegründeten „Buchenauer Waldfestgemeinschaft", Vorgängerin der heutigen „Buchenauer Nachbarschaft".

Der von ihr ins Leben gerufene St. Martinsumzug - anfangs unter Begleitung der Bopparder Schützenkapelle - fand seinen Höhepunkt am „Platz Deutscher Osten", wo nicht nur das St. Martinsfeuer abgebrannt, sondern auch die zahlreichen von dem Familienunternehmen „gesponserten" Weckmänner an die Kinder verteilt wurden.

In der 1963 nach der Freibaderöffnung gegründeten Bopparder DLRG-Ortsgruppe zählte sie zu den Vorstandsmitgliedern der ersten Stunde.

In der Buchenauer Leiswiese initiierte Lieselotte Holzmeister 1966 ein großes Kinderfest, welches später als „Waldkirmes am Forsthaus" regelmäßige Wiederholungen erfahren sollte.

Eine neue Generation

Am „7.7.77", einem denkwürdigen Datum, verzog das Ehepaar Holzmeister nach Salzburg, wo es den Herbst des gemeinsamen Lebens verbrachte.

Sohn Georg wird zunächst Geschäftsführer, bevor ihm 1991 die verlegerische Alleinverantwortung des Buchenauer Unternehmens übertragen wird. Schnell gibt der dynamische Firmenchef dem Verlag inhaltlich und graphisch sein Gepräge.

Im Jahre 1994 verstarb Lieselotte Holzmeister in ihrer österreichischen Wahlheimat Salzburg. Acht Jahre später folgte ihr geliebter Ehemann.

In der Karnevalssession 1964 präsentierte die Bopparder Karnevalsgesellschaft Schwarz-Gold Baudobriga mit Lieselotte und Johannes Holzmeister ein begeisterndes Prinzenpaar.

Zukunftsprognose

Heute zählen Chormusik, Schulmusicals, Kinder- und Tanzmusik zu den inhaltlichen Schwerpunkten des Verlags. Die Liste der bisherigen Gesamttitel umfasst rund 600 verschiedene Lieder- und Notenhefte, Bücher und Tonträger.

Um die Zukunft des traditionellen Familienbetriebes braucht Firmenchef Georg, aus dessen im Jahre 1970 geschlossener Ehe mit Gattin Maria, geb. Bräu, drei Kinder (Johannes, Sebastian, Katharina) hervorgingen, nicht bange zu sein.

Tochter Katharina, ausgebildete Verlagsbuchhändlerin und derzeitige Betriebswirtschafts-Studentin, steht bereits in den Startlöchern und dürfte sicherlich in absehbarer Zeit die Familientradition in dritter Generation fortsetzen. Und mit dem im Jahre 2000 geborenen Enkel Clemens wartet bereits der erste Vertreter der vierten Generation...

Georg Holzmeister, Sohn des Gründerehepaares, leitet seit 1991 erfolgreich den Buchenauer FIDULA-Verlag.

Vom „Rheindruck" zu „RheinMail Service"

Prozessdienstleister agiert erfolgreich am internationalen Markt

Längst waren die in der Bopparder Oberstraße 91 im Jahre 1952 vom Firmengründer Rudolf Petri angemieteten Räumlichkeiten der Druckerei „Rheindruck" nicht mehr ausreichend, als zum auslaufenden Kalenderjahr 1959 in Buchenau, gegenüber vom Friedhofsgelände, ein neues Betriebsgebäude eingeweiht wurde. Zielgerichtet erfolgte der stetige Ausbau des Unternehmens, welches im Jahre 1973 von Hans Zastrow weitergeführt wurde.

Und als in den 1990er Jahren die „RheinMail Service" zunächst in den später übernommenen Betrieb mit einstieg, geriet das klassische Druckereihandwerk zusehends in den Hintergrund und der Aufstieg eines modernen Prozessdienstleisters in Buchenau begann.

Im heutigen Zeitalter moderner Kommunikationstechniken gehören hauptsächlich die Herstellung und Aussendung von Mailings, Produktinformationen, Drucksachen, Katalogen aller Art sowie Kontoauszügen zur Auftragspalette des erfolgreich am internationalen Markt agierenden Unternehmens. Die Herstellung, Weiterverarbeitung und Veredelung der Druckerzeugnisse erfolgt im eigenen Haus, auf höchstem technischem Standard der Bereiche Offset- und Digitaldruck. Bei Aussendungen setzt die Firmenleitung auf die Erfüllung aller Kundenwünsche.

Hans Zastrow, „Rheindruck-Firmenchef" ab dem Jahre 1973 - Nachfolger von Firmengründer Rudolf Petri - verstand es, die Buchenauer Betriebsstätte zu einem größeren Druckereibetrieb mit umfangreichen marketingbezogenen Dienstleistungen auszubauen und das Interesse internationaler Unternehmen mit Weltbedeutung an einer Zusammenarbeit zu wecken.

Eine gewaltige Lagerhalle des Unternehmens „RheinMail Service" am Standort des ehemaligen städtischen Bauhofs prägt das Entrée Buchenaus.

Hauseigene Falz-, Kurvertier- und Verpackungsstraßen mit maschinellem Adressabgleich garantieren termingerechte Aussendungen auch zu absoluten Spitzenzeiten. Das Hochregallager mit Anbindung an die EDV-Systeme des Kunden erlaubt ständigen Zugriff auf Bestell- und Lagerdaten.

Dass „RheinMail Service" längst in der höchsten Spielklasse der internationalen Dienstleistungsliga mitmischt, beweist die Auszeichnung mit dem „Silver Award" (1997) und dem „Bronce Award" (1999) durch „American Express" bei der Wahl der „weltweit besten Dienstleister".

Neben einem bekannten Hamburger Verlagshaus zählen Großunternehmen unterschiedlichster Branchen zu den Kunden des rund fünfzig Mitarbeiter zählenden Buchenauer Unternehmens. Beispielhaft seien angeführt: American Express, Deutsche Bank, BMW, AIDA-Clubschiff, Herko Leuchten, Smart (Daimler Chrysler) oder das Traditionsunternehmen Wempe (Feinuhrmacher und Juwelier), für das die jährliche Katalog-Aussendung vom „Buchenauer Eisenberg" aus abgewickelt wird.

Hans Georg Hübner, späterer Verlagsleiter von „Rund um Boppard", in jungen Jahren (1961) als Setzer im „Rheindruck".

Druckerei „Rheindruck" anfangs der 1960er Jahre.

Ein Hauch von Las Vegas

Hotel „Am Stadion" belebte Club- und Wochenendtourismus

Die Begeisterung der Nachbarschaft im Ahornweg hielt sich in den auslaufenden 1960er Jahren spürbar in Grenzen, als die Pläne Hans-Harry Joswigs bekannt wurden, in seinem Doppelhaus künftig eine Betriebsstätte für den sich im Aufwind befindlichen Club- oder Wochenendtourismus zu errichten.

Bereits der Eingangsbereich des Buchenauer Hotelbetriebs „Am Stadion" ließ den Besucher erahnen, dass ihm hier etwas „Besonderes" geboten wurde.

Glaubte man anfangs noch, dass die bürokratischen Hürden für ein solches Projekt schier unüberwindbar sein müssten - man leb-

Zufriedene Gäste schilderten, dass ihnen in den Glanzjahren des Hotels „Am Stadion" in Buchenau ein „Hauch von Las Vegas" geboten wurde.

te schließlich in einem bauplanungsrechtlich als „Reines Wohngebiet" festgesetzten Gebiet - wurden alle Skeptiker recht bald eines Besseren belehrt. Baufahrzeuge und Kolonnen von Handwerkern rückten an und die Umbau- und Erweiterungsarbeiten am zuvor lediglich als „Schankwirtschaft für die Versorgung des Wohngebietes" konzessionierten Betrieb im Ahornweg 37/39 begannen.

Der zwischenzeitlich verstorbene Leiter des städtischen Ordnungsamtes, Karl Meiers, erinnerte sich:

Annähernd wöchentlich wurde ein gemeinsamer Ortstermin mit dem Kreisbauamt in Buchenau vereinbart. Und genauso regelmäßig präsentierte uns Hans-Harry Joswig neue oder umgebaute Räumlichkeiten, deren baurechtliche Genehmigungen er in den nächsten Tagen beantragen wolle. Einmal bestiegen wir über eine sog. Hühnerleiter ein komplett mit Fremdenzimmern ausgebautes Dachgeschoss, ein anderes Mal entdeckten wir den winzigen Zugang zu einer fertig gestellten Kellerbar mit Tanzfläche und beeindruckender Beschallungsanlage. Dann befand sich plötzlich unterhalb des Gebäudes ein großer Swimming-Pool, natürlich ausschließlich zu Privatzwecken.

Festgesetzte Zwangsgelder und Baueinstellungen zeigten keine anhaltende Wirkung. Einmal ließ die Kreisverwaltung einen ganzen LKW mit Baumaterialien im Wege des unmittelbaren Zwanges beschlagnahmen und abtransportieren. Als ich mich am späten Nachmittag dieses Tages nach Dienstschluss auf die Heimreise nach Halsenbach begab, begegnete mir ein neuer, komplett beladener Lastwagen, der an der Einmündung der K 118 in Richtung Buchenau abbog...

Während sich Joswig bei den zahlreichen Verhandlungsterminen beim Kreisrechtsausschuss in Simmern noch durch eine Koblenzer Anwaltskanzlei vertreten ließ, legte er in den 1970er Jahren bei den Terminen am Koblenzer Verwaltungsgericht nochmals zu. Während ich mit drei Kollegen der Kreisverwaltung und einem ganzen Aktenberg in deren Dienst-Käfer zusammengequetscht nach

Koblenz reiste, erschien ein ausgeruhter Hans Harry-Joswig an der Seite des Münchener Staranwaltes Ralf Bossi in Koblenz. Er hatte die Anreise per Hubschrauber (!) und Taxi bevorzugt und bot mir freundlich nach dem Gerichtstermin die bequeme Rückreise per Helikopter an, „da noch ein Platz frei sei".

In der strittigen Sache selbst wurde letztlich nach zahlreichen, sich auf Jahre hinaus dehnenden Gerichtsterminen ein Vergleich geschlossen, wonach der Betriebsinhaber neben der alleinigen Kostentragung dazu verpflichtet wurde, alle bis dato ungenehmigten baulichen Anlagen nachträglich genehmigen und gaststättenrechtlich konzessionieren zu lassen. Stadt und Kreis verpflichteten sich im Gegenzug, die Betriebsstätte während der aktiven Zeit von Eveline oder Hans-Harry Joswig zu dulden, wobei die Übergabe an einen Betriebsnachfolger jedoch ausdrücklich ausgeschlossen wurde. Mitarbeiter des städtischen Ordnungsamtes und des Simmerner Kreisbauamtes waren in dieser Zeit regelmäßige „Gäste" im Buchenauer Ahornweg 37/39.

Trotz allen Ärgers mit den Behördenvertretern war der zwar stets übernervös wirkende Firmenchef stets freundlich und zuvorkommend, ja sogar auf seine Weise „charmant". Niemals machte eine Beleidung oder ein böses Wort die Runde.

Mit einem Programm der internationalen Spitzenklasse lockte das lange Jahre erfolgreich betriebene Clubhotel „Am Stadion" zahlreiche Gäste nach Buchenau.

HOTEL
AM STADION
**Tanz Stimmung
Show**

Varieté, Zauberei, Kabarett, Live-Musik und Tanz - ein buntes Programmangebot lockte in den Monaten September, Oktober der 1970er und 1980er Jahre Tausende von Gästen, die allerdings nicht Ruhe und Besinnlichkeit suchten, nach Buchenau.

Wegen den nicht immer feinen Manieren der vorwiegend aus dem Großraum „Ruhrpott" anreisenden Clubgäste hatte das städtische Ordnungsamt in der Betreiberzeit manchen Einsatz zu bewerkstelligen.

Aber nach und nach fanden sich die Buchenauer mit den „wöchentlichen Gegebenheiten" ab und bei den angrenzenden Anwohnern entstand so eine Art Gleichgültig-

keit, teilweise sicherlich auch eine Resignation, so dass irgendwann - wenn überhaupt - nur noch vereinzelte Klagen oder Beschwerden laut wurden.

Da die Bettenkapazität im Hotel „Am Stadion" für die in den goldenen Jahren des Clubtourismus anreisenden Gäste bei weitem nicht ausreichte, belegte Hans-Harry Joswig über lange Jahre sowohl in Buchenau, wie auch in angrenzenden Ortsbezirken, noch manche private Pensionsbetten und sorgte dort für ein willkommenes „Zubrot".

Saisonal wechselnde Programmpunkte, die ohne Übertreibung regelmäßig das Prädikat der internationalen Spitzenklasse verdienten, sorgten dafür, dass der Amüsierbetrieb schon frühzeitig für die Clubsaisons der kommenden Jahre ausgebucht war.

Nachdem Ende der 1990er Jahre der Betrieb offiziell geschlossen wurde, standen die Räumlichkeiten einige Jahre leer, bis der Gesamtkomplex Ende 2003 von einem Bürger aus Nassau/Lahn in der Absicht ersteigert wurde, nach umfangreichem Umbauarbeiten dort Wohneinheiten einzurichten.

IM FOTOALBUM GEBLÄTTERT

Marienberger Schulklasse besucht Buchenauer Kindergarten, 1964.

Thonetshöhe, Bauernhof und Jagdpachtbezirk Buchenau
Familie Kress seit langen Jahren in Buchenau verwurzelt
- Kleine Chronik der aus Krefeld stammenden Familie -

Drei Generationen „Kress" über lange Jahrzehnte mit dem Bopparder Eisenbolz verbun-
den: Eberhard Friedrich Kress (1849 - 1922), Eberhard Fritz Karl Kress (1877 - 1942)
und Hans Kress (1914 - 1997).

Die „Ära Kress" begann am Mittelrhein im Jahre 1906, als der in Heilbronn geborene Färber Eberhard Friedrich Kress nach dem Tode seiner aus Boppard stammenden ersten Frau Hedwig Kramer, Jahrgang 1850, im Alter von 57 Jahren in deren Heimatstadt in die hiesige Mainzer Straße 10 verzog.

Der Inhaber und Gründer einer bekannten Seidenfärberei in Krefeld erwarb sich bereits kurze Zeit später ein verwildertes Grundstück in den rheinseitigen Hängen des Eisenbolzes, welches er nach und nach in mühevoller Handarbeit zur gärtnerischen Nutzung bearbeitete. Tag für Tag sahen ihn die Bopparder schweren Schrittes auf den Berg hinaufsteigen.

Im Jahre 1910 begann er mit den Arbeiten für das heute noch vorhandene, schieferbedeckte Häuschen, das lange Jahre als Geräte- und Vorratsschuppen diente.

Unterhalb des mit einer Bruchsteinmauer eingefassten Grundstücks, befand sich der einige Jahrzehnte zuvor von den Gebrüdern Franz und Michael Thonet angelegte Aussichtpunkt „Thonetshöhe", dessen 1879 errichtetes Tempelchen allerdings längst dem baulichen Verfall preisgegeben war. Auch

Das „Kress'sche Schieferhäuschen" auf der Tho-
netshöhe ausgangs der 1930er Jahre.

das 1880 freigelegte „Pfädchen", der Aufstieg am Ende der heutigen Parkstraße, war zugewachsen und - wenn überhaupt - nur unter großen Anstrengungen begehbar.

Aus der Ehe des in Boppard äußerst beliebten, geselligen Sohnes mit Rufnamen „Fritz" mit Liesel Leitholf entstammte mit dem im Jahre 1914 geborenen Hans Kress ei-

Ruhepause im „Schieferhäuschen" im Jahre 1911: Eberhard Friedrich Kress (2. v. r) genießt in trauter Runde den phantastischen Ausblick.

Eberhard Fritz Karl Kress, genannt Fritz, Sohn von Eberhard Friedrich Kress, war Mitpächter des Bopparder Jagdreviers I. Im Jahre 1938 gelang es ihm, seinen ersten und zeitlebens einzigen Rehbock zu schießen, den er voller Stolz auf den Restaurationstischen des Aussichtslokals „Thonetshöhe" den staunenden Gästen präsentierte.

ne Persönlichkeit, an die sich noch heute viele Bopparder gerne erinnern. Als sich dieser im Frühjahr des Jahres 1950 um die Jagdausübungsrechte des Niederwildreviers „Boppard I" bewarb, ahnte er wohl selbst noch nicht, dass sein Name fortan generationsübergreifend zu einem festen Bestandteil der heimischen Jagdszene werden sollte.

Im Jahre 1965 übernahm der engagierte Naturfreund die Patenschaften über die beiden Eisenbolzer Schutzhütten „Thonetshöhe" und „Eisenbolzer Köpfchen".

Bis zu seinem Tode im Jahre 1997 erfüllte Hans Kress annähernd ein halbes Jahrhundert zur vollsten Zufriedenheit der Bopparder Jagdgenossenschaft seine Verpflichtungen aus den regelmäßig verlängerten Jagdpachtverträgen. Diese lobenswerte Familientradition wurde zur Freude vieler Sachkundiger auch von der folgenden „Kress'schen" Generation fortgeführt.

Mit einer Gesamtgröße von rund 1.148 ha zählt das Revier „Buchenau", einstmals „Boppard I", sicherlich zu den größeren Jagdbezirken unserer Region, wobei hier neben verschiedenen Niederwaldarten einschließlich starkem Rehbestand vornehmlich Schwarzwild als Standwild sowie Rotwild als Wechselwild anzutreffen sind.

In diesem Zusammenhang ist es erwähnenswert, dass in Buchenau Wildschäden durch Schwarzwild bis um die Mitte der 1990er Jahre so gut wie nie gemeldet wurden. Allerdings werden seit dieser Zeit gar gelegentlich die Hausgärten am Buchenauer Waldrand von den „Schwarzkitteln" besucht. Auch ist vor einigen Jahren einmal ein Wildschwein bei einem nächtlichen Besuch des Buchenauer Freibadgeländes ertrunken. Ausreichender Beweis, dass es in allen Lebensbereichen Veränderungen gibt, denen es wirksam zu begegnen gilt.

Die Mitte der 1950er Jahre gefertigte Aufnahme zeigt die oberhalb der Thonetshöhe gelegenen „Kress'schen" Grundstücke. Im Hintergrund sind im Straßenzug „Unter den Birken" die ersten Häuser der Wohnsiedlung Buchenau erkennbar.

Trotz tatkräftiger Mithilfe von „Sohnemann" Christian Kress - heutiger Inhaber der Jagdpacht Buchenau - beschränkte sich ausgangs der 1950er Jahre der „Kress'sche Weinanbau" auf dem Eisenbolz nur auf ein kurzes Intermezzo.

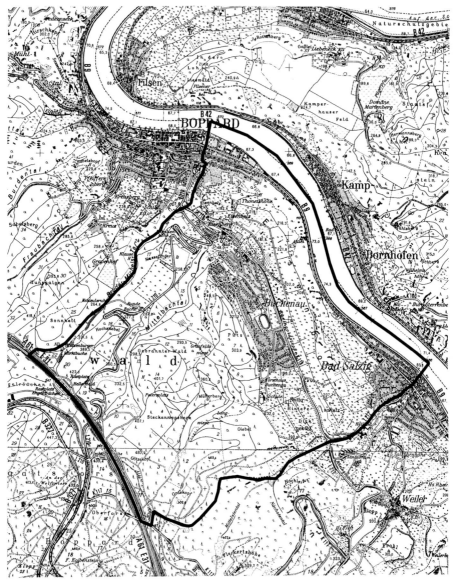

Die Gesamtfläche des Teiljagdbezirks Buchenau lässt sich wie folgt unterteilen: Waldfläche (ca. 503 ha), Feldfläche (ca. 418 ha), befriedete Fläche (ca. 170 ha) und Wasserfläche (ca. 57 ha). Vervielfältigt mit Erlaubnis des Landesamtes für Vermessung und Geobasisinformation Rheinland-Pfalz vom 19. 10. 2005, Az.: 26 722-1.401.

Tausendsassa verbrachte Lebensabend in Buchenau

Hans Joachim von Hippel (1893 - 1975)

Seinen 80. Geburtstag feierte Oberstleutnant a.D. Hans Joachim von Hippel in Buchenau in großer Runde bei blendender Gesundheit.

Familienchronik

Ein typischer Buchenauer war Hans Joachim von Hippel sicherlich nicht. Aber er hat sich hier pudelwohl gefühlt, in seiner Bopparder Wahlheimat - im Ahornweg Nr. 16, nahe dem Stadtwald. „Seine Siedlung", wohin es ihn mit seiner geliebten Dorle im Jahre 1959 verschlug. Da, wo er in Erinnerungen schwelgen konnte und nicht nur seine Nachbarn und Freunde, sondern sich auch die Kinder aus der Umgebung traubenförmig um ihn versammelten, aufmerksame und interessierte Zuhörer waren und allzeit gerne seiner nervenkitzelnden Erlebniserzählungen „aus abenteuerlicher Zeit" lauschten.

In Berlin-Friedenau wurde die stets gutgelaunte Frohnatur ausgangs des 19. Jahrhunderts als Sohn einer „geschichtsträchtigen" Familie am 12. September 1893 geboren.

Die Geschichte derer von Hippel lässt sich lückenlos bis ins 14. Jahrhundert zurück verfolgen. Einer seiner Ahnen, der Königlich Preußische Staatsrat Theodor Gottlieb von Hippel ist der Verfasser des denkwürdigen Aufrufes „An mein Volk", mit dem sich König Friedrich Wilhelm III. im Jahre 1813 auf Veranlassung der Patriotenpartei mit Blick auf die „Notwendigkeit" des Feldzuges gegen Napoleon direkt an sein Volk wandte. Das Staatsoberhaupt sprach hierin erstmals in dieser Deutlichkeit nicht nur von „seinem treuen Volk", sondern auch von „Deutschen".

Theodor Gottlieb von Hippel (1775 - 1843): Der von ihm verfasste berühmte und denkwürdige Aufruf seiner königlichen Majestät „An mein Volk!" fand ebenso wie sein Konterfei einen Ehrenplatz im Wohnzimmer seines in Buchenau lebenden Ur-Urenkels. Sein Textentwurf wurde von Staatskanzler Karl-August Fürst von Hardenberg eigenhändig korrigiert. König Friedrich Wilhelm III. setzte lediglich noch seine Unterschrift darunter.

Lebenserinnerungen

Ungezählte, gerahmte und in mustergültiger Ordnung aufgehangene Bilder, Fotos und Reproduktionen - natürlich alle mit einer eigenen Episode - in annähernd allen Keller- und Wohnräumen des Hippel'schen Wohnhauses verliehen dem Anwesen einen musealen Charakter und repräsentierten ein Stück deutscher Geschichte.

Zahlreiche Fotos mit persönlichen Widmungen und Originalunterschriften bedeutender Heerführer, europäischer Fürstlichkeiten und Pour-le-Mérite-Fliegern schmückten lange Jahre die Buchenauer Wohnung der Eheleute Hans Joachim und Dorle von Hippel. Zudem beeindruckten Hunderte von Autogrammen, Notizblättern mit Anmerkungen und Erinnerungen von Persönlichkeiten der Zeitgeschichte ebenso wie gerahmte Presseartikel die Besucher. Die Wohnzimmerlampe war in den hölzernen Propeller „seines geliebten Fliegerchens" eingebaut, das ihm nach dem 1. Weltkrieg gehörte und mit dem er gewagte Kunststücke vorführte.

Ein Fliegerleben

Zunächst Artillerist kam der junge von Hippel im Kriegsjahr 1917 zu den Jagdfliegern und gehörte als solcher mit der Staffel 5 dem heute legendären „Jagdgeschwader Richthofen" an.

Nach dem 1. Weltkrieg verdiente sich von Hippel ein Zubrot mit tollkühnen Flugshows auf zwischenzeitlich wieder zugelassenen Flugveranstaltungen, bei denen er gemeinsam mit seinem einstigen Kameraden aus alten Kampffliegerzeiten, Ernst Udet - im Übrigen mit 61 Abschüssen der erfolgreichste Jagdflieger des 1. Weltkrieges, der den Krieg überlebte - die Massen begeisterte und beeindruckende Kunstflüge vorführte.

Der Besuch seiner zielsicheren Flüge unter allen Kölner Rheinbrücken hindurch, gekoppelt mit anderen fliegerischen Kunststück-

chen, die sich in der Rheinmetropole durch Mund-zu-Mund-Propaganda herumgesprochen hatten, gehörte Mitte der 1920er Jahre zum sonntäglichen Pflichtprogramm der Rheinspaziergänger.

Interessenten hatten gar die Möglichkeit - angemessene Honorierung des Nervenkitzels vorausgesetzt - von Hippel als „Fluggast", offiziell als Co-Pilot, auf der zweisitzigen Propellermaschine bei diesen waghalsigen Unternehmungen, die heute wohl sofort zum Entzug der Fluglizenz führen würden, zu begleiten.

Die behördlichen Instanzen duldeten übrigens dieses kostenlose Massenspektakel, war man doch froh, „in schlimmen Zeiten dem gebeutelten Volk etwas Abwechslung bieten zu können".

Als sich jedoch in diesen Tagen die Gerüchte mehrten, wonach Hans Joachim von Hippel beabsichtigte, demnächst in Schräglage die Türme des Kölner Doms zu durchfliegen, schlug dies Wellen bis in die sog. „höchsten Kreise". Erst nachdem der seinerzeitige Oberbürgermeister Dr. Konrad Adenauer sich beschwerdeführend bei dem „Kunstflieger aus Leidenschaft" mit dem unmissverständlichen Anliegen meldete, dieses Vorhaben unverzüglich aufzugeben, nahm der Kunstflieger gezwungenermaßen von seinen bereits gediehenen Plänen Abstand.

Noch im fortgeschrittenen Alter verteilte Hans Joachim von Hippel schmunzelnd und nicht ohne Stolz mit persönlichem Autogramm versehene Postkarten, die ihn in seiner Maschine beim Unterfliegen der Kölner Hohenzollernbrücke an Pfingsten 1926 nebst Konterfei zeigen.

Als Flugleiter fand er sodann eine Festeinstellung bei der Deutschen Lufthansa, um nach rund zehnjähriger Tätigkeit wieder zur Deutschen Luftwaffe zu wechseln. Hier schied der Oberstleutnant nach Kriegsende 1945, geehrt mit Orden und Ehrenzeichen beider Weltkriege, aus dem aktiven Militärdienst aus.

1959 siedelte der zweifache Familienvater in das noch junge Buchenau über, wo der agi-

Ernst Udet (1896 - 1941): Gemeinsam mit dem späteren Generalluftzeugmeister, den er aus gemeinsamen Kriegstagen kannte, tourte Hans Joachim von Hippel Mitte der 1920er Jahre auf Flugshows, wo beide mit gewagter Luftakrobatik die Volksmassen begeisterten und als Besuchermagnete galten.

80 feindliche Abschüsse prägten im 1. Weltkrieg den legendären Ruf des Rittmeisters Manfred Freiherr von Richthofen als „Roter Baron". Im Jagdgeschwader, das seinen Ehrennamen trug, diente auch der Wahl-Buchenauer Hans Joachim von Hippel.

le, zwischenzeitlich im siebten Lebensjahrzehnt stehende Neubürger durch eine ungewohnt körperliche Fitness sich der Aufmerksamkeit seiner Nachbarn sicher sein konnte. Tagtäglich sahen diese den rüstigen Senioren bei „Wind und Wetter" mit - seinerzeit ungewohnten - gymnastischen Bewegungsübungen „im Vorgarten hantieren und fuhrwerken".

„Ehrenkodex"

Gewiss ließ sich Hans Joachim von Hippel nicht in die Schublade derjenigen „ewigen Kämpfer" einordnen, die bei ihren Erzählungen auch Jahrzehnte nach den beiden Welt-

kriegen noch im Geiste „an der Front marschierten". Nein, eher das krasse Gegenteil ist der Fall. Von Hippel schwelgte gerne in der Vergangenheit, aber die Schilderung von einschlägigen Fronterlebnissen oder die Schilderung des Verlaufs zwischenzeitlich historischer Luftschlachten, an denen er zwangsläufig maßgeblich beteiligt war - diese Themen waren in aller Regel „tabu".

Auch ein langjähriger Nachbar aus dem Ahornweg erinnerte sich noch recht genau daran, dass von Hippel in wiederholter geselliger Runde auf konkrete Fragen beispielsweise zu seinen Flugeinsätzen oder Feindesabschüssen immer „recht merkwürdig und nachdenklich" geworden sei. Er erzählte:

Wir hatten als Nachbarn regelmäßigen Kontakt zu den von Hippels. Der Begriff „Freunde" wäre wohl übertrieben, obwohl wir viele schöne, gemeinsame Stunden verbrachten.

Zwei-, dreimal ist es nach meiner Erinnerung vorgekommen, dass Hans Joachim ein ledernes Büchlein mit handgeschriebenen Aufzeichnungen, eine Art Tagebuch, hervor-

Mit dieser persönlichen Autogrammkarte „der besonderen Art" schwelgte der passionierte Kunstflieger Hans Joachim von Hippel ein langes Leben in persönlichen Erinnerungen.

kramte, einige Augenblicke still darin herumblätterte, um uns dann mitzuteilen, dass der Krieg vorbei sei und wir es dabei belassen sollten. „Et es bie et es on et kütt' bie et kütt", so sein magerer Kommentar im Kölner Dialekt. Das Tagebuch gab er nie aus der Hand.

Zumindest in einem Fall erinnere ich mich dann aber doch an etwas konkretere Äußerungen. Sie bezogen sich auf seine Fliegereinsätze im 1. Weltkrieg. Damals habe noch so was wie ein Ehrenkodex zwischen den Piloten aller Nationen bestanden.

Von Hippel erzählte: „Erspähten wir einen feindlichen Flieger oder wurden von diesem gesichtet, so flogen wir zunächst ohne jeglichen Gebrauch der Bordwaffen in entgegenkommender Weise nur wenige Meter aneinander vorbei, gewissermaßen von Antlitz zu Antlitz, grüßten uns durch ein kurzes Kopfnicken, flogen jeder gut 250 Meter weiter, wendeten unsere Maschinen und erst dann war der zumeist tödliche Luftkampf eröffnet.

Viele meiner Kameraden tranken sich vor ihren Lufteinsätzen einen an, damit sie in den entscheidenden Sekunden den Mut hatten, sich dem feindlichen Flieger möglichst dicht zu nähern, da die Bordkanonen im 1. Weltkrieg bei weitem nicht eine solche Treffsicherheit aufwiesen, wie dies später der Fall war. Wer die Nerven verlor und zu früh feuerte, war zumeist verloren.

Niemals hätte einer meiner Geschwaderkameraden einem verwundeten oder nach erhaltenem Treffer mit dem Rettungsfallschirm abgesprungenen Gegner nachgestellt, um den Wehrlosen weiter zu attackieren. Im 2. Weltkrieg war vieles anders..." beendete der Kampfflieger dann abrupt seine Kriegserzählungen.

Viel lieber und wesentlich ausführlicher ließ Hans-Joachim von Hippel seine Zuhörer an den zum Teil abenteuerlichen Erlebnissen als Kunstflieger zwischen den beiden Weltkriegen teilhaben. Dies seien auch die schönsten Jahre seines Lebens gewesen.

Der „Bopparder Doppelsprung"

Als das Bopparder Freibad im Sommer 1964 seine Pforten öffnete, erweckte dies in von Hippel erneut seine in „Zwangspause" befindliche Flugleidenschaft. Flüge mit dem Flugzeug schieden altersbedingt aus, aber „Flüge" vom neuen Fünf-Meter-Turm waren für den „alten Haudegen" eine neue Herausforderung, bei der er noch manch Jüngerem etwas vormachte. Wie er einstmals über seine fliegerischen Kriegseinsätze und später über seine gewagten Kunstflüge akribische Aufzeichnungen führte, so dokumentierte von Hippel auch seine von ihm eingeführten und weit beachteten „Bopparder Doppelsprünge".

Mit einem einfachen Sprung vom Fünf-Meter-Turm war es für den stets die Herausforderung suchenden Abenteurer nicht getan: Auch nachdem er das 75. Lebensjahr bereits überschritten hatte, sah man den rüstigen Freibadbesucher noch vom „Fünfer" seitlich auf das Drei-Meter-Brett springen, um sodann nach kräftigem Aufwippen mit einem eleganten Kopfsprung in Wasserbecken einzutauchen. Für den frühen Nebelmorgen des 15. August 1970 registrierte sein wohlgehütetes Tagebuch mit dem „150. Bopparder Doppelsprung" ein besonderes Jubiläum.

Ein Hinweis an mögliche „Nachahmer": Seit vielen Jahren sind aus Sicherheitsgründen aufgrund der bestehenden Verletzungsgefahr die seitlichen Randgeländer auf den Sprungtürmen verlängert, so dass die „Hip-

Obwohl er bereits das 75. Lebensjahr längst überschritten hatte, pflegte Hans Joachim von Hippel zur Freude der Badbesucher nach wie vor als Abschluss seines regelmäßigen Freibadbesuchs den von ihm entwickelten „Bopparder Doppelsprung".

pel'sche Sprungvariante in der klassischen Form" seither nicht mehr möglich ist.

Noch heute erinnern sich viele Buchenauer gerne und liebevoll ihres einstigen Mitbürgers, der am 8. Juni 1975 nach einem erfüllten Leben verstarb und auf dem Buchenauer Friedhof seine letzte Ruhe fand.

Gerd Birnstock,
das Geher-As aus der Hans-Jöres-Straße

Vorzeigesportler liebt auch die Geselligkeit
Initiator der legendären „Ha-Jö's"

Sportlicher Aufstieg

Eigentlich wollte er „nur" ein überdurchschnittlicher Volksläufer werden. Aber wie so oft im Leben, kam es auch bei Gerd Birnstock, Jahrgang 1940, anders. Gemeinsam mit einigen Gleichgesinnten fand er im Jahre 1969 Spaß an einer Randsportart und dank Talent und unermüdlichem Trainingsfleiß zeigte die Leistungskurve im „sportlichen Gehen" konstant nach oben.

Als 1970 in Berlin die Deutschen Gehermeisterschaften ausgerichtet wurden, waren dann erstmals mit Gerd Birnstock, Klaus Schmidt und Leo Fischer gleich drei Aktive der TG Boppard für die elitäre Veranstaltung qualifiziert. Längst war das ehrgeizige Trio auf rheinländischer Verbandsebene zu einer festen Größe zusammen gewachsen und Erfolgstitel ließen nicht lange auf sich warten. Im gesamten westdeutschen Raum galten die „Mannen aus Boppard" plötzlich als gefürchtete Konkurrenten.

Einige Jahre wurden dann fleißig Lorbeeren für die Leichtathletikabteilung der heimischen Turngesellschaft gesammelt, bis sich zeigte, dass eine weitere Leistungssteigerung und damit der Aufstieg in die deutsche Spitzenklasse nur über effektivere Trainings-

Wer kennt ihn nicht? Seit langen Jahren können alle Buchenauer Gerd Birnstock beim unermüdlichen Training „rund um Boppard" beobachten. Obiges Foto entstand bei den 81. Deutschen Leichtathletik-Meisterschaften vom 17. - 19. Juli 1981 in Gelsenkirchen. Wie immer, wurde er auch hier bestens von Ehefrau Resi betreut.

Auch die Stadt hatte nach dem Gewinn des Europameistertitels zu einem offiziellen Empfang in den Söller der Alten Burg geladen. Bürgermeister Wolfgang Gipp gratulierte namens der Bürgerschaft; Ehefrau Resi und Wendel Schäfer, Vorsitzender der TG Boppard, sind stolz auf „ihren Gerd".

möglichkeiten erreichbar ist. So war es nur konsequent, dass dem Ruf der im Jahre 1975 neu gegründeten Geher-Abteilung der Eintracht aus Bad Kreuznach neben der gesamten rheinländischen Spitze auch Gerd Birnstock und Klaus Schmidt folgten. Mit Leo Fischer, dem „Dritten im Bunde", übrigens auch Buchenauer, blieb allerdings ein Aushängeschild der örtlichen Turngesellschaft dem Verein erhalten.

Zurück zu den sportlichen Wurzeln

Obwohl die hochkarätige Geher-Abteilung der Eintracht Bad Kreuznach bereits nach nur knapp sieben, äußerst erfolgreichen Jahren 1982 aus finanziellen Aspekten wieder aufgelöst wurde, war dies Birnstocks sportlich erfolgreichste Zeit, in denen sich zahlreiche Meistertitel aneinander reihten.

Und als der Buchenauer Anfang des Jahres 1983 zurück zu seinen heimatlichen „TG-Wurzeln" kehrte, brachte er quasi im Handgepäck gleich einige befreundete deutsche Spitzengeher mit an den Rhein, so dass sich in den folgenden Jahren ein wahrer Medaillenregen auf die Rheinstadt ergoss.

Einen ganz besonderen Glanzpunkt seiner äußerst erfolgreichen Karriere feierte der Vorzeige-Sportmann im Jahre 1990 in Budapest, als es ihm gelang, in der Seniorenklasse „M 45" den Europameistertitel zu erkämpfen.

Im Sommer 1993 übertrumpfte Gerd Birnstock seinen EM-Titel mit dem Gewinn der Vize-Weltmeisterschaft im japanischen Miyazaki.

Die „Ha-Jö's" - eine Nachbarschaft der ganz besonderen Art

Und das zur körperlichen Ertüchtigung der Familie Birnstock auch das Feiern gehört, war im Übrigen den „Ha-Jö's", das war die Nachbarschaft im näheren, aber auch weite-

Auch wenn die nachbarschaftlichen Aktivitäten zum Bedauern Gerd Birnstocks in jüngerer Zeit ein wenig zurückgefahren wurden, so waren es „seinerzeit doch tolle Feste, die regelmäßig mit einem Tänzchen endeten", erinnert sich der Initiator der „legendären Ha-Jö's". Auf dem Foto aus dem Jahre 1973 am Hause Reichow die „begnadeten Tänzer" Erich Best, Resi Birnstock, Monika Best, Willi Vogt, Reinhild Vogt, Gerd Birnstock (v.l.n.r.).

Als sich Anfang der 1970er Jahre im „Pütz" die Nachbarschaftsfestivitäten häuften, wurde der Straßenzug im näheren Umfeld nur noch die „HaJö's" genannt. Auf dem „Aktivenfoto" aus dem Jahre 1973 v.l.n.r.: Jutta Machwirth, Gerd Birnstock und Helga Hesse.

ren Umfeld der Buchenauer Hans-Jöres-Straße, längst bestens bekannt.

Ähnlich wie in anderen Baugebieten Buchenaus, beispielhaft seien die „Leiswiese" oder der „Stadtwald" genannt, verstanden es auch die Bewohner des „Pütz", zahlreiche im Jahresverlauf anfallenden Festivitäten - „so wie sie halt fallen" - in freundschaftlicher Nachbarschaft gemeinsam zu feiern. Sei es an runden Geburtstagen, gemeinsamen Kegelabenden, Waldwanderungen, an Silvester, Karneval oder an sommerlichen Grillabenden - freundschaftliche Gemeinsamkeit wurde seit jeher im Umfeld der Birnstocks großgeschrieben

„Wie fit ist Deutschland?"

Samstag, 16. August 2003, ZDF, 20.15 Uhr, beste Sendezeit: Johannes B. Kerner mo-deriert aus München diese neue, sportliche Fernsehshow und über Satellit ist aus Buchenau die Familie Birnstock/Forneck - „Deutschlands sportlichste Familie" - live zugeschaltet.

Inhaltlich ging es eigentlich nur um einen sportlichen Leistungsvergleich, wobei im Münchner ZDF-Studio prominente Schauspieler, Moderatoren, Sänger und Entertainer ihre sportliche Fitness einem Millionenpublikum präsentierten. „Und dann ging es uns darum, einmal zu testen, ob auch der berühmte Otto Normalverbraucher bei nicht immer einfachen sportlichen Aktivitäten mit unseren Studiogästen mithalten kann", erörterte mit Johannes B. Kerner einer von Deutschlands führenden Moderatoren kurz und prägnant das inhaltliche Konzept der Fernsehshow, nicht ohne hinzuzufügen: „Was dann

Das Wohnzimmer der Birnstocks glich mit Kameras, Monitoren und Beleuchtungselementen einem Fernsehstudio. Neben der „Großfamilie Birnstock/Forneck" fanden sich auch das Kamerateam sowie „Vor-Ort-Moderator" Marco Schreyl (vordere Reihe, dritter von links) zum Gruppenfoto ein.

Eine gewaltige Technik sorgte im sonst als „Wohn- und Schlafstadt" beschriebenen Buchenau für großes Interesse, waren doch zur besten Sendezeit „die Birnstocks" live aus der Hans-Jöres-Straße dem Sendezentrum München zugeschaltet.

die Kombi-Familie Birnstock/Forneck aus dem Bopparder Ortsteil Buchenau auf die Beine brachte, versetzte uns alle ins Staunen".

Und bereits am Vormittag des Sendetages war im „Pütz" ganz schön was los, galt es doch, die gewaltigen technischen Voraussetzungen zur anstehenden Live-Schaltung zu schaffen. Übertragungswagen, Kameras, Kabeltrommeln, Scheinwerfer und, und, und…
„Die Hans-Jöres-Straße hat heute einen Hauch von Hollywood", scherzte ein Anwohner.

Natürlich bewies die aus Resi und Gerd Birnstock, Tochter Gitta und Ehemann Lothar Forneck sowie den Enkelkindern Friederike, Felix und Moritz bestehende „Fit-Familie-Deutschlands", dass sie mit ihren sportlichen Aktivitäten auch mit der Fernsehprominenz mithalten kann.

In einem Gratulationsschreiben zur erfolgreichen Teilnahme an der Kerner-Show von Bürgermeister Dr. Walter Bersch heißt es: *„Eure ungewöhnlichen Aktivitäten haben in dem konkreten Fall dazu geführt, dass ein Millionenpublikum über die Grenzen der Bundesrepublik Deutschland hinaus auf Boppard, die Perle am Rhein, hingewiesen wurde. Dies Publicity ist für die Fremdenverkehrsstadt Boppard von unschätzbarem Wert. Hierfür möchte ich euch allen sehr, sehr herzlich danken."*

IM FOTOALBUM GEBLÄTTERT

Ferienfreizeit an der Pützwiese, 1988.

Bekannte und weniger bekannte Buchenauer Mitbürger

Versuch einer kleinen Biographie örtlicher Persönlichkeiten
„Who is who" in Buchenau

Auch wenn letztlich sicherlich nur eine unvollständige Auflistung von Mitbürgerinnen oder Mitbürgern, die sich über die örtlichen Grenzen Buchenaus hinaus einen nicht unbedeutenden Bekanntheitsgrad erworben haben, erfolgen kann, lohnt es sich allemal, einige dieser „Persönlichkeiten" einmal etwas genauer „ins Visier" zu nehmen.

In biographischen Kurzvorstellungen sollen daher wertungsfrei und losgelöst von irgendwelchen Vorgaben einige bekanntere, aber auch einige weniger bekannte Namen in Erinnerung gerufen werden, egal ob sie durch ihre berufliche Tätigkeit, sportliche Erfolge, Hobbies, Ehrenämter oder auf sonstige Art und Weise mithalfen, den Namen Buchenaus in den vergangenen Jahrzehnten einer breiteren Öffentlichkeit bekannt zu machen.

Alexander Benner

Da die Ausübung des Freizeitsports Tennis ohnehin im Hause „Benner" ganz groß geschrieben wird, war es nur eine Frage der Zeit, bis auch Sohnemann Alexander, Jahrgang 1992, im Jahre 1998 im örtlichen Tennisclub Rot-Weiß den Schläger in die Hand nahm und den filzigen Ball fleißig übers Netz „drosch".

Recht bald erkannten seine Trainer, dass hier ein überdurchschnittliches Talent den Weg zu den Plätzen an den Rheinanlagen gefunden hatte, und Alexander erfuhr frühzeitig eine besondere Förderung. So war es zunächst erforderlich, dass er in einem Verein mit gezielter Nachwuchsarbeit trainierte, wofür der TC Sportpark Simmern das ideale Umfeld bot.

Recht schnell zeigten sich die ersten sportlichen Erfolge und Buchenau hatte in den Spielzeiten 2001 und 2002 in der Altersklasse „U 10" einen Kreis- und Vize-Rheinlandmeister in seinen Reihen. Vordere Platzierungen auf überregionalen Wettkampfturnieren ließen auch die heimischen Förderinstanzen aufhorchen und Alexander zählte bald zum Stamm des in Koblenz angesiedelten Bezirkskaders. Fortan durften die engagierten Eltern also an vier bis fünf Wochentagen ihren Sohn zum Koblenzer Training befördern und am Wochenende oder an Feiertagen standen dann die Wettkämpfe an...

In der Saison 2004 gehörte Alexander Benner zum Rheinlandmeisterteam „U 12" des TC Sportpark Simmern. Am Gewinn des Bezirksentscheides „Jugend trainiert" mit dem Bopparder Kant-Gymnasium war das Jungtalent maßgeblich beteiligt.

Neben dem Tennissport gilt seine Liebe natürlich dem Fußball und auch hier agiert der sportliche Buchenauer seit dem Jahre 2003 äußerst erfolgreich als Kaderspieler im DFB-Stützpunkt Kastellaun.

Alexandra Best

Da staunten die heimischen Frauenfußballteams nicht schlecht, als im Jahre 1980 in der neuformierten Damenmannschaft des FC Buchenau mit der gerade einmal zwölfjährigen Alexandra Best ein heranwachsender Teenager die gegnerischen Abwehrreihen kräftig durcheinander wirbelte. Trainerin Annelie Neuser hatte das Experiment gewagt und für das Buchenauer Jungtalent aus der Hans-Jöres-Straße beim rheinländischen Fußballverband eine „Seniorinnenerklärung" erwirkt und fortan gehörte der dunkle

Lockenschopf zur Stammbesetzung des Erwachsenenteams.

So war es natürlich keine Frage, dass dieses wagemutige Unterfangen schon recht bald auch auf „höherer Ebene" seine Runde machte und der kleine Wirbelwind kurze Zeit später nicht nur im Heimatverein, sondern auch mit der Kreisauswahl trainieren und ins Spielgeschehen eingreifen durfte.

In den Auswahlspielen der Nachwuchsteams auf Kreis- und Verbandsebene gehörte Alexandra Best recht bald zu den Leistungsträgerinnen und Mitte der 1980er Jahre erhielt die Vollblutfußballerin gar eine Einladung zur Bundeskadersichtung in die Sportschule Malente. Berufliche Dispositionen ließen eine Teilnahme jedoch nicht zu und so können die heimatlichen Fußballfreunde heute nur noch rätseln, ob damals nicht eine künftige Bundesligaspielerin „auf der Strecke" blieb.

Wie dem auch sei, die selbständige Werbedesignerin blieb dem runden Leder bis zur Auflösung der zwischenzeitlich mit dem SV Vesalia Oberwesel ins Leben gerufenen

Spielgemeinschaft im Jahre 1997 treu und hat sich zwischenzeitlich als Amateurschauspielerin im Bopparder Burgtheater, wo sie seit 1994 aktiv ist, eine neue Fangemeinde geschaffen.

Heini Boos

Annähernd sieben Jahrzehnte befand sich bereits der führende Bopparder Droschkenbetrieb in der Verantwortung der Familie Boos, bevor Heinrich Boos, allgemein nur „Heini" genannt, im Jahre 1950 in der Bopparder Heerstraße 156 den elterlichen Betrieb übernahm und dem Unternehmen den zukunftsweisenden Namen „Auto-Boos" gab.

Firmengründer war übrigens Heinis Großvater Peter, der im Jahre 1882 mit mehreren Pferdedroschken seine Dienstleistungen anbot. Dieser Betrieb wurde dann später von dessen Sohn Johann weitergeführt. Obwohl im Jahre 1938 mit einem sechssitzigen Mercedes die erste motorbetriebene Kraftdroschke angeschafft wurde, leisteten parallel die Pferdegespanne noch bis ins Jahr 1954 wertvolle Dienste. Egal, ob auf Hochzeiten, Kindtaufen oder anderen Feierlichkeiten - eine festlich geschmückte Kutsche aus dem Hause Boos gehörte dazu.

Nach Anschaffung eines ersten Linienbusses im Jahre 1952 investierte Heini Boos im Jahre 1955 wagemutig in den ersten Reisebus. Ein weitsichtiges Unterfangen, das sich auszahlen sollte. Schon einige Jahre später unterhielt das im stetigen Wachstum befindliche Familienunternehmen neben einigen PKW-Taxen mehrere Linien- und Reisebusse. Fahrten im In- und Ausland waren angesagt.

Heini Boos baute den örtlichen Linienbusbetrieb konstant aus und auch der Schulbusbetrieb wurde ihm übertragen. Im Jahre 1967 verlegte er den Firmensitz ins aufstrebende Buchenau, wo das Unternehmen zunächst im Lindenhof 8 und später in der Buchenauer Straße 46 ansässig war.

Tatkräftig unterstützt wurde der Firmeninhaber der dritten Generation in langen Jahren von Ehefrau Cilly und Sohn Harald. Die Zeichen der Zeit erkennend, veräußerten die Eheleute Boos nach rund 50-jähriger Firmeninhaberschaft vor Eintritt in den wohlverdienten Ruhestand, der dem Paar jedoch nur kurze Zeit vergönnt war, ihr Familienunternehmen.

Suzanne Breitbach

Als berufliche „Quereinsteigerin" kam Suzanne Breitbach, Jahrgang 1967, über eine kaufmännische Berufsausbildung zum Journalismus. Nach Auflösung der Bopparder Rhein-Zeitung-Lokalredaktion, in der sie zuvor als Angestellte kräftig „Erfahrung sammeln" konnte, arbeitet die begeisterte Fotografin seit Sommer des Jahres 2003 als freie Mitarbeiterin für diese Heimatzeitung.

Der unverkennbare Arbeitsschwerpunkt der „Schafferin" vom Eisenberg liegt sicherlich in der redaktionellen und fototechnischen Betreuung ihrer Heimatstadt einschließlich aller Ortsbezirke. Aber auch bei überregionalen Beiträgen muss „Karla Kolumna", wie sie in Anlehnung an eine engagierte Berufskollegin - im außerberuflichen Alltag befreundet mit Kinderliebling Benja-

min Blümchen - liebevoll von vielen Boppardern genannt wird, „ihren Mann stehen". Parallelen der beiden Journalistinnen, die oftmals mit Motorroller, Fototasche und -kamera anzutreffen sind, sind natürlich rein zufällig...

Egal, ob kulturelles oder sportliches Highlight, Heimatfest, Verkehrsunfall oder Naturkatastrophe - kaum eine „heimatliche Besonderheit" vergeht, die von Suzanne Breitbach nicht für die interessierten Zeitungsleserinnen und -leser und damit auch für die Nachwelt in Wort und Bild „verewigt" wird.

Prof. Helga Büsch

Irgendwie ist die Beschreibung des Lebensweges der Buchenauer Mitbürgerin aus dem Vogelsang, Prof. Helga Büsch, Jahrgang 1931, die im Jahre 1980 aufgrund ungezählter Fachpublikationen und -referate zum Thema „Sport" ihren Professorentitel erhielt, dann doch mit einigen Überraschungen verbunden.

ab sofort auch jungen Müttern unter erheblich vereinfachten Voraussetzungen ein Studium ermöglicht wurde.

Und jetzt folgt die erste Überraschung: Während Helga Büsch in Koblenz die von ihrem unorthodoxen Vortragsstil begeisterten Studenten im theoretischen wie auch im praktischen Sportunterricht massenhaft begeisterte, drückte sie in den Jahren 1971 - 89 an der Kölner Sporthochschule zeitgleich mit erheblich jüngeren Studenten die Zuhörerbank, um sich in achtzehn langen Jahren - das sind sechsunddreißig (!) Semester - ein umfassendes Wissen in allen offenen Fragen der Philosophie anzueignen. „Bereits mein Vater belehrte mich wiederholt dahingehend, dass Geisteswissenschaften an oberster Stelle stehen", begründete die vierfache Mutter ihr ungewöhnliches Studienengagement.

Das von Helga Büsch federführend entwickelte Projekt „CUBE", welches den „Einsatz und die Entwicklung von Software zur Analyse sportlicher Bewegungen" beinhaltete, stellte die Buchenauerin im Auftrag des Landes Rheinland-Pfalz im Jahre 1994 bei der CEBIT in Hannover vor. An der weiteren Programmentwicklung, spezialisiert für Krankenhäuser, Sportkliniken und Rehabilitationszentren war die Ehefrau eines Sonderschullehrers, der es gelungen ist, ihr sportliches Hobby im Beruf erfolgreich umzusetzen, maßgeblich beteiligt.

Überraschung Nr. zwei: Der Wissensdrang hat die zwischenzeitliche Professorin erneut gepackt und seit dem Wintersemester 2003/04 studiert sie in Koblenz - natürlich neben ihrer Dozententätigkeit - das Lehrfach Physik.

Der besondere Dank der Frau, die für den Sport lebt und vor Jahren zumindest nach Auffassung vieler Zeitgenossen in Buchenau die Grundsätze der antiautoritären Kindeserziehung einführte, gilt ihrem Ehemann, ohne dessen Unterstützung „die Umsetzung all ihrer Lebensträume" wohl nicht möglich gewesen wäre.

Und zuletzt die angekündigte Überraschung Nr. drei: Obwohl Prof. Helga Büsch das siebte Lebensjahrzehnt längst überschrit-

Ihre Verbundenheit zur Technik verdankt die in Halle an der Saale geborene Universitätsdozentin sicherlich ihrem Vater, der sie als leitender Ingenieur des Technischen Überwachungsvereins schon frühzeitig mit den vielfältigen technischen Geheimnissen vertraut machte. In außen- und innenpolitisch schwerer Zeit damals gerade für Mädchen beileibe keine Selbstverständlichkeit.

Im Jahre 1949 folgte die hochsportliche Schülerin nach erfolgreicher Reifeprüfung ihren bereits vorher nach Köln geflohenen Eltern, um an der dortigen Sporthochschule und der Universität die Fächerkombination Sport und Biologie zu belegen. Das Studium wurde erfolgreich gemeistert und über die beruflichen Stationen Soest und Neuwied landete Helga Büsch im Wintersemester 1969/70 an der in Koblenz ansässigen Erziehungswissenschaftlichen Hochschule (EWH), Vorgängerin der im Jahre 1990 ins Leben gerufenen Universität, wo sie als Dozentin im Lehrfach Sport eine Festanstellung fand. Als erste offizielle „Frauenbeauftragte" der EWH und später der Universität Koblenz war sie maßgeblich an der Einrichtung von Kindergarten und -krippe beteiligt, so dass

ten hat, unterrichtet sie „ihre" unvermindert begeisterten Sportstudenten nicht nur in der Theorie, sondern präsentiert den staunenden Zuschauern auch heute noch „bei besonderen Anlässen" die von ihr meisterlich beherrschten Sprünge vom Dreimeterturm, die da wären: Kopfsprung vorwärts, Salto rückwärts und Delphin-Kopfsprung.

Josef Dissemond

Als der eifrige katholische Seelsorger Josef Dissemond im Jahre 1966 von Boppard zum Pfarrer der katholischen Kirche St. Nikolaus Bad Kreuznach abberufen wurde, nahmen viele Buchenauer diese Nachricht nur mit einem großen Bedauern auf.

Seit November 1961 war der in Bolsdorf, Kreis Daun, geborene Geistliche, Jahrgang 1932, Rektor am Ursulinenkloster Marienberg und zugleich als sog. „Außenkaplan" der erste Seelsorger der jungen „Trabantenstadt Boppard-Buchenau".

Wiederholt war zuvor Dr. Alexander Stollenwerk gemeinsam mit den Pfarrvertretern von St. Severus in Trier beim dortigen Bischöflichen Generalvikariat vorstellig geworden, wo er gebetsmühlenartig sein Anlie-

gen vorbrachte und für die baldige Bestellung eines eigenen Seelsorgers für den jungen Ortsteil Buchenau plädierte. In der Tat wurden seine Vorsprachen mit der „Entsendung" Josef Dissemonds hinreichend entlohnt. Vornehmliche Aufgabe des jungen Seelsorgers war der Aufbau einer neuen Kirchengemeinde, wobei er vom Stadtbürgermeister mit der wöchentlichen Übersendung einer aktualisierten Namensliste aller zugezogenen Neubürger, zumeist Ostflüchtlinge, unterstützt wurde. Und alle, aber auch alle, hat Josef Dissemond in schwerer Zeit persönlich aufgesucht und mit Rat und Tat zur Seite gestanden. Zumeist hat er sich bei der Anreise seines kleinen, aber lautstarken Mopeds bedient, dem die Buchenauer schnell den Kosenamen „Christenverfolger" verliehen hatten.

Wenn auch die Bopparder Amtszeit des engagierten Kirchenmannes mit rund sechs Jahren insgesamt nur recht kurz war, so lassen sich doch viele Punkte aufzählen, die mit Josef Dissemond in Verbindung zu bringen sind. Beim damaligen Mammutprojekt „Buchenauer Kindergarten" war er die unermüdlich treibende Kraft. Seine Pläne zum Bau eines größeren Kirchenzentrums standen ernsthaft vor einer Verwirklichung.

Als Präses der Kolpingfamilie feierte der Kirchenmann im Jahre 1965 deren 100-jähriges Bestehen. In der christlichen Gemeinschaft galt sein besonderes Augenmerk vor allem zwei Schwerpunkten. Zum einen war dies die Bildungsarbeit, wo er die Initiative „Kirche in dieser Welt" zum Leben erweckte und weiterhin die sog. „ökumenischen Gesprächsrunden", wo in bislang nicht gekannter Weise Gläubige beider großen Bekenntnisse näher zueinander fanden.

Auch die beiden nachfolgenden Schulleiter der Marienberger Ursulinenschule wurden offiziell als „Außenkapläne" mit der seelsorgerischen Betreuung des im stetigen Wachstums befindlichen Buchenau beauftragt. In den Jahren 1966 bis 1968 war dies Rektor Winfried Mosmann aus Trier, dem von 1968 bis 1973 Hubert Metz aus Saarbücken folgte.

Seinen Lebensabend verbringt der Gottesmann Josef Dissemond im Seniorenheim des Koblenzer Marienhofes.

Hermann Driesch

Bereits als Kleinkind wurde dem 1930 in Montabaur geborenen Hermann Driesch bescheinigt, sein „musikalisches Blut mit absolutem Gehör" habe er von seiner Tante geerbt, die als Pianistin weit über die Westerwälder Grenzen einen ausgezeichneten Ruf genoss. So ist bereits in den 1933er Annalen der jährlichen Weihnachtsfeier aller Montabaurer Schulen und Kindergärten dokumentiert, dass der dreijährige Sprössling Driesch mit zwei nach Gehör gespielten Klaviervariationen zu „Ihr Kinderlein kommet" zahlreiche Zuhörer entzückte.

Klavierunterricht genoss der lebenslange Musikfreund in den Jahren 1934 bis 1950 bei verschiedenen Maestros, bevor er an der Universität Mainz sein Studium der Fächer Musikwissenschaft, Englisch und Latein begann. Als Studienassessor verschlug es ihn im Herbst 1957 an den Mittelrhein, wo er am Städtischen Gymnasium eine neue berufliche Heimat fand. Seine ersten Schaffensjahre galten vornehmlich der Aufbauarbeit im Fach „Musik", war doch in Boppard bereits seit langen Jahren der musikalische Unterricht verwaist.

Das Gymnasium verdankte der engagierten Lehrkraft neben der Einrichtung von Interpretations-Kursen und Hausmusikabenden vor allem den Aufbau einer Jazz-Combo (natürlich mit Driesch am Klavier), die in zahlreichen Auftritten die heimische Musikszene begeisterte. Mit einer neu ins Leben gerufenen Theatergruppe, bestehend aus Schulchor, Orchester und Solisten führte Driesch das Schulmusical „Das vergnügte Haus" auf, welches wiederholt in Rundfunksendungen gespielt wurde.

Von 1957 bis zu seiner Pensionierung im Jahre 1993 widmete sich der Oberstudienrat aus dem Schäffersweyer intensiv der sog. „Erwachsenenbildung", d.h. Kurse an der Volkshochschule, Fachseminare, Filmvorführungen und Vorträge bestimmten den Arbeitsalltag des Buchenauers.

Lange Jahre bildete Boppards „Café Honneth" das Spiellokal ungezählter Auftritte des von Hermann Driesch gegründeten Kabaretts „Bopparder Hammer". Nicht nur in der heimischen Kleinkunstszene ist Hermann Driesch seither ein Begriff. Auch Klavierabende und geistliche Konzerte, in der Regel zugunsten gemeinnütziger Einrichtungen, prägten Drieschs „Freizeitverhalten".

Einen zweiten, neben der geliebten Musik dominierenden Lebensinhalt stellen sicherlich seine unverkennbaren, meisterlichen „Zeitungs-Rezensionen" gehobener Konzertveranstaltungen unserer näheren Heimat dar. In weit über fünf Jahrzehnten musikkritischer Redaktionsarbeit summierten sich seine Berichtaufträge längst auf weit über 1000 Rezensionen uns sicherlich werden noch viele, viele folgen.

Willi Erkel

In Buchenau unvergessen ist mit Willi Erkel, der am 2. Februar 2002 im 88. Lebens-

nende, hoch geachtete rheinland-pfälzische Landtagsabgeordnete der Jahre 1959 bis 1975 miterlebt.

Daneben galt sein berufliches Wirken dem Deutschen Jugendherbergswerk, bei dem ihm in den Jahren 1947 bis 1969 als Herbergsvater ganze Generationen heranwachsender Jugendlicher anvertraut wurden.

Und letztlich dürfen seine mannigfachen Verdienste unter dem Mantel der Arbeiterwohlfahrt, deren Kreisvorsitzender er über Jahrzehnte bis zum Lebensende war, nicht vergessen werden.

Egal, ob als Mitglied des Stadtrates Boppard, als Stadtbeigeordneter oder als Mitglied des Kreisausschusses, die Spuren des „Vollblutpolitikers aus Leidenschaft" sind noch heute weit über Buchenaus Grenzen unverkennbar.

Zahlreiche Auszeichnungen und Ehrungen, beispielhaft seien die Verleihungen der Freiherr-vom-Stein-Plakette, der Richard-Schirrmann-Medaille oder des Ehrenschildes des Rhein-Hunsrück-Kreises genannt, belegen das Lebenswerk des Inhabers mannigfacher Ehrenämter.

jahr verstorbene „Sozialdemokrat der alten Garde".

Von seiner Geburtsstadt Saarbrücken verschlug es den unermüdlichen Kämpfer für die Arbeiterklasse bereits in jungen Jahren nach Trier, wo er nach abgeschlossener Maschinenschlosserlehre in den Jahren 1934 bis 1945 als Berufssoldat zur Kriegsmarine wechselte. Zuvor leitete er vier Jahre die Sozialistische Arbeiterjugend und gehörte dem Deutschen Metallarbeiterverband und dem Reichsbanner Schwarz-Rot-Gold an. Im Jahre 1945 gehörte er zu den Mitbegründern der Trierer Sozialdemokratischen Partei.

Noch im Herbste seines Lebens bezeichnete Willi Erkel, dem im Oktober 1970 das Bundesverdienstkreuz 1. Klasse verliehen wurde, drei Lebensschwerpunkte, für die es „sich aufzuopfern gelohnt habe": Zunächst war dies natürlich „seine" SPD, wo ihn noch heute führende Parteimitglieder als politischen Ziehvater in ehrender Erinnerung halten. Wohl alle Höhen und Tiefen „seiner" Genossen hat der in den Vierzehn Eichen woh-

Robin, Bettina und Alberto Fehmel

Heute gelten Pfeil und Bogen als klassische Sportgeräte. Das war nicht immer so: Die beiden Schützenutensilien gehören zu den ältesten Waffen der Menschen, wie Höhlenmalereien und Ausgrabungsfunde mannigfach belegen. Ursprünglich für die Jagd entwickelt, galten sie lange Zeit auch als Kriegswerkzeug. Heute werden sie fast nur noch von Sportlern benutzt.

Zu absoluten Könnern auf diesem Gebiet zählt das lange Jahre in der Buchenauer Straße beheimatete Ehepaar Bettina und Alberto Fehmel, welches sich mit dem weithin recht unbekannten „Feldbogenschießen" auf eine besondere Form des Bogenschießens spezialisiert hat. Bei dieser Sportart wird nicht in klassischer Form aus einer bestimmten Distanz auf Scheiben geschossen, sondern im freien Gelände bilden Tierfiguren und -bilder das Ziel der „Bowhunter".

Und dass beide mit ihrem Handwerkszeug meisterlich umzugehen verstehen, beweisen die zahlreichen Titelgewinne, die sich im Laufe langer Jahre angesammelt haben. Zusätzlich zu ungezählten Turnier- und Wettkampferfolgen gewann Alberto Fehmel in den Jahren 1991, 1993, 1999, 2000, 2001 und 2002 die Deutsche Meisterschaft, was Ehegattin Bettina ebenfalls im Jahre 1999 glückte. Mit den Titeln eines Vize-Europameisters der Männer bzw. Frauen überraschten beide im Jahre 1992.

Die Einzelweltmeisterschaft im Jahre 1999 beendete Alberto Fehmel mit Rang 11, in Europa gehörte er im gleichen Jahr zur „Top-Ten".

Auch „Sohnemann" Robin, Geburtsjahr 1996, marschiert längst in den Fußstapfen seiner Eltern. Als vierjähriger Knirps stand er bei seinem ersten Turnier in der Kinderklasse auf dem obersten Siegertreppchen. Und im Juli 2003 behauptete er sich als Nr. 1 einer internationalen Schülerkonkurrenz, in der immerhin Teilnehmer bis zum 14. Lebensjahr zugelassen waren.

Nach Bau eines Eigenheimes in Boppards Höhenstadtteil Buchholz haben „die Fehmels" im Frühjahr 2001 ihre „Buchenauer Jagdgründe" abgebrochen.

Willi Geuer

Während 36 langer Dienstjahre war es dem Volks- und Grundschullehrer - davon 30 Jahre an der Bopparder Michael-Thonet-Grundschule - stets ein vordergründiges Bestreben, die Akkordeonmusik in seiner Wahlheimat populär zu machen, allerdings weit abseits vom Image des „Bierseligen" und der leider heutzutage allzu oft verkitscht präsentierten Volksmusik.

Dem heimischen „König des Akkordeonspiels", wie der Buchenauer aus der Jean-Nick-Straße liebevoll in seiner langjährigen Wahlheimat genannt wird, haben nicht nur Generationen von Schülern die Grundfertigkeiten an der „Ziehharmonika" zu verdanken. Auch ungezählten örtlichen Festivitäten, beispielhaft seien Veranstaltungen anlässlich des „Bopparder Mai", der „Bopparder Weinkost", bei Nachbarschaftskirmessen, bei Hoffesten der örtlichen Winzer oder bei Festen in Seniorenwohnheimen genannt, verlieh der stets bestens gelaunte Willi Geuer - was seine einstigen Schülerinnen und Schüler hoffentlich bestätigen mögen - durch sein unterhaltsames Spiel allzeit den rechten musikalischen Charme.

Konzertauftritte mit seinem Heimatverein, dem „Akkordeon-Club-Koblenz", begeistern seit langen Jahren die Zuhörer unserer näheren Heimat.

Björn und Sven Gick

Fünfmaliges wöchentliches Turntraining bestimmte einen nicht unwesentlichen Teil der Kindheit von Björn und Sven Gick, dem Zwillingspaar aus der Leiswiese. Dreimal hieß es für die beiden Turntalente, aufs Oberwerth ins Leistungszentrum des KTV Koblenz anzureisen, zweimal war Training beim Heimatverein TV Bad Salzig angesagt. An den Wochenenden galt es, das Erlernte in bundesoffenen Turnieren, Meisterschaften und Wettkämpfen zu präsentieren. Und so verwundert es nicht, dass die beiden Buchenauer recht bald zu den besten Nachwuchsturnern im Rheinland zählten.

Beinahe abwechselnd teilten sich die im Jahre 1979 geborenen Zwillinge in den Schülerjahren 1985 bis 1990 sechs Meistertitel des Turngaus Rhein-Mosel, wobei der „Einzelvergleich" mit 4:2 für Björn endete. Im Jahre 1991 zählten die beiden Youngster zum rheinland-pfälzischen Meisterteam des KTV Koblenz. In ungezählten Einzelwettkämpfen überregionaler Wettkämpfe waren dem Zwillingspaar zahlreiche Platzierungen auf dem begehrten Siegertreppchen vergönnt.

Als im Jahre 1992 der unvermeidbare Wachstumsdrang der heranreifenden Teenager einsetzte, bedeutete dies das sportliche

Aus der Kunstturnkarriere des bis heute unzertrennlichen Zwillingspaares.

Kurt Gilsbach

Es wäre müßig, die mit den nur vier Buchstaben „DLRG" verbundenen Auszeichnungen und Ehrungen des Buchenauers aus der Hans-Jöres-Straße an dieser Stelle auflisten zu wollen. Beginnend bei allen Ehr- und Dankbekundungen auf Vereinsebene und sicherlich noch nicht endend mit der Verleihung des Bundesverdienstkreuzes lassen sich die Verdienste des unermüdlichen Schaffers um „seine DLRG" nur erahnen.

Ohne Gründungsinitiator Kurt Gilsbach wäre die 1963 von ihm ins Leben gerufene Bopparder Ortsgruppe der Deutschen Lebensrettungsgesellschaft, seit langen Jahren der mitgliederstärkste Verein im Bezirk, in der heutigen Konstellation nur schwerlich vorstellbar. Annähernd vier Jahrzehnte (!) stand der Diplom-Volkswirt der besonders um eine frühzeitige Schwimmausbildung bemühten gemeinnützigen Einrichtung vor, bis er im Herbst 2002 den Vereinsvorsitz in jüngere Hände übergab und mit dem „Ehrenvorsitz" entlohnt wurde.

Weniger bekannt sind die Verdienste Kurt Gilsbachs in der handwerklichen Nachwuchsausbildung, wo er sich als Verfasser einschlägiger Fachliteratur ebenso weit über die örtlichen Grenzen einen Namen machte, wie er auch lange Jahre der in Boppard ansässigen Außenstelle der Kreishandwerkerschaft vorstand und mit Nachdruck die Interessen handwerklicher Berufsstände vertrat.

Viele Buchenauer schätzen sein kommunalpolitisches Engagement im Stadtrat, Ortsbeirat oder in einem Fachausschuss, wo er seit Jahrzehnten als Mitglied der traditionellen Arbeiterpartei (nicht nur) die Interessen des Bopparder Ortsteiles vertritt.

Sandra Gipp

In einer Sportart, die im heimischen Boppard weitestgehend nur zurückhaltend ausgeübt wird, hatte sich die Buchenauerin Sandra Gipp Mitte der 1990er Jahre mit Talent, Fleiß und Ehrgeiz zu einer führenden Nachwuchsakteurin auf Bundesebene gemausert.

Ihre Wurzeln lagen sicherlich im „klassischen" Kunstturnen, das sie bereits in jungen Jahren beim TV Bad Salzig unter Trainer Werner Mittendorf meisterlich erlernte. Als Sandra Gipp dann einmal mehr oder weniger zufällig während einer Trainingspause auf einem zufällig in der Bopparder Großsporthalle herumstehenden Trampolin „herumhüpfte", entstand recht schnell eine neue, langjährige und leidenschaftliche Begeisterung. Schnell erkannte ihr Turntrainer, sichtlich beeindruckt von den graziösen Bewegungen, die sie als ausgezeichnete Kunstturnerin auf das neue Sportgerät umsetzen konnte, das hier „mehr zu holen war".

Und so ging dann alles weitere seinen Weg: Probetraining beim TuS Rot-Weiß Koblenz, Begeisterung, Vereinswechsel, Festlegung auf die Disziplin „Doppel-Mini-Trampolin", Kadertraining beim Leistungsstützpunkt Bad Kreuznach, Wettkämpfe, Training, nochmals Wettkämpfe und nochmals Training, Turniersiege, 7. Platz bei den Deutschen Schülermeisterschaften 1995, Rheinland-Pfalz-Meisterin 1996, Rang 8 bei der Deutschen Jugend 1997 und, und, und…

Nach dem Abitur verzog es die „Ex-Bürgermeister-Tochter" zu Studienzwecken ins Land der unbegrenzten Möglichkeiten und da es der jungen Dame in den USA offensichtlich ausgezeichnet gefällt, steht noch gar nicht fest, ob und wann sie in ihren heimatlichen Kiefernweg zurückkehrt.

Wolfgang Gipp

Im beliebten großväterlichen „Ausflugslokal Fleckertshöhe" verbrachte Wolfgang Gipp, Kriegsjahrgang 1944, seine trotz schwerer Schicksalsschläge glückliche Kindheit.

Über die beruflichen Stationen Landratsamt und Stadtverwaltung Koblenz, Zentrale Verwaltungsschule/Fachhochschule öffent-

dem Eintreffen ungezählter osteuropäischer Aussiedler ab dem Jahre 1989 unweigerlich verbundenen vielfältigen Probleme.

Nachdem sich die dem zum Zeitpunkt seiner Amtsübergabe gerade mal 53-jährigem Sozialdemokraten zugedachten neuen beruflichen Betätigungsfelder in der sog. „freien Wirtschaft" - wiederholt im „Gespräch" waren leitende Funktionärsposten beim Landessportbund oder bei „Toto-Lotto" - nicht realisieren ließen, leitete Wolfgang Gipp bis ins Jahr 2003 eine Generalagentur eines bekannten Versicherungsunternehmens, bevor er sich dann endgültig „zur Ruhe setzte".

Dr. Hansjürgen Götz

liche Verwaltung in Mayen und Gemeinde- und Städtebund Rheinland-Pfalz in Mainz erreichte er mit der Ernennung zum Bürgermeister der Stadt Boppard am 1. August 1987 seinen beruflichen Höhepunkt.

Bis heute übrigens ein gut gewahrtes Geheimnis, wie es dem Bopparder Ortsvorsteher der Jahre 1979 bis 1984 gelang, am Wahltag trotz vermeintlicher SPD-Minderheit mit einem historischen „17:14 Sieg" zwei wahlentscheidende Stimmen aus dem christlichen Lager „zu entführen".

Zweifelsohne galt das im Buchenauer Kiefernweg lebende Stadtoberhaupt als „unermüdlicher Schaffer", für den 12- bis 14-stündige Arbeitstage kein Fremdwort waren. Parallel zum Bürgermeisteramt besetzte er mit umfangreichem Fachwissen zahlreiche Ehrenämter zum Wohle der Stadt.

Zu den Höhepunkten seiner zehnjährigen Amtsperiode - Wolfgang Gipp stellte sich nach Amtsablauf im Jahre 1997 nicht mehr zur Wiederwahl - zählen sicher die Vollendung des jahrzehntelang dauernden Flurbereinigungsverfahrens „Bopparder Hamm" und die erfolgreiche Bewältigung der mit

Über 60 Betten umfasst die Abteilung für Innere Medizin des neuformierten Stiftungsklinikums Mittelrhein in Boppard, die von dem Buchenauer Dr. Hansjürgen Götz geführt wird.

Als Chefarzt dieser Abteilung ist der im Akazienweg beheimatete Hobby-Mittelstreckenläufer zwangsläufig mit der Behandlung aller gängigen Krankheitsbilder vertraut. Da jedoch insbesondere bei der Finanzierung kleinerer Krankenhäuser immer wieder von verantwortlichen Personenkreisen die Frage nach deren Rentabilität gestellt wird, bedarf es gerade in solchen Kliniken besonderer Anstrengungen, um nicht mit den regelmäßig vollzogenen Schließungen einzelner Fachabteilungen oder gar ganzer Krankenanstalten konfrontiert zu werden.

Und so war es für Dr. Hansjürgen Götz in langen Jahren ein besonderes Anliegen, auch in „seiner" Inneren Abteilung ein breitgefächertes Netz aus kompetentem Fachwissen gekoppelt mit spezialisierten medizinischen Gebieten aufzubauen.

Ein Schwerpunkt bildete so die weit über unsere heimatlichen Grenzen bekannte und unter seiner Federführung in langen Jahren stetig fortentwickelte gastroenterologische Diagnostik. In Zusammenarbeit mit der chirurgischen Abteilung des Hauses führt die Abteilung mit steigender Tendenz die Implantation von Herzschrittmachern durch. Umfangreiche Untersuchungen des sonografischen Spektrums werden ebenso angeboten, wie der Abteilung längst ein fachgebundenes Labor angeschlossen ist.

Auch das von Dr. Götz konzipierte ambulante Angebot ragt weit über dem vergleichbarer Krankenhäuser hinaus. Fachgebundenes Röntgen, ERCP, Coloskopie, Bronchoskopie, Sonografie sind nur einige Beispiele des etablierten medizinischen Angebots, welches nur mit ständiger Weiterbildung des Mitarbeiterteams auf dem überdurchschnittlich hohen Level zu halten ist.

Günter Goike

„Er ist uns eine riesige Hilfe", freut sich Revierförster Ralf Kerber über das umweltbewusste Engagement des Waldfreundes aus der Waldstraße. Bereits seit Jahren ist Günter Goike als „ehrenamtlicher Müllsammler vom Pützblick" vielen Waldspaziergängern bestens bekannt. Beinahe tagtäglich durchstreift er den Teilbereich des Bopparder Stadtwaldes auf der Suche nach den unerfreulichen Hinterlassenschaften vieler Waldbesucher.

So ist es nicht unwesentlich sein Verdienst, wenn Spaziergänger einen unbeeinträchtigten Ausblick vom Pützblick genießen können, ohne sich über weggeworfene Flaschen und Dosen oder sonstigen Unrat ärgern zu müssen. Ein Beispiel, welches durchaus geeignet sein sollte, Schule zu machen.

Friedrich Hicke

In den Wirtschaftswunderjahren zog es den gebürtigen Wiener, Jahrgang 1938, in die aufblühende Bundesrepublik, wo der grad. Bauingenieur Friedrich Hicke zunächst bei mehreren Bauunternehmen der Privatwirtschaft seinen beruflichen Einstieg begann.

Mitte der 1960er Jahre wechselte er in den öffentlichen Dienst und verzog später mit Frau und drei Kindern von der besinnlichen Mosel in die rheinland-pfälzische Landeshauptstadt Mainz.

Nachdem er dort zuletzt fünf erfolgreiche Berufsjahre beim Ministerium für Wirtschaft und Verkehr verbracht hatte, erfolgte im Jahre 1979 sein Umzug nach Boppard, hatte Friedrich Hicke sich doch erfolgreich auf die

Lieselotte Holzmeister

ausgeschriebene Besetzung der Stelle des hauptamtlichen 1. Beigeordneten der Stadt Boppard beworben. Hier leitete er sodann insgesamt zwei Jahrzehnte als technischer Dezernent das Planungs- und Bauamt im Hause der Stadtverwaltung. Zugleich agierte Friedrich Hicke als Werkleiter der Kanalwerke. Vielen Ausschussmitgliedern unvergessen ist seine vom „Wiener Charme" geprägte Sitzungsleitung ungezählter Bau- und Werkausschusssitzungen.

Auch nach seiner Verabschiedung in den wohlverdienten Ruhestand im Jahre 1999 nimmt er als „erster Vertreter des Bürgermeisters" die Funktion des 1. Stadtbeigeordneten wahr, seither allerdings als Ehrenamt.

Im Laufe der Jahre war der Naturfreund auf mehreren ehrenamtlichen Tätigkeitsfeldern aktiv. Auch ein Kapitel der dreibändigen „Geschichte der Stadt Boppard" trägt Hickes Handschrift.

Seit 1991 steht der „Neu-Buchenauer" aus der Hermann-Holz-Straße - zuvor lebte er lange Jahre in der Simmerner Straße - dem Kirchenbauverein St. Severus vor.

Die im westfälischen Iserlohn geborene Verlagskauffrau, Jahrgang 1921, arbeitete lange Zeit in einer Prager Generaldirektion, wo sie auch im Jahre 1944 ihren Ehemann Johannes ehelichte. Nach erfolgter Internierung und Ausweisung im Jahre 1945 verzog das Ehepaar zunächst nach Pforzheim und anschließend nach Stuttgart, wo gemeinsam im Jahre 1948 der „FIDULA-Verlags für Jugend- und Schulmusik" gegründet wurde. Hier war Lieselotte Holzmeister als Texterin, Lektorin und Prokuristin tätig.

Bereits kurze Zeit nach dem im Jahre 1958 erfolgten Umzug nach Buchenau belebte sie die „kulturelle Szene" in ihrer neuen Wahlheimat und war anschließend maßgeblich an Spielfesten, an musikalischen Aufführungen, an der Durchführung des jährlichen St. Martinsumzuges und der Gründung der Buchenauer Nachbarschaft, deren Vorsitzende sie war, beteiligt.

Nach Eintritt in die CDU (1960) gehörte sie lange Jahre dem Stadtrat an und war seit 1965 Beisitzerin im CDU-Bezirksvorstand Koblenz. Lieselotte Holzmeister gründete die CDU-Frauenvereinigung im Altkreis St. Goar, der sie bis zu deren Verschmelzung infolge der Verwaltungsreform im Jahre 1969 vorstand. Sodann übernahm sie in den Jahren 1969 bis 1973 auch den Vorsitz in der neuformierten CDU-Frauenvereinigung auf Ebene des Rhein-Hunsrück-Kreises.

Höhepunkt der politischen Laufbahn der 1977 nach Salzburg verzogenen langjährigen Buchenauerin war sicherlich der am 5. Februar 1968 erfolgte Einzug in den Deutschen Bundestag, in den sie für den am 30. Dezember 1967 verstorbenen Abgeordneten des Altkreises St. Goar, Paul Gibbert (Moselkern), für die Restlaufzeit der 5. Wahlperiode nachrückte.

Im Jahr 1994 verstarb Lieselotte Holzmeister in Salzburg.

Hans Georg Hübner

Im Rheindruck-Verlag war Hans Georg Hübner seit seiner Arbeitsaufnahme im Jahre 1960 schlechthin als „Mister Rund um Boppard" bekannt, beanspruchten doch die umfangreichen Vorbereitungen der beliebten Bopparder Bürgerzeitung den Buchenauer aus der Leiswiese als „Full-Time-Job".

Beinahe drei lange Jahrzehnte übte der gelernte Drucker schwerpunktmäßig diese Tätigkeit in den Firmenräumlichkeiten der Buchenauer Straße aus, bevor die Herausgabe der Woche für Woche termingerecht fertig zu stellenden Wochenzeitung zusehends mit anderen marketingbezogenen Dienstleistungen der unvermindert im Wachstum befindlichen Druckerei kollidierte.

Es wurde ein akzeptabler Weg zur Bewältigung dieser Problematik gesucht - und gefunden. Am 8. März 1989 war es soweit: Mit der Neugründung der „Verlagsgesellschaft Rund um Boppard mbH" unter der Führung von Hans Georg Hübner, verbunden mit einem Umzug in neue Räumlichkeiten in der Steinstraße, war der Fortbestand des beliebten „Blättchens" gesichert.

Nachdem in den Anfangsjahren neben Ehefrau Ingrid seine tüchtigen Söhne Ralf und Bernd den „Altmeister" tatkräftig unterstützten, setzten diese zwischenzeitlich erfolgreich die Familientradition fort und stehen nach Erreichen der Altersgrenze ihres Vaters nunmehr gemeinsam der Verlagsgesellschaft vor. Und wenn einmal „Not am Mann" ist, trifft man den stets freundlichen Herrn vom Amselweg nach wie vor in der Steinstraße…

Marvin, Kevin und Dennis Johann

Marvin, Kevin und Dennis Johann - drei Kids aus Buchenau, die viele Stunden ihrer Freizeit in jungen Jahren dem Tischtennissport verschrieben hatten und allesamt bei ihren überregionalen Erfolgen nicht nur den Bopparder Ortsteil, sondern auch die Fahnen der heimischen TG würdevoll vertraten.

Titelsammlungen bei den Schülern und der Jugend auf Kreis-, Bezirks- und Rheinlandebene prägten zum auslaufenden Jahr-

tausend die aktive Zeit im rheinländischen Auswahlkader für Kevin und Dennis.

Zahlreiche internationale Einsätze gehörten zudem zu den sportlichen Höhepunkten von Kevin, der als Schüler über lange Zeit in den offiziellen „Top 10" des Deutschen Tischtennis-Bundes geführt wurde und wiederholt zu den Deutschen Nachwuchsmeisterschaften und den Ländervergleichen um den „Deutschlandpokal" eingeladen war.

Auch Marvin, der jüngste des sportlichen „Johann-Trios", konnte neben einem zweifachen Triumph bei den Regionsmeisterschaften in der jüngsten Altersklasse einen ersten Rheinlandmeistertitel in der Spielrunde 2004/05 erkämpfen. Bei bundesoffenen Einladungsturnieren des Tischtennisnachwuchses stand er wiederholt auf dem begehrten Siegertreppchen.

Hans-Harry Joswig

Zweifelsohne versetzte Hans-Harry Joswig, Inhaber des zwischenzeitlich geschlossenen „Hotels Am Stadion", neben seinen Buchenauer Nachbarn auch die heimischen Behörden und Verwaltungen immer wieder ins Staunen. Wie er es schaffte, in den siebziger und achtziger Jahren in einem damals reinem Wohngebiet im Ahornweg ein „Mini-Las-Vegas für Kegelclubs" zu betreiben, darüber staunen noch heute viele zeitgenössische Beobachter.

Der einstige Finanzbeamte sprang auf den Zug des sich bereits Ende der 1960er Jahre anbahnenden sog. „Club-Tourismus" und in den Monaten September/Oktober langer Jahre ging in Buchenau „die Post ab". Ein abwechslungsreiches Spitzenprogramm, beispielsweise seien abendliche Auftritte der

„Mainzer Hofsänger" oder des seinerzeit in der ersten Reihe der Unterhaltungsbranche stehenden „Medium-Terzetts" genannt, sorgte Woche für Woche für ein volles Haus und manch Buchenauer Zimmervermieter kam in den Genuss, mit dem Mieterlös seiner ansonsten leerstehenden „Fremdenzimmer" für die nicht immer angenehmen Nebenwirkungen und Hinterlassenschaften der trinkfreudigen Hotelgäste entschädigt zu werden.

Erwin Jung

Lehrjahre und Gesellenzeit waren längst beendet, als es den Pfälzer Erwin Jung, Jahrgang 1928, im Jahre 1965 mit seiner Familie in die Bopparder Höhengemeinde Buchholz verschlug, um dort als Bezirks-Schornsteinfegermeister im Vorderhunsrück und an der Mosel seinen Dienst zu verrichten. Im Jahre 1973 erhielt er mit der Kerngemeinde Boppard einschließlich Buchenau und Bad Salzig einen neuen Zuständigkeitsbereich. Grund genug, mit dem Bau seines Wohnhau-

Als geschätzter Leiter einer Arbeitsgemeinschaft der Fritz-Straßmann-Schule rief er im Jahre 1995 eine „Bienen-AG" ins Leben, die er fortan bis heute kontinuierlich betreute.

Daneben kümmert sich der mit zahlreichen Auszeichnungen, u.a. wiederholten Goldenen und Silbernen Kammerpreismünzen der Landwirtschaftskammer, sowie Ehrenurkunden für „seinen" Honig prämierte Pensionär auch weiterhin mit Akribie um seine Bienenstände in Buchenau und Umgebung.

Heinz Kähne

Seit dem 14. April 2005 steht mit Heinz Kähne ein Buchenauer aus dem Schäffersweyer an der Spitze des traditionsreichen Bopparder Verkehrs- und Verschönerungsvereines 1872 e.V., einem der ältesten Vereine im Stadtgebiet.

Neben der Pflege des Heimatgutes gilt das besondere Augenmerk des engagierten Diplom-Pädagogen Boppards wohl berühmtesten Sohn, Michael Thonet. So hat er sich in langen Jahren einen exzellenten Ruf als „Tho-

ses in der Buchenauer Straße Anfang der 1980er Jahre einen neuen Lebensmittelpunkt zentral in seinem Dienstbezirk zu gründen.

Lange Jahre erfüllte er als traditioneller Glücksbote, stets freundlich und allseits beliebt, seine öffentliche Aufgabe, bevor er sich im Jahre 1992 in den verdienten Ruhestand begab.

Aber nicht nur durch sein berufliches Aufgabenfeld als Bezirksschornsteinfegermeister verschaffte sich Erwin Jung einen weit über die Bopparder Grenzen hinausragenden Bekanntheitsgrad. Bereits in früher Jugend hatte er sich der Imkerei verschrieben. So unterhielt er auch in Buchenau mehrere Bienenstände und engagierte sich im „Bienenzuchtverein Boppard und Umgebung e.V." Zunächst besetzte er im Vereinsvorstand den Posten des Schriftführers, dann war Erwin Jung stellvertretender Vorsitzender und in den Jahren 1991 bis 2003 stand er dem Bienenzüchterverein vor. Daneben besetzte er zwischenzeitlich auch auf übergeordneter Ebene das Ehrenamt des stellvertretenden Kreisvorsitzenden und später auch das des 1. Kreisvorsitzenden.

net-Experte und -Sammler" weit über die heimatlichen Grenzen erworben.

Im Jahre 1999 veröffentlichte der Museumsfreund mit „Thonet - Bugholz Klassiker" eine eigene Publikation über Werke des weltbekannten Möbeldesigners und verfasste den Führer der Thonet-Abteilung des hiesigen Museums.

Zudem fanden Kähnes Veröffentlichungen zu dem Kunstwerk von Albrecht Altdorfer „Die Alexanderschlacht" und das Jugendbuch „Leonardo da Vinci - Ein Genie für alle Fälle", das sogar ins Englische und ins Koreanische übersetzt wurde, einen großen Interessentenkreis. Auch regelmäßige Veröffentlichungen in pädagogischen Fachzeitschriften stammen aus der Feder des Seminar-Fachleiters.

Bernhard Kasper

Weit über zwei Jahrzehnte agierte der gebürtige Berliner aus der Buchenauer Leiswiese als Geschäftsführer der Bopparder Caritas-Geschäftsstelle, wo er besondere Akzente setzte.

Die Bopparder Jahre von 1980 bis 2003 - zeitgleich war Bernhard Kasper im Übrigen auch Geschäftsführer der Caritas-Sozialstation in Emmelshausen - waren geprägt vom Ausbau der caritativen Beratungsdienste, wobei beispielhaft die Familienhilfe, die Schwangeren-Konfliktberatung, die offene Altenhilfe, sowie in Kooperation mit dem Caritasverband Simmern, die Beratungsstelle für Suchtkranke und deren Angehörige zu nennen sind.

In seine aktiven Dienstjahre fallen auch die in Kooperation mit den örtlichen Kirchengemeinden und der Bopparder Arbeiterwohlfahrt vollzogenen Gründungen der Arbeitsgemeinschaft „Essen auf Rädern". Eine Einrichtung, die sich ständig steigender Inanspruchnahme erfreut und vielfach besonders für unsere älteren Mitbürgerinnen und Mitbürger eine unverzichtbare Hilfe im Alltag bedeutet. Nach wie vor wird dieser Sozialdienst fast ausschließlich mit Unterstützung zahlreicher „Ehrenämtler" vorgehalten.

Der Angebotsausbau in den Arbeitsfeldern der ambulanten Kranken- und Altenpflege, der Familienpflege und der hauswirtschaftlichen Versorgung älterer Menschen, sowie die Einrichtung der Beratungs- und Koordinierungsstelle „im Hause Caritas Boppard" trägt unverkennbar die Handschrift von Bernhard Kasper.

Gerade sein Engagement für unsere älteren Mitmenschen, für deren Sorgen und Nöte er zeitlebens ein offenes Ohr hatte, lässt den Buchenauer unvermindert in vielen Seniorenrunden zum beliebten Gast und Gesprächspartner werden. Auch nach seiner Ruhestandsversetzung ist er diesem Personenkreis mit besonderer Liebe und Zuneigung verbunden.

Die langjährige aktive Förderung der Seniorenbegegnungsstätte St. Severus und die Neueinrichtung eines regelmäßigen Seniorentreffs in Emmelshausen sind vielen Mitmenschen in bester Erinnerung. Daher prägen nach wie vor regelmäßige Besuche „seiner" Senioren und Seniorinnen den Jahresablauf von Bernhard Kasper.

Beim Umzug der Bopparder Caritas-Beratungsstelle in die Marienberger Straße oder bei der Errichtung des „Caritas-Ladens", einem jetzt in der Oberstraße befindlichen „Second-hand-shop", von dessen erwirtschaftetem Verkaufserlös gezielte und unbürokratische „Hilfe vor Ort" geleistet werden kann, war der dreifache Familienvater maßgeblich beteiligt.

Lange Jahre war er als Mitglied im überörtlichen Jugendhilfeausschuss und im Sozialhilfeausschuss auf Kreisebene ebenso ehrenamtlich tätig, wie er auch als Schöffe beim Amtsgericht St. Goar agierte.

Noch heute ist Bernhard Kasper in der Pfarrgemeinde St. Severus als Mitglied des Pfarrgemeinderates, sowie als Lektor und Kommunionhelfer fest verwurzelt.

Reinhold Koch

Gerade einmal gut zwei Jahrzehnte sind vergangen, als mit Reinhold Koch ein wagemutiger Buchenauer aus dem Hasenacker den Sprung in die Selbständigkeit wagte.

Drei „Gründer- und Testjahre", in denen in der heimischen Garage „einsam und alleinsam" Automatiktüren gefertigt wurden, waren vorüber, als im Jahre 1988 der erste „Firmenumzug" anstand. Ab sofort erfolgte die Türenfertigung in der Bad Salziger Lämmergasse (ehemals Firma Liesenfeld) und die bisherige „Einzelfirma" firmierte seither mit zwischenzeitlich drei festen Mitarbeitern unter der Bezeichnung „KRB-Automatic-Türen Koch und Roder GmbH".

Im Jahre 1992 erfolgte dann der „große Umzug" ins Dörther Gewerbegebiet, nachdem wiederholte Ansiedlungsbemühungen im Bopparder Hellerwald „an Nichtigkeiten" scheiterten. Die Mitarbeitzahl wurde auf elf aufgestockt.

Nach der zwei Jahre später vollzogenen neuerlichen Umfirmierung lautete der Firmenname nunmehr „REKO Automatictüren GmbH" mit jetzt 15 Mitarbeitern. 1996 erwies sich die neue Betriebshalle erstmals als unterdimensioniert und der erste Anbau stand an. Jetzige Beschäftigtenzahl: 21 Mitarbeiter.

Längst hat sich REKO als Produzent automatischer Türöffnungsanlagen in vielseitigen Ausführungen auf dem Markt etabliert und sich zum anerkannten Spezialisten für den Bereich Tür- und Torautomatik entwickelt. Die Angebotspalette reicht von der Beratung bis zur Montage unter Berücksichtigung spezieller und oftmals ausgefallener Kundenwünsche.

Im Jahre 2005 erfolgte dann die (vorerst) letzte Betriebserweiterung des mittelständischen Unternehmens: Eine Betriebsfläche von 5.000 qm wurde hinzu erworben, ein Bürogebäude neu errichtet und eine weitere Lagerhalle mit 1.000 qm aufgeschlagen. Heute zählen rund 50 Mitarbeiter zur Fa. REKO, die deutschlandweit Stützpunkte in Berlin, Ulm, Hamburg, Nürnberg, Essen und Karlsruhe unterhält.

Zu den Großkunden des Buchenauer Unternehmers gehören beispielsweise REWE, EDEKA, Globus, Kaufland, DM, Schlecker, Petz, Raiffeisen- und Volksbanken, Sparkassen und, und, und…

Mit dem jüngsten Sohn Christian steht bereits ein kompetenter Nachfolger zur Führung des Unternehmens in den Startlöchern.

Aber nicht nur durch sein berufliches Engagement ist Reinhold Koch weit über Buchenaus Grenzen hinaus bekannt: Der von ihm gemeinsam mit sechs weiteren beigeisterten Freizeittauchern im Jahre 2002 in den Bopparder Bädern ins Leben gerufene „Tauchsportverein Boppard e.V." erfreut sich einer stetig steigenden Beliebtheit. Aus seinem Selbstverständnis heraus ermöglicht der junge Verein, dessen 1. Vorsitzender Reinhold Koch seit Vereinsgründung ist, allen Tauchfreunden eine kostengünstige und dennoch qualifizierte Sportausübung. Tauchkurse nach den Richtlinien des Tauchverbandes SSI und die Ausbildung von Tauchanfängern ab acht Jahren bis hin zum Tauchlehrerassistenten gehören neben zahlreichen Spezialkursen zum Angebot des örtlichen Vereins.

Heinz Krautkrämer

Im Jahre 1974 zog es mit Heinz Krautkrämer einen „Liberalen aus Überzeugung" von der Mosel ins idyllische Buchenau, wo er im

Baugebiet „Stadtwald" den verlockenden Ansiedlungsangeboten der Stadt Boppard gerne folgte. Seine neue Heimat gefiel dem im Jahre 1981 zum Oberstaatsanwalt beförderten Neubürger auf Anhieb ausgezeichnet, hatte der schwimmbegeisterte Jurist doch ab sofort ein Hallen- und Freibad direkt vor der Haustür. Ohne dass offizielle Zahlen vorliegen, stufen die Mitarbeiter der städtischen Badeanstalten ihren stets freundlichen Früh- und Spätschwimmer aus dem Fichtenweg als Rekordbesucher Nr. 1 ein, „zieht er doch seit über 30 Jahren annähernd täglich seine Bahnen".

Nachdem er zunächst - der Familientradition entsprechend - für die F.D.P. in den Bopparder Stadtrat und in mehrere Fachausschüsse einzog, hält er seit 2004 das Ehrenamt des 3. Beigeordneten der Stadt Boppard inne.

Während seiner beruflichen Jahre bei der Staatsanwaltschaft Koblenz gehörten neben anderen kriminellen Delikten auch die Straftaten gegen die Umwelt zu seinem Dezernat. Seine hervorragenden Kenntnisse des Umweltrechts, sein Verständnis für technische und naturwissenschaftliche Zusammenhänge sowie seine langjährige Berufserfahrung machten den im Frühjahr 2004 in den Ruhestand getretenen Oberstaatsanwalt zu einem in Fachkreisen stets respektierten und bei „Umweltsündern" gefürchteten Vertreter der Ermittlungsbehörde.

Als Mitgesellschafter der Bopparder Sesselbahn ist Heinz Krautkrämer seit dem Jahre 1993 an den maßgeblichen Weichenstellungen und richtungweisenden Entscheidungen dieser führenden Bopparder Touristenattraktion maßgeblich beteiligt. Seit dem Tod des Sesselbahngründers Oswald Krautkrämer (2004), seines Onkels, leitet er die Gesellschaft alleinverantwortlich.

Oswald Krautkrämer

Der lange Jahrzehnte als einer der „Buchenauer Pioniere" im Vogelsang lebende Fabrikant Oswald Krautkrämer, Jahrgang 1919, wurde nach vorausgegangener Berufsausbildung zum Holzkaufmann und Rück-

kehr aus dem 2. Weltkrieg im Jahre 1945 durch das seinerzeitige Koblenzer Oberpräsidium als Beauftragter der Generator-Kraft AG mit der Tankholzversorgung der im Zuständigkeitsbereich des Oberpräsidiums gelegenen Tankholzwerke und Tankstellen beauftragt.

Nach Gründung und Betrieb zweier eigener Tankholzwerke mit angeschlossenem Holzhandel in Buchholz und Schuld (Ahr) in den Nachkriegsjahren 1946 bis 1949 errichtete er alsdann im Jahre 1949 auf dem vormals städtischen Gelände der einstmaligen Bopparder Gasanstalt im Säuerling eine Schiefertafelfabrik, deren Produktion Mitte der 1950er Jahre auf die Herstellung von Schul- und Büroartikel aus Kunststoff ausgerichtet wurde. Als nach über zwanzig erfolgreichen Geschäftsjahren der Versuch einer Umsiedlung nach Buchenau oder in den Hellerwald scheiterte, siedelte das Unternehmen anfangs der 1970er Jahre nach Kastellaun um.

Neben seinem ausgefüllten Unternehmerleben besetzte Oswald Krautkrämer zahlreiche Ehrenämter, wobei ihm für dieses mannigfache Engagement das Bundesverdienstkreuz verliehen wurde.

Als überzeugter Liberaler gehörte er für „seine" F.D.P. in den Jahren 1952 bis 1964 sowohl dem Stadtrat Boppard, dem Kreistag des Altkreises St. Goar und zahlreichen Fachausschüssen dieser Gremien als Mitglied an.

In diesen Jahren war er zudem Vorsitzender des Bopparder Ortsverbandes der Freien Demokratischen Partei, agierte mehrere Jahre als Kreisvorsitzender und war im Bezirksvorstand und Landeshauptausschuss der Liberalen.

Im Jahre 1954 setzte sich Oswald Krautkrämer als Mitbegründer und Gesellschafter der „Bopparder Sesselbahn KG" ein Denkmal, trug dieses Unternehmen doch wesentlich zur Steigerung des Fremdenverkehrs in der mittelrheinischen Metropole bei.

Lange Jahre wirkte er seit 1954 im Stiftungsvorstand des Bopparder Krankenhauses „Zum Heiligen Geist", dessen Vorsitz er im Jahre 1969 übernahm. Im Aufsichtsrat der heimischen Volksbank, dem er seit 1964 angehörte, besetzte er ebenfalls ab dem Jahre 1972 den Posten des Vorsitzenden.

Die Industrie- und Handelskammer zu Koblenz zählte ihn lange Jahrzehnte zu den Mitgliedern in der Vollversammlung und dem Steuer- und Finanzausschuss. Rund drei Jahrzehnte dauerte Oswald Krautkrämers Engagement als ehrenamtlicher Handelsrichter.

Der verdienstvolle Mitbürger Buchenaus verstarb im Jahre 2004 im 85. Lebensjahr.

Günter Linnenweber

„Einigkeit in allen Fraktionen", - so waren die Presseartikel überschrieben, welche die am 10. Mai 1965 erfolgte einstimmige Wahl Günter Linnenwebers als künftigen Bürgermeister der Stadt Boppard vermeldeten.

Günter Linnenweber legte nach Besuch der Volks- und Oberschule in seiner Geburts- und Heimatstadt Wanne-Eickel seine Reifeprüfung nach vorheriger Schulunterbrechung durch Arbeits- und Wehrdienst mit anschließender Kriegsgefangenschaft im Jahre

1947 ab. Nach Eintritt in die gehobene Verwaltungslaufbahn und Anstellungsbehörden in Wanne-Eickel und Obermarsberg setzte er als büroleitender Beamter des Altkreises St. Goar Akzente. Längst waren seine mannigfachen Qualitäten auch in Boppard bekannt und alle Stadtratsfraktionen verständigten sich bereits im Vorfeld der anstehenden Bürgermeisterwahlen - Dr. Alexander Stollenwerk wechselte nach über 16 Dienstjahren in den verdienten Ruhestand - auf seine Person als künftiges Stadtoberhaupt.

Bereits wenige Tage nach seiner Wahl wirkte das Stadtoberhaupt an gewichtigen Ereignissen im kulturellen Leben unserer Stadt mit. Am 2. Oktober 1965 unterzeichnete er die Partnerschaftsurkunde mit der japanischen Stadt Ome, knapp sechs Wochen später wirkte er bei der Einweihung des Goethe-Instituts mit, einer Institution, die heute leider längst wieder ihre Pforten am Mittelrhein geschlossen hat.

Stichwortartig sollen einige Arbeitsschwerpunkte in der 22-jährigen Amtszeit des in Buchenau lebenden hoch geachteten Bürgermeisters aufgelistet werden: Fertig-

stellung Stadion Buchenau (1966), Erweiterung der Hauptschule (1969), Neubau Bopparder Feuerwehrgerätehaus (1970), Hallenbadbau (1973), Zusammenschluss zur verbandsfreien Gemeinde (1975), Bau der Großsporthalle (1976), Erwerb des Titels „Kneipp-Heilbad" (1976), Bau der DB-Stützmauer im Bopparder Hamm (1983), Einführung Erdgas (1986).

Dem Wesen Linnenwebers entspricht es, dass mit erreichter Pensionierung seine „kommunalpolische Aktivitäten" der Vergangenheit angehörten. Der Verzicht auf „besserwissende Belehrungen" gilt als Beweis seiner Standfestigkeit und Charakterstärke.

An der Seite von Ehegattin Petra, zahlreichen Schülergenerationen als beliebte Lehrerin und stellvertretende Schulleiterin des Kant-Gymnasiums bestens bekannt, verbringt Günter Linnenweber in seinem Eigenheim im Buchenauer Ahornweg den Herbst seines Lebens.

Dr. Adolf Luchmann

Der waschechte „Kölsche Jung", Jahrgang 1920, begann im jugendlichen Alter von 18 Jahren sein Medizinstudium, nachdem er zuvor wegen schwerer Erkrankung während der Reichsarbeitsdienstzeit auf begrenzte Zeit vom Militärdienst zurück gestellt worden war. In den Weltkriegsjahren 1941 bis 1945 leistete er seinen Militärdienst, wobei er von Juli 1941 bis Mai 1943 an der russischen Front als Sanitätsgefreiter und Sanitätsunteroffizier in verschiedenen Infanteriekompanien auch auf einem Truppenverbandsplatz im Mittelabschnitt der Ostfront zum Einsatz kam.

Nach Fortsetzung des Studiums im Juni 1941 folgten Approbation und Promotion kurz vor Kriegsende im November 1944. Sodann arbeitete er in verschiedenen Fachkliniken, bevor er im Dezember 1956 zum Chefarzt der Inneren Abteilung des Krankenhauses in Werther bestellt wurde. Hier ereilte ihn jedoch bereits kurze Zeit später im August 1957 den Ruf als Chefarzt und Leiter der Bad Salziger LVA-Klinik.

Dieses breite Aufgabenfeld erfüllte den „Arzt aus Leidenschaft", verheiratet mit einer anerkannten Frauenärztin und Familienvater zweier Kinder, annähernd drei Jahrzehnte, bis er im Jahre 1985 als Leitender Medizinaldirektor in den verdienten Ruhestand trat. In arbeitsreichen Jahren hat er in Bad Salzig die erfolgreiche Entwicklung vom Beleghaus zum Sanatorium und zur Kurklinik für Leber- und Stoffwechselerkrankungen prägend gestaltet.

Der seit Jahrzehnten im Buchenauer Vogelsang heimische Facharzt für Innere Medizin, Gastroenterologie und Röntgenologie gehörte viele Jahre als Mitglied dem Präsidium des Deutschen Ärztetages an. Bei der einschlägigen Fachzeitschrift „Das öffentliche Gesundheitswesen" zählte er zum Team der Schriftleitung. Der „Verband der Sozialmediziner der Bundesrepublik Deutschland", dessen stellvertretender Bundesvorsitzender er mehrere Jahre war, kürte ihn zum Ehrenmitglied.

Aber nicht nur durch Dr. Luchmanns medizinisches Fachwissen ist der Hobbyzeichner - seine Aquarelle waren wiederholt Gegenstand öffentlicher Ausstellungen - weit über unsere Heimat bekannt.

Sein meisterlicher Umgang mit der Feder hat den Ruheständler zu einem anerkannten Hobbyschriftsteller werden lassen.

In den im Jahre 1999 veröffentlichten beiden Bänden „Um die Jugend betrogen" werden mit Materialfülle die Schrecken des Nationalsozialismus und Grauen des Krieges dargestellt, wie sie Einzelpersonen erleben mussten. Zu Wort kommen Menschen, die nie befragt wurden, ob sie bereit gewesen wären, zur Erreichung der proklamierten politischen Ziele Lebensglück oder gar das Leben selber zu opfern.

Ein Jahr zuvor wurde bereits „Der Ehrenbürger und drei weitere Episoden aus den Revolutionsjahren 1848 und 1849" publiziert. Im Jahre 2002 erschien mit „Kurzgeschichten heiter bis historisch" das bislang letzte Werk des Buchenauers.

Viktoria, Kathrin und Stephanie Lüpke

Stephanie, Jahrgang 1979, und die Zwillinge Viktoria und Kathrin Lüpke, Jahrgang 1980, waren noch allesamt im Kindergartenalter, als sie im Herbst des Jahres 1984 zum wöchentlichen Allgemeinturnen des TV Bad Salzig in der Buchenauer Sonderschulhalle angemeldet wurden. Schnell erkannte die Übungsleiterin das kunstturnerische Talent der „Girlie-Group" und empfahl das Trio dem dortigen Kunstturntrainer Werner Mittendorf zur weiteren Förderung.

Dieser nutzte die Gelegenheit, und recht bald belegten die „Lüpke-Kids" sowohl bei zahlreichen Vergleichswettkämpfen, wie

auch bei den Mittelrhein- oder den Landes-
meisterschaften vordere Plätze. Sportliche
Highlights waren zudem die Einladungen zu
Landes- oder auch zu Bundesturnfesten.

Als die zwischenzeitlich 9-jährige Kathrin
beim Landesturnfest in Trier die Konkurrenz
ihrer Altersklasse beherrschte, erhielt ihr Heimatverein eine Empfehlung zur Teilnahme
Kathrins am wöchentlich viermaligen Training im Leistungszentrum Koblenz. Keine
einfache Aufgabe, aber mit Fleiß, Ehrgeiz
und vor allem ungeheurem Talent wurde die
schwierige Aufgabe, Schule und Leistungs-
sport miteinander zu vereinbaren, dank tatkräftiger Unterstützung des Elternhauses
glänzend gemeistert. Und die Erfolgskurve
zeigte Anfang der 1990er Jahre konstant
nach oben. Die jährliche Teilnahme an Meisterschaften auf Landes- und Bundesebene gehörten zum Pflichtprogramm der jungen
Leistungssportlerin, die längst in den Bun-
desleistungskader aufgestiegen war.

1993 sollte Kathrin Lüpkes sportlich er-
folgreichstes Jahr werden: Nach der rheinland-pfälzischen Vizemeisterschaft im Stu-
fenturnen überzeugte die Buchenauerin vom
Tulpenbaum bei einer der ersten gesamtdeut-
schen Meisterschaften in Berlin mit einer hervorragenden Platzierung und wurde anlässlich der 100-Jahr-Feier der TG Boppard zu
Boppards „Sportlerin des Jahres" gekürt. Bei
der DTB-Turngala in Koblenz erfreute sie
Tausende von Besuchern mit einer unvergessenen Kür am Balken, die sie gemeinsam mit
Svetlana Boginsgaja, seinerzeit Russlands
Kunstturnerin Nr. 1, perfekt turnte.

Im Teenageralter von rund 14 Jahren zogen sich die talentierten Geschwister dann
aus unterschiedlichen Gründen nach und
nach weitestgehend vom Turnsport zurück,
wobei Stephanie und Kathrin sich später
noch lange Zeit als Übungshelferinnen des
heimischen Erfolgstrainers Werner Mittendorf betätigten.

Majestäten Buchenaus

Eigentlich eine Selbstverständlichkeit,
dass auch in Buchenau einige edle Würdenträger beheimatet sind, die - mit „blauem

*Buchenauer Würdenträger, denen bislang
die Ehre eines Schützenkönigs oder einer Damenkönigin in der historischen Bopparder
Schützengesellschaft zuteil wurde: Annemarie Heinrich (1983 und 1992), Heinz Oesterberg (1993), Hildegard Mertens (1988), Josef Mertens (1996), Rosemarie Lüdicke
(1988 und 2004), Jürgen Ströhl (1999), Gise-
la Oesterberg (1990) und Gerhard Heinrich
(2004).*

Blut" ausgestattet - dem jungen Bopparder
Ortsteil einen ganz besonderen Status verlei-
hen.

„Ihre Majestäten", immerhin Königinnen
und Könige, haben aber ihre Bescheidenheit
nicht verloren und im üblichen Jahresverlauf
sind sie halt die „ganz normalen, lieben Nachbarn von nebenan" geblieben. Aber wenn
dann im Frühjahr der Fronleichnamstag und
damit das traditionelle Schützenfest der Bopparder Schützengesellschaft 1510/1848
naht, dann erkennt der aufmerksame Beobachter doch, dass er es hier mit einer „auser-
wählten Spezies" zu tun hat...

Jeweils vier Damen und Herren mit Wohnsitz Buchenau kamen in den vergangenen

Jahrzehnten in den Genuss, den Rumpf des Königsadlers am jährlichen Schützenfest mit einem gezielten Schuss niederzustrecken und damit für ein Jahr in majestätischen Amt und Würden zu stehen. Sowohl Annemarie Heinrich wie auch Rosemarie Lüdicke ist dieses Kunststück bislang gar gleich zweifach geglückt.

Im Jahre 2004 gelang es dem Ortsteil zudem erstmals, mit Gerhard Heinrich und Rosemarie Lüdicke, sowohl Schützenkönig wie auch Damenkönigin zu stellen.

Walter Marquardt

Als kompetenter Schriftleiter der beliebten Wochenzeitung „Rund um Boppard" hat sich der 1991 verstorbene Walter Marquardt, Jahrgang 1909, selbst ein Denkmal errichtet. In den Jahren 1975 bis 1988 setzte er sich mit großem Engagement für die vom Bopparder Verkehrs- und Verschönerungsverein (VVV), dessen Ehrenmitglied er war, herausgegebene Heimatzeitung ein.

„Rund um Boppard" erfuhr unter seiner Leitung einen deutlichen Aufschwung. Die Seitenzahl wurde beträchtlich erweitert, die Gestaltung und Gliederung verbessert und die Auflage steigerte sich auf wöchentlich rund 4.000 Exemplare. Aktuelle, objektive und wahrheitsgetreue Berichterstattung zählten zu den obersten Grundsätzen während Walter Marquardts Schriftleitertätigkeit. Großen Zuspruch fand er beispielsweise im Jahre 1982, als er die Rubrik „Einer geht durch die Stadt…" zu neuem Leben erweckte.

1909 in Schönebeck an der Elbe geboren, nahm Walter Marquardt nach berufsbedingtem Wohnortwechsel von Hamburg ins Rheinland im Jahre 1964 zunächst seinen neuen Wohnsitz in Bad Salzig. Sofort entfaltete er hier gesellschaftliche Aktivitäten auf unterschiedlichen Ebenen. Egal, ob als Fußballschiedsrichter oder Jugendleiter und einige Jahre später sogar als Vorsitzender des örtlichen VfR „Salisso" - das Vereinsleben prägte seinen Alltag.

Beim Musikverein „Rheinklang" gehörte er zu den Gründungsmitgliedern und stand in der ersten Zeit dem Verein vor.

Von 1969 bis 1971 war er Mitglied des Gemeinderates, von 1971 bis 1972 bekleidete er das Amt des 1. Beigeordneten und vom 17. Mai 1972 bis zum 31. Juli 1973 war er sogar ehrenamtlicher Bürgermeister der damals noch selbständigen Gemeinde Bad Salzig. Mit seinem Umzug in sein neues Eigenheim im Buchenauer Meisenweg (1973) beendete Walter Marquardt auch sein kommunalpolitisches Engagement.

In den Jahren 1974 bis 1988 war er zudem auch Geschäftsführer des Bopparder Verkehrs- und Verschönerungsvereins.

Walter Marquardts tatkräftiges Wirken für die Allgemeinheit war stets geprägt von seiner christlichen Grundhaltung und seiner hilfreichen Art.

Otto May

Mit einem in den 1970er Jahren in der Bopparder Säuerlingstraße angesiedelten Einkaufszentrum setzte der Buchenauer Otto

schritten haben dürfte, trägt die unverkennbare Handschrift seines Mitinitiators und Vollblutkarnevalisten. Otto May ist unermüdlicher „Motor" der KG Schwarz-Gold Baudobriga.

Längst ist es in Buchenau kein Geheimnis mehr, dass es nicht nur viele Bewohner gerne gesehen und begrüßt hätten, wenn sich Otto May zur Übernahme der Marktleitung im jungen Extra-Markt bereiterklärt hätte.

Norbert Neuser

May aus dem Schiffelsfelder Weg Akzente im heimischen Einzelhandel. Dank eines ausgeprägten kaufmännischen Fachverstandes, einem wohl einmalig freundlichem und kompetentem Mitarbeiterstamm und nicht zuletzt einem bunten Verkaufssortiment führte der fußballbegeisterte Marktleiter „seinen R-Kauf" in die Medaillenränge der heimischen Geschäftsliga.

Gerade sein überdurchschnittliches und keinesfalls selbstverständliches „Sponsoring" in der Nachwuchsförderung des SSV Boppard verschaffte dem erklärten Schalke-Fan viel Sympathie, Dank und Anerkennung. Aber auch ortsansässige soziale und karikative Einrichtungen erfreuen sich seit langem seines tatkräftigen Engagements. Nicht nur die regelmäßigen Übernahmen zahlreich angetragener „Schirmherrenschaften" bei öffentlichen Veranstaltungen beweisen sein ausgeprägtes Interesse an der heimischen Sport- und Kulturpflege.

Der „Bopparder Nachtumzug", der als karnevalistischer Besuchermagnet nach Auffassung vieler Beobachter wohl zwischenzeitlich die Gästezahlen des Weinfestes über-

Die drei großen Lebensinhalte des Buchenauers Norbert Neuser beginnen alle mit dem Buchstaben „S": SPD, Schule und Sport.

Bereits über ein Vierteljahrhundert engagiert sich der einstmalige Juso-Landesvorsitzende für „seine" Sozialdemokraten in der Kommunalpolitik. Als Kreistags- und Stadtratsmitglied setzte er nachhaltige Akzente. Als ein Beispiel von vielen sei die erfolgreiche Umsetzung des Projekts „Arbeit und Bildung statt Sozialhilfe" angeführt. Seit 1987 ist er Mitglied im SPD-Landesvorstand

Rheinland-Pfalz und seit 1991 agiert der dreifache Vater als Kreisbeigeordneter im Rhein-Hunsrück-Kreis.

Der ganz große politische Sprung ist dem Volksvertreter allerdings (bislang) nicht geglückt: So hatte Norbert Neuser als Landrats-Kandidat bei der ersten Urwahl auf Kreis-ebene im Jahre 1998 ebenso gegen Amtsin-haber Bertram Fleck das Nachsehen, wie auch seine Kandidatur um ein Direktmandat im neuformierten „Wahlkreis 203 - Eifel-Mosel-Rhein-Hunsrück" für den Deutschen Bundestag im Jahre 2002 nicht von Erfolg gekrönt war.

Als langjähriger Schulleiter der Fritz-Straßmann-Regionalschule in Boppard konn-te Norbert Neuser einiges bewegen. Jüngstes Beispiel: Die Einrichtung einer Ganztags-schule.

Radfahren, Schwimmen und ganz beson-ders Fußball zählen zu den sportlichen Hob-bies des Diplom-Pädagogen. Zu den Aufga-benschwerpunkten der Jahre als 1. Vorsitzen-der des SSV Boppard zählte sein Engage-ment um die Nachwuchsarbeit innerhalb der mit dem Nachbarverein VfR Salisso Bad Sal-zig geschlossenen Spielgemeinschaft, der SG Rheintal. Die Erfolgskurve zeigt seither wieder deutlich nach oben.

Im Sommer 2005 wurde er zum Leiter der Volkshochschule Boppard berufen, wo Nor-bert Neuser in der Erwachsenenbildung Ak-zente zu setzen gedenkt.

Anita Nick

Seit langen Jahrzehnten gilt in Buchenau der Grundsatz, dass derjenige, dem „irgend-wo der Schuh drückt", sich mit seinen Sor-gen an „Frau Stadträtin" Anita Nick wendet, kann er doch sicher sein, dass sein Anliegen bei den maßgeblichen „Behördeninstanzen" vorgebracht und überprüft wird. Eine Ange-wohnheit, die auch nach Ausscheiden der Eh-renamtsinhaberin aus den städtischen Gre-mien überraschenderweise noch anhält. Weit über drei Jahrzehnte gehörte die Fremdspra-chenkorrespondentin der Weltfirma BO-MAG, die im Übrigen um Haaresbreite statt

im Hellerwald einstmals beinahe in der Nähe des Buchenauers Forsthauses angesiedelt worden wäre, als christlich-demokratische Unionsabgeordnete in der Zeit vom 1. Au-gust 1970 bis 31. Juli 2004 dem Bopparder Stadtrat an. Hier verlieh sie mit ihrer einmali-gen Art und gelungenen Wortbeiträgen man-cher Ratssitzung eine später vielfach ver-misste „besondere Würze".

In den städtischen Fachausschüssen galt das fachkundige Augenmerk der heimatbe-wussten Buchenauerin aus dem Fichtenweg insbesondere den Arbeitsschwerpunkten Bauwesen und Seniorenarbeit.

Dem Ortsbeirat Boppard gehörte die enga-gierte Kommunalpolitikerin Anita Nick in den Jahren 1974 bis 1979 an.

Manfred Nickenig

Auf eine stolze rund dreihundertjährige Weinbautradition können die renommierten Bopparder Winzerfamilien Stumm-Nicke-nig, aus der auch der einzige in Buchenau an-sässige Winzer Manfred Nickenig ent-stammt, zwischenzeitlich zurückblicken.

Winzermeister Manfred Nickenig begann im Nachkriegsjahr 1949 seine Lehrjahre bei

der Königsbacher Brauerei, die seinerzeit noch einen eigenen Weinanbau betrieb. Im Frühjahr 1974 verzog es seine Familie von den zwischenzeitlich zusehends beengter werdenden Betriebsräumlichkeiten in der Koblenzer Straße hoch aufs „neue Land", wie Buchenau vielfach bezeichnet wurde. Ein Zweifamilienhaus in der Straße „Am Eisenberg" mit großem, vom Naturboden umgebenem Weinkeller mit einzigartigen „Geschichte erzählenden" Holzfässern, bildet seither das familiäre Wohn- und Betriebsdomizil.

Überörtliche Beachtung fand sein Wagemut im April des Jahres 1972, als er nach einer fünfzigjährigen örtlichen Abstinenz in der Weinlage Fässerlay im Bopparder Hamm erstmals wieder mit dem „Spätburgunder" einen heimischen Rotwein anbaute. In den ersten Jahren wurde dieser Tropfen als „rosé" ausgebaut. Später folgten zahlreiche örtliche Winzer seinem erfolgreichen Beispiel. Bis in die heutigen Tage wird im Übrigen im Bopparder Hamm die Rebsorte „Schwarzriesling" ausschließlich durch den Buchenauer Winzerbetrieb von Manfred Nickenig zur Reife geführt.

Auch wenn das Familienunternehmen seine Anbauflächen in den letzten Jahren nicht unwesentlich zurückgefahren hat, bedeutet die „Betreuung" der in den Weinlagen Mandelstein, Feuerlay, Fässerlay und Elfenlay verteilten Rebflächen mit rund 12.000 Weinstöcken für den vielfach ausgezeichneten Buchenauer „Winzer aus Leidenschaft" eine ganz persönliche Lebenserfüllung.

Und wer Manfred Nickenig beim annähernd täglichen „Besuch" seiner Weinlagen beobachtet, wird sich glücklich schätzen dürfen, dass es ihm vergönnt war, auf einen „traditionellen Weinbauer der alten Generation" getroffen zu sein.

Heinz Oesterberg

Im Alter von nur 62 Jahren verstarb im Jahre 2000 der Vorsitzende und Major der Bopparder Schützenbruderschaft, Heinz Oesterberg. Er gehörte zu den ältesten Mitgliedern der „Bopparder Schützengesellschaft 1510/1848", der er mit großem Erfolg und starkem persönlichen Einsatz seit Januar 1988 vorstand und deren umjubelter Schützenkönig er 1993 war.

Mehreren Vereinigungen gehörte der verantwortliche Tiefbauingenieur der städtischen Kanalwerke an. Seine „große Liebe" galt aber den Schützen, bei denen er mit Ehrungen förmlich überhäuft wurde. So war er beispielsweise seit 1995 Träger des St. Sebastianus-Ehrenkreuzes und noch im Januar 2000 erhielt er aus der Hand des Diözesan-Bundesmeisters Urkunde und Schulterband zum Ehrenkreuz, eine der höchsten Auszeichnungen im Bund der Historischen Deutschen Schützenbruderschaften überhaupt. Deren prägenden Leitmotiven „Glaube, Sitte, Heimat" fühlte sich der Buchenauer aus dem Fasanenweg auch als gläubiger Christ zeitlebens verpflichtet.

Lange Jahre stand er auch dem stadtbekannten Kegelclub „Knapp war's" vor und auf seine Initiative hin lassen sich auch einige für Hobbykegler ungewöhnliche Aktivitäten im Interesse der Allgemeinheit zurückführen: So erneuerten die Clubmitglieder im Jahre 1975 das durch einen Blitzschlag zerstörte Schwedenkreuz auf der rechtsrheinischen Filsener Ley oder restaurierten im Jahre 1983 die beliebte Schutzhütte „Thonetshöhe" auf dem Eisenbolz.

Nach seinem Eintritt in den beruflichen Ruhestand entfaltete Heinz Oesterberg im Ortsbeirat Boppard als Mitglied der CDU-Fraktion kommunalpolitisches Engagement.

Rudolf Petri

Bereits seit 1929 betrieb Rudolf Petri, unterstützt von Ehefrau Hildegard im thüringischen Jena mit dem „Hellas-Druck" seine eigene Druckerei. Den Zeiten entsprechend wurde er kurzerhand im Jahre 1951 durch den „Arbeiter- und Bauernstaat" enteignet. Über West-Berlin flüchtete er kurz darauf in den Westen, um in Boppard eine neue Heimat zu finden.

In bescheidenen, angemieteten Räumlichkeiten der Oberstraße 91 wurden im Jahre 1952 die Wurzeln der Druckerei „Rheindruck Boppard Rudolf Petri" gelegt. Und als ihn Stadtbürgermeister Dr. Alexander Stollenwerk anfangs des Jahres 1954 ansprach, ob er sich vorstellen könne, künftig in seinem

jungen Unternehmen neben der Druckerei auch einen Verlag für ein wöchentlich erscheinendes Presseorgan zu leiten, sagte er spontan zu. Schließlich war ihm jetzt ein wöchentlicher „Großauftrag" sicher und außerdem wurden Arbeitsplätze gesichert.

Der Verkehrs- und Verschönerungsverein Boppard als Herausgeber der künftigen Heimatzeitung „Rund um Boppard" übertrug dem „Rheindruck" die Verlagsrechte.

Aber nicht nur das Amtliche Bekanntmachungsorgan der Stadt Boppard wurde beim „Rheindruck" fachmännisch erstellt, zahlreiche weitere Publikationen und Druckaufträge sorgten für ein stetiges Wachstum des Unternehmens, so dass sich die Räumlichkeiten in der Bopparder Innenstadt recht bald als nicht mehr ausreichend erweisen sollten.

Am 18. Dezember 1959 wurde ein neues, eigenes Firmengebäude in Buchenau, Am Eisenberg 24, eingeweiht. Endlich gehörten die aufgrund der beengten Räumlichkeiten unvermeidbaren Improvisationen der Vergangenheit an.

Bis ins Jahr 1989 vertrieb die Firma Rheindruck, die ab 1973 von Hans Zastrow weitergeführt wurde, die Wochenzeitung „Rund um Boppard".

Rudolf Petri lebte bis zu seinem Tod im Jahre 1985 im Herzen Buchenaus in der Stichstraße „An der Platane".

Jürgen Pfeifer

Die Betroffenheit über die überraschend aufgetretene Neurodermitis-Erkrankung ihres gerade mal knapp sechs Monate alten Sohnes veranlasste den im vorzeitigen Ruhestand befindlichen Kriminalpolizeibeamten Jürgen Pfeifer, mit engagierter Unterstützung von Ehefrau Elfi, am 2. Februar 1985 einen „Bundesverband Neurodermitiskranker in Deutschland e.V." mit Sitz in Boppard zu gründen.

Seit diesem Gründungstag steht Jürgen Pfeifer dem Verein in Personalunion als Vorsitzender und Bundesgeschäftsführer vor.

Zielvorstellung des in der Buchenauer Straße wohnenden Ehepaares war in erster Linie das Bestreben, künftig ihre gewonnenen Erfahrungen im Kampf mit der heimtückischen „Juckkrankheit" betroffenen Familien vermitteln zu können. Aber auch erfolgsversprechende Therapien, nach Möglichkeit losgelöst von der berühmten „pharmakologischen Keule", galt es aufzuzeigen.

In Zusammenarbeit mit Wissenschaftlern, Therapeuten und Krankenkassen ist es vornehmste Aufgabe des Vereins, die „neuzeitlichen" Krankheitsbilder Neurodermitis, Asthma und Allergien weitergehend zu erforschen, um neue Therapiewege zu finden und dabei möglichst zu erreichen, dass die Patienten auch ohne nebenwirkungsbelastende Medikamente möglichst nachhaltig symptomfrei werden.

Zwischenzeitlich unterhält der anerkannte Verband mit rund 17.500 Vereinsmitgliedern etwa 65 bundesdeutsche Selbsthilfegruppen. Presse, Rundfunk und Fernsehen berichten ebenso regelmäßig von der gemeinnützigen Arbeit des mit anerkannten Fachkliniken, Fachärzten und Therapeuten kooperierenden Bundesverbandes. Fachvorträge oder die Standbetreibung auf Gesundheitsmessen zählen zum Pflichtprogramm der Einrichtung.

Jürgen Piwowarsky

Als Buchhändlersohn im Jahre 1933 in Boppard geboren, absolvierte der Rheinlandliebhaber 1952 am örtlichen Kant-Gymnasium seine Abiturprüfung. Nach siebensemestrigem Jurastudium an der Mainzer Universität legte er 1956 mit einem deutlich überdurchschnittlichen Ergebnis sein erstes Staatsexamen ab.

Als beruflichen Einstieg wählte der lange Jahre in Buchenaus Straße „Unter den Birken" wohnende Richter aus Leidenschaft zunächst die Zivilgerichtsbarkeit, um später zur Verwaltungsgerichtsbarkeit zu wechseln.

Nachdem Jürgen Piwowarsky 1975 zum Präsidenten des Koblenzer Verwaltungsgerichts ernannt wurde, übernahm er 1978 den Vorsitz des 2. Senats am dortigen Oberverwaltungsgericht. Im Jahre 1983 erfuhr er mit der Ernennung zum Präsidenten des Oberverwaltungsgerichts und des Verfassungsge-

richtshofes Rheinland-Pfalz die Krönung seiner beruflichen Laufbahn.

Zwölf lange Jahre agierte er als höchster Richter im Lande Rheinland-Pfalz, um mit Ablauf des Jahres 1995 in den wohlverdienten Ruhestand zu treten. Mit Eintritt in den Ruhestand wurde „Piwo", wie ihn noch heute viele Bopparder liebevoll nennen, für seine vielfältigen Verdienste um die rheinland-pfälzische Verwaltungsgerichtsbarkeit durch Verleihung des Verdienstkreuzes Erster Klasse des Verdienstordens der Bundesrepublik Deutschland geehrt.

Seither findet er endlich mehr Muße, seine Hobbies, zu denen er neben dem Lesen klassischer und zeitgenössischer Literatur auch die klassische Musik, allen voran die Werke W. A. Mozarts, zählt, zu pflegen. Natürlich kommen für den Vater dreier Töchter auch die Familie und das Wandern vorwiegend in heimatlicher Umgebung, ebenso wie in Österreich und Frankreich, nicht zu kurz. Für seine Enkelkinder ist „Opa Jürgen" jederzeit der geliebte Spielkamerad.

Auch wenn es Jürgen Piwowarsky zwischenzeitlich zurück an den großen Rheinstrom zog - seit Herbst 2003 wohnt er mit Gattin Hedi in der Bopparder Rheinallee -, immerhin verbrachte er ab 1961 über vier Jahrzehnte in Buchenau. Und nach eigenen Angaben hat er sehr gerne mit seiner Familie in seiner Buchenauer Wahlheimat gelebt.

Edith und Karl Josef Reichow

Nachdem die politische Ehrenamtstätigkeit des rüstigen Pensionärs aus der Paul-Preiß-Straße - der Bauoberamtsrat Karl Josef Reichow gehörte von 1960 - 1976 als SPD-Mitglied dem Bopparder Stadtrat an - längst beendet war, ist sein Jahresablauf heute fest mit der „AWO-Tschernobyl-Hilfe" verwurzelt. Gemeinsam mit Ehefrau Edith, in den Jahren 1970 - 1979 Vorsitzende der örtlichen Arbeiterwohlfahrt und ebenso wie ihr Ehemann lange Jahre im ehrenamtlichen Schöffendienst aktiv, setzt er sich seit 1990 intensiv für humanitäre Hilfsmaßnahmen für Kinder im weißrussischen Krasnopolje, Region Tschernobyl, ein.

Der Unfall im Kernkraftwerk Tschernobyl in der Nacht vom 25. auf den 26. April 1986 ist der folgenreichste Vorfall in der über 50-jährigen Geschichte der friedlichen Kernenergienutzung. Ungezählte Menschen der Region überlebten dieses tragische Ereignis nicht oder leiden seither unter Strahlenschäden.

Besonders den dortigen Kindern zu helfen, dies ist das Anliegen - ja zwischenzeitlich wohl eine Lebensaufgabe - des dank seines unermüdlichen Engagements weit über die heimatlichen Grenzen bekannten Ehepaares Reichow, das mit Unterstützung zahlreicher Helfer eine stolze Erfolgsbilanz vorweisen kann. Seit dem ersten Boppardbesuch im Jahre 1991 verbrachten bislang 317 weißrussische Kinder erholsame, mehrwöchige Ferien am Mittelrhein. Wer in den Genuss kam, die Kinder in Boppard zu beobachten, weiß, dass es für alle wohl zeitlebens unvergessliche Aufenthalte gewesen waren. Für vier Mädchen erfolgte die Kostentragung einer einjährigen Krankenschwesternausbildung. In sechs Hilfstransporten wurden lebensnotwendige Güter in die strahlenverseuchte Region verbracht.

Ungezählte humanitäre Hilfsmaßnahmen vor Ort, sei es für ärmere Familien, für Kinder- und Waisenheime oder für Schulen standen unter der Federführung des Ehepaares Reichow.

Winfried Rinke

Nachdem die Familie des Diplom-Bauingenieurs Winfried Rinke zum Herbst 1974 in der Buchenauer Waldstraße eine neue Heimat fand, war das Familienoberhaupt zunächst einige Jahre in leitender Stellung in der Bauindustrie tätig. Internationale Arbeitseinsätze, stellvertretend für weitere Aufgabenfelder sei seine Tätigkeit als Projektleiter beim Flughafenbau in der nördlichen Sahara in den Jahren 1976 - 79 genannt, prägten seinen Arbeitsalltag.

1982 gründete er mit der „GATIC-GmbH" eine englisch-deutsche Vertriebsgesellschaft für Schachtabdeckungen mit Firmensitz in Boppard. Immerhin vier Jahre bestand diese

Kooperation, bis sich der agile Buchenauer im Jahre 1986 entschloss, die britischen Gesellschaftsanteile zu übernehmen und das Unternehmen in alleiniger Verantwortung als „GAV-GmbH" fortzuführen. Diese Übernahme bildete zugleich die „Geburtsstunde" für die fortan stetige Weiterentwicklung von Sonderlösungen zur Abdeckung von Bodenöffnungen in allen denkbaren Verkehrsflächen.

Mit dem Bau der ersten Fertigungshallen im Bopparder Gewerbepark Hellerwald im Jahre 1989 gelang sodann der endgültige Durchbruch als Spezialunternehmen für Schachtabdeckungen und recht bald exportierte das Bopparder Unternehmen seine Produkte nach Österreich, Luxemburg, der Schweiz, Irland, Tschechien und Ungarn. Die bislang bedeutendsten und auch größten Abdeckungen des international anerkannten Fachunternehmens liegen vor dem Reichstag und dem Potsdamer Platz in Berlin, vor dem Schweizer Bundeshaus in Bern, auf den Flughäfen Frankfurt/Main, Zürich und Wien, in Containerterminals in Bremerhaven und vor der Frauenkirche in Dresden.

Nachdem bereits im Jahre 2003 der klassische Produktbereich der „GAV" um den Schwerpunkt „Edelstahlverarbeitung" für Ver- und Entsorgungsobjekte eine nicht unbeträchtliche Erweiterung fand, hat sich die bundesweite Mitarbeitszahl zwischenzeitlich auf über siebzig erhöht, wobei die Produktionen auf sieben Hallen verteilt werden.

„Vater Winfried" ist natürlich mächtig stolz, dass durch Firmeneintritt und tatkräftigem Engagement seines Sohnes Alexander, einstmals übrigens „jüngstes Bopparder Stadtratsmitglied aller Zeiten", Bestand und Weiterentwicklung des Fachunternehmens gesichert sind.

Parallel zum Berufsleben findet Winfried Rinke aber dennoch seit vielen Jahren Zeit und Muße, sich in seiner Wahlheimat auch ehrenamtlich zu engagieren. So besetzt der Buchenauer beispielsweise nicht nur den gewichtigen Vorsitzposten im Aufsichtsrat der örtlichen Volksbank, auch dem historischen Verein des „Weinkollegiums Königliches Kelterhaus zu St. Remigius" steht er schon lange vor.

Klaus Sauerborn

Als langjähriger Vorsitzender der Buchenauer Nachbarschaft ist Klaus Sauerborn zahlreichen Mitbürgerinnen und Mitbürgern sicherlich bestens bekannt. Seine Aktivitäten in den Pionierjahren des Waldfestes sind unvergessen.

Auch bedarf das kommunalpolitische Engagement des engagierten Sozialdemokraten ebenfalls keiner ausdrücklichen Erwähnung, ist er doch schon lange Jahre in städtischen Fachausschüssen aktiv.

Weniger bekannt dürfte sein Engagement in der „Westdeutschen Gesellschaft für Familienkunde" sein. In deren mittelrheinischen Bezirksgruppe mit Sitz in Koblenz ist Klaus Sauerborn der kompetente Ansprechpartner für den Fachbereich „Ahnenforschung für Koblenzer Auswandererfamilien in Ungarn", wobei ihm die ungarische Regierung bereits wiederholt für seinen ehrenamtlichen Einsatz offiziell dankte.

Seit über zwei Jahrzehnten steht er zudem der örtlichen Siedlergemeinschaft „Leiswiese I" vor. Als Kreisvorsitzender der sozialdemokratischen „Arbeitsgemeinschaft 60plus" setzt Klaus Sauerborn in der Seniorenarbeit Akzente.

Und natürlich hilft Klaus Sauerborn nach wie vor Jahr für Jahr seiner engagierten Ehefrau Hildegard bei der umfangreichen Organisation des St. Martinsumzuges. Eine ehrenamtliche Tätigkeit, die diese zur großen Freude zahlreicher Generationen Buchenauer Kinder im Jahre 1968 von Lieselotte Holzmeister übernommen hat.

Unvergessen in diesem Zusammenhang ist in Buchenau natürlich ein einmaliges Erlebnis, als es zu Beginn der 1970er Jahre Hildegard Sauerborn trotz ungezählter Telefonate und Hausbesuche nicht möglich war, für den St. Martinsumzug ein Pferd mit Reiter „aufzutreiben". Kurzerhand griff sie die Gelegenheit beim Schopf, statt des „unauffindbaren" Pferdes einen Esel aus der Nachbarschaft beim Festumzug marschieren zu lassen. Wenn wohl auch einige Elternteile sich seinerzeit ein Schmunzeln nicht verkneifen konnten, schwärmen noch heute viele der damaligen Kinder davon, dass sie trotz oder gerade wegen des Grautieres niemals vorher oder nachher einen schöneren St. Martinsumzug erlebt hatten.

Wendel Schäfer

„Gedichte, Aphorismus und Kurzprosa" - mit diesen drei Schlagworten lässt sich das literarische Schaffen des Sonderschulrektors i.R. aus der Buchenauer Igelstraße kurz und prägnant beschreiben. Aber auch ein Jugendbuch wurde bereits veröffentlicht und ein Kinderbuch ist zumindest in Planung.

Literarische Beiträge des waschechten „Hunsrückers" aus Bundenbach, Jahrgang 1940, sind in über einhundert Anthologien und literarischen Fachzeitschriften veröffentlicht worden.

Der Preisträger zweier Satire-Wettbewerbe (1990 und 1992) saß 1989 im kommissarischen Bundesvorstand des Verbandes Deutscher Schriftsteller (VS) und war in den Jahren 1994 bis 1998 dessen rheinland-pfälzischer Landesvorsitzender.

Nachfolgend die bisherigen Buchveröffentlichungen des bundesweit bekannten Lyrikers:

- Teils heiter, teils wolkig (1979);
- Die Musenflunder (1982);
- Eisgirlanden (1982);
- Herbstspuren (1983);
- Die Nacht ist nicht nur schwarz ((1983);
- Saurer Regen (1983);
- Erosionen (1984);
- Flügel-Schläge (1985);
- Guten Morgen Deutschland (1986);
- Auf den Leib geschrieben (1988);
- Bilderkopf und Blumentritt (1988);
- Krone im Kopf (1991);
- Flügel-Spitzen (1992);
- Vögel haben keine Fenster (1994);
- Barbarossa (1997);
- Flügel-Stürme (1998);
- Schattenspringer (1999);
- Schneckenschneiden (2000);
- Zwischenzeiligkeiten (2000);
- Zwischenbericht (2003);
- Auf ins Pumperland (2003);
- Grillensang (2004);
- Seilgetanz (2005).

Dr. Hermann Schubert

Auch das Bopparder Krankenhaus war seit jeher bestrebt, sich im Rahmen seiner Möglichkeiten regelmäßig den neuesten medizinischen Entwicklungen anzupassen. Und da in jüngeren Jahren die Krankheitskurve bei sog. psychosomatischen Beschwerden stetig nach oben zeigte, erarbeitete im Januar 1998 auch das „Hospital zum Heiligen Geist" ein neues Behandlungskonzept.

Recht bald erfuhren die unter Federführung des im Vogelsang beheimateten Facharztes Dr. Hermann Schubert entwickelten ganzheitlichen Behandlungsmethoden, welche die körperlichen, seelischen und sozialen Aspekte einer Erkrankung berücksichtigen, eine weithin reichende Anerkennung. Und schon im Januar 1999 wurde dem psychosomatischen Schwerpunkt innerhalb der Klinik für Innere Medizin von der rheinland-pfälzischen Landesregierung der Versorgungsauftrag erteilt.

Seither stellt sich im „Bopparder Gesundheitszentrum" ein fachkompetentes Behandlungsteam, bestehend aus den verschiedenen Berufsgruppen von Ärzten, Diplom-Psychologen, Physiotherapeuten, Krankenschwestern und pflegern mit Chefarzt Dr. Hermann Schubert an der Spitze, dem neuen Aufgabenfeld, wobei der Psychosomatik zwischenzeitlich rund 40 Betten zugeteilt sind.

Ohne Frage stellt das von Dr. Hermann Schubert geleitete medizinische Arbeitsfeld einen weiteren Mosaikstein dar, der wesentlich mithilft, die langfristige Existenz des Bopparder Krankenhauses zu sichern.

Sebastian Schubert

„Musik bestimmt sein Leben" - so lassen sich sicherlich die ersten beiden Lebensjahrzehnte des Buchenauers aus dem Vogelsang, Sebastian Schubert, Jahrgang 1986, grob umreißen.

Im dreizehnten Lebensjahr wechselte der vormalige „Kantianer" zum rheinland-pfälzischen Landesmusikgymnasium nach Montabaur, von welchem er nach erfolgreichem Abitur im frühen Herbst 2005 zum SAE College nach London wechselte, um dort nach dreijähriger Schulausbildung den Abschluss „Bachelor of Recording Arts" zu erwirken.

Dass er seine „Lieblingsinstrumente" Gitarre und Klavier bereits in jungen Jahren meisterlich beherrscht, davon zeugen nicht nur mehrere erste Preise bei den Regional-, Landes- und Bundeswettbewerben „Jugend musiziert" und „Jugend jazzt", sondern auch erste und zweite Platzierungen bei Orchesterwettbewerben auf Landes-, Bundes und internationaler Ebene.

Zahlreiche Sonderpreise dokumentieren Sebastian Schuberts Interpretationen der sog. „Neuen Musik". Bei Kompositionswettbewerben der Jeuness Musicales, der Engelbert-Humperdinck-Stiftung, des Landesmusikrates Rheinland-Pfalz, dem Verband Deutscher Schulmusiker und der Deutschen Gesellschaft für Barockmusik stand er auf dem Siegertreppchen ganz oben.

Die Richard-Wagner-Stiftung förderte sein Talent mit der Gewährung eines Stipendiums. Die Namensliste seiner Kursleiter mit Prof. Müller-Hornbach, Prof. Redel, Prof. Brandmüller, Prof. Hölzky, Prof. Hamel und Prof Wolschina, mit Alfonso Montos, David Graham, Walter Reiter, Gunner Plümer, Tilo Medek und Koichiro Hattori versetzt Musikkenner ins Schwärmen. Weitere musikalische Fortbildung betrieb der Internatsschüler beim Landesjugendensemble für Neue Musik sowie im „Response Kurs 2004".

Nationale und internationale Konzerttourneen nach Polen, St. Petersburg, Moskau und China bestimmten ebenso wie Kompositionsaufträge für Ong Tion-Giap, Yukari Aotani, Kumiko Mori und für das Landesjugendorchester Rheinland-Pfalz das frühe Leben des in Buchenau beheimateten „Vollblutmusikers", der neben perfektem Englisch als zweite Fremdsprache japanisch in Wort und Schrift beherrscht.

Gerhard Seib

Weit über drei Jahrzehnte sorgte mit Gerhard Seib in den Jahren 1971 - 2004 ein Buchenauer aus dem Akazienweg als engagierter Journalist am Mittelrhein und auf den angrenzenden Hunsrückhöhen durch seine Beiträge in der dem Koblenzer Mittelrhein-Verlag zugehörigen Rhein-Zeitung, später Rhein-Hunsrück-Zeitung, für eine hintergründige Berichterstattung. Seine bekannt „spitze Feder" bereitete zumeist viel Freude, vereinzelt sorgte sie aber auch für nachhaltigen Verdruss, eben ganz nach den Ansichten des Lesers.

„Vom Rhein ins Rheinland" beschrieb der politisch unverfärbte Zeitungsmann seinen beruflichen, aber auch privaten Lebensweg. Geboren zu Speyer in schweren Weltkriegs-II-Zeiten, begann Gerhard Seib seine journalistische Laufbahn im pfälzischen Landau und in Neustadt/Weinstraße für ein „Blatt", das wenige Wochen nach seinem Wechsel an den Mittelrhein sein Erscheinen einstellte. In den Jahren 1975/76 verlegte der zunächst in Koblenz wohnhafte und im Jahre 1981 in die „Wohn- und Schlafstadt Buchenau", so eine Wortschöpfung Gerhard Seibs, verzogene Redaktionsleiter die Geschäftsräume von St. Goar ins deutlich nachrichtenträchtigere Boppard.

Hier fand der Wahl-Bopparder immer wieder Anlässe, um zum Teil vehement gegen vielerlei Widerstände die Bopparder Bevölkerung „wachzurütteln" und oftmals auch zu „sensibilisieren". In bester Erinnerung sind beispielhaft sein journalistisches Engagement im Zusammenhang mit der Neutrassierung der Bundesstraße 9 zu ihrem heutigen Erscheinungsbild oder die vollzogene Freistellung des Römerkastells, statt der beabsichtigten vollständigen Überbauung. Trotz ungezählter journalistischer Anläufe ist es ihm allerdings nach eigenen Worten nicht gelungen, die heimischen Kommunalpolitiker zu einem Handeln, losgelöst von parteipolitischen oder wahltaktischen Zwängen, zu bewegen. „Die Lehre der reinen Vernunft hat sich noch nicht durchgesetzt", bedauert der Zeitungsredakteur.

Ganzen publizistischen Einsatz bewies Gerhard Seib bereits zu Zeiten, als das Thema „Welterbe Mittelrheintal" noch nicht allgemein geläufig war und er eindeutig Stellung bezog zur Wiederherstellung von brach gefallenen Weinbergen und dem Freihalten der Landschaft von stetig zunehmenden Wildwuchs allenthalben am Mittelrhein. Der Bewusstseinwandel in den Köpfen der Verantwortlichen dauerte lange, einem Gerhard Seib häufig zu lange…

Seit jeher hatte sich der Weinfreund und -kenner Gerhard Seib den Wein gewissermaßen als „Lieblingsthema" gewählt und auch als rüstiger Rentner kann er zumindest hin und wieder von Beiträgen im Zusammenhang mit seinem geliebten Rebensaft nicht lassen.

Im steilen Oberweseler Oelsberg besitzt der Buchenauer einen eigenen Weinberg, den er auch selbst bearbeitet, so dass er keinesfalls als reiner „Theoretiker" bezeichnet werden kann.

Die weit bekannten Bruderschaften „Königliches Kelterhaus zu St. Remigius Boppard" und „Weinkonvent zum Heiligen Goar, St. Goar" zählen Gerhard Seib zu ihren Mitgliedern und als Tourist durchschweift der Weinfachmann regelmäßig bekannte Weinanbaugebiete quer durch Europa.

Karl-Josef Simonis

Stolze 22 Dienstjahre als Lehrer an der Volks- bzw. Grundschule in Bad Salzig hatte Karl-Josef Simonis, Jahrgang 1940, bereits „auf dem Buckel", bevor der Buchenauer aus dem Hasenacker im Jahre 1984 zum Rektor der Grundschule in Spay bestellt wurde. Hier setzte er als engagierter Schulleiter bis zur im Jahre 2004 erfolgten Ruhestandsversetzung nachhaltige Akzente.

Aber einen Bekanntheitsgrad weit über Buchenaus Grenzen hinaus - den erwarb sich der gebürtige Moselaner durch sein mannigfaches ehrenamtliches Engagement, das allgemein unter den Oberbegriffen „Sport und Musik" und speziell mit den Schlagwörtern „Turnen und Chorleitung" zusammengefasst werden kann.

Schon immer schlug sein Herz für den Turnsport und so verwundert es nicht, dass er zwischen 1962 und 1998 lange Jahre als lizenzierter Übungsleiter in „seinem" TV Bad Salzig aktiv war. Nachdem er die vereinsinterne Sprossenleiter als Jugendleiter, Turnwart und stellvertretender Vereinsvorsitzender erfolgreich erklommen hatte, stand Karl-Josef Simonis in den Jahren 1971 bis 1998 für annähernd drei Jahrzehnte dem stetig aufstrebenden Bad Salziger Turnverein vor.

Sein zweites großes Hobby galt dem Chorgesang und hier besonders der Leitung von Musikchören. Bis zur Auflösung mangels Nachwuchs leitete Karl-Josef Simonis in den Jahren 1969 bis 1996 den MGV „Liederkranz" Hirzenach. Auch seine im Jahre 1982 übernommene und bis heute anhaltende erfolgreiche Chorleitung des Männerchores der Bälzer Sangesgilde Boppard hat längst die Schwelle ins dritte Jahrzehnt überschritten. Als „Gründungsvater" eines Frauenchores, der sich 1989 der Bälzer Sangesgilde anschloss, leitete der stolze Vater dreier Söhne diese „weiblichen Stimmen" zwischen 1988 und 1996. Keine Frage, dass alle drei von ihm geleiteten Chöre zu den führenden Gesangvereinen unserer Region zählen bzw. zählten.

Und da dem zwischenzeitlichen Großvater dreier Enkel die Vormittage nach seiner Pensionierung neue ungewohnte Freiräume boten, ist Karl-Josef Simonis seither gerne im ehrenamtlichen Helferteam „Essen auf Rädern" der Caritas Boppard aktiv.

Monika Stenzhorn

Offensichtlich hatte sich in Boppards renommiertem „Tennisclub Rot-Weiß" das Organisationstalent ihrer langjährigen Akteurin der 1. Damenmannschaft längst herumge-

Grundschule bestätigten ebenso wie ihre weiteren ehrenamtlichen Aufgabenfelder, egal ob als stellvertretende Klassenelternsprecherin an der Michael-Thonet-Schule oder am Kant-Gymnasium, ihre vielseitige Einsatzbereitschaft.

Obwohl die leidenschaftliche „Inline-Skaterin" nicht zu den Mitgliedern der 1. Stunde des Organisationsteams der Bopparder Kinderkleiderbörse zählte, gehörte sie auch dieser äußerst sinnvollen und anerkannten Institution immerhin dreizehn lange Jahre „an vorderster Front" an.

Hans-Josef Strack

sprochen, als bei den turnusgemäßen Vorstandswahlen Monika Stenzhorn im Frühjahr 2005 an die Vereinsspitze gewählt wurde. Seither zählt die „Schneberger-Tochter" aus Buchenaus alter Straße „Unter den Birken" zum erlesenen Kreis der zahlenmäßig wenigen Frauen, denen die ehrenvolle Aufgabe zuteil wurde, einer traditionellen Männerdomäne vorzustehen. Der Tennisclub versteht sich hier wohl in einer Art „Vorreiterrolle", ist die Buchenauerin doch bereits die dritte weibliche Vorsitzende des Vereins.

Aber auch auf anderen ehrenamtlichen Tätigkeitsfeldern hat Monika Stenzhorn in langen Jahren ihr ehrenamtliches Engagement hinreichend beweisen: Immerhin fünf Jahre leitete die Mutter zweier „beinahe erwachsener Töchter" zwischen 1989 und 1993 die Mutter-Kind-Gruppe der Evangelischen Kirchengemeinde Boppards, die sich Woche für Woche im Gemeindesaal traf.

Der langjährige Vorstandsposten im Elternausschuss des Buchenauer Kindergartens Franziska oder im Förderkreis der

Schon in jungen Jahren war der im Jahre 2004 im Alter von 70 Jahren verstorbene Gymnasiallehrer Hans-Josef Strack vor allem dem Tischtennissport verbunden, den er erfolgreich in seiner Koblenzer Heimat „in vorderster Reihe" ausübte.

Aber auch nach seinem im Jahre 1969 erfolgten Umzug nach Buchenau blieb der „Mathe- und Lateinlehrer vom Kant" dem kleinen weißen Ball verbunden. Er brachte sich 1972 erfolgreich in die Nachwuchsarbeit der Tischtennisabteilung der TG Boppard ein und war maßgeblich an deren stetigem Aufschwung beteiligt.

Aber nicht nur in „seiner Turngesellschaft", auch auf Kreis- und Verbandsebene besetzte Hans-Josef Strack leitende Ehrenämter. War er bereits vor seinem Umzug lange Jahre Vorsitzender des Tischtenniskreises Koblenz, hielt er diese Führungsposition ab dem Jahre 1990 auch im Rhein-Hunsrück-Kreis inne. Zahlreiche Auszeichnungen und Ehrungen bezeugen die Verdienste des Liebhabers lateinischer und alt-griechischer Schriften.

Eine weitere Leidenschaft des Naturfreundes galt dem Wandern in heimischer Umgebung. Keine Frage, dass er auch bei den Bopparder Wanderfreunden über lange Jahre aktiv im Vorstand mitarbeitete und das Vereinsgeschehen maßgeblich lenkte. Auch im benachbarten Frankreich hielt er sich gerne mit seinen Freunden zum Wandern auf.

Martin Strömann

zirksbeamten Martin Strömann zum Sieger kürte, werden die Interessen des Ortsbezirkes Boppard seither erneut von einem Buchenauer geleitet. Er tritt damit in die Fußstapfen des Buchenauers Wolfgang Gipp, der in den Jahren 1979 bis 1984 dem Ortsbezirk vorstand.

Sein soziales Engagement als Ortsvorsitzender der Arbeiterwohlfahrt ist längst über unsere heimatliche Grenzen ein Begriff. Wiederholt reiste Martin Strömann ins ukrainische Tschernobyl, um Hilfsgüter der dortigen strahlengeschädigten Bevölkerung zu überbringen.

Als Frontmann, Sänger und Gitarrist der „Bopparder Oldieband" heizt der Vollblutmusiker vom Hasenacker nach wie vor „Alt und Jung" mächtig ein.

„Mit Leib und Seele" aktiver Fußballer ist Martin Strömann auch auf den nahegelegenen Sport- und Bolzplätzen regelmäßig anzutreffen.

Wolfgang Wendling

Nachdem im Sommer 2004 der Stichentscheid zur Ortsvorsteherwahl den Polizeibe-

Eigentlich sollte ja alles ganz anderes kommen: Doch statt bei der „predigenden" landete der Buchenauer Wolfgang Wendling letztlich bei der „schreibenden" Zunft.

Der gebürtige Hunsrücker aus Buch studierte nach erfolgreich im Jahre 1973 am altsprachlichen Gymnasium im saarländischen St. Wendel bestandener Reifeprüfung im Priesterseminar der Steyler Missionare in St. Augustin die Fächer Theologie und Philosophie.

Als jedoch im Jahre 1976 die Bundeswehr rief, vollzog sich in dem jungen Priesteranwärter offensichtlich ein Sinneswandel und im Anschluss an den abgeleisteten Wehrdienst setzte der heutige Journalist der Rhein-Zeitung an der Bonner Universität sein Studium mit der Fächerkombination Geschichte, Politologie und katholische Theologie bis zum 1982 abgelegten Magisterexamen fort.

Bei der Mitarbeit an Projekten der Bonner Universität entdeckte er ebenso wie als Kursleiter in der Erwachsenenbildung der Volkshochschule seine Liebe zum Journalismus und er arbeitete fortan als freier Mitarbeiter der Rhein-Zeitung, wo er dann 1989 auch seine feste berufliche Heimat fand. Seither hat der Redakteur aus der Buchenauer Straße bei der unbestrittenen Nr. 1 der heimatlichen Zeitungen zunächst als „Springer" in verschiedenen Redaktionen, ab 1991 in den Bopparder und seit 2002 in den Simmerner Redaktionsräumen seine beliebten Beiträge im „Heimatteil" der Tageszeitung verfasst.

Zu Wolfgang Wendlings „Steckenpferden" zählen neben kommunalpolitischen Themen sicherlich seine über die regionalen Grenzen geschätzten historischen Beiträge.

Gustav Wezel

„Engagement für Gott und die Menschen in Boppard", so lässt sich der Lebensinhalt des „Neubuchenauers" Gustav Wezel sicherlich treffend in wenigen Worten beschreiben. Seit dem Sommer 2004 wohnt der evangelische Pastor mit seiner Gattin im Straßenzug „Im Vogelsang", wo er seither seinen „aktiven Ruhestand" verlebt.

Über 14 lange Berufsjahre wirkte Gustav Wezel in seiner engagierten, zupackenden und Wärme ausstrahlenden Art in unserer Heimatstadt, wo er vornehmlich die seelsorgerische Betreuung in den örtlichen diakonischen und caritativen Heimen wahrzunehmen hatte. Beileibe kein einfacher „Job", gehörten doch zu seinen Dienstaufträgen nicht nur die Betreuungen der drei Altenheime Mühlbad, Haus Elisabeth und Heilig Geist. Auch die Jugendhilfeeinrichtung „Haus Niedersburg" und die Wohnheime mit psychisch Kranken der Stiftung Bethesda-St. Martin zählten zu seinem umfangreichen Aufgabengebiet.

Immer wieder ist es Gustav Wezel gelungen, mit beispielhaften Aktionen christliches Gedankengut zu vermitteln. Beispielhaft sei an einen Gottesdienst im Jahre 1994 erinnert, als er die Kandidaten der Kommunalwahl hierzu einlud, um gemeinsam über das Leitthema „Als Christ in der Politik" zu sprechen. Die von ihm initiierten Bibel-Aktionstage in der Weihnachtszeit des Jahres 1992 bescherten Boppard „Europas größte mobile Bibelausstellung".

Mit Weihnachtsbaumsammelaktionen oder anderen Projekten mit begleitender Öffentlichkeitsarbeit des Hauses Niedersburg half er sicherlich mit, etwaige Vorurteile im Zusammenhang mit dieser Jugendhilfeeinrichtung abzubauen. Seit 1998 gestaltet er mit seiner Frau festliche Heiligabende für Alleinstehende.

Gemeinsam mit Verkehrsdirektor a.D. Werner Treichel organisierte er im Frühjahr 2005 unter dem Motto „Boppard - Bibel und Wein" eine weit über die heimatlichen Grenzen bekannt gewordene Aktion, bei der „Geschichten über Wein und die Menschen in der Bibel" in einem wundervollen Ambiente unter Verkostung erlesener Tropfen von der Bundestagsabgeordneten Julia Glöckner rezitiert wurden.

Auch als Ruheständler steht Gustav Wezel nach wie vor allen Menschen, unabhängig ihrer Glaubensrichtung, zur seelsorgerischen Betreuung zur Verfügung. Nicht wenige Mitbürgerinnen und Mitbürger haben durch ihn wieder ihren Weg zu Gott zurück gefunden oder gar neu entdeckt.

barmeister der Buchenauer Nachbarschaft gewählt. Ein Ehrenamt, dass er bis heute mit Elan und Engagement besetzt.

Uwe Zickel

Im Jahre 1972 verschlug es den Fernmeldetechniker der Bundespost ins idyllische Boppard, wo sich die vierköpfige Familie Zickel zwei Jahre später in der Buchenauer Leiswiese ein neues Eigenheim errichtete.

Ein weiteres Jahr später trat der gebürtige Göttinger Uwe Zickel, Jahrgang 1939, der Waldfestgemeinschaft bei und wurde 1976 ins Presbyterium der Evangelischen Kirchengemeinde gewählt. Die Umsetzung seines damaligen Vorschlags, künftig den Sonntagmorgen des Waldfestes mit einem ökumenischen Gottesdienst zu beginnen, hat bis heute Bestand.

Nachdem Uwe Zickel bereits in den Jahren 1990 bis 1992 als Schriftführer der Nachbarschaft hinreichend „Vorstandsluft" schnuppern durfte, wurde er 1996 zum dritten Nach-

Unter seiner Federführung hat sich innerhalb dieser gemeinnützigen Vereinigung einiges bewegt: So wurde zunächst der „im Rücklauf" befindliche Kirmesmontag abgeschafft und als Ersatz ein festlicher Freitagabend mit besonderen Veranstaltungen eingeführt. Seit einigen Jahren bilden Auftritte regionaler Musikchöre einen Höhepunkt des ersten Veranstaltungstages. Sicherlich erfuhr die jährliche „Buchenauer Großveranstaltung" dank Uwe Zickel Engagement in den letzten Jahren einen stetigen Besucherzuwachs.

Die Einführung des Weihnachtsmarktes im Jahre 2002 fällt ebenso in Uwe Zickels Amtszeit, wie der Nachbarmeister auch am regelmäßigen Ausbau bzw. den unabdingbaren Renovierungsarbeiten der „Waldfestschutzhütte" am Forsthaus maßgeblich beteiligt ist.

Auch wenn die heutigen Besucherzahlen längst nicht mehr die Größenordnungen der „guten alten Zeit" erreichen, die Orgelbornskirmes mit dem Auszug zum Orgelborn und der traditionellen Erstürmung der Feste Eisenstein gehören nach wie vor zu den Höhepunkten im heimischen Kulturgeschehen. Der Ursprung des Festes geht (zumindest) bis ins Jahr 1420 zurück, als die Marienberger Meisterin Mechthild Kolb von den Bewohnern Arenbachs, dem heutigen Buchenau, das Recht zur Nutzung des Orgelborns erwarb. Als Gegenleistung wurde den Einwohnern des später zerstörten Dörfchens unter anderem die jährliche Abhaltung dieser Feierlichkeit zugestanden. Das obere Foto datiert aus den ersten Jahren des 20. Jahrhunderts, das untere Bild zeigt einen Ausschnitt der jährlich am dritten Sonntag nach Pfingsten stattfindenden Orgelbornskirmes im Jahre 1922.

„Da waren sie noch brav...!"
Foto-Dokumentation der Buchenauer Kindergartenkinder

Den Kindergartenleiterinnen Olivia Acht (1964 - 74), Anne Noll (1974 - 85) und Monika Napp (1985 - z. Zt.) gelang es in nunmehr über vier Jahrzehnten, den katholischen Franziska-Kindergarten Buchenau zu einer weithin anerkannten Erziehungsstätte zu formen und vielen Kindern unvergessliche Kindheitstage zu bescheren.

„Da waren sie noch brav!" - so oder ähnlich dürfte wohl mancher Kommentar beim Betrachten vergangener Kindergartenbilder lauten. Und sicherlich muss heute der ein oder andere Buchenauer etwas genauer hinschauen, um sein (einstiges) Konterfei inmitten vieler strahlender Kindergesichter zu entdecken.

Bis ins Jahr 2003 bestanden Jahr für Jahr zwei Kindergartengruppen, ab dem Jahr 2003 wird aufgrund stetig steigender Kinderzahlen der Kindergarten Franziska dreizügig „gefahren".

Wenngleich es trotz ungezählten Bemühungen letztlich leider nicht gelungen ist, eine vollständige Fotodokumentation aller Buchenauer Kindergartengruppen der Jahre 1964 - 2005 zu präsentieren, so sollte die vorliegende „Sammlung" dennoch geeignet sein, manch schönes Kindheitserlebnis in Erinnerung zu rufen.

In der Tat beweisen die Gruppenfotos, dass wir seit langen Jahrzehnten „unsere Kids" im Buchenauer Kindergarten bestens aufgehoben wissen.

Erste Buchenauer Kindergartengruppe mit Leiterin Olivia Acht im Jahre 1964.

Kindergartengruppe im Jahre 1968.

Kindergartengruppe im Jahre 1972.

Kindergartengruppe im Jahre 1972.

Kindergartengruppe im Jahre 1974.

Kindergartengruppe im Jahre 1975.

Kindergartengruppe im Jahre 1975.

Kindergartengruppe im Jahre 1980.

Kindergartengruppe im Jahre 1980.

Kindergartengruppe im Jahre 1981.

Kindergartengruppe im Jahre 1981.

Kindergartengruppe im Jahre 1982.

Kindergartengruppe im Jahre 1982.

Kindergartengruppe im Jahre 1983.

Kindergartengruppe im Jahre 1983.

Kindergartengruppe im Jahre 1984.

Kindergartengruppe im Jahre 1984.

Kindergartengruppe im Jahre 1985.

Kindergartengruppe im Jahre 1985.

Kindergartengruppe im Jahre 1986.

Kindergartengruppe im Jahre 1986.

Kindergartengruppe im Jahre 1987.

Kindergartengruppe im Jahre 1988.

Kindergartengruppe im Jahre 1988.

Kindergartengruppe im Jahre 1989.

Kindergartengruppe im Jahre 1990.

Kindergartengruppe im Jahre 1990.

Kindergartengruppe im Jahre 1991.

Kindergartengruppe im Jahre 1991.

Kindergartengruppe im Jahre 1992.

Kindergartengruppe im Jahre 1992.

Kindergartengruppe im Jahre 1993.

Kindergartengruppe im Jahre 1993.

Kindergartengruppe im Jahre 1994.

Kindergartengruppe im Jahre 1994.

Kindergartengruppe im Jahre 1995.

Kindergartengruppe im Jahre 1995.

Kindergartengruppe im Jahre 1996.

Kindergartengruppe im Jahre 1996.

Kindergartengruppe im Jahre 1997.

Kindergartengruppe im Jahre 1997.

Kindergartengruppe im Jahre 1998.

Kindergartengruppe im Jahre 1998.

Kindergartengruppe im Jahre 1999.

Kindergartengruppe im Jahre 1999.

Kindergartengruppe im Jahre 2000.

Kindergartengruppe im Jahre 2001.

Kindergartengruppe im Jahre 2001.

Kindergartengruppe im Jahre 2003.

Kindergartengruppe im Jahre 2003.

Kindergartengruppe im Jahre 2003.

Kindergartengruppe im Jahre 2004.

Kindergartengruppe im Jahre 2004.

Kindergartengruppe im Jahre 2004.

Kindergartengruppe im Jahre 2005.

Kindergartengruppe im Jahre 2005.

Kindergartengruppe im Jahre 2005.

IM FOTOALBUM GEBLÄTTERT

Buchenauer Erstklässler beim Kasperle-Theater, 1971.

Literaturhinweise

Becker, Kurt u. a.: Heimatchronik des Kreises Neuwied. Köln 1966.

Benner, Ferdinand; Kreuz, Hans-Dieter; Pauly, Ferdinand: Boppard in alten Ansichten, Bd. 2. Zaltbommel 1991.

Benner, Ferdinand u. a.: Jubiläumsschrift zum 100jährigen Bestehen der Turngesellschaft 1892 e. V. Boppard. Hg. von der TG Boppard 1892 e. V. Boppard 1992.

Bucher, Peter: Die Errichtung des Reichsehrenmals nach dem ersten Weltkrieg. In: Jahrbuch für westdeutsche Landesgeschichte 7 (1981), S. 359-386.

Burkard, Karl-Josef; Thill, Hildburg-Helene: Unter den Juden. Achthundert Jahre Juden in Boppard. Hg. vom Geschichtsverein für Mittelrhein und Vorderhunsrück. Boppard 1996.

Faller, Karl; Wagner, Willi: Kreisspiegel Rhein-Hunsrück. Xanten 1973.

Heyen, Franz-Josef (Hg.): Zwischen Rhein und Mosel. Der Kreis St. Goar. Hg. vom Landratsamt St. Goar. Boppard 1966.

Kämpchen, Paul: Helene Pagés. Zur Erinnerung an die Jugend- und Heimatschriftstellerin. Boppard 1964 (Bopparder Beiträge zur Heimatkunde 3).

Knebel, Hajo: Bethesda-St. Martin. Festschrift zum 125jährigen Bestehen der Stiftung zu Boppard 1857-1982. Boppard 1982.

Kreuzberg, Peter Josef (Hg.): Der Kreis St. Goar. Ein Heimatbuch. Boppard 1925.

Ledebur, Alkmar Frhr. von; Caspary, Hans (Hg.): Die Kunstdenkmäler des Rhein-Hunsrück-Kreises. Teil 2: Ehemaliger Kreis St. Goar. Bd. 1: Stadt Boppard [2 Halbbände]. München, Berlin 1988 (Die Kunstdenkmäler von Rheinland-Pfalz 8).

Maennchen, Albert: Das Reichsehrenmal - der Eisenbolz am Rhein. Boppard 1927, erweiterter Neudruck Koblenz 1928.

Mißling, Heinz E. (Hg.): Boppard. Geschichte einer Stadt am Mittelrhein. 1. Bd.: Von der Frühzeit bis zum Ende der kurfürstlichen Herrschaft. Boppard 1997. 2. Bd.: Von der Französischen Revolution bis zum Ende des Zweiten Weltkrieges (1789-1945). Boppard 1994. 3. Bd.: Boppard nach 1945. Boppard 2001.

Mißling, Heinz E.; Decker, Rudolf: Boppard. Erfurt 2003 (Die Reihe Archivbilder).

Neumann, Klaus-Peter; Johann, Jürgen (Bearb.): Chronik der Stadt Boppard, mühesam gesammelt und freudig bearbeitet von Wilhelm Schlad. Boppard, December 1854. Hg. vom Geschichtsverein für Mittelrhein und Vorderhunsrück. Boppard 2004.

Neumann, Klaus-Peter; Johann, Jürgen (Bearb.): Stadt-Chronik Boppard (1895). Hg. von Carl Donsbach. Boppard 2003.

50 Jahre „Rund um Boppard" 1954-2004. Eine Dokumentation. Hg. vom Verkehrs- und Verschönerungsverein Boppard 1872 e. V. Boppard 2004.

Pauly, Ferdinand: Boppard-St. Severus. Beiträge zur Geschichte der Pfarrei, dargeboten zum 750. Jahrestag der Kirchweihe am 13. Dezember 1237. Boppard 1987.

Pauly, Ferdinand: Beiträge zur Geschichte der Stadt Boppard. Bd. 1 [Adels- und Klosterhöfe]. Boppard 1989. Bd. 2: Die Nachbarschaften. Boppard 1990.

Rheinreise 2002. Der Drachenfels als romantisches Reiseziel. Hg. von der Professor-Rhein-Stiftung. Bonn 2002.

Rund um Boppard. Wochenzeitung und Amtliches Bekanntmachungsorgan. Jg. 1 (1954) ff.

Stein, Wolfgang Hans (Red.): Emmelshausen. Geschichte und Geographie eines zentralen Ortes im vorderen Hunsrück. Koblenz 1985.

Steppling, Wolfgang: Jürgen Piwowarsky. In: 50 Jahre Verfassungs- und Verwaltungsgerichtsbarkeit in Rheinland-Pfalz. Eine Chronik. Teil 1. Frankfurt am Main u. a. 1997 (Schriftenreihe des Ministeriums der Justiz 7), S. 243-249.

Stollenwerk, Alexander: Boppard in alten Ansichten, Bd. 1. 3. Aufl. Zaltbommel 1992.

Abbildungsnachweis

Unser besonderer Dank gilt allen Personen oder Institutionen, die uns zur Ausschmückung des vorliegenden Werkes Bilder jeglicher Art, sei es als Original-Foto, als Reproduktion, als Bilddatei oder auch in Form einer Buchvorlage zum Abdruck zur Verfügung stellten.

Register

Das Register verzeichnet Orte, Personen sowie Vereine, Firmen und sonstige Organisationen. Die bloßen Ortsnamen Boppard und Buchenau wurden wegen ihres häufigen Vorkommens nicht aufgenommen.

Förderer

Wir danken allen Privatpersonen, Firmen und Vereinen, die durch ihre finanzielle Unterstützung zum Gelingen des Buches beigetragen haben:

Autohaus Gras, Boppard-Bad Salzig/Emmelshausen

BOGAMA-Gartenfachmarkt Ingo Schwanenberger, Boppard

Bopparder Sesselbahn GmbH, Boppard

Buchenauer Nachbarschaft

Fahrschule Tiemann und Esser, Josef Esser, Boppard

FIDULA-Verlag Holzmeister GmbH, Boppard

Horst Fußhöller, Boppard

GAV GmbH Winfried Rinke, Boppard

Geschichtsverein für Mittelrhein und Vorderhunsrück e. V., Boppard

Graphische Werkstätte Seiser & Schwieck OHG, Neuwied

Friedrich Hachenberg, Ingenieurbüro Stadt-Land-plus, Buchholz

E. M. Hermanspahn, Schreibwaren/Tabakwaren, Boppard

Kreissparkasse Rhein-Hunsrück, Simmern

Christian Kress, Lahnstein/Boppard

Manfred Kress, Krefeld/Boppard

Heino Noll, Boppard

REKO Automatictüren GmbH Reinhold Koch, Dörth/Boppard

REWE-Boppard, Otto May

RheinMail Service Boppard GmbH

Martin Strömann, Boppard

Tabak-Börse, Peter Gipp, Boppard

Verkehrs- und Verschönerungsverein Boppard 1872 e. V.

Verlagsgesellschaft Rund um Boppard mbH, Bernd und Ralf Hübner

Volksbank Boppard eG